FEITA NO BRASIL:
A SABEDORIA VULGAR DA TRAGÉDIA ÁTICA
PARA O POVO TUPINIQUIM CATRUMANO

FEITA NO BRASIL:
A SABEDORIA VULGAR DA TRAGÉDIA ÁTICA
PARA O POVO TUPINIQUIM CATRUMANO

Tereza Virgínia Ribeiro Barbosa

Relicário

© Relicário Edições
© Tereza Virgínia Ribeiro Barbosa

DADOS INTERNACIONAIS DE CATALOGAÇÃO NA PUBLICAÇÃO (CIP) DE ACORDO COM ISBD

B238f

Barbosa, Tereza Virgínia Ribeiro
  Feita no Brasil: a sabedoria vulgar na tragédia ática para o povo tupiniquim catrumano / Tereza Virgínia Ribeiro Barbosa. – Belo Horizonte, MG: Relicário, 2018.
  324 p. ; 15,5cm x 22,5cm.
  Inclui bibliografia e índice.
  ISBN: 978-85-66786-71-4
  1. Teatro. 2. Tragédia grega. 3. Grego antigo. 4. Guimarães Rosa. 5. Mário de Andrade. 6. Villa-Lobos. I. Título.

                                      CDD 792.01
                                      CDU 792.032-6

Elaborado por Vagner Rodolfo da Silva – CRB-8/9410

CONSELHO EDITORIAL
Eduardo Horta Nassif Veras (UFTM)
Ernani Chaves (UFPA)
Guilherme Paoliello (UFOP)
Gustavo Silveira Ribeiro (UFMG)
Jacyntho Lins Brandão (UFMG)
Luiz Rohden (UNISINOS)
Markus Schäffauer (Universität Hamburg)
Neiva Ferreira Pinto (UFJF)
Patrícia Lavelle (EHESS/Paris)
Pedro Süssekind (UFF)
Ricardo Barbosa (UERJ)
Romero Freitas (UFOP)
Sara Rojo (UFMG)
Virginia Figueiredo (UFMG)

COORDENAÇÃO EDITORIAL Maíra Nassif Passos
DIAGRAMAÇÃO Kátia Regina Silva
REVISÃO Manuela Ribeiro Barbosa
CAPA (CONCEPÇÃO/ CRIAÇÃO) Maria Cecília Ribeiro Barbosa

RELICÁRIO EDIÇÕES
www.relicarioedicoes.com
contato@relicarioedicoes.com

APRESENTAÇÃO   11

CAPÍTULO 1
TRAGÉDIA, QUÊ?   17

CAPÍTULO 2
TRAGÉDIA, COMO?   61

CAPÍTULO 3
TRAGÉDIA, É?   113

CAPÍTULO 4
TRAGÉDIA SEMPRE DEMUDADA...   175

CAPÍTULO 5
EM TERRA FIRME   215

CAPÍTULO 6
TEMPESTADE EM COPO D'ÁGUA   251

PIRACEMA
SOU CARDUME: SOU GREGO, SOU TUPI, SOU GUARANI, SOU CATRUMANO, MANO!   275

AUTORES PRIORITÁRIOS PARA NOSSA CONSTRUÇÃO TEÓRICA   283
PALAVRAS-CHAVE   285
PALAVRAS GREGAS   289
REFERÊNCIAS   291

Sob a regência de João Guimarães Rosa, Mário de Andrade e Heitor Villa-Lobos.

A MODO DE EPÍGRAFE

... você fala em "apertado dilema: nacionalismo ou universalismo. O nacionalismo convém às massas, o universalismo convém às elites." Tudo errado. Primeiro: não existe essa oposição entre nacionalismo e universalismo. O que há é mau nacionalismo: o Brasil pros brasileiros – ou o regionalismo exótico. Nacionalismo quer simplesmente dizer: ser nacional. O que mais simplesmente ainda significa: Ser. Ninguém que seja verdadeiramente, isto é, viva, se relacione com seu passado, com as suas necessidades imediatas e práticas e espirituais, se relacione com o meio e com a terra, com a família etc., ninguém que seja verdadeiramente, deixará de ser nacional. O despaisamento provocado pela educação em livros estrangeiros, contaminação de costumes estrangeiros, por causa da ingênita macaqueação que existe sempre nos seres primitivos, ainda, por causa da leitura demasiadamente pormenorizada não das obras-primas universais dum outro povo, mas das suas obras menores, particulares, nacionais, esse despaisamento é mais ou menos fatal, não há dúvida, num país primitivo e de pequena tradição como o nosso. Pois é preciso desprimitivar o país, acentuar a tradição, prolongá-la, engrandecê-la. E agora reflita bem no que eu cantei no final do "Noturno" e você compreenderá a grandeza desse nacionalismo universalista que eu prego. De que maneira nós podemos concorrer pra grandeza da humanidade? É sendo franceses ou alemães? Não, porque isso já está na civilização. O nosso contingente tem de ser brasileiro. O dia em que nós

formos inteiramente brasileiros e só brasileiros a humanidade estará rica de mais uma raça, rica duma nova combinação de qualidades humanas. As raças são acordes musicais. Um é elegante, discreto, cético. Outro é lírico, sentimental, místico e desordenado. Outro é áspero, sensual, cheio de lambanças. Outro é tímido, humorista e hipócrita. Quando realizarmos o nosso acorde, então seremos usados na harmonia da civilização. Me compreende bem? Porque também esse universalismo que quer acabar com as pátrias, com as guerras, com as raças etc. é sentimentalismo alemão. Não é pra já. Está longíssimo (...) Os tupis nas suas tabas eram mais civilizados que nós em nossas casas (...).

(...) Nós só seremos civilizados em relação às civilizações o dia em que criarmos o ideal, a orientação brasileira. Então passaremos da fase do mimetismo para a fase da criação. E então seremos universais porque nacionais (...). Não é o coração que absolverá você. É a sua própria inteligência. E um pequeno esforço fará depois o resto (...). Não importa que a gente seja um pouco falso consigo mesmo no princípio. Nada de esperar a graça divina de braços cruzados. Nada de dizer: se um dia eu for nacional, serei nacional. A graça divina depende da nossa cooperação, dizem os tratadistas católicos. Você faça um esforcinho pra abrasileirar-se. Depois se acostuma, não repara mais nisso e é brasileiro sem querer. Ou ao menos se não formos nós já completamente brasileiros, as outras gerações que virão, paulatinamente desenvolvendo o nosso trabalho, hão de levar enfim esta terra à sua civilização (Andrade; Andrade, 2002, p. 70-71).

Nós somos na Terra o grande milagre do amor!
E embora tão diversa a nossa vida
Dançamos juntos no carnaval das gentes,
Bloco pachola do "Custa mas vai!"

E abre alas que Eu quero passar!
Nós somos os brasileiros auriverdes!
Às esmeraldas das araras
Os rubis dos colibris
Os abacaxis as mangas os cajus
Atravessam amorosamente
A fremente celebração do Universal!

Que importa que uns falem mole descansado
Que os cariocas arranhem os erres na garganta
Que os capixabas e paroaras escancarem as vogais?
Que tem se o quinhentos-réis meridional
Vira cinco tostões do Rio pro Norte?
Juntos formamos este assombro de misérias e grandezas,
Brasil, nome de vegetal!...

O bloco fantasiado de histórias mineiras
Move-se na avenida de seis renques de árvores...
O Sol explode em fogaréus...
O dia é frio sem nuvens, de brilhos vidrilhos...
Não é dia! Não tem Sol explodindo no céu!
É o delírio noturno de Belo Horizonte...
Não nos esqueçamos da cor local:
Itacolomi... Diário de Minas... Bonde do Calafate...
E o silêncio... sio... sio... Quiriri...

Os seres e as coisas se aplainam no sono.
Três horas.

A cidade oblíqua
Depois de dançar os trabalhos do dia
Faz muito que dormiu.

Seu corpo respira de leve o aclive vagarento das ladeiras.
De longe em longe gritam solitários brilhos falsos
Perfurando o sombral das figueiras:
Berenguendéns berloques ouropéis de Oropa consagrada
Que o goianá trocou pelas pepitas de oiro fino.
Dorme Belo Horizonte.
Seu corpo respira de leve o aclive vagarento das ladeiras...
Não se escuta siquer o ruído das estrelas caminhando...
Mas os poros abertos da cidade
Aspiram com sensualidade com delícia
O ar da terra elevada.
Ar arejado batido nas pedras dos morros,
Varado através da água trançada das cachoeiras,
Ar que brota nas fontes com as águas
Por toda a parte de Minas Gerais. (Andrade, s/d, p. 145-146)

APRESENTAÇÃO

Este trabalho articula indagações, tentativas de resposta e conclusões decorrentes de vários anos de contato com a língua e a literatura gregas, com a prática nas salas de aula da Faculdade de Letras e do Curso de Teatro da Escola de Belas Artes da Universidade Federal de Minas Gerais (UFMG), as pesquisas desenvolvidas no Grupo de Tradução de Teatro (GTT) e, finalmente, conclui ideias e reflexões de projetos apoiados pela Fundação de Amparo à Pesquisa do Estado de Minas Gerais (FAPEMIG) e pelo Conselho Nacional de Desenvolvimento Científico e Tecnológico (CNPq).

Nos últimos dez anos, com entusiasmo renovado, colegas da Pós-Graduação em Estudos da Tradução da Universidade Federal de Santa Catarina (UFSC) deram novo rumo à minha trajetória acadêmica, que ficou – para mim – mais atraente e produtiva. A alegria dupla transformou-se em tripla e comecei a trabalhar, simultaneamente, com o grego, a língua, a literatura e a cultura; com o teatro; e com a teoria da tradução aplicada à tradução propriamente dita, me posicionando sempre entre o Brasil e a Grécia, nem cá, nem lá, na fronteira de um cá possível e um lá imaginado (pesquisado e estudado diligentemente).

Nesse ambiente de grandes amizades consolidadas, conquistei o prazer de conviver, sobretudo, com Heitor Villa-Lobos e João Guimarães Rosa. Lê-los e ouvi-los me fez crescer sobremaneira. Desse contato recuperei parte das propostas teóricas e práticas que eles formularam e que hoje guardo como convicções. Os ensinamentos de Guimarães Rosa, mais afeito às letras, são fundamento de minha presunção de criar – para a tradução de tragédias – uma linguagem escrita que performatize a oral.

Por tais meios, busco e apresento, aqui, a revalorização da língua comum e falada; proclamo a urgência da desautomatização de palavras que perderam sua força poética e o resgate do viço e colorido de expressões 'aposentadas'; imito, de Rosa, a prática e o reconhecimento do valor de uma sintaxe de múltiplas possibilidades; proponho o cultivo da multiplicidade de planos de leitura de um mesmo léxico, a ruptura com a linearidade tradicional, a prática do silêncio (Coutinho, 2009, p. 15; Rónai, 2001, s/p); utilizo estratégias híbridas, paradoxais (Lages, 2002, p. 35-40), inclusive a presença e mesmo a necessidade do riso – alívio cômico no trágico –, e assumo, para o gênero trágico, a base de uma estrutura quiásmica. Tudo isso aprendi com meu conterrâneo.

Busco ainda mostrar a pertinência absoluta e a utilidade concreta da arte dramática ateniense para o nosso tempo, exortando que sua difusão se dê não apenas entre especialistas, mas igualmente entre adolescentes, homens e mulheres de todas as idades e classes sociais; indico-a especialmente para quem quer aprender a escrever, encenar e/ou atuar.

Tento exibir e demonstrar o equilíbrio exato dos dramaturgos atenienses ao lidar com a expressão verbal (para conformar uma paisagem sonora, por exemplo) e a prioridade do visual cênico sobre o texto, que só existirá realmente se for acionado pela palavra em ação. Insisto na fartura do polissêmico, do polissistêmico e do concreto na procura da comunicação do maior quociente possível de sentidos e harmonias textuais.

Mas alerto: o caráter desta pesquisa é um tanto pessoal e, em alguns momentos, informal, razão pela qual exponho a feliz troca de experiências e o aprendizado com poetas do palco e das letras, pesquisadores e investigadores de ambas as áreas.

Desse modo, os que por gentileza e ofício me leem verão aqui os resultados de pesquisas – e vivências – em três áreas que se erigem a partir de metodologias bem variadas, mas que faço convergir para um só objetivo: levar os estudos clássicos até os parques, praças e ruas da minha cidade. Se conseguir – apoiada por uma trupe de tradução –, talvez um dia sigamos para alargar nossos belos horizontes e ampliar nosso alvo...

Ver-se-á, ainda, que este relato de experiências concerta desde os filólogos mais austeros até os artistas mais festivos;[1] testemunha oportunidades extraordinárias que me foram dadas ao longo da vida profissional, recursos que me vieram sistematicamente através do meio universitário e de outros lugares ao acaso e que, por sua vez, se mudaram, em tempo sempre favorável, em alegria. Eis porque agradeço, sem citar nomes, a cada um que esteve em meu caminho.

Efusão de afetos me atingiu no percurso de formação, e, em meio aos seixos e diamantes, três coisas, confesso, me regeram: a disciplina, a disponibilidade para acolher e a honestidade diante do trabalho. Nelas e a partir delas estruturei hipóteses aqui sustentadas e que, ao fim e ao cabo, me levaram a descobertas que são, acredito, veios abertos para pesquisas futuras. Tenho motivação para continuar investigando e explorando as coisas belas, circunstância de vida rara que me foi oferecida e que, julgo, aproveitei como pude.

Evidentemente, a essa altura do percurso, me dei ao luxo de escolher interlocutores e (p)referências próprias. Tenho os braços abertos para as (p)referências. Algumas delas, segundo certas concepções teóricas, talvez nunca pudessem dialogar, mas faço a intermediação, porque acredito haver um apuro delicado no saber conciliar: estabeleço combinações, armo pontes, traço alternativas de interpretação, aparo arestas. Ouço, avalio, doso e misturo: μίγνυμι.[2] E tento deixar claro que essas reflexões são produzidas a partir de outras, as quais não respondem, necessariamente, pelo que afirmo. Em outras palavras, sou devedora de inúmeros, mas assumo o risco do que fabriquei tecendo ideias alheias com as próprias. Para teorizar, nunca abandonei a poesia; aprendo com ela, sobretudo com a dos de minha terra. Acredito igualmente que temos "todas as condições e motivos históricos" para cultivar "uma nacionalidade literária" (Assis, 1986, v. 3, p. 801) na ação tradutória e, por isso, alimento um forte desejo de criar, de forma mais independente, uma literatura grega traduzida (ou seria produzida?) no Brasil.

Ao dedicar este estudo ao povo tupiniquim e, igualmente, aos catrumanos rosianos, os "groteiros dum sertão" qualquer, pretendi afirmar – com muitos outros – o que Machado aponta ao fazer notar que "[o] que se deve exigir do escritor [de meu lado, refiro-me ao tradutor] antes de tudo, é certo sentimento íntimo, que o torne homem do seu tempo e do seu país, ainda quando trate de assuntos remotos no tempo e no espaço" (Assis, 1986, v. 3, p. 804). Recupero, também, as palavras do Janjão do Mário: "Não sou nacionalista, Pastor Fido, sou simplesmente nacional. Nacionalismo é uma teoria política, mesmo em arte. Perigosa para a sociedade, precária como inteligência." (Andrade, 1986, p. 804).

Fascinada com os antigos, se eu pudesse, teria feito este livro no formato dos diálogos de Platão e estaria num grande banquete com convidados especiais, dando lugar de honra para Mário de Andrade,[3] Rosa e Villa-Lobos. Penso tal qual a ama da *Medeia* euripidiana: "τὸ παρὸν γὰρ ἔχει τέρψιν ἀφ' αὐτοῦ δαιτὸς πλήρωμα βροτοῖσιν."[4] Banquete é toda a literatura, e, no repasto de secos e antigos que em sonho poético se fizesse, haveria sabores misturados e temperos frescos; na forma, eu teria posto travessões nas citações e constituído uma cena. Seria para mim um estimulante labor, um diálogo entre escritores e pensadores para controvérsias e consensos. Na refeição, nenhum rancor, nenhuma vianda obrigatória, somente pratos de rara beleza e riqueza nutritiva, se bem que alguns fossem, prudentemente, ingeridos com parcimônia e outros com regalia.

Mesmo mantendo o paradigma científico, de certo modo posso dizer que efetivamente agi assim – com discrição, espero – e estabeleci um pacto alimentar firmado pela minha própria natureza e pela estranheza enlevada de cientistas do passado e do hoje (acrescida da força da divindade): policiei-me o quanto pude, já que o modelo de produção ambicionado não se enquadra assim tão perfeitamente na academia, apesar de o nome, a ideia e a forma terem começado com a ἀκαδήμεια de Platão. Disfarcei o diálogo tanto quanto fui capaz; não sei, entretanto, se me fiz boa atriz.

Minhas descobertas, afinidades e visão de mundo não as poderia mostrar de outra maneira. Por essa razão, os esperados leitores encontrarão uma via a qual, ainda que por vezes possa parecer errática (porque por força pessoal) e se sirva com bastante liberdade de uma dicção que se poderia dizer "dramática" ou "teatral", é, não obstante, uma articulação de ideias já consolidadas após testes e hipóteses confirmadas, descartadas e revisadas.

A metodologia, consequentemente, não pode ser linear; há aqui uma teorização que não se quer fixar, que se quer movimento e que vai do texto ao corpo, do corpo à letra e à cultura e da letra e da cultura ao texto novamente. Revisão obsessiva de processos e resultados. Tradução constante, mutante, variante. Tradução e translação.

Sustento, pois, a existência de uma continuidade entre a cultura brasileira e a grega, da qual somos – para o bem e para o mal – herdeiros e, por conseguinte, a ressonância de temas e assuntos de uma na outra; a validade de cruzar ambas as contribuições e de perseguir o γνῶθι σεαυτόν.[5] Tudo isso resultou na pretensão – a ambiguidade é pertinente – de uma tradução de teatro como processo dialógico, dinâmico, cultural e coletivo.

Defendo a pesquisa e o rigor metodológico acompanhados de flexibilidade, do colóquio entre várias áreas de trabalho e pesquisa e do permanente questionamento de (pre)conceitos e pressupostos, próprios e alheios. Por terem sido revisitadas e reformuladas, tais linhas são emendadas em uma teoria que toma como figura central a noção – alargada e não somente linguística – de interjeição. Entendida como resultado e efeito, a interjeição se manifesta como veículo polissêmico de expressividade que assume mascarada neutralidade no texto como artifício para, entre outras coisas, simular a emoção.

O volume está constituído por sete capítulos. No primeiro, "Tragédia, quê?", argumento em favor da importância do estudo e da prática abrangente de pesquisa acerca da tragédia ática no e para o Brasil. Na mesma seção proponho uma leitura física da catarse. No segundo capítulo, "Tragédia, como?", conjecturo a feitura da tragédia no Brasil para o povo tupiniquim-catrumano através da tradução associada à corporificação. Pondero o império da filologia e apresento caminhos alternativos e funcionais para as traduções brasileiras. No terceiro capítulo, "Tragédia, é?", invisto sobre a interjeição, a qual considero recurso pontual minimizado, mas máximo, quanto à ambiguidade linguística. Entendo a interjeição como uma definição rápida e visual da tragédia em toda a sua hesitação e perplexidade. No quarto capítulo, "Tragédia sempre demudada...", assumo a efemeridade do texto teatral encarnado na improvisação e na instabilidade. O quinto capítulo, "Em terra firme", se ocupa da leitura de alguns prefácios e posfácios de traduções brasileiras de tragédias, para sugerir a prática de se estabelecer uma "escola de tradução" a partir de paratextos de traduções. No sexto, "Tempestade em copo d'água", o arrematante de todos os projetos esboçados, levanto uma hipótese de leitura para um vocábulo utilizado na *Poética* de Aristóteles, σπουδή, que pode, penso eu, abrir novos caminhos, integradas vias, para o entendimento do que seja o gênero trágico, a saber, efusão de acometimentos, πάθη, ênfase, interjeição, espanto, lucidez e racionalidade no ato de simulação do descontrole; construção do efêmero programado e ensaiado sempre e sempre a cada nova revisitação; laboratório do ato máximo, do desafio último do viver. O sétimo e mínimo capítulo é "Sou cardume, sou grego, sou tupi, sou guarani, sou catrumano, mano!"

Cumpre agradecer, já agora, pela oportunidade de publicação concedida pela Faculdade de Letras da UFMG, na pessoa de sua diretora, Graciela Ravetti. Agradecer também por tudo e por tanto que recebi de todos aqueles que dialogaram comigo, colegas e alunos, ao vivo e por escrito, dos muitos, grandes e pequenos círculos de pesquisa desse mundo de Deus. Empenho-me em divulgar os estudos clássicos e colocá-los em sintonia com o povo do meu Brasil: por isso, na urgência de uma comunicação mais plena, cada citação em língua estrangeira (exceto aquelas mais simples dos dicionários e aqueloutras em espanhol e castelhano) foi traduzida. Com o povo e os artistas insisto em conversar, porque sou parte deles e a eles devo minha profissão na UFMG. Agradecer aos colegas e amigos que leram e discutiram comigo pontos e linhas, que consolidaram minhas (in)certezas: Graciela Ravetti, mais uma vez, Sara Rojo, Anna Palma, Marcos Alexandre, Jacyntho Lins Brandão, Neiva Ferreira Pinto, Beatriz Vieira de Resende, Nádia Battella Gotlib, Peônia Viana Gomes. Agradecer a Manuela, minha primeira leitora, confidente e inquisidora; ao muito amado Evandro, a

Ciça, João Henrique, Clarice e Fábio Viana: trupe de pesquisa que se formou. Agradeço, por fim, a meus queridíssimos alunos, todos os que, por curto tempo, tive, cada um, desde 1984! Agradeço e agradeço, sempre, pela alegria de ter podido aprender a aprender.

Notas

1. Ao convocar para o diálogo e para a construção de um pensamento acadêmico os artistas, atores, músicos e atletas, compartilho com o maestro Heitor Villa-Lobos o entendimento de que "os sambistas também são intelectuais, eles não são é cultos, não têm cultura, mas têm inteligência, têm raciocínio... Pense! Eles têm imaginação e muito mais, eles têm um sentido irônico, eles sabem observar os problemas populares e ridicularizar...". Disponível em: <https://www.youtube.com/watch?v=Ghs1re18cHw>.

2. Vocábulo grego que me é muito caro: "μίγνυμι – I mêler, mélanger, acc. II unir, joindre: κάρη κονίῃσιν ἐμίχθη, *Il.* Sa tête se mêla à la poussière, c. à d. il fut précipité dans la poussière; κλισίῃσι μίγῆναι, *Il.* Se mêler aux tentes, c. à d. les envahir; σὺν κακοῖς μεμιγμένος, SOPH. Plongé dans le malheur; particul. 1. en parl. de la guerre: μῖξαι χεῖρας τε μένος τε, *Il.* mêler le courage et les mains, c. à d. en venir aux mains; μιγῆναί τινι ἐν δαῖ, *Il.* se mêler ave qqn dans un combat, combattre avec qqn. || 2 en parl. de société, de relations, mêler à: d'où au pass. se mêler à, avoir commerce avec, fréquenter, dat. [R.Μιγ, de Μικ, mêler; cf. μίσγω, lat. misceo]." (Bailly, 1901 [μίγνυμι]).

3. Mário de Andrade teve o mesmo desejo, o qual levou até quase o fim com maestria de poeta. Não terminou a obra, infelizmente. Quanto a mim, poeta não sendo, não me atrevi nem a começar o banquete; se bem que quisesse... Busquei apenas entrar no tom e não desafinar. Sobre a materialização da obra de Mário de Andrade, *O Banquete*, indico um belo trabalho musical de Álvaro Luiz Ribeiro da Silva Carlini (Universidade Federal do Paraná, Departamento de Artes, 1990). Disponível em: <https://www.youtube.com/watch?v=65BT4HQrWQY>.

4. "O presente tem sua própria alegria, é mesa cheia pros viventes!" Tradução da Trupe de Tradução de Teatro Antigo: Truπersa.

5. Máxima grega que esteve, segundo Platão (*Protágoras*, 343b), grafada como epígrafe no templo do oráculo de Delfos. Significa: "Conhece-te!"

CAPÍTULO 1
TRAGÉDIA, QUÊ?

– Abro a cortina do passado, quero ver a tragédia caminhando...
– Mas... Que importância tem essa dona para o Brasil?

Por que a tragédia e não Homero, que tem as pontas das palavras ocidentais, sede sempre irresvalável dos imortais? Por que perverter as coisas e começar pelo meio, desprezando Apolo e elegendo Dioniso, abandonando o princípio, descuidando da boa ordem, acampando, assim, *in media res*, aos gritos e berros de proclames exclamados?!

Porque estar *in media res* é ser, disfarçadamente, Homero, que começa a *Ilíada* no meio do caminho e desfia o retorno efetivo de Ulisses só a partir do canto V da *Odisseia*. E porque disfarces fazem parte do jogo que mais aprecio, o teatral, que, por sua vez, é metonímia, não metáfora, da vida humana. E também porque contemplar a tragédia ática, no Brasil, seja a partir de traduções, de espetáculos de teatro ou arena, de telas de televisão ou cinema, é exclamatório e nos faz detectar problemas e soluções. É que "a coisa autêntica pode não ser assustadora o bastante e, portanto, carece de uma intensificação, ou de uma reencenação mais convincente" (Sontag, 2003, p. 55).

Como se vê, valho-me de Susan Sontag. Cito-a – mais por sua postura do que pelo conteúdo da obra citada, o livro *Diante da dor dos outros*, e em formulação que me parece interessante para propor hipóteses, avaliações e indagações, da "coisa" proposta pela e na tragédia – já que a dor e o crime autênticos podem não ser tão assustadores quanto a reencenação mais convincente. Sontag acerca-se de fotografias e volta seu olhar para a nossa reação frente ao congelamento de ações terríveis e trágicas. Denomino "congelamento" as fotografias, que vejo como recortes pontuais e exclamativos, interjeições visuais de cenas que nos levam a experimentar a compaixão e o horror. Em *Diante da dor dos outros*, a autora introduz uma perspectiva importante que vislumbrei, por analogia, para a tragédia: tal como ver uma fotografia, ler solitariamente um texto trágico é absurdamente diferente de vê-lo materializado, em movimento, num grande espetáculo com centenas de pessoas à volta.[1] Voltarei ao ponto, mas exponho alguns dos argumentos da escritora:

> As pessoas, muitas vezes, se mostram incapazes de assimilar os sofrimentos daqueles que lhes são próximos. A despeito de toda a sedução voyeurística – e da possível satisfação de saber que 'isto não está acontecendo comigo, não estou doente, não estou morrendo, não estou metido em uma guerra' –, parece normal para as pessoas esquivarem-se de pensar sobre as provações dos outros, mesmo quando os outros são pessoas com quem seria fácil identificar-se. (Sontag, 2003, p. 83)

O não envolvimento indicado por Sontag, creio, é mais natural e confortável em cenas fixas, episódios estanques que, "ao virar da página", já não existem, passam pela memória e se vão como num *flash*, mas, por serem escritas recuperáveis num "desvirar de página", não há premência em retê-las: estarão sempre lá, retesadas, esperando nosso olhar. Contudo, estar diante da dor do outro no fluxo contínuo de uma simples e efêmera ação – mesmo que encenada –, estar diante de um ator que sofre a cena, poder (no sentido da possibilidade) tocá-lo, interrompê-lo e, num átimo, parar sua dor, nos serve de laboratório para uma possível futura ação. Ainda que saibamos que a ação fabricada nos ensaios se sustenta no volátil de duas horas e passa, não volta mais, ainda assim aprendemos que, se não avaliarmos bem o que foi visto, tudo se perderá. E, por outra, se não cortarmos a ação no seu desenrolar ou se não nos levantarmos deixando a sala do espetáculo com suas dores, oportunidade não mais haverá para fugir.

Estar por duas, três ou quatro horas, cercado de circunstantes, em plena luz do dia, tal como se fazia na Grécia antiga, olhando e gozando a dor dos outros, cercado de testemunhas, mexe com a gente. É por isso que acredito que a tragédia, mais do que a fotografia, ensina a olhar para si e para o outro. Comentarei o assunto novamente ao falar da catarse. Em relação à fotografia e às reportagens jornalísticas, a estudiosa norte-americana afirma, por exemplo, o mérito relativo da busca da compaixão, que ela qualifica "uma emoção instável". Segundo ela, a emoção instável precisa ser traduzida em ação, do contrário definha. A questão é o que fazer com os sentimentos que vieram à tona, com o conhecimento que foi transmitido. Se sentirmos que não há nada que 'nós' possamos fazer – mas quem é esse nós – e também nada que 'eles' possam fazer – e quem são 'eles' –, passamos a nos sentir entediados, cínicos, apáticos. (Sontag, 2003, p. 85)

Emoções, penso, são realmente instáveis. O conforto nos leva à rejeição da instabilidade. Todavia, na rejeição, pode-se alcançar o extremo oposto: ἄπιθι![2] Seres entediados, cínicos e apáticos são um lugar-comum no mundo contemporâneo, mas vê-se – senso comum?! – que a passividade embota o sentimento e a empatia (Sontag, 2003, p. 85).

Nem lá nem cá, muito antes pelo contrário, é certo que o teatro nem só à base de emoção se faz, mas de atos meticulosamente planejados, de disposição e determinação, ponto ao qual também retornarei. Não vou percorrer os argumentos e a análise de Sontag em relação à fotografia, sua "centelha inicial". Sirvo-me de suas ponderações apenas para refletir sobre o discurso cênico e o poder de sua fugacidade. Poder estranho que, pela celeridade controlada e proposital, é capaz de, no meu ponto de vista, abalar sobremaneira. A contemplação ativa, ambicionada por Sontag para a fotografia, reafirmo, é ainda mais pertinente à tragédia durante o acontecimento teatral por causa da recepção coletiva; nesse contexto, as reações se completam, se esbarram, se modificam.

A tragédia faculta que personagens convergentes e divergentes, vítimas e algozes, nativos e estrangeiros, a partir de suas vivências efêmeras e espetaculares, suscitem um debate com pontos de vista numerosos pelos quais pensam, meditam e por fim produzem um caminho que avança para noções éticas e morais. Ela, por ser processo, é capaz de mais eficazmente estimular sensibilidades e desenvolver no espectador uma capacidade de envolvimento mais aprofundada, menos instável. Ou seja, a comoção, provocada pela identificação (a compaixão aristotélica, ἔλεος) e pelo distanciamento (o medo aristotélico, φόβος), afetos concomitantes da catarse, é cercada de cuidado estético e racionalização conveniente.

Por conseguinte, a palavra cai nos ouvidos e a imagem entra pelos olhos no tempo exato, porque o espectador não deve se abstrair no meramente racional nem, durante a recepção, cair num exagero emocional impeditivo da função teatral. Tudo é bem marcado no tempo. Assistindo à cena, sabemos que sua fugacidade exige tomadas de posição rápidas para que não se percam os fios da meada nem as malhas da urdidura. Diante desse ritmo de premência, exatidão, nada mais conveniente que estudar a tragédia à luz da obra de João Guimarães Rosa, como aqui propomos. Nas palavras atiladas de Silviano Santiago, que confirmam nossas pistas: "Como sempre, Guimarães Rosa clica o *prestes*, o *quase*. A impossível visibilidade do invisível." (Santiago, 2017, p. 107).

Acredito na força do teatro e considero que a tragédia ática, teatro sendo, tem alta voltagem. É ato que materializa a "impossível visibilidade do invisível". Não se limita a ser um magnífico espetáculo idealizado, nem se restringe à leitura e à apreciação de combinações sutis, harmoniosas e refinadas de conceitos abstratos e trocadilhos poéticos. À tragédia, não lhe basta ser somatório de requintes em cascatas de aparatos filológicos;[3] ela nem mesmo se resume à exibição de estratégias discursivas imaginadas e retoricamente realizadas na palavra: não se restringe a pleitos, disputas e rivalidades encetadas e combatidas à nossa frente para fazer vibrar a corda mais aguda de nosso instinto protervo de competição. Tampouco é um simples objeto textual histórico, guardado na estante, que nada mais signifique decorridos milênios. A tragédia pode muito! Ela vai além do que se pode estudar, sistematizar e organizar, avançando para a vida prática, mostra afetos indiscretos e misturados que, sobrevindo como assaltantes brutais,[4] exigem o pagamento de mágoas passadas que ressurgem cada vez mais vigorosas nos muito pacatos cidadãos; ela mostra a traição, o abandono, o desejo insatisfeito e tantas outras dores contidas, bem lacradas, nos apagamentos da Mãe Memória, ajudadora a um só tempo dos esquecimentos e das recordações.[5] Afetos que sobrevêm sem que os possamos controlar e que nos levam a ridículos constrangimentos e, às vezes, até a fracassos irreversíveis.

É pela tragédia, mediante esses ataques inevitáveis, que podemos ver, entrever e compreender – como que em relances mágicos ou num feliz lance de dados – a ação dos personagens fabricados pelo dramaturgo, seus efeitos, suas consequências. Ver para perceber, reconhecer e entender como se formam os embates, como são resolvidos ou disparados os combates políticos, as rusgas familiares e as guerras civis.

Os autores trágicos, para criarem o vigor do drama, fazem uso de uma técnica programada: dobram e desdobram o discurso, falam por subentendidos e inventam ocultamentos seguidos de desvelamentos surpreendentes; suspendem pensamentos, criam lacunas, provocam frouxidão sintática geradora de múltiplas leituras, geram ambiguidades e sofismas, estratégias retóricas eficazes que marcam ritmos cênicos arrebatados, sonoridades estranhas e todos os *et cetera* costumeiros do teatro antigo: ardis e malabarismos para escancarar o que se queria bem resguardado.[6]

Deste modo, com engenho e técnica, se instaura na tragédia o poder do λόγος (*lógos*), palavra em ação que manifesta a vida em movimento, a ascensão e a derrocada. Λόγος: uma fusão de raciocínio, expressão dos sentimentos e estados de alma, uma capacidade intelectiva de provocar simulacros de emoções[7] e, pelo ato da fala, adestrar para a vida. O *lógos* trágico tem uma potência estranha de materializar imitações de catástrofes, de corporificar ilusões de escaladas e imagens de ascensão, impulso que nos revela o que não queremos (conquanto precisemos) ver. Λόγος: uma sofisticada capacidade de corporificar, em som e letras, igualmente ao real, fatos e paixões, πάθη, calemburgos que ensinam e conduzem.[8]

Carecemos deles para especular, sobrepesar e deliberar. Sófocles e o cego Tirésias nos servem de avalistas. Eles, quando arrazoam com Édipo, traçam um roteiro para nós: enxergamos, porém não vemos; sofremos, mas, por tolo pudor, calamos o sofrer. Eis o drama de viver em sociedade. Deixo que se manifeste Sófocles, pela boca do sacerdote cego, que, após ser acusado de impostor, revela, em linguagem clara, a obumbração em que vive seu interlocutor, o filho de Laio, o Édipo rei (Sófocles, v. 412-428, 1980):[9]

Λέγω δ᾽, ἐπειδὴ καὶ τυφλόν μ᾽ ὠνείδισας·
σὺ καὶ δέδορκας κοὐ βλέπεις ἵν᾽ εἶ κακοῦ,
οὐδ᾽ ἔνθα ναίεις, οὐδ᾽ ὅτων οἰκεῖς μέτα.
ἆρ᾽ οἶσθ᾽ ἀφ᾽ ὧν εἶ; καὶ λέληθας ἐχθρὸς ὢν
τοῖς σοῖσιν αὐτοῦ νέρθε κἀπὶ γῆς ἄνω,
καί σ᾽ ἀμφιπλὴξ μητρός τε καὶ τοῦ σοῦ πατρὸς
ἐλᾷ ποτ᾽ ἐκ γῆς τῆσδε δεινόπους ἀρά,
βλέποντα νῦν μὲν ὄρθ᾽, ἔπειτα δὲ σκότον.

Eu digo mais: excedeste comigo, um cego!
Tu enxergas, mas não vês em que ponto da
desgraça estás, nem onde nem com quem moras!
Arre, que nem sabes donde vens?! Amoitaste que
és desafeto dos teus lá de baixo e mais dos cá de
cima da terra. A tara dobrada de teu pai e mãe um
dia te arrancará os teus aborríveis pés do chão:
o que agora vê bem vai logo enxergar o breu.

Como pode Édipo, decorridas as falas do adivinho (e de Creonte, que interveio versos antes), não perceber sua própria situação neste momento? Tomo a liberdade de responder apropriando-me de palavras de Walter Benjamin: "Nada seria mais compreensível do que um homem que incorreu em algum fracasso, procurar guardar consigo o insucesso e, para se proteger contra essa possibilidade, calar seus propósitos" (Benjamin, 1987, p. 210). Estamos, pois, diante de uma ação razoável, heroica e elegante: sufocar os pesares.[10] Ao sufocado, as mágoas!

Mas a peça sofocliana – e com ela todas as demais tragédias –, como um objeto de reflexão uno e completo, sinaliza também para uma provável intenção de seu autor: expor todos os édipos e todos os que, como ele, não conhecem bem a sua origem, todos os que anseiam por retornar para o lugar de onde vieram, todos os que buscam o lugar do aconchego que ainda lhes é desconhecido. Trata-se, ainda, de expor a aflição de existir sem conhecer a razão de existir, para destapar todas as chagas (essas últimas, aliás, o tema literal de uma outra tragédia, a de Filoctetes e de todos nós, que possuímos, metaforicamente pelo menos, "chagas abertas e um coração ferido").[11]

Neste sentido, suponho que uma cultura verdadeiramente inteligente produzirá meios de aplacar, de sublimar tais anseios inefáveis e creio que um método particularmente eficaz seja externar, oxigenar os agravos sem os expor demais, poupando a nós, os já demasiado padecentes. Foi assim que a tragédia, com suas personagens arquetípicas, fez no passado toda uma exibição de desventuras humanas ao ar livre, para multidões e em enormes teatros lotados. Aqueles que puderam vestir a carapuça que lhes servia, esses de lá saíram mais aliviados.

Entretanto, com o passar dos séculos, foi-se fechando o espaço da cena em pequenos auditórios e salas de espetáculos reservadas para um público restrito, domesticado e iniciado. Acabamos por esquecer que podemos ser espectadores-povo-massa de nosso próprio drama social, emocional, psíquico e intelectual, e que isso é preventivo e pode até ser curativo se praticado habitualmente! Teatro público, a céu aberto, arejado, iluminado, para o povo, pelo que entendo, tem a ver com a κάθαρσις (kátharsis, catarse) aristotélica, uma teoria comprometida com o ato comunitário. Estar na multidão protege e fortalece, porque nos torna um corpo largo, forte e coletivo. Estar na multidão expõe e enfraquece, porque nos dá ciência de que somos apenas um entre muitos. A multidão comprime o corpo, a multidão dilata-o, a multidão equilibra.

Esmiúço. Ponho-me a falar da catarse propriamente dita. A palavra κάθαρσις, que encontra na *Poética* aristotélica apenas duas ocorrências, a saber, 1449b, 28 e 1455b 15, acabou por se tornar um termo técnico da poética trágica, carregando consigo uma herança vastíssima na filosofia. Para rastreá-la e sistematizá-la, eu gastaria, talvez, o que me resta de vida e não cumpriria meu objetivo, bem sei. Em razão disso, não contabilizarei, um a um, seu patrimônio. Nos estudos filosóficos não me aprofundarei; fá-lo-ei, ao contrário, de maneira apenas aproximativa.

Na verdade o motivo (in)confessável desse procedimento é que a fortuna crítica e filosófica do termo vai na direção contrária à minha, a menos que se pense a filosofia na forma praticada por um John Langshaw Austin, o analítico marginal, ou, talvez, um Michel Serres, filósofo construído de maneira multidisciplinar, alternando as faces de físico, matemático, historiador, crítico literário, atleta e criador do "contrato natural",[12] ou, ainda, um René Girard: menos filósofo e mais teólogo. À parte inegáveis diferenças, a abordagem dos autores mencionados, como um todo, se aproxima mais da minha no que diz respeito à tragédia em geral, embora eu não tenha tido oportunidade de encontrar um tratado específico sobre catarse no conjunto de seus escritos, diferentemente do que se vê naqueles outros trabalhos dos estudiosos mais ortodoxos.

Girard, já agora devidamente introduzido ao nosso diálogo, merece um interposto. Embora ele se dedique à catarse somente por constrição do tema que investiga, a saber, o sacrifício, sua teorização fornece uma ferramenta para pensar o fenômeno por delinear um papel duplo para a catarse, papel que a autoriza a ser simultaneamente coletiva e individual, aproximativa e separativa, identificadora e distanciadora. Descrevo os detalhes do meu raciocínio.

Em *A violência e o sagrado*, o fundador da teoria mimética[13] mostra uma certa preocupação com a catarse, mas se deixa deslumbrar pelo *kátharma*, a "vítima emissária". Para ele, a catarse é o efeito misterioso e benéfico da imolação de um *kátharma*, ou seja, da oferenda sacrificial, do eleito que congrega em si as mazelas de um corpo comunitário para eliminá-las com a própria morte:

> A palavra *katharsis* significa em primeiro lugar o benefício misterioso que a cidade retira da morte do *katharma*[14] humano. É geralmente traduzida por purificação religiosa. A operação é concebida segundo o modo de uma drenagem, uma evacuação. Antes de ser executado, o *katharma* é conduzido solenemente pelas ruas da cidade, mais ou menos do mesmo modo que uma dona de casa passa o aspirador em todos os cantos do seu apartamento. A vítima deve atrair para sua

pessoa todos os maus germens e evacuá-los, através de sua própria eliminação. (Girard, 1990, p. 349)

Ainda que compartilhe entusiasticamente de várias das propostas de Girard, não acato plenamente algumas delas quanto à catarse – particularmente no que se refere à que se realiza pela e na tragédia –, conforme mostro a seguir. Sua teoria é magnífica para o plano religioso, de acordo com o contexto da citação; faltosa, porém, no terreno poético. Que a vítima seja um canal de evacuação é certo e excelente para o desenvolvimento do desejo mimético,[15] entretanto carece notar que a catarse trágica não se reifica, exclusivamente, pelo bode expiatório, um magneto com propriedades para atrair impurezas e expurgá-las oferecendo-se a si mesmo. A catarse trágica é um movimento – cíclico, me parece – que traz o benefício da restauração para os atores e para a plateia *in illo tempore* e *hic et nunc*. Todos, a um só tempo, se tornam vítimas: o personagem que sofre, o espectador que vicariamente padece e a equipe promotora que controla cada ação programada do espetáculo. O grande benefício que o evento catártico gera, proveito que se estendeu para o porvir, foi, como alhures recordamos, apontado por Ésquilo: πάθει μάθος ou, em tradução de Guimarães Rosa (*in* Coutinho, vol. 2, 2009, p. 269), "vivendo, se aprende".[16]

Em todo caso, no que concerne à catarse no estudioso francês, a distinção entre os contextos de análise faz a diferença. Entre o drama ático e o sacrifício estudado pelo teólogo existe nada mais nada menos que a δόξα, a φαντασία e os φαντάσματα. É que na tragédia as partes atuantes aprendem a sofrer pela ilusão, é tudo brincadeirinha, tudo de mentirinha.[17]

É bem verdade que Girard convoca Aristóteles, a *Poética* e a tragédia para concluir seu estudo sobre o termo catarse:

> Ainda não nos referimos explicitamente ao uso que Aristóteles faz deste termo em sua *Poética*. Isto quase não é necessário, pois a partir de agora já estão disponíveis todos os elementos necessários a uma leitura que prolonga as precedentes e que vem se instalar por si só no conjunto que está se formando. Já sabemos que a tragédia provém de formas míticas e rituais. Não precisamos definir a função do gênero trágico. Aristóteles já fez isto. Ao descrever o efeito trágico em termos de *katharsis*, ele afirma que a tragédia pode e deve preencher ao menos algumas das funções reservadas ao ritual em um universo onde este desapareceu. (Girard, 1990, p. 353)

A questão é que o pesquisador evita tocar no assunto que me interessa, ao fim das contas ele afirma que a tragédia pode e deve preencher certas funções que cabiam ao ritual em um universo onde ele desapareceu. Ora, isso não se sustenta porque o teatro é ele mesmo um ritual. Ademais, há, no universo da arte trágica, uma necessária mudança de perspectiva. A catarse dele é menos teológica ou simbólica e mais física e sensorial. Olha-se a purificação de um outro lugar: o resultado é importante, mas o processo pelo qual se mostra a purgação é igualmente relevante. Enfim, o teatro tem suas próprias leis, lida com o real e o falso, mistura instâncias e níveis e, nas movimentações internas, precisa ser bem articulado, cronometrado até. Na tragédia quer-se e tem-se um sacrifício ficcionalizado, estetizado e corporificado a um só tempo. É um sacrifício que se utiliza de uma visão bem cuidada como veículo de atração, que observa a eficácia de certas estratégias tomadas para a concretização do ato e que incide sobre todos os envolvidos no processo. Afinal, como se viu, "a coisa autêntica pode não ser assustadora o bastante e, portanto, carece de uma intensificação, ou de uma reencenação mais convincente." (Sontag, 2003, p. 83).

O autêntico e o real, quando encenar é a meta, são assuntos delicados. Também é delicado pensar a catarse por meio da ficção: o corpo é real, a ação é real, mas, ao mesmo tempo, corpo e ação são ilusão, δόξα. A natureza do corpo do artista se transforma em aparência, superfície tridimensional, falsidade-real-ambulante; porém, o fingimento não terá eficácia se não se muda em natureza de outra natureza; em outros termos, o ator não representa, nem finge, ele se torna um outro ser, um ser de ficção num corpo real. Faz-se a luz: o ficcional se torna um outro tipo de real que tem a ver com uma parceria entre a natureza e a arte.

Ocorre-me aqui a proposta de Wassily Kandinsky para as artes plásticas, em *Ponto e linha sobre plano*, que alia arte e natureza ao discutir uma teoria das formas. Kandinsky se preocupou com esses terrenos de maneira muito especial, deixando claro, conforme julgo, que, de uma certa maneira, seguia a escola aristotélica por abordar a arte pelos meios, modos e matéria (Aristóteles, 1992, 1147a 15).[18] Afirmou, ademais, que, se a arte e a natureza diferem quanto aos meios, quanto ao fim elas concordam (Kandinsky, 2005).[19] Penso que ele via a arte e a natureza em um movimento contínuo e interativo e, por isso, suas observações auxiliam minhas formulações; "arte em movimento" é o que pretendo afirmar sobre a tragédia e sobre a catarse, a qual é, ao mesmo tempo, realidade e logro em espectro continuado.[20]

Assim, uma solução para a construção da cena catártica seria encará-la como o movimento físico de um corpo com vida e em desenvolvimento, em percurso de ação. É nesse sentido que afirmo ser a catarse um processo doloroso de encruamento e nascimento. Nascimento e aborto de ramificações, brotos e abrolhos em variações e cruzamentos diversos.[21] Desse modo, a catarse passa a ser compreendida como ilusão de arte e possibilidade de cura real. Arte fecundando a existênci, existência fecundando a arte, movimentos de idas e vindas. As reflexões de Kandinsky sobre o processo de crescimento dos corpos da natureza em contraponto com a arte podem ser elucidativas:

> Para o artista, seria particularmente interessante ver como o reino autônomo da natureza faz uso dos elementos básicos: quais são escolhidos, quais são suas propriedades e de que maneira eles constituem organismos. As leis de criação da natureza, em vez de dar ao artista a possibilidade de uma imitação externa (o que, para ele, parece com frequência o objetivo principal), deveriam, ao contrário, estimulá-lo a confrontar as leis da arte com as da natureza. [...] Todo o desenvolvimento da planta, da semente às raízes (para baixo) e ao caule (para cima), vai do ponto à linha. O crescimento leva a complexos lineares mais complicados, às construções de linhas autônomas, como as nervuras das folhas ou as formas excêntricas das coníferas. [...] A composição linear orgânica dos ramos baseia-se sempre no mesmo princípio, mas nos mostra combinações mais diversas (apenas quanto às árvores, pensemos no pinheiro, na figueira, na palmeira ou nos complicados emaranhados de cipós e em outras plantas serpentiformes). (Kandinsky, 2005, p. 94-95)

Pensando, portanto, em Kandinsky, indagamos: quais poderiam ser os elementos internos básicos da catarse do corpo do ator que atua? Quais os movimentos físicos externos que formalizam o medo e a compaixão organicamente, diante dos olhos de uma plateia? Suponho que para o crítico e o tradutor de teatro trágico seria interessante "ver" tais elementos e movimentos nos seres-letras-vivos que são acometidos pelos πάθη (afecções) primordiais da catarse apontados por Aristóteles, isto é, o medo e a comiseração (Aristóteles, 1980, 1449b 24). Eles vão se materializar num confronto veemente com a natureza do corpo propriamente dito. Sim, pois medo e compaixão/comiseração são, basicamente, rejeição e atração, e calculo que, para o que diz Aristóteles, rejeição e atração (podemos, inclusive, entendê-los à maneira de Brecht, como distanciamento e identificação) acontecem em um mesmo corpo, num mesmo instante e em relação a um mesmo objeto.

Nas leis da natureza esses dois movimentos, no extremo, se mostram incompatíveis. Na arte, porém, seu confronto é estimulante. Tentar materializar o processo da catarse na matéria viva – para a visão do espectador – só pode ser obra artificial. Em composição linear orgânica, ela constitui um processo gradativo de cisão violenta nunca realizada, sempre em potência, tensão suspensa prestes a explodir e expandir. Em outras palavras, movimentos incompatíveis, em constante atuação, geram a possibilidade de observar, unificadas, as situações de conflito: são, portanto, o ponto de partida para a ação física que eu chamaria de catarse. Nesse sentido, o resultado que comumente é traduzido por "purificação" ou "purgação" é o fim de uma turgescência com extravasamento disciplinado, tal como em toda ação artística.

Pode ser que eu não esteja me detendo sobre o ponto central do legado do professor de Bauhaus; é certo que não viso às artes visuais abstratas. Contento-me com uma inspiração que nasce do contato com a obra dele, e com o periférico, que é este: Kandinsky parte do "ponto", ele visa o singular, localizado, concreto, estático, que, em movimento, se transforma em "linha", ideia, ação, expansão. Vejo aí, num pensamento analógico, o processo pelo qual um indivíduo se torna expandido em plateia e alarga as fronteiras do seu próprio corpo.

Por ora, digamos que, mirando a tragédia, discuto o ponto onde o um é muitos, o um é o(s) lugar(es) onde habita a ambiguidade dos πάθη. Postulo dar importância para a(s) fisicalidade(s) na catarse e estendê-la(s) até à tradução de palavras gregas que orientam o leitor/ator para uma ação física: reflexos de Stanislávski. Do abstracionismo do significado das letras e da depuração intelectual ao desenho e ao volume do corpo, traço a linha contrária de Kandinsky, mas sigo o meio sugerido por ele, às avessas.

Viso ao teatro: uma pausa com respiro e um verso corporal, eis, após algumas voltas, o que vou propor durante este livro.

> Assim, o ponto geométrico é, de acordo com nossa concepção, a derradeira e única *união do silêncio e da palavra*. [grifo do autor] [...] ele pertence à linguagem e significa silêncio. Na fluidez da linguagem, o ponto é o símbolo da interrupção, do Não-Ser (elemento negativo) e, ao mesmo tempo, é a ponte entre um Ser e outro (elemento positivo).[22]

À citação de Kandinsky emparelho uma outra de um tradutor contemporâneo, Antonio López Fonseca:

> ¿Qué podemos decir nosotros del teatro? El teatro nace no sólo del silencio, también del vacío, de la nada, tomando forma y volumen; y allí donde no hay nada, el teatro, que es poesía en el espacio, crea vida ante los ojos del espectador, al que tampoco importa el autor, ni si es él quien mueve las cuerdas de los personajes; sólo importa que está frente a un trozo de vida y lo siente. Y nosotros traductores hemos de traer ese trozo de vida ante otros ojos. (Fonseca, 2013, vol. 3, p. 273-274)

O silêncio é o terreno onde brota a palavra teatral, que, por sua vez, é metonímia da vida, λόγος σωματικός, *lógos somatikós*, palavra encarnada. Agrada pensar na imagem da "fluidez da linguagem" escorrendo da boca do ator como mel. Catarse. Deleito-me com o silêncio que, junto do vazio, toma forma e volume na cena teatral, seja ela escrita, seja ela encenada. Paulo Rónai comenta a prática em Guimarães Rosa e ensina a identificá-la:

> Observando a fala de pessoas de poucas letras, ou de todo não alfabetizadas, podemos notar quão frequentemente elas deixam a frase inacabada, como que suspensa, completando o sentido com o silêncio da pausa. Em Guimarães Rosa, o vezo, de tão frequente, ganha foros de categoria sintática: 'queriam-lhe como quem'; 'No que num engano.'; 'Sabiam o até-que-ponto'; 'Aquilo era quando as onças.'; 'O que foi quando subitamente'; 'Brejeirinha de alegria ante todas, feliz como se, se, se; menina só ave.'; 'Esse moço, pois, para ele sendo igual matéria o futuro que o passado?'. Dentro do contexto, todas essas frases – e muitas semelhantes – *palpitam com o frescor da emoção*. [...]

Um jovem crítico, Roberto Schwarz, em sua percuciente análise da linguagem de Guimarães Rosa, chega a ver em tais sentenças inacabadas a chave de toda a expressão do autor: 'Podemos afirmar mesmo, dado encontrarmos frases irredutíveis ao esquema comum, serem estas as que devem orientar o nosso modo de ler, por realizarem mais radicalmente a dicção do livro. Através de umas tantas orações sem fio gramatical definível, fica instaurado um universo linguístico em que mesmo as proposições de lógica perfeita passam a pedir uma leitura diversa [...].' Especialmente o verbo de cópula ganha força em ser omitido quando substituído por interrupção do fluxo sonoro: 'Se homens, meninos, cavalos e bois – assim insetos?'; 'O estilo espavorido.'; 'Atordoados, pois.'; 'A gente, nada. Ali, formados, soldados mesmos, mudando de cor, de amargor.';

'O pasmatório.' E, em nível literário: 'Tia Liduína, que já fina música e imagem.' (Rónai *in* Rosa, 2009, s/p)

Incluir o silêncio é pensar a criação em *perpetuum mobile*, mantida por forças externas e internas e combinações as mais diversas: processo contínuo e colaborativo, criador de realidades dinâmicas a partir de muitos pontos. Estou assumindo a pulsação do fluxo contínuo da vida na ação teatral. Estou afirmando que o silêncio gera o ato porque o gesto supre, é extensão muda da palavra:

> De mais a mais, se todo o ser do ator está impregnado de seu papel, este papel se exprime por cada músculo, cada nervo, cada tendão. O gesto decorre total e naturalmente da palavra, todos os músculos palpitam. Doutro modo, braços e mãos caem sem vida. No entanto, quando as palavras vêm do coração, as mãos seguem inconscientemente os movimentos da boca. (Strindberg, 1964, p. 144)[23]

A palavra natural (*"le geste découle tout naturellement"*), neste contexto que procuro para formular hipóteses, significa simplesmente a busca de uma unidade entre texto e corpo, uma coerência cênica, instante mágico de união da vida do ator com as palavras do texto; é o momento em que o diretor confessa ao ator: "O tom está perfeito, a mímica, exata!" É o instante em que percebemos a relação excelente que os artistas vivem durante o processo de criação, relação que se nota no resultado que garante que há estima entre eles. "Se existirem rixas secretas, elas vão se comunicar e desenergizar a atmosfera."[24] Harmonia de criação e instauração do sagrado pela natureza.

O fato de possibilitar a criação e gerar conhecimento aproxima o teatro da lida com as coisas sagradas. Segundo Philippe Sers, Kandinsky, um dos fundadores da arte abstrata, admite que "[a] arte é, em muitos pontos, semelhante à religião (...) sua evolução não é feita de novas descobertas que anulam as antigas verdades (...) [mas de] iluminações [que] projetam uma luz ofuscante em novas verdades que, no fundo, nada mais são que a evolução orgânica da sabedoria anterior" (Kandinsky *apud* Sers, 2005, p. 27-28).[25] Temos, outra vez, a concepção de processo, trabalho colaborativo em grande escala. O ponto onde o um é muitos. Concreta e abstratamente, ambos interessam, o ponto e a linha. Interessa o ponto a que se quer chegar, interessa o ponto de partida e interessa o percurso; interessa a vítima, a separação ou escolha da vítima, a ação e a reação de todos, interessa o sacrificador e o objeto do sacrifício e até os participantes, ou melhor, os espectadores.

Retomando Girard, recordemos sua orientação: preocupado com a violência e com a cultura que se purga em uma única vítima, ele se fixa no *kátharma*.[26] Por meu lado, reafirmo que a catarse na tragédia é vista como um processo de ida e vinda, uma trajetória em linha circular e movimento cíclico[27] que privilegiam um movimento do *kátharma* para a catarse e vice-versa. O bode expiatório é personagem (todas elas) e espectador (todos eles). Todos são vítimas e todos passam pela purificação salutar, revigoradora, revivificante. A catarse, nesta visão, é jubilatória.[28]

Em resumo: trata-se de uma circulação purificatória do vitimado para o vitimário e do vitimário para o vitimado, ainda que as partes envolvidas estejam no coletivo. Carece, pela ἀνάγκη (*anánke*), pela absoluta necessidade, que o processo seja assim. Não se sabe ao certo o que expurgar, não se sabe ao certo como purgar. O humano é complexo demais para identificarmos seus afetos em pontos e linhas danosas – é joio e é trigo: tira-se o mau e de repente se arranca o bom. Mas o corpo expurga o que não nutre e se mostra excessivo. A incerteza é um dos componentes da trágica condição humana; certezas, só com os deuses. Por esse modo de pensar, a catarse, no texto trágico, é errante, deambulatória, não se fixa em uma só personagem ou agente, como não se limita a um só espectador. Finalmente, vislumbrando a problemática teatral e arrematando nossa conversa com Girard, constatamos que o estudioso francês evidenciou um ponto muito interessante, apesar da estaticidade que percebemos em sua análise:

> Como vimos, o Édipo trágico coincide com o antigo *kátharma*. A violência coletiva original não é mais substituída por um templo e um altar sobre o qual vítimas serão imoladas, mas por um teatro e um palco, sobre o qual o destino deste *kátharma*, imitado por um ator, purgará os espectadores de suas *paixões*, provocando uma nova *kátharsis* individual e coletiva, ela também salutar para a comunidade. (Girard, 1990, p. 353-354)

No trecho, o filósofo continua a fazer incidir a vitimação sobre um indivíduo – sobre Édipo, o seu exemplo – buscando na transmutação do espaço do sacrifício uma alternativa. Por isso, suponho que o problema persiste, mesmo que o autor tente se justificar: "O emprego aristotélico de *kátharsis* provocou e ainda provoca intermináveis discussões." (Girard, 1990, p. 354). A contribuição de Girard para o meu entendimento de catarse, entretanto, está na percepção da comunidade reunida e separada, próxima e distante a um só tempo:

Se olharmos um pouco mais de perto o texto de Aristóteles, constataremos facilmente que ele se assemelha, em certos pontos, a um verdadeiro manual de sacrifícios. As qualidades que fazem o 'bom' herói da tragédia lembram as qualidades exigidas da vítima sacrificial. Para que esta possa polarizar e *purgar as paixões*, é necessário, como podemos lembrar, que seja semelhante a todos os da comunidade e ao mesmo tempo dessemelhante, simultaneamente próxima e longínqua, *a mesma e a outra, o duplo e a Diferença sagrada*. (Girard, 1990, p. 354-355)

Os ganhos para a minha argumentação não estão no valor purgativo dado para a catarse, no qual não há novidade, pois muitos já se empenharam na comprovação desse postulado. O que me parece iluminador a partir do diálogo e que pretendi iluminar é a indicação de que a catarse reúne e separa os membros da comunidade, ela os aproxima e os distancia, a uma só vez, ela é espaço de síntese do mesmo e do outro. Sobre esses pontos trabalho o nosso – meu e de Girard – entendimento de catarse.

Aviso que é um viés pouco difundido, praticado nos bastidores e carpintarias cênicas. Mostrá-lo-ei sabendo da fortuna crítica do termo, a qual intimidou o próprio Girard. Resguardo-me e limito-me a materializar a catarse; é que ela – assumida como metonímia de sua "patroa", a tragédia – acabou por se tornar um conceito sem corpo, pelo menos é o que, com muita razão, Enéias Farias Tavares sugere. Para Tavares, as relações entre o texto trágico, a imagem, as configurações cênicas, a dança e a música conferem complexidade superior ao fenômeno "tragédia". Inserido numa proposta próxima da teoria nietzschiana, Enéias Tavares destaca entre os elementos arrolados a importância da música e da imagem corporal, as quais ele recomenda não sejam apagadas. Segundo estimo, transparece no seu ensaio uma crítica subjacente às "pálidas projeções modernas" das tragédias áticas, e, no desenvolvimento de seu tema, ele insiste em considerações sobre o espetáculo-tragédia, ou seja, sobre cenário, maquinário, expressão corporal dos atores, canto e dança, atendo-se ao século de ouro ateniense. Ele sustenta que

a tragédia ateniense passou por um longo processo de leitura, tradução e recepção textual que deslocou o aspecto discursivo da sua utilização cênica. [...] [A]nalisou-se o texto trágico mais em função da sua construção textual do que em virtude de seu contexto social específico – componente de uma festa religiosa anual – ou da sua constituição múltipla – misto de diálogo dramático, canto e música coral, encenação e dança. Esse descolamento do aspecto textual das práticas cênicas e corporais da tragédia resultou na abstração das figuras heroicas e na elevada valorização de determinados conceitos associados ao drama grego, como 'purificação', 'terror', 'piedade', 'desmedida', 'falta trágica', 'imitação', 'enredo' e 'peripécia' (respectivamente, *kátharsis, phóbos, éleos, hýbris, hamartía, mímesis, mythos* e *peripéteia*). Desse modo, foram justamente tais termos que se tornaram pedra de toque para a compreensão do trágico.[29]

O Brasil seguiu essa tradição de compreensão do teatro trágico ateniense advinda, em grande parte, de uma interpretação muito particular do nosso bom Aristóteles, na *Poética*. Não obstante seus argutos acertos, o estagirita efetivamente contribuiu para uma dissociação entre o texto e o espetáculo, e tal fenômeno repercutiu por certo no entendimento do que fosse a catarse e levou-a para um exagero conceitual em detrimento da funcionalidade corporal.[30] Vem-nos à mente a indagação: a quantas andava o termo no tempo de Aristóteles, período posterior ao auge da tragédia clássica nos primórdios da constituição da filosofia? Teorização e tradução são respostas à época de cada teorizador e tradutor.

O vocábulo, na Antiguidade, é, de fato e basicamente, empregado como termo médico e religioso, conforme apontou Girard, indicando purificação física ou ritual. Segundo Maria Helena da Rocha Pereira,

> [d]uas são as principais aplicações deste lexema, anteriormente a Platão: uma vem da área das práticas rituais, designadamente das religiões de mistérios, como os dos Coribantes, que, por meio de danças violentas conducentes ao esgotamento, obtinham uma 'purificação pelo delírio'; outra é do domínio das Ciências Médicas, pelo que vem mencionada no *Corpus Hippocraticum*.
> Ora este sentido médico é um dos três documentados em Platão, nas *Leis* I, 628d, em passo relativo a uma 'purgação' qualificada de 'médica'. O mesmo diálogo apresenta, noutro passo [*Leis* V, 736a], o significado de 'depuração'; e noutro ainda [*Leis* IX, 868c] o de 'purificação'. Esta última acepção está documentada em outros diálogos, em contextos que interessam particularmente ao nosso ponto de vista porquanto se referem a duas possibilidades distintas de *kátharsis*, a da alma e a do corpo. (Rocha Pereira *in* Aristóteles, 1992, p. 5-31, p. 16)

Ao longo de seu estudo, a helenista portuguesa acrescenta que as interpretações da palavra, tanto entre os comentadores antigos quanto entre os modernos, são variadas e múltiplas. Na profusão de comentários e hipóteses, ela destaca a sugestão de Golden a partir de outros dois tratados aristotélicos, a *Política* e a *Ética a Nicômaco*. Rocha Pereira indica que Golden trata a catarse como "clarificação intelectual" – dado importante que Girard não contemplou. Outra solução hermenêutica que mereceu destaque no prefácio à *Poética* da estudiosa foi aquela advinda das reflexões do imperador Marco Aurélio, que entendeu ser a catarse um meio de adquirir fortaleza emocional. Mais modernamente (Bernays, Bywater, Flashar, Schadewaldt, Lucas), segundo a pesquisadora, o conceito é compreendido como "um alívio de emoções demasiado fortes" em uma espécie de terapêutica por homeopatia. A proposta eleita pela helenista como uma das mais razoáveis é a de Halliwell, que argumenta a favor da leitura estendida do termo, com realce para as aplicações médicas e rituais. Muitos entendimentos, como se constata, para um único léxico.

Defendo a catarse, na *Poética* inclusive, como um processo de despertar no corpo do ator e do público (em cada pessoa assistente e em todas juntas), a um só tempo e em um só espaço, dois afetos violentos especiais: a compaixão/comiseração (ἔλεος, *éleos*) e o horror/medo (φόβος, *phóbos*). Sustento que tais afetos, na prática teatral, devem ser explorados do ponto de vista da representação e na ação física dos atores e/ou dos espectadores. Proponho, para os dias atuais de tempos virtuais, a catarse o mais corporificada possível. Discordo, por exemplo, de Rui Manuel da Costa Carvalho Brás (2016, p. 189), que afirma ter a catarse trágica "um sentido essencialmente terapêutico, não aplicado ao corpo, mas à alma dos indivíduos, pois pela sua ação esta seria purgada das paixões que, pela sua violência, punham em causa a harmonia do ser." Não entendo que a catarse incida somente sobre a alma, mesmo porque a alma sem corpo é nada; as paixões estão intrinsecamente condicionadas ao corpo. Morre o corpo, vai-se a alma. Se a filosofia assim pensada substitui a experiência, a criação artística realiza uma mescla dinâmica. É demasiado perigoso, quiçá inviável, viver sem um meio concreto. "Dor do corpo e dor da ideia marcam forte, tão forte como o todo amor e raiva de ódio." Alma imortal, corpo mortal? "O corpo não traslada, mas muito sabe, adivinha se não entende."[31] Não seria acaso possível a imortalização da unidade dessas duas instâncias pela hipótese da metamorfose?

> *Tal vez convenga recordar que lo suave dura más que lo duro! El motor de la historia o de la evolución está constituido por cuerpos fracasados: los pobres, los excluidos o los miserables. La historia avanza como un anémico; la humanidad progresa por fragilidades. Todo lo que es sólido es irremediablemente arcaico. Los fluidos, la*

mayoría de los seres vivos, las comunicaciones, las relaciones: nada de todo eso es sólido y duro. Frágil, disperso, fluido, mezclado, así los cuerpos evolucionan flexibles ante la dureza de la razón. Un cuerpo es la confluencia móvil de flujos, turbulencias y deslizamientos: un conjunto de relaciones dinámicas. Así, el cuerpo vivo danza – como las moléculas de Lucrecio en el vacío – y la vida en su conjunto también lo hace.

[...] el cuerpo todo lo inventa: es fluido y flexible, va más allá de cualquier razón o moral que lo constriña. Por eso digo que la cabeza es ingenua y el cuerpo, genial.
(Serres, 2011, p. 135)

Muito provavelmente sob a influência de Serres, penso que a salvação da tragédia é sua corporificação. Compartilho com outros tal modo de trabalhar. "*La creación no nace de la narcosis, sino del entrenamiento, de la experiencia encarnada allí donde la visión toca y el tacto ve: ¡la visión camina o la vida cesa!*" (Serres, 2011, p. 137). Temos em Serres e em Kandinsky (e parcialmente, ainda, em Girard) a fusão do pensamento religioso com o artístico e o político. Suas teorizações são "iluminuras" para a leitura do texto trágico performatizado no mundo contemporâneo. Em entrevista ao programa "Roda Viva", Serres propõe um rumo aprazível para nossos tempos:

Elvira Souza Lima: O senhor publicou, recentemente, *Nouvelles du monde*, já traduzido no Brasil como *Notícias do mundo*. Essa é uma nova forma de pensar o contrato natural, esse livro que leva o leitor a viajar naquilo que você disse, 'o mundo é a biblioteca do filósofo'. Esse livro faz a gente fazer esse percurso onde essa questão da simbiose parece trazida de maneira bastante poética.

Michel Serres: Agradeço a menção a esse livro, de que gosto muito, porque ele me permitiu colocar em destaque, às vezes, grandes amigos. [...] Escrevi o livro por uma razão especial, que é a seguinte: na Antiguidade, os sábios gregos e latinos, quando eram filósofos, achavam que *a filosofia não era algo abstrato*. Não era escrever livros, mas podia-se até escrever. Não era conhecer as ciências, mas podia-se até conhecê-las. *Mas era viver. E o verdadeiro filósofo era aquele que vivia bem, isto é, tinha uma boa vida*. É claro, havia divergências quanto à definição de 'boa vida'. Cada um achava uma coisa. Eu simplesmente quis fazer um livro de vida.[32]

Grifadas as linhas que dirigem meu pensamento, reitero a possibilidade da catarse na perspectiva que encampo. Busco ler e traduzir tragédias incorporando também sugestões de José Paulo Paes. Desse modo, o projeto para a tradução do teatro deve assumir, declaradamente, um "pendor mais pelo concreto do que pelo abstrato." (Paes, 1990, p. 72). Volto-me, desde a tradução, dentro do limite do concreto, para a situação da vida, do cotidiano, porque entendo que, no conjunto, a filosofia, o teatro e a tradução visam à melhoria da vida de todos. Seriam meios para se implementar uma "boa vida" e, no viés da opção de Serres, as tragédias encarnadas integram-se perfeitamente nas cenas da "vida como ela é".[33] Nesse aspecto, como na vida somos às vezes contraditórios e incoerentes, paradoxais, cruéis e insensatos, assim é na tragédia, a catarse simula-o e oferece uma oportunidade para tomarmos consciência de nossas divisões.

Ademais, na prática teatral, a compaixão/comiseração (ἔλεος) e o horror (φόβος) manifestam-se, afirmei antes, como movimentos corporais de sentido contrário e podem perfeitamente alcançar nossas contradições. Observamos, durante os ensaios e exercícios de cena para a montagem de uma tragédia, o treinamento dos atores durante dois anos.[34] A direção, naquele momento indicava: ao "representar a catarse, vamos suscitar o ἔλεος e o φόβος. Como vamos fazê-lo?" Na prática, os atores, para corporificar o primeiro afeto da dupla sugerida por Aristóteles, produziam um movimento bastante óbvio: a moção em direção ao outro; entretanto, para o segundo, φόβος, a movimentação produzida era um impulso de afastamento, quer no fechamento em si mesmo, quer no distanciamento do outro. Rememore-se nesse instante, além do distanciamento brechtiano, o *insight* de Girard e o duplo papel da catarse. Dessa forma, pelo φόβος mantemos a distância – necessária e conveniente – do outro dentro do corpo social; pelo ἔλεος, do mesmo modo, dele nos aproximamos, exercendo nosso dever de solidariedade.[35] Mas será acaso possível ter em um mesmo corpo e num mesmo e único instante esses dois trânsitos? Creio que sim, aliás, tais deslocamentos justificam a minha afirmativa de que estar na multidão tanto protege e fortalece como expõe e enfraquece. A multidão tanto comprime o corpo quanto o dilata. Ἔλεος é afeto de acolhimento, expansão, amplificação, dilatação; φόβος de rejeição, recolhimento, encolhimento, bloqueio, limite. Posições de súplica e horror em representações de vasos gregos comprovam esses movimentos já na Antiguidade.[36]

Os mesmos afetos, se focalizados pelo resultado alcançado no interior do corpo do espectador ou do ator, são ações que acarretam roturas e realizam a divisão *esparagmática*:[37] vivenciar simultaneamente a comiseração e o horror (ἔλεος καὶ φόβος) é ficar entre a "cruz e a caldeirinha", é saber que "se correr o bicho pega, se ficar o bicho come" e, nessa aporia, bem se pode dizer: "Explode, coração, torna-te outro!" Ao fim e ao cabo, somos tomados pela sensação de aproximação do terrível (que provoca o desejo de fuga) e pela incitação ao êxito (no enfrentamento que fortalece e expande). Não há catarse sem corpo. Há, inclusive, a possibilidade de que a catarse seja vista como um movimento constituído no conjunto de corpos que atuam na cena de modo a formarem quiasmas físicos que mostrarei mais à frente. De fato, o que sugiro é a unidade na ação artística segundo palavras de Nachmanovitch.[38]

De outro modo, para nos instigar a pensar sobre a unidade física em um texto trágico, vejamos o *Édipo Rei* de Sófocles. Que reações poderíamos ter ao vê-lo? Como acontecem – corporificadas – as suas palavras? No texto grego, lido em grego ou traduzido, corporificado e encenado, no texto materializado o protagonista tem os pés inchados, correto?! Que me dizem? Como são os movimentos de um homem que carrega dor e peso em seus pés? Qual a extensão de seus passos, a largura do seu caminhar? Qual a elegância e solenidade da sua marcha claudicante? E a sua voz, como há de ressoar ritmada pelo seu oscilante passo? Como age aquele que, por força de um impulso, de um ato impensado, extirpou o pai, a raiz de sua raça? Que volume, que cor, que tamanho teriam os seus pés, atravessando o espaço cênico à nossa frente? Seriam incômodos, não? Veementes, enfáticos, exclamativos pés edipianos! Recorro ao coro do próprio Sófocles em passagem do seu texto:

> Φοιτᾷ γὰρ ὑπ᾽ ἀγρίναν
> ὕλαν ἀνά τ᾽ ἄντρα καὶ
> πετραῖος ὁ ταῦρος
> μέλεος μελέῳ ποδὶ χηρεύων,
> τὰ μεσόμφαλα γᾶς ἀπονοσφίζων
> μαντεῖα· (475-481)

> Aí, ele vai-e-vém de alto
> a baixo, rudes abrolhos
> e duros antros, touro
> canhestro, canhestro pé, largado,
> a fugir das umbilicais adivinhas
> da terra!

Como pensar um Édipo ágil em cena? Seus pés magníficos são condição espetacular. São eles que denunciam sua dor permanente de "fera ferida"; eles recordam o repisado ultraje de uma mãe que o mandou atar. Seus pés se arrastam à procura de uma saída nunca encontrada. A forma e o tamanho deles impõem leis enérgicas, mesmo que sutis, para o ator. Todo tipo de ação produzida, mecânica ou programada, bem como as nossas ideias e sentimentos, dependem desses pés. Existe um diálogo contínuo, um contrato entre esta base que (mal) sustenta o rei e o nosso olhar. Muitas vezes, o enigma que obstrui a existência desse infeliz é resolvido com facilidade, inconscientemente, pelo olho de quem o vê. O grande rei, com seus pés intumescidos e sua mente brilhante – paradoxo encarnado –, traça o movimento de busca e cegueira na peça. O corpo dele está limitado por muitas regras que, infelizmente, não foram decretadas por leis divinas, que não lhe são inerentes, mas aplicadas pelo homem e pela mulher que o geraram e que mandaram perfurar-lhe os pés. Este corpo edípico o que pode em cena? E não somente Édipo, mas o que pensar de Filoctetes, o chagado? De Cassandra, a regularmente possuída e violentada por Apolo? De Héracles, ardendo sob um manto envenenado? Segundo um romancista mineiro:

> (...) a vida, a morte, tudo é, no fundo, paradoxo. Os paradoxos existem para que ainda se possa exprimir algo para o qual não existem palavras. Por isso acho que um paradoxo bem formulado é mais importante que toda a matemática, pois ela própria é um paradoxo, porque cada fórmula que o homem pode empregar é um paradoxo. (Rosa; Lorenz, vol. 1, 2009, p. 36)

Concentrando-nos na prática teatral e no desafio de, no mesmo corpo, expressar simultaneamente essas emoções (compaixão/comiseração e horror), constatamos, como pude observar nos ensaios com os atores, dificuldades. O resultado é, indubitavelmente, a impossibilidade, a aporia. Disso decorre, insisto, a dilaceração da vontade do corpo que age, porque esses gestos – não os sentimentos nem os conceitos – são conflitantes, e levam o ator ao despedaçamento. Trata-se, efetivamente, de, no teatro ritual, alcançar a experimentação de Dioniso Zagreu, para, na etapa pós-ritual, tornar-se Dioniso renascido cheio de júbilo. Do um para muitos. Do corpo individual para o corpo coletivo.

Logo, teatro para grandes auditórios é estratégia de alargamento do corpo individual em corpo coletivo, protegido no anonimato e livre para agir poderosamente sobre os próprios traumas. Teatro é remédio para os traumas do corpo coletivo que participa da ação cênica seja agindo, seja assistindo. Nesse ponto, acredito firmemente que, por mais que se defenda a passividade de um espectador de tragédia (Taplin, 1991, p. 14-15 e seguintes), há ação produtiva na contemplação. Trata-se de um corpo que não se limita a ver e ouvir; ele olha e reage (tosse, ri ou sorri, aplaude, chora, rechaça, reflete...) e, ao fazê-lo, ainda que não haja pausa prevista, interfere na ação dramática, no desempenho do ator. Há circunstâncias em que inevitavelmente o ator é obrigado a esperar a interrupção para continuar seu estrelato. Em suma, o corpo coletivo que assiste é também um agente:

> quer-se distante para poder observar, confortavelmente, as paixões devastadoras que o poeta propõe. Distanciado, ele pode identificar em si os desejos mais execráveis, os impulsos mais violentos sem se comprometer, afinal, ele está em um mundo isolado (o espaço e o tempo do espectador diferem dos do poeta) e por isso se sente preservado. Ele e o poeta criaram fronteiras imaginárias que ajudam "a mente a intensificar o sentido de si mesma mediante a dramatização da distância e da diferença, enfatizando o que lhe está próximo e o que lhe está distante." (Barbosa, 2007, p. 337)[39]

Na contemplação, os ganhos das catástrofes são muitos. Como argumento, peço licença para citar Benjamin, que discorre sobre as nossas muitas camuflagens para, em seguida, destacar as vantagens de encararmos nossas derrotas mais ocultas. Para ele, são três as camadas de ocultamento do fracasso. Deixo sem comentários as duas primeiras.

> E, como se ainda não bastasse, aquela última camada, a mais amarga, em cuja profundeza Leopardi penetra com palavras: "A confissão da própria dor provoca não compaixão mas prazer e desperta, não apenas nos inimigos mas em todos os homens que dela se inteiram, alegria e não tristeza, pois isso é de fato uma confirmação de que a vítima vale menos que nós mesmos. Mas quantas pessoas seriam capazes de acreditar em si próprias se já o intelecto lhes segredasse o juízo de Leopardi? Sentindo repugnância pela amargura desse conhecimento, quantas não o cuspiriam? [...]
>
> Onde fracassamos devido à nossa fraqueza, aí nos desdenhamos e nos envergonhamos dela. Mas como somos fortes, aí desdenhamos nossas derrotas, aí nos envergonhamos de nossa má sorte. Reconhecemos nossa força através da vitória e da sorte?! Quem pois não sabe que nada nos revela tanto como elas mesmas, nossas mais profundas fraquezas. Quem depois de um triunfo no combate ou no

amor, já não sentiu passar sobre si a pergunta, como num calafrio voluptuoso da fraqueza: Acontece comigo, a mim o mais fraco? – Acontece de modo distinto com as sequências de derrotas nas quais aprendemos todas as manhas do soerguer-se e nos banhamos em vergonhas como em sangue de dragão. Seja a glória, o álcool, o dinheiro, o amor – onde alguém tem sua força, não conhece nenhuma honra, nenhum medo do ridículo e nenhuma postura [...] só onde estamos assim imundos, aí somos invencíveis.[40]

Será que, uma vez que não há solidariedade, deve-se esconder a própria dor? É isso que queremos? Aristóteles, quando fala de catarse – veremos mais adiante –, insiste na (com)paixão. Permitir que alguém se esconda para não se tornar "chacota", para não ser motivo de escárnio[41] talvez não fosse um bom caminho para formar pessoas socialmente seguras. Ao desdenharmos de nossas fraquezas, as quais, no entanto, são mais poderosas que nossa força e crescem à medida da negligência com que as tratamos, estaríamos dispostos, depois, a nos vermos reféns delas? Talvez fosse bom encará-las de frente, todavia fazemos o contrário: escondemos e sufocamos. A tragédia "areja" o fracasso, expõe a ferida para a cura. O sangue escorre como lava, com ele escorre o veneno.

Por tais motivos quero resgatar a "função tragédia" e me ponho a estudar, traduzir e encenar tragédias, sustentando-me prioritariamente nos filósofos marginais, pouco ortodoxos. Estudar, porque essa é a obrigação básica de qualquer investigador; traduzir para me fazer coautora junto a parceiros esplêndidos; encenar para incorporar o escrito e testá-lo em sua exequibilidade cênica. Ela, a tragédia é, neste sentido, uma corporificação de afetos (πάθη) violentos, uma retórica encarnada e feroz, a concretização visível dos entraves, dos obstáculos e do amargor em nosso próprio fígado. Ela é também uma sensibilização que gera a preparação para enfrentamentos de todo tipo.

Por conseguinte, quando escolho suplementar com o corpo a tradição clássica e filológica de abordagem dos textos trágicos, faço-o na certeza de estar oferecendo um instrumental prático para a sociedade brasileira, já que tais sobreabundantes afetos violentos mansamente incontroláveis são vivenciados ainda hoje em nosso país.

Recordemos de passagem somente as cenas dos telejornais e os relatos envolvendo os irmãos Christian e Daniel Cravinhos e a então namorada de Daniel, Suzane Louise von Richthofen. O trio cometeu em 2002 dois homicídios, agravados como parricídio por parte de Suzane. Rememoremos ainda o incidente ocorrido com a menina Izabela, de cinco anos, em 2008. Anna Carolina Jatobá, madrasta da criança, e Alexandre Nardoni, pai dela, foram condenados pelo júri popular, que considerou o genitor culpado de filicídio e Anna Carolina, de infanticídio. No ano de 2014, fácil nos será relembrar Graciele Ugulini e Leandro Boldrini, que aparentemente repetiram o mesmo esquema criminoso que teria sido praticado pelo casal mencionado há pouco. Não podemos nos esquecer tampouco de Elize Matsunaga, que, sozinha, teria matado e esquartejado o marido, Marcos Kitano Matsunaga, em abril de 2012; e dos canibais de Garanhuns, Jorge Beltrão, Isabel Pires e Bruna Silva. Embora o termo "tragédia", curiosamente, seja mais usado pela imprensa para tratar de fatalidades e casos de responsabilidade indireta (desastres naturais como enchentes e desabamentos, acidentes automobilísticos, aeronáuticos, náuticos, incêndios, afogamentos), eis aqui, nessas personagens mencionadas, nossos Édipos, Electras, Medeias, Clitemnestras, Licáones, Atreus, Tiestes, Dejaniras, Héracles, todos brasileiros nascidos e criados no nosso quintal.

Com particular atenção deve ser observada a avidez da população pelas notícias de casos similares, que em geral são experimentados pelos "espectadores" em situação limítrofe com o ficcional. Considero duvidoso o processo de estabelecer o distanciamento do fato real a ponto de torná-lo ficcional. Nessas circunstâncias de atos escandalosos e dolorosos, prefiro tratá-los pela ficção pura, bem entendido, a ficção que assim se apresenta como tal e nos moldes de Luciano de Samósata.[42]

Durante o processo tradutório, meu interesse se volta principalmente para entender a amarração e o desencadeamento das ações efetivado na dramaturgia do texto, da cena e do espaço. Tomamos o dramaturgo antigo, ponto de partida e parceiro nas linhas de constituição do novo texto, isto é, da tradução, como um observador privilegiado do humano e de seu entorno. Para abordar suas palavras, centro-me primordialmente na função que elas ocupam a fim de gerar um texto espetacular e teatral, catártico e curativo.[43] Daí, comecei a sistematizar e teorizar o processo de tradução funcional e colaborativa de teatro ao longo de vários anos de trabalho com atores e estudantes de grego. Segui os passos de Curt Meyer-Clason.

> Em meu trabalho de traduzir procedi de maneira funcional. A tradução funcional dispensa conceitos tais como "literal" ou "livre", pois são conceitos vagos, equívocos que nada sabem daquela fidelidade ao espírito da obra oriunda de uma afinidade interior de identificação artística – casual ou elaborada. Fiel, em meu sentido funcional, pode significar muita coisa: literal, homogêneo em variação

negativa; traduzir para o idiomático, mas ser mais fiel que uma versão ao pé da letra, e muitas coisas mais. (Meyer-Clason, 2003, p. 152)

A partir da proposta de Meyer-Clason entendi ser possível reproduzir a força dos desejos, sucessos e fracassos de seres que se colocam no jogo atroz, ἀγών, dessa vida, estivesse ela sendo vivida em Atenas ou em Belo Horizonte. Nelson Rodrigues, que sempre frequentamos, foi, ainda, um fator inspirador. Jornalista e dramaturgo, ele percebeu de perto como é fácil desviarmo-nos do real e torná-lo uma saborosa (ou dolorosa, mas nem por isso menos prazerosa) ficção. É possível que – em se tratando de uma abordagem de um público heterogêneo e volumoso – sua necessidade de assumir a ficção como ficção tenha se concretizado no ato de escrever textos de teatro. Parece-me que o jornalista vislumbrou a importância de um distanciamento por meio de uma recepção que abraça o ficcional. Talvez por isso tenha se decidido a provocar a reflexão dos fatos presentes em suas tragédias, teatro declaradamente teatro e não, como se supõe, o contrário, ou seja, distanciar-se dos fatos para evadir-se em ficções.[44]

E, estando a falar de um dos maiores tragediógrafos brasileiros, recupero o tema do fracasso comentando a "endecha" da "Divina Goleada" (Rodrigues, 1993, p. 27-28), crônica desse nosso paradigma para a *Manchete Esportiva*. Nela, o escritor comentava a acirrada disputa da decisão do campeonato carioca de 1955 com o resultado de Flamengo 4, América 1. Hoje talvez comentássemos a derrota brasileira no 7 a 1 da Copa do Mundo de 2014. No campeonato carioca disputado com atraso, em 4 de abril de 1956, o rubro-negro foi laureado tricampeão. No espírito dos ἀγῶνες antigos, Rodrigues utiliza-se de um léxico que reúne os campos semânticos dos jogos, da religião e do mistério. Nos conformes trágicos, admite a possibilidade do paradoxal: um time que venceu o outro por 5 a 1, inexplicavelmente, ser vencido pelo seu oponente por 4 a 1 quatro dias depois. A justificativa do jornalista é toda grega:[45]

> Certos escores são proibitivos, fatais. Por exemplo: – 5 X 1. É uma goleada e vamos e venhamos: – qualquer goleada promove duas vítimas – o que perde e o que ganha. Basta olhar a história do futebol. E nós temos, à mão, um exemplo crudelíssimo, que ainda hoje enfurece: – o *match* Brasil X Espanha. Perdemos o campeonato do mundo porque, dias antes, goleamos os espanhóis de uma maneira quase imoral. Tivéssemos obtido uma vitória mais sóbria e menos feérica, trucidaríamos o Uruguai com um pé nas costas. (Rodrigues, 1993, p. 27)

Em termos gregos: o fracasso (καταστροφή, *catastrofé*) do perdedor detona a arrogância (ὕβρις, *hýbris*) do vencedor, que, acometido de uma cegueira inexorável (ἄτη, *áte*), não enxerga "um palmo diante do nariz".

> Não fosse essa cegueira crassa, e teríamos percebido tudo. [...] Quero dizer: – a depressão rubro-negra, naquele domingo, era um precário disfarce dos seus brios enfurecidos. E, ao sair de campo, sob o impacto de tantos gols, sangrando de humilhação, o Flamengo já devia levar o estigma, ainda imponderável, do tricampeonato. A tragédia do América foi ter dado ao rival, no último, ou por outra, no penúltimo momento, o incentivo final e decisivo. Deu-se o inevitável [...]. (Rodrigues, 1993, p. 28)

Iniciando por um conceito tipicamente trágico, a ἄτη (cegueira advinda dos deuses), ou obnubilação do espírito, o jornalista pernambucano radicado no Rio mostra que o fracasso mor, a humilhação absoluta é mola de reerguimento. Ele usa claramente uma palavra grega, στίγμα, marca, sinal – no contexto, predestinação –; pensa, portanto, na peleja futebolística como uma tragédia. O trecho se fecha com a palavra "inevitável" que pode ser adotada como uma tradução da tão famosa ἀνάγκη. O ensinamento para os torcedores foi objetivo: nada melhor para forjar um vencedor que uma derrota acachapante. Estamos diante do provérbio francês que Eugenio Barba cita e comenta diante do papel duplo da catarse:

> Há uma regra que os atores conhecem bem: comece a ação na direção oposta àquela para a qual a ação será finalmente dirigida. Esta regra recria uma condição essencial para todas as ações que na vida cotidiana exigem certa quantidade de energia: antes de desferir um golpe, afasta-se o braço; antes de saltar, dobra-se um dos joelhos; antes de avançar para frente, inclina-se para trás: *reculer pour miex sauter*. (Barba; Savarese, 1995, p. 57)

Ou ainda, em se falando de ações contrárias para se chegar ao ponto almejado: "*La ley de la experiencia muestra que exponerse fortifica y que protegerse en exceso debilita. Las formas del dolor y los modos del padecer abren el cuerpo a la existencia y a los aprendizajes más inesperadas.*" (Serres, 2011, p. 138). Um grande fracasso pode gerar uma grande vitória, que põe em xeque a catarse da teoria girardiana, atrelada à figura do bode expiatório.

O final da crônica de Nelson Rodrigues guarda a tradução cultural do πάθει μάθος, do aprender no sofrimento, do "vivendo se aprende", do valor do treino: guarda-o de forma memorável.

> O triunfo do Flamengo encerra uma luminosa e aguda lição de vida. Ele foi humilhado e sabemos que a humilhação, a grande e irresgatável humilhação, confere aos homens e aos times uma dimensão nova, uma potencialidade irresistível. O 'mais querido' devia ter, à mão, sempre, um adversário que o goleasse de 5 x 1, o maior número possível de vezes. E assim espicaçado, assim transfigurado, acabaria sendo tricampeão todos os anos. (Rodrigues, 1993, p. 28)

Eis a lógica do trágico. Há força jubilatória nele. O bode expiatório, o Flamengo – cinco vezes golpeado pelo América – reergueu-se da destruição, curou-se. Fosse Nelson Rodrigues um acadêmico e diríamos que ele escolheu um léxico insubstituível para propor a teoria da tradução cultural da tragédia grega em uma disputa de futebol. A *Poética* aristotélica lateja no vocabulário da crônica rodriguesiana: batalha, ἀγων; absurdo, παράδοξον; mistério, μυστήριον; abismo, βάραθρον; fatal, θανάσιμος; vítima, κάθαρμα; vitória, νίκη, trucidar, espicaçar, σπαράσσω; cegueira, ἄτη; inevitável, ἀνάγκη. E para o torcedor fanático, com efeito, toda derrota é vivida como uma tragédia pessoal.

No campo de futebol ou no teatro, portanto, é urgente ouvir, entender e ver os fracassos de nossa sociedade; e para mim, a tragédia, melhor que as reportagens e os jogos – porque ao relato acrescenta a preocupação estética e o distanciamento garantido no pacto ficcional –, exibe-os com a sofisticação de pesquisa teatral *made in Greece*. Mas de que tragédia estou falando? Certamente não é daquela que um dia vocês começaram a ler e cedo abandonaram, dizendo, enfarados: "Que coisa chata, que falatório pesado, comprido, arrastado..."

Dissertei sobre pressupostos que preconizo. Por ora, afirmo apenas que tenho em mente o gênero que trata da violência doméstica e urbana, da disputa pelo poder, do estilo que sacia nosso desejo pela crueza e pelo perigo e que instiga e concretiza toda uma angústia do desconhecimento de si. Considero esses temas de importância superior; são eles que nos impelem a difundir a arte trágica e a torná-la acessível para o grande público em teatros de arena apinhados. Para mim, esse tipo de tragédia – que de resto é toda e qualquer tragédia ática – é quase um programa de ensino, é um tema de relevância nacional.[46]

Pois bem, à parte tudo o que foi arrolado e justificado e à parte também a óbvia qualidade dramatúrgica de um *corpus* que resistiu vinte e seis séculos, passo a falar de uma retórica explosiva das tragédias, retórica que é um rico material para reflexão e estudo nos campos da análise do discurso, da filosofia, da política, da ciência social, das ciências da afetividade e da ética e constitui-se, igualmente, como um arsenal valioso para a observação de nossos mais velados comportamentos, gritos calados, sussurros exagerados e gestos dissimulados.

Uma ressalva: julgo que, para detectar os mais sutis lances retóricos, é preciso que o analista seja tradutor e tradutor meticuloso, que leia o texto e sofra o processo de reescrevê-lo para a função cênica, pois é nela que os sentidos se sobrepõem e concretizam, em tempo real, o πάθος. Essa é minha metodologia. Digo mais: dos textos em prosa ou em verso, romances, poesias, cartas e discursos, o texto teatral é o mais exigente na tradução; ele, com seu estatuto duplo de recepção (leitor e espectador), justifica variadas, mutantes e coletivas traduções.

Reitero o que afirmei no princípio: a tragédia é de importância máxima para a formação do brasileiro. Sua matéria nada tem de inacessível, pelo contrário, é assunto comum a todos. Considero para ela o que pensava João Guimarães Rosa:

> A Europa é um pedaço de nós; somos sua neta adulta e pensamos com preocupação no destino, na enfermidade de nossa avó. Se a Europa morresse, com ela morreria um pedaço de nós. Seria triste, se em vez de vivermos juntos, tivéssemos de dizer uma oração fúnebre pela Europa. Estou firmemente convencido, e por isso estou aqui falando com você, de que no ano 2000 a literatura mundial estará orientada para a América Latina; o papel que um dia desempenharam Berlim, Paris, Madrid ou Roma, também Petersburgo ou Viena, será desempenhado pelo Rio, Bahia, Buenos Aires e México. O século do colonialismo terminou definitivamente. A América Latina inicia agora o seu futuro. Acredito que será um futuro muito interessante, e espero que seja um futuro humano.[47]

As traduções de tragédia que proponho visam a incorporar estes textos avoengos ao patrimônio do brasileiro comum, quero descolonizar a vertigem erudita que se apossou dos áticos. Pleiteio "um teatro que fosse popular e elitista para todos" (Mnouchkine *in* SESC, 2011),[48] e, nessa perspectiva, defendo, juntamente com a atual tendência na literatura comparada, que os estudos clássicos se voltem para uma abordagem inclusiva, levando em consideração princípios de igualdade e negociações culturais, e aliando à tradicional sofisticação linguística e filológica os conhecimentos suplementares do nosso próprio meio cultural ativo, de modo que se possa abordar a tradução do "outro" (os gregos antigos) não só pela língua, mas por um tipo de linguagem que revela a hibridez irredutível de todas as línguas por meio da performatividade da cultura. Afinal, se "[o] texto verbal é ciumento de sua assinatura linguística", ele é, por outro lado, "impaciente com a identidade nacional", e o que se pode perceber é que "a tradução floresce desse paradoxo" (Spivak, 2009, p. 19-20).[49] Zelo e cuidado com a língua antiga frente à ação contrária de se libertar dela e trazê-la para o contemporâneo; dessa contradição surge uma imaginação preparada para o trabalho da alteridade, por mais imperfeita que ela seja. E isso nos dará melhores condições para lidar com a situação do desconhecimento para, paulatinamente, transcodificar a mensagem do outro do passado (Spivak, 2009, p. 24-25).

E porque tragédia é canto e música, direciono meu olhar igualmente para Heitor Villa-Lobos. Recorto um trecho de *Educação musical*. Como o maestro carioca, proponho simplesmente trocarmos um termo pelo outro, música por tragédia:

> Primeiramente, procuramos distinguir a música-papel da música-som [a tragédia-papel da tragédia-teatro-encenação], de modo a tornar bem claro que se a música [tragédia] não vive do som [e do corpo em ação] não tem nenhum valor, qualquer que seja o estudo acadêmico que se lhe devotou. E isto nos leva ao segundo aspecto do nosso problema – a finalidade do ensino da música [tragédia]. Por que se estuda música [tragédia]? Não há de ser, por certo, com o único propósito de ler ou escrever notas. Se não houver nenhum sentido nem alma, nem vida na música [tragédia], esta deixa de existir. Assim, deve-se ensinar música [tragédia], desde o começo, como uma força viva, do mesmo modo que se aprende a linguagem. [...]
>
> Outra grande necessidade em matéria de educação é a do preparo estético coletivo. Que é a beleza? Não é de modo nenhum um conceito absoluto. Considere-se um vaso sobre a mesa: você que o viu pela primeira vez acha-o estranho e feio, enquanto nós não participamos dessa opinião. Qual de nós tem razão? O nosso sentido estético é condicionado pelo hábito e pela educação. Habitue-se o *ouvido* [e a visão] de nossa juventude ao que, segundo a nossa herança acumulada, é belo, – e o seu gosto será são. E quando o ouvido da massa estiver treinado, educado,

habituado a belos sons [e performances], chegará então o fim da música-papel [tragédia-papel], puramente experimental e acadêmica de chamados 'modernos' que não têm alma, nem sentimento humano, em uma palavra, – sem naturalidade. O terceiro elemento na nossa vida musical [teatral] é o artista executante que tende, ainda, para a tradicional atitude de considerar sua arte e a si mesmo como artista elementos estranhos ao curso geral da humanidade. Como isto é falso! A arte existe para exprimir e satisfazer a humanidade. O verdadeiro ideal do artista é servir à massa do povo, dar-lhe alguma cousa que, graças aos seus dons naturais, só ele pode dar. (Villa-Lobos, 1991 *apud* Santos, 2010, p. 67)

Estou em sintonia com Villa: se não houver nenhum sentido, nem alma, nem vida na tragédia, esta deixa de existir; se não formos adestrados e nos habituarmos apenas às cenas curtas e descartáveis, com raras exceções (Maciel, 2014, p. 29-30), dificilmente teremos força física para ver uma tragédia e, finalmente e o que é mais importante, a tragédia existe para a humanidade, não para um pequeno grupo de iniciados. Com a influência desse músico, compositor, pedagogo e artista tão controverso, e apoiada sem-cerimônia na produção de outros tantos estudiosos e criadores, pensei a tragédia e propus traduções funcionais e coletivas dos textos antigos. Postulei que o teatro é necessário e a tragédia, teatro sendo, é essencial. Ela pode ser lida como metonímia do processo vital. Nos termos de Kandinsky adaptados à nossa teoria, a cena é um ponto na linha da nossa vida. Dessa forma acentuei ainda mais o entendimento da tragédia – e do teatro – como sendo natural, física e muito corporal, até mesmo como um serviço de utilidade pública.

Todavia, há premência de traduções funcionais, coletivas e corporificadas de tragédia grega no país, já que essa arte longeva, no Brasil, calçou coturnos altos e desfila somente entre eruditos. Pleiteio, com este livro, que ela volte a andar no meio do povo, tal qual usava fazer na Grécia Antiga. Por esse excludente estado de coisas, culpabilizo, em certa medida, Aristóteles, por iniciar uma fatídica separação entre o texto e a cena, mas no mesmo filósofo valorizo o conceito de catarse. Esta é entendida como um processo, mais uma vez, inteiramente corporal, pois afeto, raciocínio e inteligência são também corpo e nunca se realizam sem um corpo. A catarse nos ensina a lidar com as catástrofes; a tragédia exibe as pistas, os atalhos, os bloqueios. Por isso, sugeri o escancaramento de nossos fracassos como meio de conhecimento pessoal e superação de problemas. Advogo o poder dos limites e derrotas. Conjugo meu entendimento com o que recomenda outro músico, Stephen Nachmanovitch:

Se soubermos que nossos inevitáveis contratempos e frustrações são fases do ciclo natural do processo criativo, se soubermos que nossos obstáculos podem se transformar em beleza, poderemos perseverar até a concretização dos nossos desejos. Essa perseverança é muitas vezes um verdadeiro teste, mas há meios de passar por ele, há placas de sinalização. E a batalha, que é certamente para toda vida, vale a pena. É uma batalha que gera um incrível prazer e uma enorme alegria. Todas as nossas tentativas são imperfeitas, mas cada uma dessas tentativas imperfeitas traz em si a oportunidade de desfrutar de um prazer que não se iguala a nada deste mundo. (Nachmanovitch, 1993, p. 23-24)

No próximo capítulo falarei mais do teatro, do comum dos homens, da oralidade, da dramaturgia e da filologia; no terceiro capítulo, me deterei na ambiguidade da interjeição. Firmarei meu percurso sobre o pressuposto de que a linguagem humana não se limita apenas à dimensão cognitiva, pois, como afirmou nosso conhecido Aristóteles, todo λόγος tem significado, se bem que nem sempre declarativo. Há λόγοι que são simplesmente estratégias de contato. A um compete somente a função de dizer o verdadeiro ou o falso; o resto prescinde da ideia de significado, cumpre outras múltiplas funções. Mas recordemos: ἔστιν δὲ αὕτη [ὑπόκρισις] μὲν ἐν τῇ φωνῇ, πῶς αὐτῇ δεῖ χρῆσθαι πρὸς ἕκαστον πάθος... (mas ela [a performance] está na voz, em como carece usá-la para cada emoção...) (cf. Aristóteles, 1995, 16b33-17a7).[50]

Notas

1. Não poderia, nessa passagem, deixar de citar um comentário de Dias Gomes no programa "Roda Viva": "[Reflexão] Do teatro, por exemplo, de conscientizar. Na televisão ela é muito dificultosa, pelo processo mesmo em que a televisão é feita e exibida. A televisão é exibida em uma sala, com luz acesa, com criança chorando, cachorro latindo, campainha tocando e tal. Então você propor uma reflexão profunda sobre algum tema na televisão, você está inteiramente deslocado. No teatro você pode fazer isso..." Dias Gomes, "Programa Roda Viva", 12/06/1995. Disponível em: <http://www.rodaviva.fapesp.br/materia/405/entrevistados/dias_gomes_1995.htm>.

2. Vade retro!

3. Pela agudeza de percepção, cito Oliver Taplin em Greek Tragedy in action (2003, p. 7): "The theatre of the mind has no shape, no conventions, no stage-management, except any that may be imposed, consciously or unconsciously, from time to time. If we imagine Greek tragedy with a proscenium arch or artificial lighting or detailed facial expressions then we shall both add much that is not to the point and lose much that matters. Now, I have argued [...] that much of the visual dimension is unaffected by such temporal externals: none the less, if we are to pay due respect to the dramatist's own original realization of his work, then we cannot neglect the actualities of his theatre, its layout, its facilities and so forth." Em tradução nossa: "O teatro mental não tem forma, nem convenções, nem direção de cena, exceto a que possa ser imposta, consciente ou inconscientemente, de tempos em tempos. Se imaginamos a tragédia grega com um proscênio arqueado ou iluminação artificial ou expressões faciais minuciosas, então deveremos tanto adicionar o que não é o foco quanto perder muito do que interessa. Ora, defendi [...] que muito da dimensão visual não é afetada por tais circunstâncias externas: contudo, se queremos dar o devido valor à própria concepção original dos dramaturgos, então não podemos negligenciar a atualização de seu teatro, sua configuração, suas instalações e assim por diante."

4. A metáfora que utilizamos é reformulação daquela outra de Walter Benjamin: os afetos (πάθη/ páthe) são como citações, interferências de outros, que invadem nosso ser e modificam nossa maneira de agir. As palavras de Benjamin, na tradução de Rubens Rodrigues Torres Filho e José Carlos Martins Barbosa, são: "Citações em meu trabalho são como salteadores no caminho, que irrompem armados e roubam ao passeante a convicção". (Benjamin, "Quinquilharias", 1987, p. 61).

5. Entenda-se aqui a Memória que se constitui para o esquecimento, nos moldes de Hesíodo (Teogonia, v. 53-55) e como a interpreta Jacyntho Lins Brandão em Antiga Musa: arqueologia da ficção (2005, p. 75-91).

6. Vale recordar o que asseveram os antigos pelas palavras de Demétrio em Sobre o estilo, § 100: "[T]udo o que está subentendido dá mais medo: um imagina uma coisa, o outro, outra. Já aquilo que é claro e evidente é natural que seja desdenhado, como alguém que estivesse despido"; "§ 193 Sem dúvida, o estilo desarticulado serve melhor ao debate e, inclusive, ele é chamado de teatral, pois a disjunção dá dinâmica à cena. O estilo escrito, ao contrário, cabe à leitura, e esse sim possui ligação entre os termos, o que é garantido, então, pelas partículas. Por isso, na maioria das vezes, graças a seu estilo desarticulado, Menandro é encenado, enquanto que Filêmon é lido." e "§ 194 Que a disjunção é teatral, eis um exemplo: Te concebi, te pari, te criei, ó querido! Assim desarticulado, forçará a ser teatral mesmo aquele que não o queira, graças à disjunção. Se, porém, disseres, empregando a partícula 'te concebi, e te pari, e te criei', junto com as partículas, trarás uma grande apatia, e aquilo que é apático é exatamente o contrário do teatral." E no "§ 226 na escrita, a disjunção acarreta falta de clareza, e seu caráter mimético não é familiar à escrita como o é ao debate"; e mais o § 254, "Afinal, é mais veemente aquilo que está subentendido; uma vez explicado, ao contrário, não chama a atenção", e também o § 269: "Mas, dentre todas as figuras, é preciso saber, a disjunção é o principal fator de veemência. Um exemplo: Atravessa a ágora, inchando as bochechas, com as sobrancelhas levantadas, andando igual a Pítocles. Se isso for amarrado com partículas de ligação, tornar-se-á mais dócil"; e ainda: "§ 272 Beleza, além de alguma precisão, aqui se destaca; contudo a veemência requer certa severidade e concisão, ela é como um combate corpo a corpo." (Demétrio in Freitas, 2011, p. 127, p. 147, p. 152, p. 157, p. 160, p. 161). Tradução

de Gustavo Araújo de Freitas. Vamos nos servir de Demétrio (séc. I a.C.?) como referência para o conceito de estilo.

7. Aludo à expressão πάθει μάθος (*páthei máthos*) e ao v. 177 da tragédia *Agamêmnon*, de Ésquilo. No trecho, o dramaturgo propõe a vivência-sofrimento-afetação como meio para adquirir a sabedoria. Ésquilo diz, através do coro, que Zeus é:

Guia com vigor postado,	τὸν φρονεῖν βροτοὺς ὁδώ-	
lume que treina os	σαντα, τὸν πάθει μάθος	177
viventes para sofrer! Aí	θέντα κυρίως ἔχειν·	
goteja no coração uma fadiga de	στάζει δ'ἔν γ'ὕπνῳ πρὸ καρδίας	
remorsos mesmo no sono e até	μνησιπήμων πόνος· καὶ παρ'ἄ-	
para um turrão a lucidez chega:	κοντας ἦλθε σωφρονεῖν·	
favor bruto de deuses de algures	δαιμόνων δέ που χάρις βίαιος	
atracados em graúdo timão.	σέλμα σεμνὸν ἡμένων.	

A partir de agora, todas as traduções, quando não se mencionar o tradutor, são de minha responsabilidade. Procuro, a modo de exercício, utilizar nelas o tom, o léxico e a sintaxe rosiana. Todas elas são homenagem ao romancista. Esta de Ésquilo foi gerada tomando por base a edição de Dario Del Corno (Eschilo, 1981).

8. Penso no λόγος no sentido que se pode depreender da argumentação de Manfred Kraus ("Aristotle on the arts of spoken word: correlations between his Retoric and Poetics", 2010, p. 95-108). Compreendo que o λόγος, com todas as suas possibilidades de sentidos na Grécia antiga, significa quase sempre palavra em ação, ou seja, palavra pensada, denunciada e fabricada para mover os afetos de um ouvinte, auditório ou plateia, de um leitor, um interlocutor...

9. Tradução a partir da edição de R. D. Dawe (Sophocles, *Oedipus Rex*, 2006).

10. A noção da tragédia como um gênero nobre e elegante alcançou muitos adeptos, entre eles Lessing (1998, p. 85), que insiste no mote da beleza da forma "teuto-helênica" de interpretar as tragédias. De modo diverso da posteridade dos europeus, a beleza da forma teuto-helênica, segundo Lessing, é "mais aquinhoada em entendimento" e capaz "de dominar melhor" o corpo, a boca e os olhos, sobrepujando os gregos, que externavam suas dores e aflições exageradamente, e, sem se envergonharem por tal motivo, exibiam escancaradamente qualquer uma de suas fraquezas humanas. Desejo afirmar, todavia, que julgo a postura de Lessing por demais (in)decorosa, e dela não compartilho.

11. Trata-se de uma frase interjectiva decorrente de uma outra frequente em Guimarães Rosa e, portanto, em nossa cultura: "Chagas de Cristo". A frase vem de uma oração católica proferida na Festa das Cinco Chagas, ligada à veneração das cinco chagas de Cristo na cruz. A devoção tem, oficialmente, início com o juramento do rei D. Afonso Henriques, o qual se conserva no Arquivo do Real Mosteiro de Alcobaça (cf. Galvão, 1906, p. 187-190; cf. também Camões, 1991, canto I, 7).

12. Em *Contrato natural* (1998), o pensador francês Michel Serres parte da ideia do contrato social de Thomas Hobbes para propor bases de respeito mútuo entre o homem e o planeta. Ele exorta: a natureza usurpada de seus direitos reage, é melhor estar atento. Serres propõe vê-la como um sujeito de direito. O que o filósofo entende para a terra, a água, as matas, a "natureza" enfim, entendo para o corpo que habito. Há que se fazer, urgentemente, um contrato natural também com nosso próprio corpo, preservando-o do mercado, da

poluição, colocando-lhe limites, retirando do sujeito que o habita a posse indiscriminada dele, aceitando-o em sua constituição natural. No estado atual, "[p]erdemos o mundo [e o corpo]: transformamos as coisas em fetiches ou mercadorias, em apostas dos nossos jogos de estratégia; e as nossas filosofias, acosmistas, sem cosmos, [ou abstratas e virtuais, sem corpo] desde há quase meio século, falam apenas de linguagem ou de política, de escrita ou de lógica." (Serres, 1998, p. 52). Mas privilegiando o corpo, estou longe da ideia platônica de chamá-lo "cárcere da alma" (*Fédon*, 1988, 66a-68b). Não delego à razão o controle absoluto do corpo (*República*, 2010, III, 403 c-e; 410 a; IV, 431 a-d; 440 a-441 e). O corpo, na verdade, nos fala em termos de forças, de ligações e de alterações, o que basta para fazer um contrato entre o desejo, a possibilidade e a razoabilidade. Cada um dos parceiros em simbiose deve, de direito, a vida ao outro, sob pena de morte. Essa minha última frase é quase toda ela construída com palavras de Serres (1998, p. 67-68), apenas coloquei a palavra "corpo" onde ele escreve "terra". A minha alteração à redação do mestre justifica-se por causa de outras frases dele no livro citado: "O rio, o fogo e a lama assemelham-se a nós. [...] Assim, quem me condena à pena capital? O meu corpo, a minha condição humana e a de ser vivo, a lei da queda dos corpos ou o céu me cair sobre a cabeça, as leis do fogo se me queimar – ou a perseguição de certo tribunal? O código penal ou o código genético? A natureza ou a minha cultura? [...] Anaxágoras tem razão em dizer que a própria natureza o condena à morte, como se realmente existisse fora dela um tribunal e, portanto, um direito que submete às suas regras esses dois tipos de leis, a das ciências naturais e a das ciências sociais. É assim que o direito se impõe à ciência. [...] Devemos aprender, ao mesmo tempo, a nossa verdadeira infinidade. Nada ou quase nada resiste à sua preparação. O corpo pode fazer mais do que julga, a inteligência adapta-se a tudo. Despertar a sede inesgotável da aprendizagem, para viver o mais possível da experiência humana integral e das belezas do mundo, e prosseguir por vezes através da invenção, eis o sentido da aprendizagem. Estes dois princípios riem-se dos caminhos que orientam a criação inversa de hoje: finitude estreita de uma instrução que produz especialistas obedientes ou ignorantes cheios de arrogância; infinidade do desejo, drogando até à morte pequenas larvas moles. A educação forma e reforça um ser prudente que se julga finito; a instrução da verdadeira razão lança-o num infinito devir. A Terra fundamental é limitada; a aprendizagem que dela emana não conhece fim." (Serres, 1998, p. 13, p. 119, p. 148-149). Acrescento, para fortalecer minha argumentação, agora direcionada para o mundo antigo, uma citação de Regina Andrés Rebollo (2006, p. 54) em "O legado hipocrático e sua fortuna no período greco-romano: de Cós a Galeno": "A ideia da natureza do corpo ou da *physis* particular do corpo está na base da medicina hipocrática. A *physis* do corpo é uma realização particular da *physis* universal e, enquanto tal, é compreendida como princípio originário e organizador do corpo. Ela fornece a forma do corpo (*eidos* ou *idea*), isto é, o seu aspecto próprio ou particular e o seu comportamento (virtudes ou propriedades chamadas *dynameis*). Enquanto princípio organizador do corpo, a *physis* projeta no ser as qualidades da harmonia, da ordem e da beleza, regendo a morfologia e as funções normais do corpo e de suas partes. Mas a *physis* também rege a doença e os seus sintomas, e é por esse motivo que a doença era, para a maior parte dos autores do Corpus Hippocraticum, um fato natural e não sagrado."

13. Sobre Girard, a teoria mimética e sua relevância para os estudos da tragédia na perspectiva brasileira, cf. Barbosa (2014, p. 101-124).

14. Girard define *katharma* assim: "Os gregos nomeavam *katharma* o objeto maléfico rejeitado durante operações"; "[...] a palavra katharma designa também e em primeiro lugar

uma vítima sacrificial humana, uma variante do *pharmakós*." (Girard, 1990, p. 349). As citações desta obra foram feitas a partir da tradução de Martha Conceição Gambini.

15. Desejo mimético: o homem entra em conflito com os seus pares, principalmente com aqueles que mais admira (porque os admira e os busca como modelo) ou com quem tem vínculo muito próximo (assim também Aristóteles, cf. *Poética*, 1453b). Imitando-os, age como eles, rejeita o que eles rejeitam e deseja o que eles desejam. Ora, "quando todos desejam o mesmo, isso atiça a guerra de todos contra todos" (Serres *in* Girard; Serres, 2011, p. 58) e quando todos rejeitam o mesmo, instaura-se o abandono dos fracos pelos fortes. Eis aí a "violência, a molécula da morte tão implacavelmente copiada, imitada, retomada, reproduzida quanto as moléculas da vida, esse motor imóvel da história." (Serres, 2011, p. 48). Desse modo, para Girard, o desejo não é espontâneo nem inato, nem algo incontrolável nem essencialmente humano (o estudioso dirá, em entrevista ao "Programa Insights": "[O] desejo às vezes é humano, outras vezes parece muito desumano" cf. <http://www.youtube.com/watch?v=tBDibQ0Tdo4> "Programa Insights", 14/07/2012). Alento notável, certamente, é compreender que a μίμησις é um recurso real e prático para o controle e equilíbrio de nossos desejos. Na moda, por exemplo, vê-se a μίμησις no ato de vestir ou viver, isto é, desejar o mesmo sapato ou roupa que deseja o nosso melhor amigo, desejar hábitos considerados mais elegantes etc. Pelo desejo que propõe a moda, nosso desejo é minimizado e funciona como válvula de escape, forma de controle do desejo mimético na sociedade de consumo. Assim, "desejamos o mesmo, o desejo de nos tornar iguais, o idêntico cria o desejo, que se reproduz, monótono, na dupla carta da Ternura e do Ódio, que o senhor desenha com o pincel da mímica." (Serres, 2011, p. 49).

16. As obras de Guimarães Rosa – exceto quando necessário – serão citadas a partir dos dois volumes da Aguilar organizada por Eduardo F. Coutinho, que passamos a nomear simplesmente por nome do romance ou conto seguido de *Ficção Completa*, volume, ano e página.

17. Necessito de sua licença para brincar. O fato de estarmos lidando com a ficção garante, *a priori*, na situação mais pesada, o bom humor do jogo sério e restaurador que não quero perder de vista. Para nós, a brincadeira é intrínseca ao teatro, coisa séria e saudável.

18. Também segundo os comentários de Roselyne Dupont-Roc e Jean Lallot ao texto da *Poética*, p. 145 da edição bilíngue da obra, Aristóteles enumera três critérios gerais para se distinguir as artes representativas: os meios (ἐν οἷς), as coisas elas mesmas (ἅ) e o modo (ὡς) da representação (μίμησις) (Aristóteles, 1980).

19. Conciliando e indispondo arte e natureza: "O crescimento de um dedo da mão é como o de um ramo que brota no galho – de acordo com o princípio de um desenvolvimento gradual a partir do centro. [...] Quanto aos meios, a arte e a natureza tomam caminhos diferentes e distantes em relação ao homem, tendendo, porém, ao mesmo fim. É necessário perceber claramente essa diferença" (Kandinsky, 2005, p. 98-99).

20. Não me arrojo a voos altos como os do artista teuto-eslavo. Faço uso da proposta de Kandinsky – e de muitos outros – por afinidade e conveniência argumentativa. Como seria de se esperar, nunca concordo por inteiro com um autor, temos amiúde, porém, momentos de encontro que valorizo muito. Em cada um, lido e estudado, mediante pontos comuns, tangências, cruzamentos e aproximações, construo posturas teóricas. De Kandinsky (2005, p. 28) recolho as palavras bem ordenadas, suas ideias bem traçadas, um

ponto brilhante em sua trajetória de pesquisador me basta. Ele mesmo defende essa atitude quando sustenta que "uma obra poderia consistir, no fim das contas, num só ponto."

21. Minha hipótese de que a catarse é um processo nada tem de original. Michel Maffesoli, por exemplo, admitiu e trabalhou a questão bem antes, com viés diferente, sem dúvida, mas pertinente. Para ilustrar sua teorização, cito um trecho de *O instante eterno*: o retorno do trágico nas sociedades pós-modernas (2003, p. 89): "Para dizer em termos mais acadêmicos, encontramos aqui o processo catártico que consiste em liberar a paixão e, ao mesmo tempo, liberar-se dela. Os gregos, em sua humana sabedoria, viram com clareza o interesse de tal liberação: protegia de uma degradação generalizada, concordando com os direitos da natureza e com sua própria força. Dessa forma, podia haver uma hierarquia específica, mas, ao lado do intelecto, a emoção tinha também seu lugar e devia contar com momentos, lugares para se colocar em cena, a fim de delimitar ou limitar seus efeitos perversos."

22. Cito outras definições de Kandinsky (2005, p. 17) na mesma obra: "O ponto geométrico é um ser invisível. Portanto deve ser definido como algo imaterial. Do ponto de vista material o ponto é igual a zero."; "O ponto é o resultado do primeiro encontro da ferramenta com a superfície material, o plano original." (Kandinsky, 2005, p. 21); "O ponto se incrusta no plano original e se afirma para sempre. Assim ele é interiormente, a afirmação mais concisa e permanente, que se produz breve, firme e rapidamente." (Kandinsky, 2005, p. 25, grifo do autor); "A linha geométrica é um ser invisível. É o rastro do ponto em movimento, logo seu produto. Ela nasceu do movimento – e isso pela aniquilação da imobilidade suprema do ponto. Produz-se aqui o salto do estático para o dinâmico. As forças externas que transformam o ponto em linha podem ser de natureza diferente. A diversidade das linhas depende do número dessas forças e de suas combinações." (Kandinsky, 2005, p. 49).

23. "[d]e plus, si tout l'être de l'acteur est imprégné de son rôle, ce rôle s'exprime par chaque muscle, chaque nerf, chaque tendon. Le geste découle tout naturellement de la parole, tous les muscles palpitent. Sinon, bras et mains pendent sans vie. Au contraire, les mains suivent inconsciemment les mouvements de la bouche quand les paroles viennent du cœur." As traduções, quando não forem mencionados o nome dos tradutores, são de nossa autoria.

24. Ideias que se veem na escola de Strindberg (1964, p. 145). O trecho traduzido é: "S'il y a des haines secrètes, elles se communiquent, rafraîchissent l'atmosphère."

25. Sers (2005, p. 27), no prefácio ao volume, esclarece um pouco mais sobre a simbiose entre o ponto e a linha, entre arte e religião: "Procuremos compreender bem esse ponto essencial. Alguns elementos nos são fornecidos em *Olhar sobre o passado* de Kandinsky, no momento em que ele nos explica o parentesco entre a arte e a religião, ao mesmo tempo que a relação entre a construção e a composição. Para ele, o domínio da arte é 'um domínio em si, regido por leis próprias e que, reunido aos outros domínios, como a natureza, a ciência e a política, etc., acaba formando o Grande Domínio'. Para chegar a isso, foi preciso que a arte cessasse de ter sua vontade paralisada pelas leis orgânicas da construção: há, portanto, outra coisa além das leis da construção em arte. Essa outra coisa é o movimento da composição, acerca do qual Kandinsky nos diz: 'Essa palavra age em mim como uma prece.' " (Sers, "Prefácio", in Kandinsky, 2005, p. 13-36).

26. O próprio Girard (1990, p. 346-348) reconhece-o ao fazer a distinção entre os ritos de passagem e os ritos de fixação.

27. "[U]ma só força produz uma linha reta, duas forças simultâneas opostas e desiguais produzem uma curva..." (Sers, 2005, p. 23).

28. Tal como sugere Maffesoli (2003, p. 84-85): "Há uma relação entre a tomada de consciência da brevidade da vida e o direito inalienável à sensualidade e à beleza. E mais, o equilíbrio da cidade-estado grega baseia-se essencialmente na possibilidade que cada um tem de aproveitar ao máximo as possibilidades de tal sensualidade. É assim que a sabedoria antiga soube 'positivar' a brevidade e a precariedade da existência humana: elaborando um hedonismo trágico. [...] Clément Rosset observa, com razão, que o prazer de viver, a 'força da alegria tende à amplitude de resignação trágica'. A palavra 'resignação' pode se prestar à confusão, ainda que seja por sua conotação de passividade. O que significa que o fato de se acomodar a tudo, de desprezar qualquer ilusão, tudo que marca a porção do trágico, é a expressão de um vitalismo irreprimível, que pode se resumir no princípio lúdico universal 'é perdendo que se ganha'." E, ainda, nas p. 94-95: "As festas dos santos, que sabemos terem tomado de empréstimo numerosas divindades pagãs, entre as quais algumas relacionadas à fecundidade, eram, de fato, pretextos para a liberação e o descomedimento. Todas as coisas que permitem lutar contra a angústia do tempo que passa. Há uma relação intrínseca entre a festa, seria melhor dizer o ambiente festivo, e o sentimento trágico da existência."

29. "Texto trágico, imagem cênica, música ditirâmbica: uma proposta para a leitura da tragédia ateniense" (Tavares, 2013, p. 16).

30. "When a dimension of tragedy has been neglected by scholars, it usually transpires that Aristotle was not interested in it, either. Tragic song is no exception. Aristotle's theoretical writings on both poetry and rhetoric articulate a prejudice against delivery (*hupokrisis*) and the performative dimensions of both theatrical and oratorical texts. Yet even Aristotle regards song-writing as a more important enhancement of tragedy than spectacle [*Poet*. 6.1450b 15-16]. Aristotle, furthermore, despite his attempts in the *Poetics* to divest tragedy of its ideological function and performative dimension, nevertheless drops a clue about the ideological ramifications of song." (Hall, 2006, p. 293). Em tradução nossa: "Quando uma dimensão da tragédia tem sido negligenciada pelos estudiosos, ela também transparece que Aristóteles, igualmente, não estava interessado nela. A canção trágica não é exceção. Os escritos teóricos de Aristóteles tanto sobre poesia e como sobre retórica promovem preconceito contra a encenação (*hupokrisis*) e as dimensões performativas dos textos teatrais e oratórios, ambos. Porém mesmo Aristóteles considera as letras das canções como um aprimoramento importante da tragédia, mais que o seu espetáculo [*Poet*. 6.1450b 15-16]. Além disso, Aristóteles deixa, apesar de suas tentativas, na *Poética*, de despojar a tragédia de sua função ideológica e de sua dimensão performativa, uma pista sobre as ramificações ideológicas da canção."

31. Citações de Rosa (vol. 2, 2009, p. 16, p. 21).

32. Serres no "Programa Roda Viva", 08/11/1999. Disponível em: <http://www.rodaviva.fapesp.br/materia/386/entre>. Os grifos são meus.

33. Aludo, evidentemente, à famosa coletânea de crônicas, escritas durante os anos de 1951 a 1961, por Nelson Rodrigues (cf. 1992) em sua coluna diária no jornal "Última Hora". As crônicas resultaram em livro e, mais tarde, em série televisiva. Segundo Sacramento e Cardoso (2011, p. 104), "Wainer [diretor do jornal] propôs que a temática fosse sobre acontecimentos trágicos e verídicos; por isso, as histórias, inicialmente, eram baseadas em fatos reais, sendo editadas junto à seção de crimes."

34. O processo resultou na publicação da tradução do texto *Medeia de Eurípides* (Ateliê Editorial) e do espetáculo "Medeia em ritmos brasileiros".

35. Junto, como argumento, palavras de um ator, Juca de Oliveira, no "Programa Roda Viva" de 04/08/2014: "O ator é demodé [...]. O teatro, como dizia Flávio Rangel, o saudosíssimo, é o moribundo mais antigo de que se tem notícia, tudo matou o teatro e nada mata o teatro, porque as pessoas vão ao teatro não como vão à boate ou ao circo ou assistir a um programa de televisão, as pessoas vão ao teatro como vão a um templo, não é? O teatro tem um caráter mágico, é primitivo, ele nasceu da religiosidade, já falei até que ele foi expulso do altar etc. Mas o mago, o sacerdote, esse que recebia os seus fiéis e que resolvia... os abençoava, eliminava os seus dramas, os seus grandes problemas, ele continua. As pessoas continuam num ato de presença no teatro. Essa é a razão pela qual você vendo a trajetória do herói, o conflito, o choque da grande tragédia que você está assistindo você concilia a fantasia e a sua realidade pessoal e você sai do teatro diferente, quando você assiste uma obra-prima [...] você sai melhor, você sai mais afetivo, mais generoso e mais solidário, porque é essa é que é a função do teatro." [...] "Logo de início, os papos, o professor Alfredo Mesquita disse o seguinte: 'Você não deve fazer teatro pra ganhar dinheiro, o teatro tem uma função social, tem uma, a mais importante função social do teatro, é a do teatro, porque é a elevação cultural, sua função é amar o homem e melhorar o homem. O teatro, depois de você ser atingido pelo talento de uma obra de arte, você sai do teatro melhor. Você sai mais afetivo, mais amoroso e principalmente mais solidário. E é uma característica que nós aprendemos muito, a solidariedade: escola de arte dramática." Disponível em: <https://www.youtube.com/watch?v=Kd-2r7PYInI>.

36. Não me atrevo a discutir as representações nos vasos antigos, limito-me apenas a "ilustrar" o que penso acerca dos movimentos mais perceptíveis em situações de medo e de acolhimento. Por isso, recupero e trago para as notas, sem quaisquer comentários, as imagens propulsoras de minhas ponderações:

Movimento de ataque e proteção – representação do medo – instinto de defesa

Movimento de acolhimento e aproximação de Crises– representação da compaixão – para resgatar Criseida

Príamo morto por Neoptólemo, filho de Aquiles. Detalhe de uma ânfora ática; 520-510 a.C. (Louvre). Fotógrafo: Jastrow (2006). Disponível em: https://commons.wikimedia.org/wiki/Category:Neoptolemus_in_ancient_Greek_pottery#/media/File:Amphora_death_Priam_Louvre_F222.jpg

Cratera da Apúlia, 360-350 a.C.(Louvre). Disponível em: https://commons.wikimedia.org/wiki/File:Chryses_Agamemnon_Louvre_K1.jpg.

37. Refiro-me à etapa do ritual dionisíaco que leva o seguidor de Baco a dilacerar sua vítima para comê-la crua (omofagia).

38. "A voz da musa se concretiza nos e através dos limites corporais. Olhe para sua mão atentamente. Para um músico, a mão é, entre todas as estruturas que lhe impõem sua disciplina, a mais presente e a mais maravilhosa. Pelo simples fato de ter cinco dedos, e não seis ou quatro, a forma de nossa mão dá ao trabalho que executamos conformações

específicas. O tipo de música que tocamos ao violino ou ao piano, o tipo de pintura que nasce da maneira como seguramos o pincel, o tipo de cerâmica que modelamos são intimamente influenciados pela forma de nossas mãos, pela maneira como elas se movem, por sua resistência. A estrutura da mão não é (mais uma vez) qualquer coisa; os dedos têm uma conformação característica, uma abrangência de movimento, um jeito de se cruzar, de se torcer, de saltar, de deslizar, de pressionar, de soltar que levam o músico a se expressar de uma determinada maneira. A elegância da execução depende da maneira como usamos ou superamos essas características em busca de combinações sempre novas. A forma e o tamanho das mãos impõem leis enérgicas, porém sutis, a todo tipo de arte, artesanato ou trabalho mecânico, bem como a nossas ideias e sentimentos. Existe um diálogo contínuo entre a mão e o instrumento, entre a mão e a cultura. A obra de arte não é concebida na mente e então, numa fase distinta, executada pela mão. A mão nos surpreende, cria e resolve problemas por sua própria conta. Muitas vezes, enigmas que obstruem nosso cérebro são resolvidos com facilidade, inconscientemente, pela mão. No atletismo, na dança, no teatro, esse poder se estende a todo o corpo, que é ao mesmo tempo o motivo, o instrumento, o campo de atuação e a própria obra de arte. Como no caso do corpo, muitas regras e limites são leis divinas, uma vez que são inerentes não ao estilo ou às convenções sociais, mas ao próprio meio físico da arte: são as leis físicas do som, da cor, da gravidade e do movimento. São as leis básicas de cada arte, que permanecem invariáveis independentemente da cultura ou do tempo histórico." (Nachmanovitch, 1993, p. 82).

39. Na citação, as palavras entre aspas são de André Chevitarese (2004, p. 66). Chevitarese, referência que trago completa na bibliografia, propõe cinco razões que teriam provocado diferenças no interior da pólis ateniense do período clássico. Uma delas, a que citamos, é resultado das disparidades geográficas e históricas existentes entre a elite urbana e os camponeses. Para nós, a experimentação da distância é forma de preservar a identidade e possibilidade de gozar sentimentos proibitivos e prejudiciais para o grupo.

40. Cito a tradução com modificações em itálico (Benjamin, 1987, p. 210-211). Poderia, no lugar desta longa citação, ter me apropriado de 2 Coríntios, 12, 5-10.

41. Cf. Cena e versos do prólogo de Sófocles no *Ájax*, v. 79, no qual vemos a famosa sentença de Atena: οὔκουν γέλως ἥδιστος εἰς ἐχθροὺς γελᾶν;/ "E não é que o riso mais gostoso é rir dos inimigos?" (Sophoclis, *Fabulae*, 1990).

42. Refiro-me a um trecho de Luciano, *Uma história verídica* 1, 4. Utilizei a edição de Luciano (s/d): διόπερ καὶ αὐτὸς ὑπὸ κενοδοξίας ἀπολιπεῖν τι σπουδάσας τοῖς μεθ' ἡμᾶς, ἵνα μὴ μόνος ἄμοιρος ὦ τῆς ἐν τῷ μυθολογεῖν ἐλευθερίας, ἐπεὶ μηδὲν ἀληθὲς ἱστορεῖν εἶχον – οὐδὲν γὰρ ἐπεπόνθειν ἀξιόλογον – ἐπὶ τὸ ψεῦδος ἐτραπόμην πολὺ τῶν ἄλλων εὐγνωμονέστερον κἂν ἓν γὰρ δὴ τοῦτο ἀληθεύσω λέγων ὅτι ψεύδομαι./ "E foi assim que também eu, por vanglória, resolvi deixar à posteridade qualquer coisa do género, só para não ser o único a não beneficiar da faculdade de contar histórias fantásticas. E já que não tinha nada de verídico para narrar (na realidade, não me tinha sucedido nada digno de registro), virei-me para a mentira, mas uma mentira mais desculpável que a daqueles, porquanto numa coisa serei verdadeiro: ao confessar que minto." (Tradução de Custódio Magueijo). Apoio-me igualmente nas ideias desenvolvidas por Jacyntho Lins Brandão (2001, p. 133-142) em "A fonte do Sileno".

43. Minha primeira investida se deu em 2007, quando, no pós-doutorado realizado no Programa de Pós-Graduação em Letras Clássicas da USP, traduzi os *Icneutas* de Sófocles

(publicado em 2012 pela Editora UFMG); seguiu-se a ela a tradução coletiva, com alunos de uma disciplina de tradução de teatro grego, que resultou na tradução do prólogo de *Os Persas*, de Ésquilo, em 2009. Publicamo-la na revista *Nuntius Antiquus*. Na ocasião fiz a primeira experimentação da oralização e encenação do texto traduzido. Durante essa etapa, houve discussão minuciosa das escolhas tradutórias e uma intervenção significativa de atores profissionais, que incutiram em mim a preocupação com a fisicalidade das frases teatrais. Nesse mesmo ano, fundamos a Truπersa, Trupe de Tradução e Encenação de Teatro Antigo. O grupo, depois da apresentação da tradução do prólogo em congressos e semanas de estudos clássicos, continuou a caminhar desenvolvendo pesquisas acerca da especificidade de textos teatrais e dramaturgia. De 2009 a 2012 traduzimos em conjunto com atores a *Medeia de Eurípides* (Ateliê Editorial, 2013), do grego para o português do Brasil. Todos os 1419 versos foram traduzidos pelo processo de pesquisa de tradução funcional e colaborativa com comprovação de eficácia através da encenação da peça. O espetáculo, que performatizava o texto euripidiano completo, estreou oficialmente no II Congresso Brasileiro de Retórica, em Belo Horizonte, de 27 a 30 de agosto de 2012, e depois foi reapresentado várias vezes nos parques da capital mineira, para, finalmente, em 11 de julho, a convite de Anna Lazou, da Universidade de Atenas, seguir para a Grécia com o nome "Medeia em ritmos brasileiros", texto e cena. A repercussão do espetáculo entre os gregos pode ser conferida nas notícias de jornais on line. Cf. referências. A tradução do prólogo de *Os Persas*, acompanhada por nossas reflexões iniciais, pode ser consultada em Barbosa (*et alii*, 2009, p. 119-137). Acredito na funcionalidade da catarse inclusive como exercício da potencialidade que a cultura tem para gerar desenvolvimento econômico e inclusão social. Nesse sentido caminham nossas pesquisas no Grupo de Tradução de Teatro/CNPq, o GTT.

44. O assunto é vasto e não me proponho a discuti-lo. Admito, porém, que devo direcionar o entendimento do que gostaria que fosse compreendido. As ideias de Pedro Ipiranga Júnior (2009, p. 105) sobre as diferenças entre o discurso histórico, comprometido com a verdade, e o discurso ficcional auxiliam na compreensão do que desejo colocar. O estudioso, citando Luciano de Samósata, afirma o seguinte: "Não obstante, aqueles que então se atrevem a escrever estão enlouquecidos diante da realidade dos fatos, escrevem como sob um delírio poético e não conseguem discernir que 'a poesia e os poemas têm suas próprias intenções e critérios (*hyposkhéseis kaì kanónes ídioi*), mas os da história são outros (*historías dè álloi*)'. A liberdade da primeira é sem limites e sua única lei é aquilo que pareça ou se apresente ao poeta. É um grande defeito não saber separar os atributos da história e da poesia, e introduzir naquela os atributos desta: o mito, o elogio e os exageros de ambos. Estão equivocados aqueles que fazem uma divisão dupla da história no que dá prazer e no que é útil, visto que a finalidade e objeto próprio da história é uma única coisa, a utilidade, e a isso se chega unicamente a partir do que é verdadeiro. Mesmo que seja acompanhada de deleite, isso tampouco deve desviar ou obscurecer o que ela tem como mais específico e determinante objetivo, a publicação da verdade (*tèn tês aletheías délosin*)." Perfeito. Todavia o problema se mostra quando julgamos que a poesia, incluindo o teatro em poesia, porque assume o ficcional, não tem alcance no presente real, é mero jogo de diversão. Aristóteles afirma justamente o contrário: a poesia é mais universal e a história mais particular (*Poética*, 1451b 5-11). O meu ponto de interesse é que a poesia teatral – pelo meio de sua realização, que é a contemplação integrada à participação de um coletivo, por provocar um julgamento crítico devido ao isolamento dentro do coletivo e devido ao distanciamento físico do espectador – é tanto mais verdadeira enquanto

discurso assumidamente ficcional quanto como é instrumento de autoconhecimento e autoanálise, e por isso mesmo útil patrimônio social.

45. Cf. As fábulas de Esopo, entre elas "Os galos e a águia", demonstram-no. Cito: "Dois galos brigavam por causa de galinha, quando um pôs o outro para correr. Então, o vencido se afastou para um canto sombrio e lá ficou escondido. O vencedor, porém, voou alto e, pousando sobre um muro alto, deu um grito bem forte. Imediatamente desceu uma águia voando e o agarrou. E o galo que se escondera no escuro desde então se pôs a cobrir suas galinhas tranquilamente. A fábula mostra que o Senhor se opõe aos soberbos e favorece os humildes." (Esopo, 2014, p. 214, em tradução de Maria Celeste Consolin Dezotti.).

46. Evidentes, no entanto, são as situações delicadas e ásperas, os ranços coloniais europeus que mantêm a posição elevada (ou inacessível) para os estudos clássicos, enquanto eles deveriam estar na formação de base, na prática cotidiana e não no topo de uma pirâmide de erudição.

47. João Guimarães Rosa em entrevista a Günter Lorenz, Gênova, janeiro de 1965 (Rosa; Lorenz, vol. 1, 2009, p. 65).

48. Disponível em: <http://www.youtube.com/watch?feature=endscreen&NR=1&v=7ge-J5BqFgqQ>. Ariane Mnouchkine é atriz e diretora do Théâtre du Soleil; na 39ª edição da Bienal de Veneza, 2007, recebeu o prêmio Leão de Ouro pelo conjunto de sua obra.

49. A tradução para o português, a partir da versão para o espanhol, é nossa.

50. Utilizamos, neste caso, Aristóteles (1995; 2002; 1974). Última citação de Aristóteles em *Ars rhetorica* (1959, 3, 1, 1403b 27), tradução nossa.

CAPÍTULO 2
TRAGÉDIA, COMO?

— Como? No Brasil, uai!
— Dá-me, então, uma voz encorpada!
— E dá-me uma escrita falada!
— Vou voar, quando não dá para nadar!

No meio do caminho, a palavra grega escrita para ser falada em minha língua pátria. Há tanta tradução por fazer! Criar – na minha língua-pátria-amada, aquela que no seio materno aprendi – um "teatro íntimo",[1] de praça, grego-não--grego, gratuito,[2] cheio de palavras suculentas, atávicas e uterinas para ajudar, à luz do dia.[3] Teatro íntimo, assimilado, compreendido, internalizado, albergado sem ser doméstico, íntimo e, ao mesmo tempo, inteiramente estranho[4]. Paradoxo de pesquisador contemporâneo a quem servem tanto Giorgio Agamben (2009, p. 59)[5] como José Lezama Lima (1988, p. 62, p. 65).[6]

Na contracorrente, creio que, no Brasil, há ainda um povo para se formar, distribuído em território quase continental de sul a norte. Tempo de (p)iracema.[7] Voar quando não se deve mais nadar. Quando somos incitados a dar nossas aulas em inglês, porque os estudos culturais falam das múltiplas e "trans" culturas, quando todos são impelidos a se abrirem para outros mundos – de fora para fora – quando sei que na Pedreira Prado Lopes, a 20 minutos de minha casa, há gente da minha terceira idade que não conhece o centro de Belo Horizonte, e que, em tantos outros aglomerados de minha cidade, as meninas, a partir de doze anos, devem ter um filho do maioral de sua comunidade, muitas vezes um notável contraventor, para serem respeitadas, daí, volto o olhar para o aconchego da língua portuguesa, olho para o centro, para o dentro do meu país, e me ponho a traduzir as tragédias, talvez à moda mineira. Afinal é possível que

Rosa tenha razão: das "Alterosas", desse "Estado montanhês", do "Coração do Brasil" pode ressurgir uma *Grécia feita no Brasil*, feita naquele que se chama o "Estado mediterrâneo" (Rosa, vol. 2, 2009, p. 1.133).[8]

A despeito de uma série de subsídios de diferentes origens, no exercício da resiliência em meio à grande confusão, volto-me, estrabicamente,[9] para os gregos e para minha terra natal. Essa tarefa é meu objetivo de pesquisa de predileção, desde que, no mestrado, mergulhei no οἴνοπα πόντον (*oínopa pónton*) de Homero e descobri o mar dionisíaco da poesia grega mergulhado num copo de vinho nacional. Com os gregos e a invenção da sabedoria conjugo os já mencionados Machado de Assis, Mário de Andrade e Guimarães Rosa e Villa-Lobos, que, julgo, criaram a sabedoria tupiniquim e catrumana. Do meu conterrâneo, tomo emprestadas algumas palavras:

> Falemos de 'brasilidade': nós os brasileiros estamos firmemente persuadidos, no fundo de nossos corações, que sobreviveremos ao fim do mundo que acontecerá um dia. Fundaremos então um reino de justiça, pois somos o único povo da Terra que pratica diariamente a lógica do ilógico, como prova nossa política. Essa maneira de pensar é consequência da 'brasilidade'. [...] Para compreender a 'brasilidade' é importante antes de tudo aprender a reconhecer que a sabedoria é algo distinto da lógica. A sabedoria é saber e prudência que nascem do coração. Minhas personagens, que são sempre um pouco de mim mesmo, um pouco muito, não devem ser, não podem ser intelectuais, pois isso diminuiria sua humanidade. [...] 'brasilidade' é talvez um sentir-pensar. Sim, creio que se pode dizer isso. (Rosa; Lorenz, vol. 1, 2009, p. 59-60)

Num contrato natural, tento honrar meu ponto de partida; nasci na língua-mãe, conheci a língua grega, transcendi os meus limites e tracei linhas em língua portuguesa transculturada pelo grego. Não se trata de determinar territórios, erguer muros e gerar reserva de mercado, mas de mostrar que os problemas do humano já existiam antes das nações, afinal, a Grécia antiga não conheceu o conceito de nação, mas aqueloutro de βάρβαρος,[10] isto é, o falar daqueles que enunciam apenas um blá-blá-blá sem sentido.

O teatro grego – já argumentei – é urgente no Brasil. Mas nessa cultura virtual que se impõe no século XXI, ele é quase inviável. O desejo de August Strindberg – salas pequenas, espetáculo de baixo custo, peças curtas sem intervalos nem orquestras – elevou-se à enésima potência. A praticidade ordena: "Vamos cortar os coros"; "Não é possível uma peça com mais de sessenta minutos"; "Música ao vivo? Nem pensar..."; "Ninguém aguenta tanto aranzel"...

Mas, na contracorrente, ousamos encenar todos os versos da *Medeia de Eurípides* em teatro aberto, lotado, por quase duas horas. Deu certo. Tempo de piracema... O segredo? Foi preciso uma voz encorpada, incorporada, brasileiramente consistente e ágil, e uma escrita falada, a saber, uma retórica rápida, imediata, marcada por exagero e pleonasmo, repleta de dêiticos, com frequentes eufemismos, subentendidos, elipses, anacolutos, interjeições, partículas, metáforas e sintaxe frouxa (parataxe em lugar da hipotaxe) e/ou turbulenta, repetições, aparente espontaneidade e mistura de registros; aquilo tudo que é qualificado, em conjunto, como linguagem coloquial.[11] Mas observe-se que, se há o que se chama de coloquialismo, tudo é teatro, tudo é disfarce. Neste momento levo em conta o que Paulo Roberto Ottoni afirmou, considerando o pertinente pensamento de Austin:

> Austin questiona a fronteira entre a filosofia e a linguística nas suas reflexões sobre a linguagem ordinária, ao discutir sobre a possibilidade de se estabelecer esta fronteira, ele comenta: *Onde está a fronteira? Há uma em alguma parte? Você pode colocar esta mesma questão nos quatro cantos do horizonte. Não há fronteira. O campo está livre para quem quiser se instalar. O lugar é do primeiro que chegar. Boa sorte ao primeiro que encontrar alguma coisa* [cf. Austin, 1958, p. 134]. Considero essa resposta uma das maiores contribuições de Austin e também a sua auto-localização histórica: não é possível pensar na linguagem de forma compartimentada, institucionalizada. Sua contribuição teórica justifica a sua própria quebra de barreiras. (Ottoni, 2002, p. 122)

O ponto que destaco nessa linha de pensamento é a quebra das fronteiras que compartimentam as áreas. Fronteiras, nós as criamos. Penso que é tempo de trabalharmos com fronteiras mais porosas e não nos preocuparmos tanto com classificações. O fato de referir-me ao conceito de nação não passa pela divisão de domínios, mas pelo lugar do aconchego – raramente encontrado ultimamente – e sem o qual é difícil ser feliz. Discriminar um texto a partir das formas linguísticas usadas, esquecendo-se da unicidade do fenômeno linguagem, no teatro, provoca perdas. O teatro, qualquer que seja ele, é conjunto de corpo e voz que se sustenta pelo λόγος. É o que afirma Aristóteles no seu *Sobre la interpretación* 16a3 em tradução de Miguel Candel Sanmartín:

> *Así, pues, lo <que hay> en el sonido son símbolos de las afecciones <que hay> en el alma, y la escritura <es símbolo> de lo <que hay> en el sonido. Y, así como las letras no son las mismas para todos, tampoco los sonidos son los mismos. Ahora bien, aquello de lo que esas cosas son signos primordialmente, las afecciones del*

alma, <son> las mismas para todos, y aquello de lo que éstas son semejanzas, las cosas, también <son> las mismas. (Aristóteles, 1995, p. 35-36)

Os sons que articulados e interpretados ouvimos no teatro (registrados pelas convenções da escrita) são símbolos, isto é, convenções, que evidenciam o que ocorre na alma. Pergunto-me: as convenções sonoras para expressar as emoções, as partículas, conectivos, interjeições nas falas das personagens seriam rubricas para o ator? Talvez; o certo é que para degustar um teatro grego tão remoto, com vastos mares nos separando, é bom servir-se de temperos nativos. E, pelo menos um deles, além das emoções a que se refere Aristóteles, gregos e brasileiros têm: a possibilidade de uso da linguagem verbal. O que pode ser banal para alguns é significativo para mim: por um só meio se construiu o teatro, a saber, pela palavra encorpada. Veja-se o que pondera Paul Ricoeur:

> Em primeiro lugar, um fato considerável da universalidade da linguagem: 'todos os homens falam'; encontra-se aí um critério de humanidade ao lado da ferramenta, da instituição, da sepultura; por linguagem, entendemos o uso de signos que não são coisas, mas valem por coisas – a troca dos signos na interlocução –, o papel maior de uma língua comum no plano da identificação comunitária; aí está uma competência universal desmentida por suas performances locais, uma capacidade universal desmentida por sua efetuação despedaçada, disseminada, dispersa. (Ricoeur, 2012, p. 34-35)

Óbvio, mas quase sempre olvidado: trata-se do critério de humanidade, que acolho de bom grado. Antoine Berman critica essa corrente, defendida de certa forma também por Steiner e acolhida por mim, menciona especificidades e pluralidades das línguas e opta pela "traslação" da letra, não do "sentido", que considera "pura idealidade". Para ele, o fato de se afirmar que "[t]odas as línguas são uma(s) pois nelas reina o *lógos*, e é isso que, além das suas diferenças, funda a tradução", realça o insignificante.[12] Conciliatória, não vou me limitar à letra nem ao sentido. Oscilo; vou de uma a outro,[13] divirto-me no balanço e ocupo-me antes da funcionalidade e da situação de enunciação.

Quase sempre esquecemos que há uma linguagem funcional – e bela – para o dia a dia, que está à nossa disposição; a qual, carregada de figuras retóricas, se manifesta nos cultos, no trabalho, nas guerras e na conquista amorosa; em suma, que esse instrumento se manifesta na vida e que todas as culturas fazem uso da voz e da palavra como base comum. Isso não é exceção, é regra. A linguagem por si só é belíssima. Dentro de palavras simples encontramos belezas infindas. Como disse Jorge Luis Borges em tradução de Marcos Macedo, "há uma eternidade na beleza". O mesmo autor testemunha: "Às vezes tenho coragem e esperança para achar que talvez seja verdadeiro – que embora todos os homens escrevam dentro do tempo, estejam envolvidos em circunstâncias e acidentes e insucessos do tempo, que de algum modo as coisas de beleza eterna podem ser alcançadas." (Borges, 2000, p. 120). Afirmou, também, que "[a]s palavras são símbolos para memórias partilhadas" e "a escrita é uma espécie de colaboração." (Borges, 2000, p. 122, p. 124).

Habitualmente, na tradução de tragédias, persegue-se um ideal inexistente de vocabulário e é comum descurar do fato de que, mormente no teatro, ao texto adiciona-se a beleza dos corpos humanos – representados e atuando – que se comunicam, e não mitos etéreos inabordáveis e máscaras flutuantes, mesmo porque até os deuses, entre gregos e troianos, são antropomórficos. Em tempo de citar Borges mais uma vez, recordo: "Pois embora as pessoas considerassem Homero o maior dos poetas, sabiam que Homero era humano (*quandoque dormitat bonus Homerus* etc)" (Borges, 2000, p. 78). E mais um pouquinho de Borges, por ora a última citação:

> E quando o fato de que a poesia, a linguagem, não era somente um meio de comunicação, mas também podia ser uma paixão e um prazer – quando isso me foi revelado, não acho que tenha compreendido as palavras, mas senti que algo acontecia comigo. Acontecia não com meu simples intelecto, mas com todo o meu ser, minha carne, meu sangue. (Borges, 2000, p. 14)

Uma coisa, porém, é clara: cada ato de linguagem tem um determinante temporal e local. Nenhuma forma semântica é atemporal ou nasceu de um não lugar. A palavra humana tem data e local de nascimento, apesar de serem misteriosas as suas origens.[14] A palavra grega da tragédia que conhecemos nasceu em Atenas, no século V a.C. e se desenvolveu diante de multidões (Csapo, 2007, p. 87-117),[15] em grandes teatros – e também mais pequeninos – nas ruas, a céu aberto, com espectadores e atores cercados do verde da vegetação, do cinza das rochas, do "ofusco" do sol e do branco, do azul, dourado, laranja, púrpura e negro do céu.[16] Neste cenário viveu esta palavra tão longínqua:

> [q]uando usamos uma palavra, pomos a ressoar, por assim dizer, sua inteira vida pregressa. Um texto está inserido num tempo histórico específico; ele tem o que os linguistas chamam de *uma estrutura diacrônica*. Ler de forma abrangente é restaurar tudo o que for possível em termos das adjacências de valores e intenções em meio às quais a fala efetivamente ocorre. (Steiner, 2005, p. 49-50)

Mas avanço ao mais concreto para propor a tradução de textos remotos e distantes, restaurar o que for possível no espaço de morada das gentes – o corpo – e no lugar de aconchego de um povo – sua língua – para estabelecer a comunicação e resgatar o gosto pela sabedoria que se constrói dia a dia, pessoa a pessoa, gesto a gesto, palavra a palavra, minuto a minuto. Julgo que para isso é preciso conhecer-se em seu próprio lugar de enunciação, ou, se quisermos pensar com Lezama Lima, talvez devêssemos, deveras, superar nossa dificuldade de tirar sumo de nossas circunstâncias naturais, pois "[c]ada paisagem americana sempre acompanhou-se de semeadura especial e de arborescência própria." (Lima, 1988, p. 173). As sementes gregas podem brotar com vigor transgênico em nossa língua, o teatro é boa gleba, rica e produtiva. Sua natureza ambígua (linguística e cênica) é geradora de sentidos escalonados nos dois setores básicos de sua execução: o do texto e o da situação. Enfim, tal como afirma Antonio López Fonseca:

> [...] no se puede determinar el sentido de un enunciado teniendo en cuenta únicamente su componente lingüístico; hay que contar con su componente retórico, ligado a la situación de comunicación en que es emitido. La naturaleza específica del drama hace que su situación sea ambigua en la esfera del teatro y en la esfera de la literatura. (Fonseca, 2013, p. 270)

A última frase dessa citação, preciosa, põe em relevo a compulsoriedade da situação específica para o entendimento do drama bem como seu estatuto ilusório: literatura perene e ato efêmero. Como pondera outro estudioso,

> A custo nos damos conta da situação de enunciação própria do teatro: a de um texto proferido pelo ator, num tempo e lugar concretos, dirigido a um público que o recebe no fundo de um texto e de uma encenação. Para pensar o processo da tradução teatral seria preciso interrogar ao mesmo tempo o teórico da tradução e da literatura e o encenador ou o ator, assegurar-se de sua cooperação e integrar o ato da tradução a esta *translação* muito mais ampla do que a encenação de um texto dramático e a presentificação de uma cultura e um público estranhos um ao outro. (Pavis, 2008, p. 123-124)

Felizmente, além de Patrice Pavis, Anne Ubersfeld (2005), Anne Duncan (2006), Jennifer Wise (2008, p. 388-410; 2008), Edith Hall (2006), Susan Bassnett (2003), George W. M. Harrison e Vayos Liapis (2013) e John Langshaw Austin, citado no capítulo anterior, muitos outros pensadores têm se mostrado atentos para a obrigatoriedade de refletir sobre a situação da cena e sua função.

Alguns perseguem os vocábulos, aqueles que devem ser pronunciados em espaços fechados por contraste com os que são propícios para teatros abertos destinados a abrigar grandes públicos (cf. Peghinelli, 2012, p. 20-30); há os que se interessam pelo comportamento não verbal e o gestual durante as falas e se aplicam ao estudo dos elementos marcadores de situações (Lateiner, 1997, p. 241-272; 1998);[17] outros ainda se debruçam em sua pesquisa sobre termos gramaticais de difícil tradução (Perdicoyianni-Paléologue, 2002, p. 49-889; Sanchez, 1871, p. 35-48; Ilundain, 1997, p. 31-44) e existe ainda quem se ocupe com o ritmo e a musicalidade da fala (Eaton, 2008, p. 53-61). Há os que inserem o teatro na teoria dos polissistemas de Itamar Even-Zohar, ou na semiótica de Tadeusz Kowzan, e também aqueles que focalizam a tradução dos títulos (Klosi; Subashi, 2014, p. 387-406). Lefevere aplica, para a tradução de teatro, o conceito de polissistema, defendendo que a tradução seria o que ele próprio nomeia como "refração" (Lefevere, 1984, p. 191-198; cf. Currás-Móstoles; Candel-Mora, 2011, p. 41). Ocorre, porém, que podemos reunir todas essas correntes teóricas em uma só, aquela auferida da prática diária da leitura de João Guimarães Rosa. Este, segundo seu tradutor para o alemão,

> [...] sempre almejava o impossível, a expressão mais densa, polifacetada, polifônica. Sabia que viera ao mundo para criar algo de novo, diferente, único, exemplar, futuroso. Quem compreendeu isto devia sentir a ambição, quase, o dever essencial de transportar, em papel de irmão gêmeo, uma obra nova em sua língua, mas simultaneamente em nome do Autor. A primeira palavra de João Guimarães Rosa quando nos conhecemos pessoalmente em Munique, no ano de 1962, e trocamos as primeiras palavras sobre o tema tradução, foi: 'Traduzir é conviver'. Palavra que dispensa interpretação. Conviver literalmente, não somente com o país, com seu clima geográfico, mas também existencialmente, identificar-se com o teor e o tom da frase, da evocação do mundo do sertão na sua dimensão mítica e mística. (Meyer-Clason, 2003, p. 47)

Contudo, quero agora me dedicar a um fator em particular: a natureza ambígua da linguagem teatral, seu lugar de fronteira, principalmente, no que diz respeito à linguagem teatral trágica, que marca, segundo entendo, o que se convencionou chamar de coloquialismo – prefiro o termo "oralidade", que remete à proposta literária de Guimarães Rosa –, visto que ela se enquadra no terreno do "corpo vivo", da indefinição, do exagero, do pleonasmo, da ironia, do subentendido, dos silêncios, da incompletude etc. Nas ambiguidades, vou privilegiar as expressões de emoção e especificamente as interjeições. Entre os elementos linguísticos marcadores de emoção, a categoria "interjeição" é uma das mais indefinidas. Sua imprecisão semântica e o fato de ela estar ligada a situações concretas ressignifica e reatualiza seu sentido a cada nova emissão.

> Ello es así, porque, como comúnmente se acepta, su sentido depende no tanto de los fonemas que la componen, de su estructura en cuanto significante léxico, como de los elementos suprasegmentales y prosódicos, elementos no estrictamente linguísticos como la entonación, a saber, los llamados contexto y cotexto, o sea, toda la escena de la comunicación. La entonación puede llegar a ser incluso el único elemento que nos sirva para entender el sentido de uma interjección, la entonación y todo lo que ella conlleva (inflexión de la voz, insistencia, duración, intensidad, etc.) (Ilundain, 1997, p. 42)

Neste capítulo, deixo em suspenso a questão direta da interjeição, pois a tragédia em sua completude é ambígua. Sua recepção é programada para ser ambivalente, pois ela é dirigida a leitores – já que o texto independe da representação – e a espectadores e é veiculada por dupla mídia: para o texto não há apenas o suporte material tradicional, há também o próprio corpo (que se subdivide em voz, cor, volume, vigor e movimento). Sua ambiguidade se estende, outrossim, por se tratar de uma escrita que se disfarça de língua espontânea e oral (Barbosa, 2013, p. 21-22). De fato, o autor teatral se enfrenta "a la paradoja de escribir como si estuviera hablando, de poner en boca de sus personajes de ficción diálogos en los que no se transparente la textura escrita..." (Fonseca, 2013, p. 271).

Mas o que me parece mais interessante dentro do espectro da ambiguidade é que o texto teatral, todo ele, em sua dependência do contexto cênico, da entonação dada pelo ator, da expressão corporal escolhida, tem múltiplas e improvisadas leituras. A consciência das forças de insólitos sentidos somadas sobre uma só fala vem desde a antiguidade: Jocasta, por exemplo, manifesta perplexidade quanto à possibilidade de uma palavra significar a um só tempo duas coisas diferentes e retruca ao mensageiro que diz trazer de Corinto uma notícia triste e feliz: "τί δ'ἔστι; ποίαν δύναμιν ὧδ' ἔχει διπλῆν"; "Mas que é? Como assim? Tem dobrada força?!" (Sophocles, *Oedipus Rex*, v. 938).

Entretanto, há interpretações sobrepostas e abertas, seja linearmente falando, seja na construção dos personagens, no entendimento da trama e na postura corporal. E não é isso que ocorre na trama e na expressão da trama de todo o romance *Grande sertão: veredas*? A resposta é tão clara... "Gente sendo dois, garante mais para se engambelar, etcétera de traição não sopra escrúpulos, como nem de crime nenhum, não agasta: igual lobisomem verte a pele." (Rosa, vol. 2, 2009, p. 47). A palavra "engambelar", aliás, é ótima para a ação teatral; a arte dramática se sustenta na construção do engano e, por este motivo, preciosas são as duplas e triplas e múltiplas leituras.

> ¿Cómo describir de un modo sistemático el hecho de que um mismo texto pueda dar lugar a interpretaciones diferentes, y a menudo igualmente válidas, a pesar de que el texto no sufra ninguna modificación? ¿Cómo construir la nueva relación entre un discurso textual, creado en relación con un público determinado, y un público distinto, que puede haber evolucionado y no tener ya ni las mismas preocupaciones, ni la misma cultura? ¿Condiciona esta circunstancia la valoración que se hace del valor literario de estos textos que sirvieron de soporte a aquellos espectáculos? (Fonseca, 2013, p. 272)

Respondo à última pergunta: talvez. No caso do teatro grego, temos um problema expressivo. De fato, as múltiplas interpretações desafiam os estudos filológicos e os aparatos críticos, ousando transgredir a própria área constituída academicamente. Resultado: o divórcio. Texto e cena, cada um para seu lado. O texto sofre mais, congela-se na prateleira; o espetáculo passa de corpo em corpo e quase nunca realiza a potência do texto. Destarte, as peças nas mãos dos artistas do palco se transformam completamente, e resultam absolutamente irreconhecíveis. Ocorre, porém, que nossos tempos são de conciliação, de trabalho em equipe, e convergem para a criação solidária e negociada. O texto não merece o pó e o mofo das prateleiras. E em nenhuma das áreas – mesmo entre os clássicos – o drama se propõe a ser "texto estabelecido" por autoridades acadêmicas, porque nasceu sob o signo do indefinidamente renovável e instantâneo, tendo como padroeiro Dioniso.

Se o papel fixa as letras mediante disputas homéricas e infindáveis questões sobre bastardia, a voz encorpada do ator, seu alento e vigor, como um vendaval, assumem a ilegitimidade do filho de Zeus e Sêmele e mudam-nas com um mero suspiro. Faz papel ridículo aquele que quer prender a voz emitida, esdrúxulo é o que disputa significados exatos, quando as variações marcadas nas lacunas textuais de uma sintaxe interrompida ou truncada ou topicalizada e às vezes fora dos padrões constrangem à abertura de sentidos.

Não ataco a prática dos alexandrinos nem a teoria consolidada no século XIX, a filologia, mas, no caso, deixo-me conduzir por Guimarães Rosa, que afirma que: "A gramática e a chamada filologia, ciência linguística, foram inventadas pelos inimigos da poesia." (Rosa; Lorenz, vol. 1, 2009, p. 39). Este me parece um bom argumento; os estudos filológicos para os textos teatrais são pertinentes quando globais – e também quando locais, quando fazem uma dialética entre as duas coisas, o texto e a cena – , quando se colocam em equipe para captar possibilidades interpretativas das muitas variantes e de sua viabilidade para tal ou tal efeito; em outros termos, creio que eles são valiosos quando estão conscientes da função do texto analisado e da expectativa funcional para a execução cênica.[18] É preciso retomar o já citado Strindberg:

> Reading a play is almost like reading a score. It is a difficult art, and I don't know many people who can do it although many say they can. The very arrangement of the text, where the eyes have to wander from the name of the speaker to his speech, demands close attention. The seemingly uninteresting exposition has to be struggled through and carefully recorded in one's memory, since it contains the warp by which the weft is set up. The action noted within the stage directions also delays and distracts one. Even to this day when I read Shakespeare, I have to pencil in notes to keep the characters and particularly the numerous minor characters straight, and I have to go back constantly to the list of characters and return to the first act to see what the characters said there. You have to read a play at least twice to have it clearly in mind, and in order to be able to assign the roles you have to grind away at it several times. The author (or the translator) and the director are usually the only ones who know the play thoroughly; therefore they are the most competent in assigning the roles. [-] The person who knows the cast, every artist's disposition, ability, and limitations, sees right away, while reading the play, who is suitable for a given part. (Strindberg, 2007, p. 133)[19]

O músico Stravinsky acrescenta mais algumas reflexões interessantes:

> A entidade musical apresenta assim a notável singularidade de englobar dois aspectos, de existir sucessiva e distintamente em duas formas separadas uma da outra pelo hiato do silêncio. Essa natureza peculiar da música determina sua própria vida, bem como suas repercussões no mundo social, já que ela pressupõe dois tipos de músico: o criador e o executante.

> Observemos de passagem que a arte teatral, exigindo a composição de um texto e sua realização em termos orais e visuais, coloca um problema semelhante, senão absolutamente idêntico; pois há uma distinção que não pode ser ignorada: o teatro apela para o nosso entendimento dirigindo-se simultaneamente à visão e à audição. Ora, de todos os nossos sentidos, a visão é o que está mais

estreitamente ligado ao intelecto, a audição sendo convocada nesse caso através da linguagem articulada, veículo de imagens e conceitos. Portanto, o leitor de uma obra dramática pode imaginar mais facilmente o que seria sua apresentação efetiva do que o leitor de uma partitura. E é fácil entender por que há muito menos leitores de partituras orquestrais do que de livros sobre música. (Stravinsky, 1996, p. 111)

Strindberg refere-se ao teatro em geral, Stravinsky também, embora o precípuo para ele seja a música. Aludem ambos à dupla natureza do teatro e da música, apontam dificuldades. O compositor russo sobrevaloriza a dificuldade da leitura de partituras, mostrando um conflito entre execução e interpretação (e falar de interpretação é quase falar de tradução),[20] mas imagine-se o que se deve pensar do teatro que nos chegou com intervalo de séculos e em manuscritos numerosos, amiúde danificados; com versos faltantes, repetidos,[21] com detalhes variados, díspares e supostamente alterados pelos atores, fragmentados e com múltiplas e bastante razoáveis variantes. Nenhum deles é autógrafo.

Sabe-se, embora tenhamos um caso que serve de testemunho desse tipo de prática na peça aristofânica *Rãs*, v. 52-54; 151; 1005-1018 (Aristofane, 2003, p. 795-911), que os textos teatrais antigos dificilmente teriam sido escritos para leitura silenciosa e solitária (Bain, 1977, p. 24 e ss, p. 52 e ss; Capone, 1935, p. 99-111; Fonseca, 2013, p. 272 e p. 275). Normalmente os textos gregos funcionavam como "*scripts* para performance" e estavam destinados aos atores e ao coro, que se colocavam sob a direção do autor ele mesmo. O público, certamente, via o espetáculo e raramente lia o texto; livros eram, então, artigo de luxo. Na escritura dos "*scripts*", isto é, nos manuscritos antigos, descobrem-se detalhes importantíssimos: não havia pontuação, separação entre as palavras e nem mesmo indicação de personagens.[22] Também não se veem rubricas tal como as vemos hoje,[23] decerto porque tais "documentos literários" são frutos de uma prática teatral em que o autor poderia ser também ator, diretor, regente de coro ou encenador. Exemplo desses novelos emaranhados serão, na minha argumentação, os vv. 489-502[24] do *Agamêmnon* de Ésquilo. São quatorze versos que anunciam a chegada do mensageiro de Troia trazendo notícias de Agamêmnon. A maioria dos editores delega os dois últimos versos desse trecho para o corifeu, mas há disputa acirrada sobre os primeiros doze versos. Alguns manuscritos mais recentes, alexandrinos, atribuem a fala neles contida a Clitemnestra; alguns editores entendem-na como sendo proferida pelo corifeu (Scott, 1978, p. 259-269).

τάχ' εἰσόμεσθα λαμπάδων φαεσφόρων
φρυκτωριῶν τε καὶ πυρὸς παραλλαγάς,
εἴτ' οὖν ἀληθεῖς εἴτ' ὀνειράτων δίκην
τερπνὸν τόδ' ἐλθὸν φῶς ἐφήλωσεν φρένας·
κῆρυκ' ἀπ' ἀκτῆς τόνδ' ὁρῶ κατάσκιον
κλάδοις ἐλαίας· μαρτυρεῖ δέ μοι κάσις
πηλοῦ ξύνουρος διψία κόνις τάδε,
ὡς οὔτ' ἄναυδος οὔτε σοι δαίων φλόγα
ὕλης ὀρείας σημανεῖ καπνῷ πυρός·
ἀλλ' ἢ τὸ χαίρειν μᾶλλον ἐκβάξει λέγων·
τὸν ἀντίον δὲ τοῖσδ' ἀποστέργω λόγον·
εὖ γὰρ πρὸς εὖ φανεῖσι προσθήκη πέλοι.
ὅστις τάδ' ἄλλως τῇδ' ἐπεύχεται πόλει,
αὐτὸς φρενῶν καρποῖτο τὴν ἁμαρτίαν.

Logo veremos se os farolins, os archotes
porta-luz-incendidos e mais o comboio de
fogo são verazes mesmo ou só brilho que
vem de sonhos doces e mina o coração. Vejo!
Dos picos, com sombreiro-de-palheta-oliva,
ali! Um faroleiro! A poeira sedenta, irmã
gêmea do barro, me confirma isto: que este aí
não é nem mudo nem fumaça de fogo ardendo
lenha do monte para dar aviso, mas um que
vai, sim, dizendo, pregoar alto o alegrar –
e o revertério disso aí eu rechaço! – então
bem, que bem venham mais visagens, e
quem, doutros modos, pela cidade rogar,
possa, das entranhas, ele próprio o erro colher.

Meu critério não é filológico, mas cênico e dramatúrgico. Regularmente, as edições críticas pontuam os versos e as frases *a posteriori* e mesmo quando não se viu o texto encenado. Fixa-se, de acordo com a leitura de um editor, uma única interpretação tida como mais indicada. Mas o exemplo estudado mostra o valor da cena e o faz cenicamente. Clitemnestra acaba de ser desacreditada. O coro dos cidadãos tebanos sugeriu que o caminho de luz traçado com as "tochas de vitória" percorrendo o chão de Troia até Micenas é hipótese ridícula para se veicular uma mensagem do sucesso de Agamêmnon, uma ideia concebida por mulher. A tindárida, no entanto, confirma sua hipótese ao ver chegar um mensageiro com a tocha sinaleira em mãos. A fala é, consequentemente, marcada por uma ironia excessiva e um tom revanchista acarretado como efeito das falas anteriores do coro. Agrega-se a isso a falsidade escondida em votos de bons desejos, a delicadeza das imagens, a expressividade hiperbólica – que tentei preservar na tradução –, motivos pelos quais, sem sombra de dúvida, eu escolheria Clitemnestra para falar esse trecho. Compartilho esse alvitre com Felton, que por sua vez nos remete a Schneider, por causa de uma metáfora registrada na referida fala. Cito o comentário:

> To call the dry dust the brother of mud is ludicrous, though justified by the easy explanation of Schneider. "The dust", says he, philosophically, 'is a brother of mud, because the same earth by heat is converted into dust, and by moisture, into mud.' – ἀλλ' .... λόχον '[sic/ por λόγον]'. But either speaking will speak out the joy still more; – but the opposite tale to this I abhor; for to what has appeared may an addition well be made; i.e. He will either confirm the joyful tidings by his full report, or (he will dash our hopes to the earth, but this I will not even express) – but I shrink from the other alternative. In the next lines, Clytemnestra secretly alludes to her own designs, and the chorus takes her at her word, but not her meaning. (Felton, Aeschylus Agamemnon, 1850, p. 119-120)[25]

Felton confirma a maldade escondida, a astúcia, a linguagem de duplo sentido e afirma que a metáfora "poeira irmã do barro" é "ludicrous". De fato, ela é estranha, exótica até. Mas é óbvio que assim deveria ser, estamos mergulhados na cultura grega, que, para nós, é singular, particular, original, diversa e antiga. Esse é um momento especialíssimo para o tradutor. Pontos assim o obrigam a alargar o comportamento da língua portuguesa do Brasil, renovam suas metáforas, traçam coloridas linhas de impacto no percurso da Grécia até nós. O que há de interessante?

A metáfora em questão é minimização de um quiasma que sustenta toda a peça: Clitemnestra, ao lado do macho Egisto, na sua posição de mulher, torce a linha do raciocínio e inverte as posições estabelecidas pela cultura. Ela almeja fazer o mesmo com o marido; não podendo, elimina-o drasticamente. O pensamento retorcido no jogo do masculino-feminino perpassa toda a peça e materializa-se em expressões como em "γυναικὸς ἀνδρόβουλον ἐλπίζον κέαρ/ coração sentinela, macho-pendor, de mulher", v. 11, enunciado pelo vigia que comenta o caráter de Clitemnestra, ou em frases como a do coro, que, depois do relato em que esta confessa o crime cometido, afirma, nos vv.

1399-1400: "θαυμάζομέν σου γλῶσσαν, ὡς θρασύστομος, ἥτις τοιόνδ' ἐπ' ἀνδρὶ κομπάζεις λόγον / "Pasmamo-nos com a tua língua! Que boca valente a que, com tal fala, te arrogas contra um macho!"; e ainda nos vv. 1426-1427, ou quando o coro, novamente, se espanta com a tindárida e diz: "μεγαλόμητις εἶ, περίφρονα δ' ἔλακες./ "És grã-ladina e retumbas suave!", e mais ainda quando o coro ao fim da peça agride Egisto violentamente, dizendo: "γύναι, σὺ τοὺς ἥκοντας ἐκ μάχης μένων οἰκουρὸς εὐνὴν ἀνδρὸς αἰσχύνων ἅμα ἀνδρὶ στρατηγῷ τόνδ' ἐβούλευσας μόρον / "Seu mulher! Tu que, pousado em casa, no aguardo dos que chegam da luta, vexas a cama de um macho e traças o fim de um bravo general!"[26]

Nessas questões de gênero, Agamêmnon, chegado de Troia, é, pela tindárida, nomeado de "estrela Sírio", depois do sol, o mais brilhante astro celeste, o que se destaca na constelação de Cão Maior e que anuncia a chegada do verão. Ele vem, segundo a sua mulher, como "κάλλιστον ἦμαρ εἰσιδεῖν ἐκ χείματος, ὁδοιπόρῳ διψῶντι πηγαῖον ῥέος·(v. 900-901), "um dia belíssimo de ver depois do temporal, um arroio perene para o sedento andarilho!". Mas Agamêmnon, ao chegar, é já um homem acabado (ἀνδρὸς τελείου, "completo" e, no subentendido, "finado", v. 972). Ele é calor e refrigério a um só tempo. A casa sem ele cobriu-se de sombra. A sua chegada esquenta e resseca o ar (v. 965-971). A passagem comprova a teoria do professor da Universidade de Nova York, Richard Sennett. O sociólogo e historiador, baseado na leitura de Tucídides, conclui que

> [o] valor que os gregos atribuíam à nudez decorria, em parte, de como eles imaginavam o interior do corpo humano. Na época de Péricles, o calor do corpo era a chave da fisiologia humana. Os seres capazes de absorver o calor e manter o seu próprio equilíbrio térmico não precisavam de roupas.[27] Segundo os gregos, o corpo quente era mais forte, reativo e ágil do que um corpo frio e inerte. Esses preceitos fisiológicos estendiam-se ao uso da linguagem. Quando as pessoas ouviam, falavam ou liam, a temperatura de seus corpos supostamente se elevava, junto com seu desejo de agir – uma crença sobre o corpo que confirma a convicção de Péricles sobre a unicidade das palavras e ações. Tal entendimento fisiológico tornou a idealização da nudez ainda mais complexa do que sugeria Tucídides ao assinalar o antagonismo entre um grego, orgulhoso do seu corpo e de sua cidade, e o bárbaro, que se vestia com peles remendadas e habitava as florestas ou pântanos. A fisiologia grega justificava direitos desiguais e espaços urbanos distintos para corpos que contivessem graus de calor diferentes, o que se acentuava na fronteira entre os sexos, pois as mulheres eram tidas como versões mais frias dos homens. Elas

não se mostravam nuas na cidade. Mais: permaneciam confinadas na penumbra do interior das moradias, como se isso fosse mais adequado a seus corpos do que os espaços à luz do sol. Em casa, elas vestiam túnicas leves que as cobriam até os joelhos, ou linhos rústicos e opacos, até os tornozelos, quando saíam à rua. Similarmente, o tratamento dado aos escravos vinculava-se ao 'fato incontestável' de que as duras condições da servidão reduziam-lhes a temperatura, mesmo que se tratasse de um cativo do sexo masculino e de origem nobre; escravo, ele se tornava cada vez mais lento de raciocínio, incapaz de se expressar, apto apenas e tão-somente para as tarefas impostas por seus amos. Só os cidadãos homens tinham uma 'natureza' adequada ao debate e à argumentação. Os gregos usavam a ciência do calor corporal para ditar regras de dominação e subordinação. (Sennett, 2003, p. 31-32; em tradução de Marcos Arão Reis)

Digamos, então, em frase teatral e de efeito: "Quanto mais quente melhor", ou se preferirem, "*some like it hot*". Retomemos nosso ponto: Agamêmnon, luz e calor da casa dos Atridas, encontra-a ensombrada e invernosa. Esse mesmo rei escaldante é arroio perene que acaba por morrer escaldado em águas tépidas: fogo apagado no banho restaurador oferecido pela mulher. Características retorcidas da situação traçam um claro quiasma.[28]

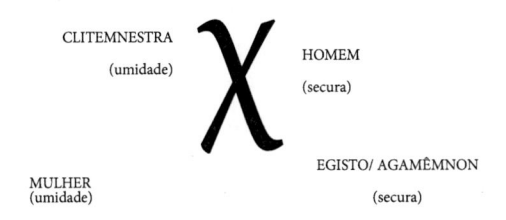

CLITEMNESTRA (umidade)	HOMEM (secura)
MULHER (umidade)	EGISTO/ AGAMÊMNON (secura)

(arranged as a chiasmus X)

Atribuir a fala à soberana micênica justifica-se porque Clitemnestra contorce as funções e assume, no feminino, o papel de homem (a saber, o caráter de διψία κόνις, poeira sedenta, desejosa do úmido). Ela faz a ação do elemento seco e quente; enquanto Egisto e Agamêmnon, representações do masculino, são constrangidos ao feminino, cabendo-lhes a mistura, o molhado, o fluido, o sombrio, o apagado, o barro que é irmão contíguo da poeira (κάσις πηλοῦ ξύνουρος).

A metáfora, na leitura integral da peça, ganha relevo; "poeira" e "lama", com seus sentidos sub-reptícios, são o masculino e o feminino que se enfrentam, embora subvertidos. A mulher, que esparge umidade, recolhe secura e é vitoriosa. O homem, que emana calor, luz e solidez, recolhe-se encharcado, fenece no banho. A mulher, então, é vista como estéril, desertificante, ávida, destruidora; perde sua característica de fluidez, flexibilidade. Já o homem se desfaz em líquido, em moleza, se esvai terra abaixo sem a capacidade de coesão e solidez que se esperaria.

O esquema quiásmico confirmado para a estrutura desta tragédia é, segundo penso, o que melhor a define como jogo de pares alternados em permanente tensão.

Questões semelhantes são identificadas em outros textos de Ésquilo, por exemplo, em *Persas*, nos v. 290 e seguintes, que têm atribuição controversa, não estando pacificado se eles pertencem à fala de Atossa ou não, e ainda nos versos iniciais de *Suplicantes*, com divergências de fala entre Dânao e o coro. Definitivamente, o interesse de atribuição de falas aos personagens é um caso de dramaturgia.

> *And it is the proper attribution of these lines which is of great interest to those who study dramatic staging. If the speech as a whole is given to Clytemnestra, its tone becomes antagonistic as she answers the doubts of the chorus at 272 ff. and 475 ff. At 496 she replies directly to them that they need no longer content themselves with thoughts derived from suspicious signs but will have eye-witness verification of her interpretation of the torches. In such a reading Clytemnestra must be on stage to hear the skeptical words of the chorus in the epode, lines 475-488; it is far too much to assume that she, having exited in triumph at 354, still recalls the insult to her intelligence by the coryphaeus at 272 ff. and enters ready to reconsider what she must regard as a dead issue if she has not heard the epode (cf. 351-54). If this speech can be safely assigned to Clytemnestra, there will be further evidence that a main character can remain on stage during the singing of a long choral passage to lend an important visual reference to the words which the chorus is singing. In addition, establishing this tone for the speech offers clarification of some lines which have been troublesome, especially the notorious 494 f. The criteria upon which previous attribution of these lines has been made are at best ambiguous.* (Scott, 1978, p. 260-261)[29]

Eis um caso que não vou resolver, porque, para mim, o problema está alhures, na dramaturgia. Se os manuscritos antigos não registram as personagens, se os alexandrinos escolheram a fala para a filha de Tíndaro, é preciso pensar com flexibilidade – ou pela ambiguidade – no que o próprio texto recomenda. Existem emaranhados que são oportunos e que flexibilizam a construção da personagem pelo diretor e pelo ator. Uma Clitemnestra inteligente, arrogante, destemida, capaz de ouvir desacatos e continuar impassível aguardando o desenrolar dos acontecimentos, sabendo-se superior na astúcia e interferindo na fala dos cidadãos do coro, pode ser interessante...

Não é sem razão que *"Wilamowitz and Fraenkel both make it clear that the archetype most probably contained only paragraphoi and that the assignment of roles was done by later scribes in order to clarify ambiguity"* (Scott, 1978, p. 261).[30] Nosso querido Ésquilo, homem de teatro sendo, não impôs suas soluções nem clarificou suas intenções – tampouco o fizeram seus copistas antigos. Quer fale Clitemnestra, quer fale o coro ou o corifeu, diante do público, um gesto, um suspiro, um muxoxo, um passo do que esteja silencioso terá eloquência igual a um monte de palavras em precipitação. A observação da fisicalidade cênica resolve de maneira mais satisfatória a dinâmica das falas.

A filologia registra, com acerto, suspeitas, em vários trechos, de adulteração de falas pelos atores, mas essa instabilidade do texto, no meu ponto de vista, longe de causar incômodo é prova de que já existia, no meio cênico antigo, a ideia de um trabalho colaborativo *avant la lettre*, isto é, a aceitação de que o texto teatral não depende somente do autor e do tradutor (que, à época, quando não era o caso pensar em tradução língua a língua, cumpria a função de traduzir o texto para o corpo, tornando-se o que hoje nomeamos "encenador"), mas anseia pelo comunitário (Kovacs, 2005, p. 389; Page, 1934; Hamilton, 1974, p. 387-402).[31] Que a tragédia seja um dos gêneros que mais tenha recebido interpolações; ela integra a espécie de obras que está sempre sujeita a alterações (West, 1973, p. 16). Aliás, "nenhum dado bruto do passado tem autoridade intrínseca absoluta. O seu significado é relacionado com o presente e tal relação é realizada linguisticamente." (Steiner, 2005, p. 157).

No teatro, o presente da apresentação se impõe. Por isso, não rejeito a possibilidade de que os atores e diretores interferissem, habitualmente com bons resultados. Vejo como muito prudente o parecer de West de que *"[c]ommentaries, lexica and other works of a grammatical nature were rightly regarded as collections of material to be pruned, adapted or added to, rather than as sacrosanct literary entities."* Além disso, *"[i]t was easy to make mistakes, to substitute or transpose words, or to conflate the passage with some other similar one."* (West, 1973, p. 16, p. 18)[32]

Os documentos que a tradição preservou, cheios de tais interferências, são belos e eficazes, καλοί καὶ ἀγαθοί. Foram construídos pelo tempo e talvez guardem, no silêncio, as (in)justas intenções das mãos desconhecidas dos copistas que teceram seu significado. David Kovacs comenta a postura do ponto de vista filológico e acadêmico:

> *The scholia (notes written in the margins of our medieval manuscripts) several times express the suspicion that actors have tampered with the original text. Modern scholars, following up these hints, have cast their suspicious gaze on other passages not mentioned in the scholia and have identified numerous places where a later hand can be detected with virtual certainty, where there are clear differences from the rest of the author's work in vocabulary, style, or dramatic usage, or where lines are intrusive and interrupt and weaken the surrounding argument. The actors also occasionally altered the words to give greater scope to their vocal abilities, for instance omitting a negative in order to make a plain statement sarcastically ironic.*
> (Kovacs, 2005, p. 381-382)[33]

Evidentemente, as adições multiplicadas geram questões delicadas: erros, incoerências, contradições, mudanças de estilo etc. Há notícia de um decreto de Licurgo (cf. nota 169) sobre a prática. Cito o trecho de *Vida dos dez oradores*, de Pseudo-Plutarco acerca disso (*apud* Capone, 1935, p. 107):

> (νόμον εἰσήνεγκε) .... τάς τραγῳδίας αὐτῶν (Αἰσχ., Σοφ., Εὐρ.) ἐν κοινῷ γραψαμένους φυλάττειν καί τόν τῆς πόλεως γραμματέα παραγινώσκειν τοῖς ὑποκρινομένοις· οὐκ ἐξεῖναι γὰρ <παρ'> αὐτὰς ὑποκρίνεσθαι.
>
> (a um costume levou): guardar as tragédias deles (Esq., Sof., Eur.) em arquivo, depois de escritas por cotejamento, para que fossem condenadas as interpolações dos atores e que elas, depois disso, não fossem encenadas!

O excerto me leva a pensar que ocorriam demasiadas interpolações – para que fossem proibidas, elas careciam ser prática regular; que não havia, então, uma cópia oficial das obras e que, para isso, foi preciso organizar um grupo de críticos. Mas em West ouvimos o eco de um outro problema que já aventei antes:

> *It is a general truth that emendation by scholars and scribes is much more evident to us in the Middle Ages and Renaissance than in antiquity, and at the same time that it constitutes a more serious problem. The conjectures of ancient critics are sometimes recorded in scholia and similar sources, but seldom appear to have affected the textual tradition. The contribution of any individual must usually have been as evanescent as a pee into the river. It was different in the Middle Ages when copies were few and corruption rife: emendation was at once more often called for and more likely to colour the whole stream, or a conspicuous branch of it. Scribes emended what they*

could not read or were unable to understand, and sometimes what was or seemed unmetrical. (West, 1973, p. 19)[34]

Nas traduções da tragédia o desafio é imenso, e não estamos falando de buscar um original perfeito nem estamos aludindo a procedimentos recorrentes de alterações (West, 1973, p. 21)[35] pelas quais se convocam disputas homéricas. Cito um caso exemplar, segundo Leighton Reynolds e Nigel Wilson, que dão notícia do sucedido ao comentar o trabalho dos alexandrinos:

> *Un aspecto especialmente interesante del trabajo de Alejandría sobre la tragedia es la identificación de versos alterados o añadidos por los actores, generalmente en las obras de Eurípides, que fue más popular que los otros dramaturgos. Estas interpolaciones son probablemente muy numerosas, pero no es fácil tener certeza en cada caso de que el verso o versos en cuestión no sean originales; aun admitiendo que sean tardías, puede no haber certeza de si deben atribuirse a los actores helenísticos (o más bien a los directores de escena), o si son de interpoladores más tardíos. Sin embargo los escolios, que dependen especialmente del trabajo helenístico, señalan algunos versos como interpolación de los actores. En* Medea 85-8 *el escoliasta acusa a los actores de haber interpretado mal la puntuación del 85, y en consecuencia de haber alterado el texto; añade certeramente que el 87 es superfluo, y su origen no está muy lejos.* (Reynolds; Wilson, 1986, p. 24)

"Vejamos" a matéria dita. O v. 84 da *Medeia* euripidiana é considerado uma interpolação. Em comentário, Denys Page (*apud* Capone, 1935, p. 107) reproduz um escólio[36] e afirma:

> *The actors, misunderstanding the punctuation, change it to* 'τίς δ' οὐχὶ θνητῶν τοῦτο γινώσκει σαφῶς; [Quem dos mortais não sabe isto claramente].' Σ. *The actors had* γινώσκει *in their text; then, unable to understand* ἄρτι *and having no punctuation in their text, changed* ἄρτι *to* τοῦτο *and therefore* τόδε *to* σαφῶς. [...]: *i.e. it has taken you a long time to understand...* (Euripides, 1962, p. 74)[37]

Para a mesma passagem, Paley comenta semelhantemente: "v. 85. γιγνώσκεις. The Schol. tells us that some actors wrongly read the verse thus, τίς δ' οὐχὶ θνητῶν; τοῦτο γινώσκει σαφῶς; and γινώσκει is the reading of Lascaris and other good copies." (Euripides *in* Paley, 1857, p. 78)[38] O tempo, porém, tece uma malha intrincada. Observemos o que Martin West pondera:

> *Otherwise it is difficult to point to examples of systematic change prompted by grammatical theory; but Planudes and his disciples regularly replaced* γίνομαι,

γινώσκω in the texts they copied by γίγνομαι, γιγνώσκω, and indulged one or two other private preferences. (West, 1973, p. 19)³⁹

Para o bem e para o mal, quem serão os culpados na alteração de um trecho? Vamos responsabilizar somente os atores por interferirem em nossas expectativas e conjecturas? Aceitamos trocar hipóteses pelo texto recebido e materialmente definido? (Ley, 2007, p. 2)⁴⁰ Hamilton se coloca na frente do combate e defende uns, atacando outros:

> One would expect Page to start with attested actors' interpolations (i.e. mispronunciation), but a few pages earlier (100 ff) we find that the 'accidental interpolations' he discusses are not only unattested but also quite different from the attested accidents of mispronunciation: substitution of a word or line for another from a similar context; repetition of a line from a different context. The scholium to Med. 84 should have been a sobering reminder how hard it is for an actor's version to infiltrate the MS tradition: the reading preserved in this scholium shows no transferral of either τοῦτο or σαφῶς from actor to text, and the actor's version of the disputed form γινώσκει (ς) is found only in one MS and in corrections of two others. (Hamilton, 1974, p. 393, nota 16)⁴¹

Para completar, G. B. Camozzi, Georges Dalmeida e Henri Weil assumem o verso problemático sem reserva, associam-no com um antigo provérbio registrado em Terêncio, *Andria*, v. 426, mas, em coro com Page, levantam suspeitas sobre o v. 86 – οἱ μὲν δικαίως, οἱ δὲ καὶ κέρδους χάριν/ "uns com justiça, outros por vantagem" – sem se justificarem (Camozzi *in* Euripide, 1927, p. 103-104; Euripide, 1896, p. 13). Page justifica sua restrição:

> 87. An objectionable line. (1) It disturbs the symmetry – without it, he replies three lines to the Nurse's three. (2) The distinction made in it seems irrelevant to the present situation. (3) It disturbs the construction: 88, the particular example, follows easily after 86, the generalization, but seems rather lost if 87 intervenes. (4) It is a commonplace which might easily have crept in from a marginal 'parallel' [...]. (5) The line was obelized in the ancient official text (v. Schol.) – chiefly because irrelevant. The previous line was also obelized [...]. (Euripides, 1962, p. 74)⁴²

Vejamos o context dos versos 82-88:

Τροφός
ὦ τέκν', ἀκούεθ' οἷος εἰς ὑμᾶς πατήρ;
ὄλοιτο μὲν μή: δεσπότης γάρ ἐστ' ἐμός·

ἀτὰρ κακός γ' ὢν ἐς φίλους ἁλίσκεται.
Παιδαγωγός
τίς δ' οὐχὶ θνητῶν; ἄρτι γιγνώσκεις τόδε,
ὡς πᾶς τις αὐτὸν τοῦ πέλας μᾶλλον φιλεῖ,
[οἱ μὲν δικαίως, οἱ δὲ καὶ κέρδους χάριν]
εἰ τούσδε γ' εὐνῆς οὕνεκ' οὐ στέργει πατήρ;

Ama
Ô filhos, escutai como é vosso pai!
Não que morra – é meu senhor –
mas sendo mau pros amigos... é culpado...
Pedagogo
E qual dos mortais não?! Só agora sabes isto, hã?
Que todo mundo ama a si mais do que ao próximo,
[uns com justiça, outros por vantagem]
se é mesmo que, por causa da cama,
o pai não gosta mais destes. (Eurípides, 2013)

Em relação ao v. 85, devemos condenar os atores – ou os copistas – mesmo que a mudança não seja tão significativa? Não creio que a simetria ou o conjunto irregular sejam absolutamente relevantes para o contexto; sobre isso, pergunto: não seriam acaso esses versos um aparte dirigido à plateia a *sotto voce*? Uma tentativa de chamar o público para si e estabelecer cumplicidade?[43]

Ademais e ainda para a mesma peça, acho injusto que o v. 1346, só por causa de uma cogitada obscenidade, seja tachado como uma interpolação de atores (Capone, 1935, p. 107). O julgamento não seria correto, afinal, no trecho, Jasão está altamente irritado, agredindo Medeia de todas as formas, inclusive – por que não? – com palavras de baixo calão. Cito o trecho grifando o verso em questão.

Σκύλλης ἔχουσαν ἀγριωτέραν φύσιν.
ἀλλ' οὐ γὰρ ἄν σε μυρίοις ὀνείδεσιν
δάκοιμι· τοιόνδ' ἐμπέφυκέ σοι θράσος·
ἔρρ', *αἰσχροποιὲ* καὶ τέκνων μιαιφόνε.
ἐμοὶ δὲ τὸν ἐμὸν δαίμον' αἰάζειν πάρα,
ὃς οὔτε λέκτρων νεογάμων ὀνήσομαι,
οὐ παῖδας οὓς ἔφυσα κἀξεθρεψάμην
ἔξω προσειπεῖν ζῶντας ἀλλ' ἀπώλεσα.

> Leoa! Não mulher, tens a natureza
> mais selvagem do que Cila, a etrusca. Mas
> nem com dez mil insultos sentirias minha
> mordida! Essa arrogância está em ti, enraizada!
> *Some, sem-vergonha, suja de sangue...* dos meus filhos!
> Eu só posso gemer – aiai – um deus qualquer... eu, que nem
> gozarei do leito de recém-casado nem posso dar "adeus" aos
> filhos que gerei e criei ainda em vida. Perdi. (Eurípides, 2013)

Outro caso. Em *Electra*, de Eurípides, nos vv. 31-33, há um erro gramatical perfeito, um anacoluto. Ele ocorre na fala do colono e é um componente essencial para traçar o perfil rude da personagem. A passagem é bastante discutida pelos comentadores (Baccini *in* Euripide, 1959, p. 23-24) e tradutores, que, regularmente, corrigem o erro supondo melhorar o texto. Reproduzir o desvio, todavia, é peleja de monta. Na fala, o colono faz uso do objeto direto, quando o verbo devia reger o objeto com preposição: assim, temos "o que o menino em fuga" em lugar de um "ao que". Em sua ordem direta e corrigida, a frase seria: "Ele prometeu dar ouro ao que matasse o menino em fuga, o da terra banido, o de Agamenão!" Além disso, há uma inversão que, no meu entender, reforça a oralidade do trecho e não é, como querem alguns, uma sofisticação desnecessária.

> ἐκ τῶνδε δὴ τοιόνδ' ἐμηχανήσατο
> Αἴγισθος· ὃς μὲν γῆς ἀπηλλάχθη φυγὰς
> Ἀγαμέμνονος παῖς, χρυσὸν εἶφ' ὃς ἂν κτάνῃ,
>
> Donde acertou Egisto de assim ordenar umas coisas:
> *o que o menino em fuga, o da terra banido,*
> *o de Agamenão*, matasse, ouro ele prometeu dar! (Eurípides, 2013)

Esse desvio e muitos outros, como afirmei, são, em geral, corrigidos, desprezados ou ignorados. Todavia, ainda segundo Kovacs,

> *The relationship between a 'rule' of grammar, meter, or convention and the manuscripts is often paradoxical, for to almost every rule the manuscripts give exceptions, and often the critic finds himself deriving a rule from the witness of the manuscripts but then turning around and correcting the exceptions.* (Kovacs, 2005, p. 388)[44]

Nisso tudo, retorno ao meu ponto: o texto teatral ático, resiliente, resiste a um único estabelecimento e se impõe com sua flexibilidade. Isso lhe é absolutamente necessário não somente para enfrentar o tempo e as culturas, mas acima de tudo para sua realização dentro da situação na execução da cena – quase sempre sujeita a improvisações –, isto é, na materialização do *script* que, inevitavelmente, acaba por ser coletiva. Como o *script*, ele é parceiro de καιρός, do tempo favorável. Sem dúvida, pode e deve ser lido, mas sua demanda é a visão, a voz e os gestos, enfim, o que se faz corpo. Admito que se poderia contra-argumentar, com Steiner, que afirma que, em qualquer situação, "a linguagem é indubitavelmente física, na medida em que requer a participação de músculos e cordas vocais..." (Steiner, 2005, p. 85). Contraponho: no teatro temos a maximização da fisicalidade textual. A permanecer apenas texto, ele se vê frustrado e anseia pela performance; é como uma partitura musical que deseja a voz, o sopro, as mãos e os pés de um músico. Não à toa, William Bedell Stanford indica que a colocação da voz em determinado tom poderia evocar contextos e emoções diferentes.

> *Different feelings would be evoked by tunes connected with, for example, erotic, or patriotic, or heroic themes and events. For instance, if a dramatist wished to evoke poignant memories from the political past of Athens he could introduce a tune from the popular Attic drinking songs [...].* (Stanford, 1983, p. 52)[45]

Também para Strindberg, como já antecipamos, o diretor de teatro exerce o papel de um maestro que busca a afinação da cena, o tom da voz, a sincronia dos movimentos:

> *Like the orchestra conductor, the director is not a particularly popular person, since he is only there to criticize. He has to admonish even the mature artists and often gets tit for tat. Experience has taught me that the artist can be right without the director being wrong, for in questionable cases a matter can be resolved in various ways. It's better then for the sake of harmony to accept the director's interpretation since some decision has to be reached. And the director is usually the only one who knows the whole play: the development of the plot, all the intrigues, all the roles; [-] and for that reason he ought to have the final say. Even if he is not an actor himself and is not able to perform the part, he can still discern how it should be performed.* (Strindberg, 1964, p. 132)[46]

E tal qual numa execução musical, ao ouvir – e ver – no teatro, tem-se muito pouco tempo para entender. O jogo é rápido. O enunciado linguístico, semelhantemente à partitura musical, funciona como esqueleto (Ilundain, 1997, p. 32) – ou em outros termos, como sustentação da situação de comunicação –, que tem por metonímia o teatro, o qual, por sua vez, se faz com muitos outros elementos, quais sejam, a entonação da frase, o tom da enunciação,[47] a velocidade, o timbre, o volume, a ressonância, a vibração e, finalmente, a qualidade da voz (Hall, 2006, p. 288 e p. 297),[48] da expressão facial e ou das máscaras/maquiagem dos participantes/personagens com seus gestos e trejeitos, bem como com a postura dos circunstantes. Falamos com todo o corpo, o corpo é processo e discurso.[49] Aliás, as conversas cotidianas e igualmente as do teatro não servem apenas para informar, elas mantêm os laços e transmitem as emoções, os afetos ou, em termos gregos, os πάθη sofridos no transcurso da vida, os quais vão do comezinho ao excêntrico.

A flexibilidade do texto teatral trágico, que permite a oscilação da interpretação e até mesmo das paixões (visto que ora admiramos, ora rejeitamos), se constrói, como afirmamos, a partir do uso das ambiguidades. Nesse sentido, elas são economia de tempo, significam dizer diferentes coisas, manifestar intenções contraditórias em uma só frase, palavra ou verso. Experimentar diferentes afetos em um só tempo. A plateia, quanto mais entende, mais prazer tem. Bombardeado, o espectador alcança a κάθαρσις, fruto da ação de forças contrárias naquele que observa e sofre o extravasamento.

Tadeusz Kowzan (cf. Lobkowitz *apud* Estaire, 2002, p. 156-157),[50] um dos pioneiros em semiologia teatral, ensina que o teatro – qualquer que seja ele – lida com pelo menos treze sistemas de signos diferentes: a palavra; o tom de emissão da palavra; a mímica facial – ou a estética da máscara – para a expressão da palavra ou qualquer outro som desejado (penso aqui em assobios, gargalhadas, suspiros, muxoxos); o gesto que acompanha a palavra ou o silêncio da palavra; o movimento do ator no espaço cênico; a maquiagem; o penteado; o traje; os acessórios; o cenário; a iluminação; a música; os efeitos sonoros. Tais sistemas são autônomos, podem se alternar ou atuar a um só tempo, desfrechando πάθη e πόθοι de todas as maneiras (Kowzan, 1992, p. 25-51). Efusão comunicativa é o que são. E, por outro lado, o *modus operandi* desses sistemas é aquele da ambiguidade, da sobreposição, da reiteração e da redundância, economia de comunicação elevada à 13ª potência, reverberações de sentidos oriundos de distintas fontes que contribuem para a instauração de preciosas ambiguidades.

Observe-se, entretanto, que o material do sistema linguístico compõe apenas um dos sistemas, o qual, por sua vez, tem uma semiologia em vários planos: o semântico, o fonológico, o sintático, o prosódico, etc. A ordem das palavras numa frase, o uso de figuras retóricas num enunciado, as alternâncias rítmicas, prosódicas e métricas, tudo significa, e significa condicionado a uma mera alteração do tom; insisto e acrescento: há que se pensar na qualidade da voz e na exatidão do seu uso (Lobkowitz, 2008, p. 62).[51]

Gone Capone dedica-se ao estudo do tema, da apuração na técnica vocal, quer para falar num só fôlego (*eîrai apotáden, apneustí*), quer para uma recitação simples (*kataloge*), quer para uma dicção melodramática (*parakataloge*) ou para um canto solo (*mélos*). A importância da voz para o ὑποκριτές/*hypokrités*, ator, é, segundo o pesquisador, inquestionável. Concordo e cito o estudioso para reiterar a importância desse suporte material fugaz do texto antes escrito em "*script*":

> *Alla base della parola greca designante l'attore, presa in senso stretto, c' è dunque la funzione fondamentale del parlare, del rispondere. La parola si manifesta mediante la voce: a seconda della tonalità, dell' inflessione di voce, si colorisce variamente il discorso. Molteplici doti di voce erano richieste all'attore greco, per le esigenze a cui egli doveva soddisfare: chiarezza, per la vastità del teatro, mobilità, duttilità, dovendo rappresentare anche parti di donna (Luc. De salt., 28) e spesso personaggi diversi nello stesso drama; rapidità di modulazione, nel passaggio tra parti recitate, melodramatiche e cantate.*

> *Oltre a queste particolari condizioni, la voce doveva rispondere alla diversa età dei personaggi rappresentati, e passare istintivamente per la gamma naturale di toni e sfumature rispondenti a toni e sfumature di stati d'animo.* (Capone, 1935, p. 19)[52]

A voz é o suporte da palavra tal como o foram o papiro ou o pergaminho e o são, hoje, a tela e o papel. Mas a qualidade da voz interfere, imediatamente, na sua emissão. No mesmo viés, o helenista Pickard-Cambridge (1968, p. 156)[53] elenca – para atores e coreutas – três elementos principais: elocução do texto, gestos e movimentos. São fatores vitais para a expressividade do exercício do diálogo, do recitativo (o discurso acompanhado por melodia) e do canto. Tudo leva a crer que a audiência antiga prezava e avaliava a voz do ator e a clareza na enunciação. O vocabulário técnico é vasto. Seleciono apenas para uma amostragem que já foi aludida em nota citando Hall: μεγαλοφωνία/*megalophonía* (pujança de voz); a εὐφωνία/*euphonía* (beleza ou agradabilidade de voz) e a λαμπρότης/*lamprótes* (luminosidade ou clareza de voz).

A sensibilidade do auditório exigia boa voz, clareza e correção na enunciação, limpidez de dicção. Uma anedota de Aristófanes permite essa afirmação: *Rãs*, v. 303, onde consta uma referência crítica a Hegéloco, o qual teria pronunciado, equivocadamente, para o v. 279 da tragédia *Orestes*, a palavra γαλῆν/*galên* (doninha), com acentuação longa, por γαλήν/*galén* (calmaria), com acentuação breve (cf. Barbosa, 2009, p. 245-261; Duncan, 2006, p. 26).

Além disso, nada do que é visto sob o olhar atento de uma plateia, que anseia pela visão que lhe é oferecida, cai no vazio: a expressividade dos sentimentos daquele que fala, as mudanças bruscas ou leves, a idade, o humor, o peso, a estatura. Algumas vezes o texto ultrapassa os limites da língua e inventa um vocabulário novo – pacto entre a cena e a plateia – que passa a assimilá-lo com cumplicidade. No que concerne ao espetáculo, ganho excelente, pois uma palavra composta, por si só, traz mais rapidez e concisão.[54]

Pois bem, essas categorias de signos relatadas brevemente, as quais o teórico Kowzan indica para organizar modos de análise dos espetáculos, eu as utilizo para pensar e sugerir possibilidades de tradução do texto grego para o português e do texto traduzido para a ribalta. Procuro destacar os apartes com travessões e os trechos que poderiam ser cantados com traduções-adaptações de versos da música popular brasileira. Um exemplo é o *fragmento* 833 de Eurípides: "τίς δ' οἶδεν εἰ ζῆν τοῦθ' ὃ κέκληται θανεῖν, τὸ ζῆν δὲ θνῄσκειν ἐστί"; que, traduzido literalmente, é: "E quem sabe se viver é isto que se chama morrer, e morrer é o viver!" Este trecho, se o fosse traduzir para encenação, recuperaria os versos de *Refém da Solidão*, de Baden Powell e Paulo César Pinheiro: "Vai ver até que essa vida é morte/ E a morte é/ A vida que se quer". Desse modo resgato no imaginário brasileiro tanto o tom musical do samba quanto o seu conteúdo lamentoso e trágico.[55]

Percebo o texto no passado e no presente, insisto em que ele, corporificado, encenado e visualizado, diz muito para os nossos dias. É um crime mantê-lo para poucos. E, por certo, se nomeei para o teatro efusividade comunicativa, reformulo já agora meu parecer para a tragédia: dilato a ideia. Efusividade, nesse caso, não se aplica à tragédia, para a qual devemos dizer, antes, força e coação, tirania que Platão, na *República*, denuncia pela história de Leôncio, filho de Agláion (439e-441a), quando critica os espetáculos de massa, 493d-e; 497d, e aventa a expulsão dos poetas trágicos da sua cidade, 595a (Platão, 2010).

Ora, sobre a violência sofrida, creio que não há como negar: um dia o cipó de aroeira volta e bate no lombo de quem deu. Quem muito escoiceou acaba decerto dando bom dia a cavalo. A forma artística da tragédia ática mostra, impinge a violência de forma eficaz sobre os seus personagens. E quanto a seus espectadores? Poderíamos pensar que ver a violência da cena gera violência no auditório. Não sei. Quem vai ao teatro – e fica até o fim – aprecia e admira o que viu. Atento para o verbo "admira". Se levamos em conta a opinião de Aristóteles (2007, 1448b) e de Gotthold Ephraim Lessing, a representação ensina, dá prazer e gera admiração. "[O] prazer estético brota da apreciação da destreza do artista", mas, note-se, a "admiração é um afeto frio" (Lessing, 1998, p. 86 e p. 262). Deste modo, somos capazes de friamente julgar – no percurso e no depois do espetáculo – o que, afetivamente, nos abalou durante o desencadear da ação. Razão e sensibilidade, λόγος.[56]

Não escondo que busco um certo efeito retórico. Quero pensar e praticar a retórica e o discurso persuasivo; são eles, no meu entendimento, patrimônio do homem comum e, com isso, no entredito, proponho a compreensão da tragédia ateniense como arte um só tempo nobre e popular, repleta de regras sociais e morais, mas estruturada em estratégias refinadíssimas de convencimento discursivo semiótico, aliando naturalmente as emoções e o raciocínio, razão: λόγος.

Vou a contrapelo do que hoje se pensa sobre esse gênero antigo. Vê-se a tragédia ainda como grave e solene. Afronto o diagnóstico e contraponho que a tragédia ática foi reinterpretada e reproduziu a postura das culturas que a transmitiram: a alemã, a inglesa, a francesa e a italiana. No processo, houve uma mudança de perspectiva – do oral para a leitura silenciosa e acadêmica – e, consequentemente, deu-se a tradução cultural. A recepção textual foi privilegiada. O aspecto discursivo e a sua utilização cênica ficaram negligenciados. Recortou-se e encaixotou-se o que nasceu para voar em alado palavrório, inteiramente uno, completo e complexo. O signo múltiplo se limitou ao entendimento da palavra reduzida à função da sua construção linguística. Abortou-se o contexto de enunciação coletivo e dirigido a uma plateia de níveis sociais variados. Assim, divorciada das práticas cênicas e corporais, a tragédia recorreu a figuras abstratas e ideais e conceitos supervalorizados (Tavares, 2013, p. 16). O tempo, no Brasil, deixou a tragédia sem voz e sem corpo: raras encenações, muitas antropofagias.

Mas as origens do problema são também de ordem prática. Fazer teatro é dispendioso, demorado, trabalhoso e complexo. Além disso, quando se quer representar corporal e visualmente ideias, conceitos e paixões desmedidas, da conjugação da ideia com a matéria palpável surgem obstáculos inevitáveis:

> mostrar ao olho o extremo significa atar as asas da fantasia e obrigá-la, uma vez que ela não consegue escapar da impressão sensível, a ocupar-se [*sic*: sob ela] com imagens fracas... (Lessing, 1998, p. 99-100)

Assim, por exemplo, em um quadro, se alguém grita de horror ou de dor, nossa imaginação nos obriga – de forma imperfeita, porque sem o som – a ouvi-la. Com o teatro, não é assim: nele a voz emitida tem seu próprio tom, registro, idade, volume e textura.⁵⁷ Já na Antiguidade pensava-se desta maneira. A palavra dita substitui verdadeiramente a imagem e o corpo, e para demonstrá-lo tomo a liberdade de uma longa citação:

> 173. Por outro lado, as chamadas 'palavras belas' fazem a expressão graciosa. Assim as definiu Teofrasto: *A beleza de uma palavra é o que dá prazer ao ouvido ou à visão, ou é aquilo que, no pensamento, se estima*. 174. À visão são aprazíveis palavras como estas: *uma rósea tez, de uma pele com frescor da flor* – pois quantas coisas são vistas com prazer, também ao serem ditas são belas. Ao ouvido, são aprazíveis: Καλλίστρατος e Ἀννοῶν, pois o encontro de dois λ contém certa sonoridade, assim como o encontro de duas letras v. 175. Em geral, por uma questão de eufonia, os áticos empregam um v ao final de palavras, dizendo Δημοσθένην e Σωκράτην. São estimadas no pensamento, coisas tais como: 'anciães', no lugar de 'velhos', é mais estimado, pois os anciães são os homens muito estimados. 176. Entre os músicos, é dito que uma palavra é fluida, outra áspera, outra ajustada, e outra volumosa. Uma palavra fluida é formada, na totalidade ou em sua maioria, por vogais, como, por exemplo, Αἴας (*Ajax*). Áspera é, por exemplo: βέβρωκε (*devorou*); e essa própria palavra áspera traz, em si, a imitação daquilo que exprime. Uma palavra ajustada está entre as duas espécies e mistura por igual, vogais e consoantes. Já a palavra volumosa se apresenta sob três aspectos: abertura, extensão e modulação. Por exemplo, βροντά – ao invés de βροντή –, pois o termo possui aspereza por causa da primeira sílaba, e, por causa da segunda, ele tem extensão em virtude da longa, e tem abertura por ser um *dorismo*. Aliás, tudo o que os dórios falam é aberto. Por isso não se representam comédias em dórico, mas num ático picante, pois o dialeto ático tem algo de conciso e é popular e conveniente para tais exposições ao ridículo. (Demétrio, 2011, p. 142)

Todavia, o teatro, por ser teatro, não pretende descartar o corpo. Da citação de Demétrio, é bom extrair que o dialeto ático é popular e que é possível pensar a palavra "enquanto coisa"; a poesia se faz de coisas assim. Mas teatro não é só poesia (Bassnett, 2003, p. 189-190).⁵⁸ E uma coisa é a impressão narrativa de um grito, outra coisa é o grito, ele mesmo (Lessing, 1990, p. 106). No entanto, pesa mais e é mais interessante para os estudiosos contemporâneos, quiçá por uma urgência de decoro e elegância, pensar e "montar" tragédias a partir de conceitos com nomes transliterados e com sentidos muito debatidos como se eles fossem simples (e não controversos e passíveis de reconstrução).

Compreende-se, pois, que, se somos desafiados a colocar em cena tais situações e abstrações, grandes constrangimentos aparecem: como transpor ao corpo humano do ator o orgulho desmedido,[59] o procedimento equivocado, a cegueira do espírito, o sujo, o puro, o assustador, o compadecente ou o avesso e revirado sem cair no grotesco?

Sim, pois os estruturadores do trágico nos obrigam a buscar formas misturadas (humanas, divinas, vegetais e animais) para criar as figuras e as cenas extravagantes que esse tipo de discurso, em que tudo é extremo, explora. Imaginem Ágave dançando com a cabeça de seu filho Penteu, morto em um ritual comandado por ela, sua própria mãe, ou visualizem Édipo, cego, sangrando com os olhos mutilados, órbitas vazadas andando à frente do povo; e Teseu recolhendo os pedaços de seu filho Hipólito dilacerado nas ondas do mar. Se usássemos efeitos especiais, poderíamos cair no irrisório de uma aromática massa de tomate para o sangue, de uma cabeça de cera porventura quebrada numa imperícia cênica, do cheiro que se exala do silicone ou do vinil novo de braços, mãos, pernas e dedos, isso tudo sem pensar no crítico rival mostrando sarcástica e gentilmente uma tecnologia já disponível no mercado mais inovadora e eficiente.... Eis o grotesco que se instaura por causa de um real que é por demais falso e impede a fruição do gozo estético.

Na verdade, o problema é que o discurso trágico quer mostrar a dor maior, a ira mor e a loucura suprema; como fazê-lo sem ser deseducado (nos moldes adotados por Fraenkel para Sófocles)? Provavelmente a palavra volátil e a figura construída pela sugestão do discurso bastariam. De fato, os gritos, os chiados, os gemidos e contorções extraordinárias do gesto do artista,[60] em qualquer tragédia encenada, correm o risco de torná-la deselegante, inchada, balofa, pavorosa e exacerbada. Mas a sofisticação dos dândis ignora o essencial e superelabora o acidental. Cai no abstracionismo. Onde está a eficácia senão no primeiro patamar da criação, no texto? Poucos, contudo, leem o grego... Tanto melhor, entra aqui a tradução e a possibilidade de parceria com Ésquilo, Sófocles e Eurípides.

Enfrentemos os limites do corpo e da voz, que são o que me parece relevante para falar sobre o uso e a potência da palavra na retórica corporal-semiótica da tragédia. Os gregos ousaram, sem acanhamento algum, tornar visíveis e audíveis as paixões destruidoras as quais é preciso identificar para curar. Eles montaram peças que são interjeições maximizadas, máscaras de boca aberta, olhar vazio cheio de espanto, de frente para o crime. Acharam soluções físicas para os exageros, porque perceberam a sua própria necessidade de cura.[61]

Penso que, perspicazes e práticos, antes que se pensasse a "poética da conduta", formulação de Jean Galard (2008) na obra *A beleza do gesto*, os gregos, já nos primórdios de nossa cultura, hipotetizaram, através do teatro, a retórica do grito que se faz acontecer pela letra, pela voz e pelo gesto exagerado no esquema (σχῆμα) corporal espraiado, inflando o movimento no espaço de visão de um público. Quando menciono "esquema corporal em movimento", estou pensando nos sistemas de Kowzan, ou seja, na palavra conjugada com o tom de emissão, a mímica facial (e, no caso da tragédia antiga, a plástica da máscara), o gesto, o movimento cênico do ator, os acessórios e os adereços. Entendo que esse é o processo regular de construção de presença estudado contemporaneamente por Hans Ulrich Gumbrecht (2010, p. 140).[62] O dentro e o fora do ator coincidem e fazem-no brilhar epifanicamente. Coincidem seu pensamento, sua palavra e sua ação. Penso ademais na retórica consciente da semiótica e ciente da textura, volume, cor e luz de uma palavra; penso na razão que tira proveito da sensação e da paixão, que usa do desequilíbrio para se reorganizar no estranhamento poético.

E como pode a tradução ser cúmplice da cena e da persuasão?

Aguardem o próximo capítulo. Neste exibi a tragédia como se fosse uma interjeição maximizada difusora de elevada ambiguidade. Comecei a pensar na beleza da ambiguidade de forma alargada. Mostrei a falta que faz um corpo para o grito trágico. Reporto-me ao que afirmou José Paulo Paes sobre a busca da palavra certa, etimologicamente recuperada; lembro-me sempre de que:

> o tradutor não trabalha no plano da ortonímia e sim no da sinonímia, visa menos à nomeação absoluta que à nomeação aproximativa, pelo que o seu estatuto é, não de criador, mas de recriador. E recriação, ou, mais precisamente, 'transposição criativa', é a fórmula a que o linguista Roman Jakobson recorre para explicar o paradoxo da versão poética. [...] No seu ensaio 'Aspectos linguísticos da tradução', defende ele a ideia de que, por explorar sistematicamente a semelhança fonológica entre as palavras, sentindo-a 'como um parentesco semântico', a poesia tem na paronomásia ou trocadilho a sua figura eletiva, donde ser intraduzível por definição. (Paes, 1990, p. 37)

Desafiei a filologia e questionei mais uma vez alguns dos pressupostos do bom Aristóteles que, conforme penso e afirmei na introdução, não obstante grandes acertos, dá início ao entendimento do gênero como um conceito abstrato de pendor mais filosófico que cênico. Agora focalizarei a ambiguidade de forma pontual, darei ênfase a um operador poético, a saber, a interjeição, que considero, com o grito e o exagero, marca registrada do trágico, perturbação da linearidade, manifestação da afetividade derramada e ostentação.

Exorto: é preciso que "a atenção do leitor [tenda] menos para o significado abstrato dos signos do que para a materialidade deles – o seu som, a sua forma, – que é o penhor de serem congeniais das coisas." (Paes, 1990, p. 46). Que sua atenção seja direcionada, voltada para a execução cênica. Pois a tragédia, claramente, é um texto escrito (embora, nela, a função referencial do discurso esteja neutralizada), mas que encena uma situação de fala e, por isso, almeja se aproximar de uma situação concreta do ato de comunicação no mundo da enunciação.

Neste sentido, João Guimarães Rosa *em Grande sertão: veredas*, novamente, ensina.[63] Riobaldo fala por escrito um linguajar mesclado que percorre os limites do eruditíssimo e do popular (quiçá do vulgar). O texto assim gerado é palatável ao ouvido brasileiro e é, ao mesmo tempo, decifrável em misteriosos caminhos de outras línguas e culturas por um leitor capacitado para a erudição. Embora o escritor mineiro narre "quebrando a ordem linear do relato" e construindo-o a partir de "inversões de posições, misturas e reversibilidades em vários planos", tal como sói acontecer na narrativa oral, o seu romance é sem dúvida "alta literatura oral." Por isso anuímos com as palavras de Susana Kampff Lages no arrazoado abaixo:

> [a] fala de Riobaldo não é uma fala: é um texto escrito que encena uma situação de fala. O que há é um efeito de oralidade e uma aura mítico-sacral obtidos através de um manejo extremamente apurado e consciente da linguagem em seus diferentes planos: como virtualidade em que um signo remete a outro na imanência do sistema – língua e, por outro lado, como atualização única desse sistema virtual – fala. Em Guimarães Rosa, os constantes processos de recategorização e reclassificação gramatical são índice de operações entre os signos, dentro do sistema virtual da língua que assim é explorado em sua virtualidade mesma, como potência de significação. [...] Guimarães Rosa é para ser ouvido – e lido. (Lages, 2002, p. 74-75)

Isso se dá com a palavra trágica dos dramaturgos atenienses. Para traduzi-la há que atentar para o exercício praticado nos textos rosianos, que se ocupam da oralidade das personagens, da construção de uma fala presente na escrita e da forma como o público receberá a voz escrita proferida em "alta voz". Por isso, o grito trágico é manifestação de uma busca de similitude de funções, ainda que por refração.

Farei minha demonstração a partir de comentários da *Electra* de Eurípides, traduzida pela Truπersa, e de alguns trechos de peças trágicas. Proponho que olhemos para a dona tragédia caminhando no seu airado vestido pelas praças e parques da terra de Santa Cruz afora. Acorda, Brasil, vem ver a lua que muda a cada ὥρα... É tempo de semear, Brasil...

Notas

1. Adoto a expressão sem aderir completamente ao seu principal utilizador, Strindberg. Há, de fato, diferenças de uso, mesmo porque a tragédia grega não caberia num "teatro íntimo". Assumo o mito de Procusto reivindicando a marca que reputo mais característica do intelectual brasileiro: a transgressão degustativa – degustativa e não alimentar. Não fujo à regra. Assim, uso a expressão porque ela me serve, porque há boas ideias no que propõe Strindberg e porque trago-a para o contexto brasileiro. O tempero e o modo com que a preparo para dela me gualdir são diferentes. Isso se dá, igualmente, com a questão do teatro "naturalista" do mesmo Strindberg mas tomado pelo viés de Michel Serres e do seu "contrato natural". Sobre o naturalismo em Strindberg, recorro a Egil Törnqvist e Birgitta Steene (2007, p. 15) na introdução a Strindberg: "Strindberg rejects 'misconceived naturalism', comparing it to 'photography which includes everything, even the speck of dust on the camera lens', and praises 'the great naturalism' which 'delights in the struggle between natural forces'." ("Strindberg rejeita o 'naturalismo equivocado', comparando-o à 'fotografia que inclui tudo até mesmo as partículas de poeira na lente da câmara', e louva o 'grande naturalismo' que 'se compraz no combate entre as forças naturais'."). Ora, esse tipo de naturalismo há muito já estava plantado no teatro grego. O dramaturgo sueco, me parece, colhe os frutos da antiguidade. As forças da natureza, φύσις, atuam e lutam com e no protagonista trágico desde a época clássica em que se inaugurou a ὕβρις. Voltando: o teatro íntimo, tal como o entendo, também estava lá, no século V a.C., na pequena Atenas. A afirmativa procede porque, como mostrei na introdução, é possível estar recolhido e passar pela κάθαρσις e pelo γνῶθι σεαυτόν bem no meio de uma praça junto com um grande público. Além disso, há todo um estado de "possessão" para se levar em conta, o que Strindberg afirma categoricamente: "[T]he artist falls into a trance, forgets himself, and finally becomes the person he is going to play." (O artista cai em transe, esquece de si, e finalmente, se transforma na pessoa que ele está para representar) (Strindberg, 2007, p. 129). Os pontos coincidentes ou divergentes entre uns e outro não cabe aqui destacar. Se o sueco pretende peças curtas – de duas horas (cf. carta de 27 de junho de 1907 a Falck) – para pequenas e econômicas salas, simplicidade de cenário em favor do essencial e espetáculos sem interrupção, ele também postula, à moda grega, uma cena simples onde ocorrem, misturados, os tons trágicos e cômicos em boa medida. Como os gregos, o criador moderno busca o passado para reconhecê-lo nos fatos do presen-

te. Passo a citar Maurice Gravier (in Strindberg, 1964, p. 141-147) na apresentação do tema: "Au cours de l'été 1907, on s'est encore aux préparatifs, aux démarches et aux tâtonnements. Strindberg communique par écrit à August Falck, le futur directeur, ses idées et ses consignes sur l'idée même du Théâtre Intime et sur le fonctionnement de la nouvelle institution. [...] Cent soixante places seulement dans la salle. Des décors simples font ressortir l'essentiel: les personnages, les rôles, la diction, l'expression, la mimique. [...] Une mise en scène simple réalise le calme sur le plateau et apporte derrière les coulisses un peu de confort et de tranquillité dont les pauvres acteurs on bien besoin. [...] La simplicité favorise le calme imposant et le silence que permettent à l'artiste d'entendre son rôle. [...] C'est souvent peine perdue que de changer de décors pour une scène très brève; le spectateur n'a pas le temps de regarder le luxe qui a été déployé, il est trop absorbé à écouter et à comprendre les paroles."; "Au commencement était le Verbe!"; "Qui, c'est le verbe, la parole qui importe." ("Durante o verão de 1907, estávamos ainda nos preparativos e nos procedimentos de tentativa e erro. Strindberg comunica por escrito a August Falck, o futuro diretor, suas ideias e diretrizes sobre a própria ideia do Teatro Íntimo e sobre o funcionamento da nova instituição. [...] Cento e sessenta lugares apenas na sala. O cenário simples realçaria o essencial: as personagens, os papéis, a dicção, a expressão, a mímica. [...] Uma *mise en scène* simples produz calma no palco e proporciona, nos bastidores, um pouco do conforto e da tranquilidade que os pobres atores tanto necessitam. [...] A simplicidade promove a calma imponente e o silêncio que permitem que o artista escute seu papel. [...] É um desperdício frequente mudar de cenário para uma breve cena; o espectador não tem tempo para perceber o luxo que foi instalado, ele está demasiado ocupado em ouvir e compreender as palavras."; "No princípio era o Verbo"; "O que é o verbo, o que é a palavra é o que importa.") Portanto, meu uso da expressão "teatro íntimo" é deslocado, ou melhor, redirecionado e reinterpretado, mas somente até certo ponto. Coincidimos em vários cruzamentos, o mais forte, porém, é o Verbo. Postulo um teatro para grande público – o contrário do que quer Strindberg – todavia, para mim, a tradução do grego para o verbo em português, a palavra brasileira que no colo quente de uma mãe recebemos, é meta. Assim, num desvio, chamo íntimo tudo que se faz pela língua materna e aludo ao poema de Vinicius de Moraes, "Minha pátria": "A minha pátria é como se não fosse, é íntima doçura", "Tenho-te no entanto em mim como um gemido" (Moraes, 1974, p. 267-268).

2. Minha intenção vai além dos gregos, penso que o Brasil pode mais do que puderam os gregos antigos. Sabe-se que "[t]he City Dionysia is the first Greek religious festival known to have exacted money for the right to participate. And at 2 obols the fee was something more than a nominal sum (presumably charged per entry into the theatre, so that full participation at the Dionysia would cost at least 1 drachma and 4 obols)." ("A Dionísia Urbana foi o primeiro festival religioso grego conhecido por exigir dinheiro pelo direito de participação. E pela taxa de 2 óbolos tinha-se algo mais que uma quantia simbólica (provavelmente um pagamento pela entrada no teatro, pois a participação plena na Dionísia devia custar pelo menos 1 dracma e 4 óbolos.") (Csapo, 2007, p. 97). Sei que merecemos o teatro de forma irrestrita e gratuita.

3. Como afirmei no primeiro capítulo e aqui repito, as encenações de tragédia se faziam a céu aberto e em pleno dia. Isso por si, já é uma quebra dos parâmetros: "lavava-se a roupa suja" na praça, à luz do sol. Muito diferente é estar "no escurinho do cinema", nas sofisticadas e atapetadas salas de teatro com conforto térmico ou mesmo nas improvisadas saletas alternativas só para iniciados. No passado, as pessoas sentavam em arquibancadas – de madeira ou pedra – sem separação para os corpos. O contato físico próximo é um dos pontos

fortes para que haja circulação de emoção. A luz, o tempo, a paisagem se integravam ao texto e à cena. Veja-se Rabinowitz (2008, p. 21): "Performances began at dawn; in some of the plays, such as Aeschylus' *Agamemnon*, the dawn is remarked upon, and it would have been real; similarly Sophocles' *Antigone* and *Ajax* speak of what has happened the night before. People might have started arriving during the night if they came from far away in Attica. We might think of lining up for tickets to a rock concert, or for some festival without reserved seating. The festival lasted for five days, and each was a massive all-day affair; people in the audience typically ate and drank during the performances. Therefore, we should not imagine a hushed space. The audience was an active participant, not a passive one. The plays were first performed outdoors, in daylight, for a large audience (estimates vary, between 6,000 and 14,000). The backdrop was the city of Athens [...]. Unfortunately, not much can be said with assurance about the physical fifth-century theater because of subsequent changes [...]; many images that we have in our minds come from the theater at Epidauros, which is from the fourth century." ("As performances começavam de madrugada; em algumas peças, como *Agamêmnon* de Ésquilo, a aurora é mencionada e teria sido real; do mesmo modo, em *Antígona* e *Ájax* de Sófocles fala-se sobre o que aconteceu na noite anterior. As pessoas teriam começado a chegar, se tivessem vindo de longe na Ática, durante a noite. Podemos pensar em filas para adquirir bilhetes para um concerto de rock, ou para algum festival sem assentos reservados. O festival durava cinco dias e cada um era uma imensa aventura de dia inteiro; as pessoas na plateia comiam e bebiam normalmente durante as performances. Deste modo, não devemos imaginar um espaço silencioso. O público era participante ativo, não passivo. As peças foram primeiramente realizadas ao ar livre, à luz do dia, para uma grande audiência (as estimativas variam, entre 6.000 e 14.000). O pano de fundo era a cidade de Atenas [...]. Infelizmente e com segurança, não se pode dizer muita coisa sobre o teatro físico do século V, por causa de mudanças subsequentes [...]; muitas das imagens que temos em nossas mentes vêm do teatro em Epidauros, que é datado a partir do século IV.") Cito também um pequeno trecho de Ley (2007, p. 1): "The subject of this chapter is the playing space of tragic performance in the fifth century BCE in Athens, and I shall be presenting evidence that the tragic scripts from this period were composed for performance in the open playing space." ("O tema deste capítulo é o espaço de encenação de performance trágica no século V a.C. em Atenas, e vou apresentar provas de que os scripts trágicos deste período foram compostos para performances em espaço de encenação aberto.").

4. Não almejo nem as traduções estrangeirizantes nem as domesticantes referidas por Venuti (2002) e Berman (1999) meu foco é conciliador. Penso antes no vocábulo ξένος, que transita entre ser o hóspede e o hospitaleiro, o estrangeiro e o amigo. Resumo aqui verbete do dicionário de referência Liddell-Scott (Greek-English Lexicon [digital], 2003): ξένος, ὁ, *Ep.* and *Ion.* ξεῖνος I. guest-friend, applied to persons and states bound by a treaty or tie of hospitality, *Od.*1.313, etc.; 2. of parties giving or receiving hospitality, *Od.* 8.145, etc.; mostly of the guest, opp. the host. II. stranger, esp. wanderer, refugee (under the protection of Ζεὺς ξένιος III. generally, stranger, foreigner, opp. ἔνδημος, Hes. *Op.* 225. Por fim, agrego a opinião de José Paulo Paes (1990, p. 106): "Louvável, na verdade, há de ser a tradução que, sem desfigurar por imperícia as normas correntes da vernaculidade, deixe transparecer um certo *quid* de estranheza capaz de refletir, em grau necessariamente reduzido, as diferenças de visão de mundo entre a língua-fonte e a língua-alvo."

5. "A contemporaneidade, portanto, é uma singular relação com o próprio tempo, que adere a este e, ao mesmo tempo toma distâncias; mais precisamente, essa é a relação com o tempo que a este adere através de uma dissociação e um anacronismo. Aqueles que

coincidem muito plenamente com a época, que em todos os aspectos a esta aderem perfeitamente, não são contemporâneos porque, exatamente por isso, não conseguem vê-la, não podem manter fixo o olhar sobre ela" (Agamben, 2009, p. 59, em tradução de Vinícius Nicastro Honesko). Se utilizar termos como "língua-pátria" pode soar ultrapassado, componho dissonâncias no meu tempo teórico e no meu objeto de estudo para manter meu olhar fixo sobre eles, para pensar a tradução da tragédia neste Brasil contemporâneo. Tenho em mente ainda Meschonnic, para quem "[o] contemporâneo tem sido sempre o lugar por excelência das resistências e da confusão. O dogmatismo é polimorfo. Sua forma liberal é a mais bela." (Meschonnic, 2010, p. 24).

6. "Aí está o germe do terrível complexo do americano: acreditar que sua expressão não é uma forma alcançada, mas problematismo, coisa a resolver." Ao comentar o mito maia de criação narrado no *Popol Vuh*, Lezama Lima explica: "Enquanto o espírito do mal domina, os dons da expressão aparecem lentos, errantes e sonolentos. Antes do surgimento do homem, está preocupado com os alimentos da sua incorporação. Parece que ali se preludia a dificuldade americana de extrair o sumo de suas circunstâncias. Procura uma equivalência: que o homem a surgir será igual às suas comidas. Parece assentar um apotegma de desconfiança: primeiro os alimentos; depois o homem. Essa prioridade, gerada por um pacto entre a divindade e a natureza, sem a participação do homem, parece marcar uma irritabilidade e um rancor, a do convidado a viandas obrigatórias, sem as elegâncias de uma consulta prévia aos espirituosos e às preferências palatais. É evidente, além do mais, que as viandas serão apresentadas com tempero conveniente: o orvalho do ar e a umidade subterrânea" (Tradução de Irlemar Chiampi).

7. Segundo a página do Instituto Estadual de Florestas (trecho citado com alterações), "piracema" é um fenômeno que se dá a partir do mês de novembro. Palavra de origem indígena (pira = peixe e cema = subida). Os índios, com sua sabedoria primitiva, já observavam o movimento dos peixes em cardumes rio acima, para se acasalarem e se reproduzirem. Antes do fenômeno a natureza já emite sinais, percebidos pelos peixes, de que a estação favorável está para chegar. Dias mais quentes, chuvas frequentes e água mais oxigenada fazem com que milhões de peixes machos e fêmeas dispersos pelos rios se agrupem em grandes cardumes, preparando-se para a subida. Os peixes de piracema, conhecidos também como migradores, necessitam fazer um esforço físico intenso para a subida ao rio. Eles sabem que é hora de ir para os locais de desova. Alguns chegam a nadar centenas de quilômetros em poucos dias. As chuvas aumentam o nível dos rios, que transbordam e abastecem as lagoas marginais e alagadiços, permitindo aos peixes chegarem até esses locais ou subir às cabeceiras, locais onde encontram condições ambientais adequadas para desovar: águas mais quentes, oxigenadas e turvas, o que ajuda na proteção contra predadores. Nesses locais, os animais chegam maduros e prontos para o acasalamento. A fecundação dos peixes é externa e a grande concentração de machos e fêmeas aumenta as chances de fertilização no ambiente aquático. A partir daí, milhões de ovos descerão o rio ou ficarão se desenvolvendo nas lagoas marginais, que são conhecidas como 'berçários' dos peixes." (Instituto Estadual de Florestas. Disponível em: <http://www.ief.mg.gov.br/pesca/piracema>.)

8. "Atrás de muralhas, através de desfiladeiros – passa um, passa dois, passa quatro, passa três... – por caminhos retorcidos, ela começa, como um desafio de serenidade. Aguarda-nos amparada, dada em neblinas, coroada de frimas, aspada de epítetos: Alterosas, Estado montanhês, Estado mediterrâneo, Centro, Chave da Abóbada, Suíça brasileira, Coração do Brasil, Capitania do Ouro, a Heróica Província, Formosa Província. O quanto que en-

vaidece e intranquiliza, entidade tão vasta, feita de celebridade e lucidez, de cordilheira e História. De que jeito dizê-la? MINAS: patriazinha. Minas – a gente olha, se lembra, sente, pensa. Minas – a gente não sabe."

9. Este trecho tem, evidentemente, a conferência de Ricardo Piglia (1991, p. 60-65) intitulada *Memoria y tradición* em mente. Ecoam em nós inúmeros trechos que, para subsidiar leituras, não deixaremos de citar. São eles: "Para un escritor la memoria es tradición. Una memoria impersonal hecha de citas, donde se hablan todas las lenguas. Los fragmentos y los tonos de otras escrituras vuelven como recuerdos personales." (p. 60); "La identidad de una cultura se construje en la tensión utópica entre lo que no es de nadie y es anónimo y ese uso privado del linguaje al que hemos convenido en llamar literatura. [...] [La tradición es] resíduo de un passado cristalizado que se filtra en el presente. [...] Un escritor trabaja en el presente con los rastros de una tradición perdida. Obligado siempre a recordar una tradición perdida, forzado a cruzar la frontera. Asi se funda la identidad de una cultura. La conciencia de no tener historia, de trabajar con una tradición olvidada y ajena. La conciencia de estar en un lugar desplazado e inactual. Podíamos llamar a esa situación la mirada estrábica. Hay que tener un ojo puesto en la inteligencia europea y el otro puesto en las entrañas de la patria." (p. 61); "La identidad de una cultura se define por el modo en que se usa la tradición extranjera." (p. 64).

10. "Βάρβαρος, -ov [m.] 'foreign(er), non-Greek', also adj. "uncivilized, raw' (IA). <ONOM> COMP βαρβαρόφωνος 'of foreign speech' (n.). DER βαρβαρικός 'foreign' (Simon., Th., X., Arist., etc.) with βαρβαρίκιον name of a garment (pap.); βαρβαρώδης; (sch., Tz.). Denominative verbs: 1. βαρβαρίζω 'to behave like a foreigner, to side with the barbarians = Persians' (Hdt.), whence βαρβαρισμός; 'use of foreign language or customs, language mistakes' (Arist., Hell.), adv. Βαρβαριστί 'in a foreign way, in foreign language' (Ar., Plu. et al.); 2. βαρβαρόομαι 'to become a barbarian, become uncivilized' (S.). ETYM An onomatopoeic reduplicated formation, which originally referred to the language of the foreigner. One may compare Skt. (post-Vedic) barbara- 'stammer', a designation of non--Aryan peoples. In spite of Sumer. barbar 'foreigner' not of Babylonian or Sumerian origin. From βάρβαρος was borrowed Lat. Barbarus. Comparable formations in other IE languages are mentioned in Pok. 91f. and Mayrhofer EWAia 2: 217 s.v. balbala-." (Beekes, 2010).

11. Embora persiga João Guimarães Rosa e sua estratégia de construção do oral, sinto-me constrangida a creditar outros teóricos. Alguns dos que chamam de "coloquialismo" algo próximo da língua oral, mas com qualidade literária. Para mim, não há "coloquialismo" nem "literário". De qualquer modo, ilustro o tema com os termos técnicos vigentes. Sobre o assunto cf., por exemplo, Collard (2005, p. 350-386). Collard parte do trabalho de Stevens ("Colloquial expressions in Euripides", 1976) e elenca os principais trabalhos no assunto, os quais são, aliás, inúmeros, e cita as categorias básicas de Stevens para o que entendo por "forjar um simulacro de coloquialismo": "(A) Exaggeration, (B) Pleonasm, (C) Understatement, (D) Brevity, (E) Interjections, (F) Particles, (G) Metaphors, (H) Miscellaneous, and (I) Forms and Syntax" (Collard, p. 353). Collard afirma também que Stevens "described levels of language as poetic, prosaic, neutral, and colloquial, but distinguished between emotional and intellectual aspects; and because Greek colloquialisms share something in their emotion with poetry and impassioned oratory, he argued that they may be less obvious in poetry than in plain prose. He ended by describing levels of imagery; note especially 'the kind of language that in a poetic or prosaic context would stand out however slightly as having a distinctively conversational flavour'." ("[Stevens] descreveu os

níveis de linguagem como poéticos, prosaicos, neutros e coloquiais, mas distinguiu entre os aspectos emocionais e intelectuais; e, porque os coloquialismos gregos compartilham, em sua emoção, algo com poesia e a oratória apaixonada, ele argumentou que eles podem ser menos óbvios na poesia do que na prosa simples. Ele terminou por descrever níveis de imagens; e notou especialmente 'o tipo de linguagem que, num contexto poético ou prosaico, se destacaria, ainda que ligeiramente, como tendo um sabor distintamente conversacional."' Collard, idem ibidem). Ainda apud Collard (2005, p. 357), transcrevo a lista de indicadores de coloquialismo de Landfester: "(1) expressive modes like interjections, exclamations, curses, exaggerations; (2) free syntax, especially anacoluthon; (3) ellipses; (4) forms of address inviting closeness or complicity; (5) resort to the plainest words like 'do' or 'be'; (6) parataxis, not hypotaxis; (7) redundancy for emphasis; (8) varieties of crasis; (9) strongly idiomatic expressions."

12. Berman (2013, p. 44) – em tradução de Torres, Furlan e Guerini – utiliza essa frase para se manifestar contra a idealidade e a traduzibilidade universal apoiada em uma invariante subjacente do *lógos* e esquecida da particularidade das línguas. Utilizo esse pensamento que ele chama de "captação de sentido platônica". Estou pervertendo a intenção de Berman. Considero-o um grande teorizador, compartilho e adoto muitas de suas sugestões; desta, porém, a de que não há certa unidade nas línguas, permito-me discordar e mesmo perverter. Sou devota de Dioniso.

13. Meschonnic (2010, p. 43) tem atitude semelhante: "O objetivo da tradução não é mais o sentido, mas bem mais que o sentido, e que o inclui: o modo de significar" (Tradução de Jerusa Pires Ferreira e Suely Fenerich).

14. Parafraseio uma afirmativa de George Steiner (2005, p. 49), a saber: "Uma coisa é clara: cada ato de linguagem tem um determinante temporal. Nenhuma forma semântica é atemporal" (Steiner em tradução de Carlos Alberto Faraco).

15. "There have, over the years, been many estimates of the seating capacity of the Athenian theatre in the fifth century. They vary widely. Limiting ourselves to estimates over the past ten years, we find the capacity of the fifth-century theatre of Dionysos pegged at: 3.700 (Dawson 1997), 5.500 (Korres 2002: 540), not more than 7.000 (Goette per litteras), 10.000 to 15.000 (Moretti 1999–2000: 395). Moretti's figure of 10.000 to 15.000 is closer to the traditional view that the seating capacity of the fifth-century theatre was nearly the same as that of the later fourth-century Lykurgan theatre (influentially pegged by Pickard-Cambridge at 14.000 to 17.000 [1946: 141]). But for the capacity of the fifth-century *theatron* the evidence is very much in favour of the more modest estimates of Dawson, Korres, and Goette. We should probably think of audiences numbering somewhere between 4.000 and 7.000. [...] Excavations during the 1960s in the sanctuary of Dionysos provided clear stratigraphical evidence that the foundations of the earliest stone theatre cannot be dated before the mid-fourth century. The fifth-century *theatron* was therefore built almost entirely of wood. This inference is confirmed by Old Comedy where Aristophanes (*Thesmophoriazousai* 395, cf. scholiast ad loc.) and Cratinus (PCG F 360) both refer to the audience sitting upon *ikria*. This term is used only of wooden constructions. Moreover, Pollux (4.122) preserves, probably also from Old Comedy, the word *pternokopein*, 'heel-banging', which is one of the many means the Athenian audience employed to show displeasure at a performance. Heel-banging is doubtless what Cratinus refers to when he calls 'the noise of the wooden benches' the 'mother' of the audience (PCG F 360). No one with heels of flesh and bone will believe with Leyerle that

pternokopein refers to an 'ominous noise made by heels drumming against the backs of the stone seats'" (2001: 36). Confira-se também Sommerstein (*Greek drama and dramatists*, 2003, p. 6). ("Durante anos, muitas estimativas têm sido feitas sobre o total de assentos do teatro ateniense no século V. Elas variam muito. Limitando-nos a estimativas dos últimos dez anos, achamos estabelecida, para o teatro de Dioniso do século V, a estimativa de: 3.700 [Dawson 1997], 5.500 [Korres, 2002, p. 540], não mais de 7.000 [Goette por litteras], de 10.000 a 15.000 [Moretti, 1999-2000, p. 395]. O número de Moretti, de 10.000 a 15.000, está mais próximo da visão tradicional de que a capacidade de espectadores sentados no teatro do século V era quase a mesma do teatro tardio, século IV, de Licurgo [estimativa fixada, de modo influente, por Pickard-Cambridge [1946, p. 141] entre 14.000 e 17.000]. Mas, para a capacidade do *theatron* do 5º século, a evidência é bem mais a favor das estimativas mais modestas de Dawson, Korres e Goette. Devemos talvez pensar em um público por volta de 4.000 e 7.000. [...] Escavações durante a década de 1960 no santuário de Dioniso forneceram evidências estratigráficas claras de que as fundações do primeiro teatro de pedra não podem ser datadas antes de meados do século IV. O *theatron* do 5º século foi, deste modo, construído quase inteiramente da madeira. Esta inferência é confirmada pela comédia velha a qual Aristófanes [*Tesmosfórias*, v. 395, cf. escoliasta ad loc.] tanto quanto Cratino [PCG, Frag. 360] mencionam estar o público sentado sobre *ikria* [estrados]. Este termo é usado somente para construções de madeira. Além disso, Pólux [4.122] preserva, provavelmente também da comédia velha, a palavra *pternokopein* [bater a sola do sapato no teatro em sinal de desaprovação] que é um dos muitos meios que o público ateniense usou para mostrar desagrado em uma performance. "Gritaria de sapateada" é sem dúvida o que Cratino quer dizer, quando chama "o barulho dos bancos de madeira" de "mãe" da plateia [PCG, Frag. 360]. Ninguém com calcanhares de carne e osso vai acreditar no que afirma Leyerle de que *pternokopein* se refere a um "ruído sinistro feito pelas solas rufando as costas dos assentos de pedra" [2001, p. 36]"). Cf. também Sommerstein (*Greek Drama and Dramatists*, 2003, p. 6). Destaco um parágrafo da obra: "In classical Athens, on the other hand, dramatic performances were essentially and in principle events for the whole community. This indeed was one reason, even had there been no others, why they formed part of religious festivals. In the absence of adequate artificial lighting, performances had to be held by day, and religious festivals were the only days when non-leisured citizens could attend them. Not all Athenian citizens can have watched the performances, and probably not all cared to, particularly since (probably from the 440s on) they had to pay an entrance fee of 2 obols per person per day (at a time when 6 obols was a good daily wage for a family man). Nevertheless, even allowing for the presence of a large number of resident and visiting foreigners, and of boys under eighteen (but few slaves, and probably few women), the theatre audience (of about 15.000) must always have included a substantial proportion of the Athenian citizen body – probably never less than 20 per cent, and often as much as 40 to 50; it is likely that in general more citizens would be present in the theatre than were present at the political assemblies on the Pnyx a few days before or after." ("Na Atenas clássica, por outro lado, as performances dramáticas eram, em princípio e essencialmente, eventos para toda a comunidade. Esta era, de fato, uma razão, mesmo que não houvesse outras, para que elas fizessem parte dos festivais religiosos. Na ausência de iluminação artificial adequada, as apresentações tinham que ser realizadas durante o dia, e as festas religiosas eram os únicos dias em que os cidadãos trabalhadores podiam assisti-las. Nem todos os cidadãos atenienses podiam assistir às apresentações, e, provavelmente, nem todos queriam assisti-las, especialmente porque (provavelmente a partir da década de 440) eles tinham que pagar a taxa de entrada de 2 óbolos por pessoa por dia (numa altura em que 6 óbolos era o pagamento por um dia de trabalho de um pai de família). No entanto, mesmo admitindo a presença de um grande número de estrangeiros residentes e visitantes e de meninos abaixo de 18 anos (mas de poucos escravos e provavelmente poucas mulheres), no público teatral (de cerca de 15.000) devia estar sempre presente, numa proporção substancial, o corpo de cidadãos atenienses – provavelmente nunca menos de 20%, e, muitas vezes, tanto quanto de 40 a 50%; era provável, de maneira geral, que mais cidadãos estivessem presentes no teatro do que os que estavam presentes nas assembleias políticas na Pnyx alguns dias antes ou depois.")

16. Estou me referindo aos festivais de Atenas, no século V a.C. Festivais de teatro no mundo grego antigo pululavam. Aqui focalizo apenas o teatro urbano de Atenas. Para informação mais ampliada, consultar Evans (2010, p. 171 e 172). "Like Demeter, the Greek god called Dionysus began as a deity with particular connections to agriculture and fertility, and only later developed additional cultural resonances for men and women who lived in market towns and small cities. By the fifth century the civic face of Dionysus in Athens looked in two directions: toward the rural countryside and toward the city with the Agora and its political institutions. [...] Of the five major Dionysian festivals celebrated in the fifth century, two drew attention to viticulture and the production of wine, while three placed emphasis on wine and its place in dramatic performance and competition." ("Como Deméter, o deus grego chamado Dioniso começou como divindade com ligações particulares com a agricultura e a fertilidade, e somente mais tarde desenvolveu ressonâncias culturais adicionais para os homens e as mulheres que viviam em vilas-mercados e pequenas cidades. Por volta do século V, o rosto cívico de Dioniso em Atenas olhava para duas direções: para a região rural e para a cidade, com a Ágora e suas instituições políticas. [...] Dos cinco maiores festivais dionisíacos celebrados no século V, dois chamavam a atenção para a viticultura e a produção de vinho, enquanto três davam ênfase para o vinho e para seu lugar no desempenho dramático e na competição."). Quando escolho o teatro ático, não estou idealizando e elegendo o melhor, apenas envido esforços naquela modalidade que legou para a posteridade textos para trabalhar e encenar. Festivais sempre implicam problemas de diversos tipos; em Atenas não era diferente. Em festivais menores, o que serve para avaliarmos outros como o de Atenas, maiores e repletos de visitantes, eram frequentes os problemas com disciplina e orçamento. A informação é de Slater (2007, p. 22): "At Ilium, procession and sacrifice are specified, but this means banqueting and still later regrettably rowdiness, as policemen with batons are deemed necessary. Such variations are normal, but more importantly a festival might not have competitions at all or even spectacles and shows, theoriai and theai, akroamata and theamata and the like. That leaves thusia, killing things, which of course might well occur as the lowest common denominator in all festivals, but the methods of killing varied, and everyone did not necessarily get to eat the results; and they certainly did not all get the same quantity and quality, or maybe anything at all. Greek festivals not only are defined differently: they are different. Drama, even religious performance, was in fact mostly a minor aspect of one part of some Greek festivals." ("Em Ílion, procissão e sacrifício são pormenorizados, porém isso significa banquete e, ainda, confusão, que mais tarde se lamentava, ou seja, policiais com cassetetes eram considerados necessários. Tais variações são normais, mas o mais importante é que um festival poderia não ter competições em absoluto e nem sequer espetáculos e exibições, *theoriai* e *theai*, *akroamata* e *theamata* e similares. Tudo isso deixa de fora os *thusia* [sacrifícios], matar coisas, o que, naturalmente, poderia muito bem ocorrer como mínimo denominador

comum nos festivais, mas os métodos de matar variavam; a finalidade deles todos não se resumia, necessariamente, em comer; e, certamente, nem todos atingiam a mesma quantidade e qualidade, ou talvez coisa alguma. Os festivais gregos não são apenas definidos de forma diferente: são diferentes. O drama, mesmo a performance religiosa, era, de fato e na maior parte, um aspecto menor de uma parte de alguns festivais gregos.")

17. Lateiner, nesta última obra, organiza inclusive um glossário de categorias, cf. p. XVII--XXI. Cf., ainda, Schein (2008, p. 387-406).

18. "Editors of the Greek texts of the plays have the determination of the best version as a prime responsibility. But suspecting the intrusion of additional text, or correcting an apparently corrupt text, are editorial activities that are often hazardous, as editors acknowledge." (Ley, 2007, p. 2, nota 4). ("Editores de textos gregos de peças têm, como responsabilidade principal, o estabelecimento da melhor versão. Mas suspeitar da inserção de textos adicionais ou corrigir um texto aparentemente corrupto são atividades editoriais frequentemente arriscadas, como reconhecem os próprios editores.")

19. "Ler uma peça é quase como ler uma partitura. É uma arte difícil, e eu não conheço muitas pessoas que podem fazê-lo, embora muitos digam que podem. O próprio arranjo do texto, onde os olhos têm que deslizar do nome da personagem para o seu discurso, exige estreita atenção. A exposição, aparentemente desinteressante, tem que ser enfrentada e cuidadosamente registrada na memória, uma vez que contém a urdidura pela qual a trama é montada. A ação anotada nas orientações de palco também atrasa e distrai. Até hoje, quando leio Shakespeare, tenho que escrever notas para controle dos personagens e, em particular, os inúmeros personagens secundários em linha, eu tenho que voltar constantemente para a lista de personagens e retornar ao primeiro ato para ver o que os personagens disseram lá. Você tem que ler uma peça pelo menos duas vezes para tê-la claramente em mente e, para ser capaz de atribuir papéis, você tem que ruminá-los diversas vezes. O autor (ou o tradutor) e o diretor são geralmente os únicos que conhecem internamente a peça; desse modo, eles são os mais competentes para atribuir os papéis. [-] A pessoa que conhece o elenco, a disposição, habilidade e limitações de cada artista, vê imediatamente, ao ler a peça, quem é adequado para uma dada parte."

20. "Falar de um intérprete é o mesmo que falar de um tradutor." (Stravinsky, 1996, p. 115). Cf. também Steiner (2005), "Prefácio à segunda edição": "Compreender é decifrar. Alcançar a significação é traduzir" e, ainda, na p. 72: "Em suma: entre *línguas* ou *no interior de uma língua*, a comunicação humana é igual à tradução. Um estudo da tradução é um estudo da linguagem" (Grifos do autor).

21. Observo que a repetição, índice de oralidade, com frequência é banida do texto por causa da perspectiva dos apuros literários idealizados pelos estudiosos. Sobre a repetição ostensiva, um exemplo da *Medeia de Eurípides* na tradução Truπersa. Grifo as repetições, as quais não conseguimos manter no português.

παῖδας δὲ μεῖναι τοὺς ἐμοὺς αἰτήσομαι, 780	E pedirei que os meus *meninos* possam ficar
οὐχ ὡς λιποῦσ' ἂν πολεμίας ἐπὶ χθονὸς	e que não sejam insultados por inimigos
ἐχθροῖσι *παῖδας* τοὺς ἐμοὺς καθυβρίσαι,	enquanto vou abandonada pra terra hostil,
ἀλλ' ὡς δόλοισι *παῖδα* βασιλέως κτάνω.	e aí, assim, com ardis, mato a *filha* do rei.

22. David Kovacs (2005, p. 380) sustenta: "There were probably not even speaker indications, merely a horizontal line, called a paragraphos, under the first word of a speech and

extending into the left margin, to show that there was a change of speaker, with a colon-
-like mark, if needed, to mark change of speaker mid-line. [...] The medieval manuscripts
all have speaker indications, and these, although not derived from the author's autograph,
are correct in the vast majority of cases, being based on inference from the text or on the
tradition of performance." ("Provavelmente, não havia sequer indicações da personagem
que falava, apenas uma linha horizontal chamada parágrafo sob a primeira palavra de
uma fala estendendo-se para a margem esquerda, para mostrar que havia uma mudança de personagem falando, com uma marca de dois pontos, se necessário, para marcar a
mudança da personagem que falava no meio do verso. [...] Os manuscritos medievais têm
indicações de personagem-fala, e estas, embora não derivadas do autógrafo do autor, estão
corretas na grande maioria dos casos, baseando-se na inferência do texto ou na tradição
da performance.")

23. "With some minimal exceptions, the texts of Greek drama do not contain original
stage directions of the kind we have come to expect in modern printed drama. So we are
dependent on references in the verbal script to its own implementation or on inferences we
can draw from the verbal script about the presence of material objects and about the proxi-
mity of performers to each other or to a material object." (Ley, 2007, p. 1). ("Com algumas
mínimas exceções, os textos do drama grego não trazem direções de cena originais do tipo
que nós esperamos no drama impresso moderno. Portanto, dependemos de referências no
roteiro escrito para sua própria implementação ou de inferências que podemos extrair do
roteiro escrito sobre a presença de objetos materiais e sobre a proximidade de artistas entre
si ou com um objeto significativo.")

24. A numeração dos versos no *Agamêmnon* é muito diversa. O trecho mencionado se
refere àquela da edição estabelecida por Paul Mazon (Eschyle, Tome II, 1925). Mazon atribui a fala ao coro. Já a edição da Gredos, com tradução de Bernardo Perea Morales, dá a
Clitemnestra esses versos (Ésquilo, 1993).

25. "Chamar a poeira seca de irmã da lama é ridículo, embora se justifique na explicação fácil de Schneider. 'A poeira', diz ele, filosoficamente, 'é irmã da lama, porque a mesma terra pelo calor é convertida em poeira e pela umidade, em lama.' – ἀλλ .... λόχον
[sic/ por λόγον]. Mas de qualquer modo que fale, falará claramente de uma alegria ainda
maior; – mas o relato oposto, a isso, abomino; porque o que apareceu pode ser uma soma
bem feita"; i. e. ou confirmará as notícias alegres em seu relato completo, ou [jogará nossas
esperanças por terra, mas isto eu não vou nem sequer falar] – todavia me retraio quanto à
outra alternativa. Nos versos seguintes, Clitemnestra alude secretamente aos seus próprios
projetos e o coro percebe a palavra dela, mas não o seu propósito.

26. Os versos citados não constam do texto da edição da Belles Lettres; mas aparecem no
texto por Herbert Weir Smyth para a edição de Cambridge (cf. Aeschylus, vol. 2, 1926, vv.
1426-1427; 1625-1627).

27. Recordemos o Sócrates de Platão no *Banquete*, 220b, e o elogio de Aristófanes à educação antiga em *Nuvens*, v. 965.

28. Não estou me referindo ao quiasma como figura de linguagem em que um par de palavras (um por todos, todos por um) ou de significados (semear chorando e ceifar cantando)
repete uma estrutura de sentido em ordem inversa, a modo de um espelhamento. Tal entendimento, no meu raciocínio, seria só um 'ponto' de partida (recupero Kandinsky). Falo
de oposição, mudança, variação amplificada e em movimento, 'ponto que se transforma

em linha". Reversão maximizada de ideias que não se limita à repetição de palavras e estruturas gramaticais em ordem inversa, mas em repetição de metáforas estruturadoras do conjunto da obra, em termos gregos: βολή, μεταβολή e ἀντιμεταβολή.

29. "E é a atribuição apropriada dessas linhas que é de grande interesse para aqueles que estudam a encenação dramática. Se o discurso como um todo é dado a Clitemnestra, seu tom é antagônico quando ela responde as dúvidas do coro no v. 272 e seguintes e no v. 475 ss. Em 496, ela responde diretamente a eles dizendo que eles não precisam mais se contentar com elocubrações derivadas de sinais suspeitos, mas que terão logo a constatação de sua interpretação das tochas a partir de testemunhas oculares. Em tal leitura, Clitemnestra deve estar no palco para ouvir as palavras céticas do coro no epodo, vv. 475-488; é demasiado supor que ela, tendo saído em triunfo no v. 354, ainda se lembre do insulto à sua inteligência proferido pelo corifeu no v. 272 e seguintes e entre em cena pronta para reconsiderar o que já devia considerar como um assunto encerrado, se ela não tiver ouvido o epodo [cf 351-54]. Se este discurso puder ser atribuído com segurança a Clitemnestra, haverá mais evidências de que uma personagem principal pode permanecer no palco durante o canto de uma longa passagem coral para dar uma referência visual importante às palavras que o coro está cantando. Além disso, estabelecer este tom para o discurso esclarece alguns versos problemáticos, especialmente o notório 494 f. Os critérios pelos quais a atribuição anterior destes versos foi feita são, na melhor das hipóteses, ambíguos."

30. "Wilamowitz e Fraenkel, ambos, deixam claro que o arquétipo continha provavelmente apenas parágrafos e que a atribuição de papéis foi feita por escribas posteriores a fim de esclarecer ambiguidades."

31. De Hamilton (1974, p. 388), recupero um trecho, em que comenta e cita o início da linha de pesquisa a partir de Wilamowitz-Moellendorff: "Wilamowitz's Einleitung (1889) contains only a few paragraphs devoted to the question of actors' interpolations, but they are crucial. He balances trust in the literary tradition with the realization that actors' interpolations did exist. Book form protected the tragedies from corruption [p. 130]. Actors, however, inevitably made changes and the Lycurgan law restricting them was ineffectual, so that when our texts depend on actors' copies their reliability is small. Nonetheless, the condition of our extant plays is quite good [p. 132-33]." ("A Introdução de Wilamowitz (1889) contém apenas alguns poucos parágrafos, não cruciais, dedicados à questão das interpolações dos atores. Ele balanceia a confiança na tradição literária e a constatação de que as interpolações dos atores existiam. A forma de livro protegia as tragédias da corrupção [p. 130]. Os atores, no entanto, fizeram, inevitavelmente, mudanças, e a lei de Licurgo, ao refreá-los, não foi eficaz, de modo que, quando nossos textos dependem das cópias dos atores, sua confiabilidade é pequena. Não obstante, a condição de nossas obras atuais é bastante boa.").

32. "Comentários, léxicos e outras obras de natureza gramatical foram considerados, justamente, como coleções de material a ser podado, adaptado ou adicionado a, antes de serem considerados como sacrossantas entidades literárias."; "era fácil cometer erros, substituir ou transpor palavras ou a fusão de uma passagem com alguma outra semelhante."

33. "Os escólios [anotações nas margens dos nossos manuscritos medievais] várias vezes expressam a suspeita de que os atores tivessem adulterado o texto original. Os estudiosos modernos, no seguimento dessas pistas, jogaram seu olhar de suspeita sobre outras passagens não apontadas nos escólios e identificaram diversos outros lugares onde uma mão

subsequente poderia, com segurança hipotética, ser detectada; lugares que comparativamente com o resto da obra do autor, marcam diferenças claras no vocabulário, estilo ou prática dramática, ou em versos invasivos que interrompem ou enfraquecem o argumento circundante utilizado. Assim, os atores, ocasionalmente alteraram as palavras para dar maior alcance às suas habilidades vocais, omitindo, por exemplo, um negativo, a fim de fazer uma declaração clara sarcasticamente irônica."

34. "É verdade generalizadamente aceita que as emendas dos estudiosos e escribas são muito mais evidentes para nós a partir da Idade Média e do Renascimento do que na Antiguidade, e que isso, ao mesmo tempo, constitui um problema mais sério. As hipóteses dos críticos antigos, estão, às vezes, preservadas em escólios e fontes análogas, mas raramente parecem ter afetado a tradição textual. A contribuição de qualquer indivíduo era tratada, habitualmente, como evanescente, uma mijada no rio. Na Idade Média era diferente, quando as cópias eram poucas e deterioração grassava: a emenda era exigida, de novo e mais frequentemente, para colorir toda a corrente ou alguma de suas vistosas vertentes. Os escribas emendavam o que não podiam ler ou não eram capazes de entender, e, às vezes, o que não lhes parecia conforme a métrica."

35. "One special type of transposition that occurs in Greek tragic texts is the so-called vitium Byzantinum, by which a paroxytone word is moved to the end of the iambic trimeter to make it sound more like a Byzantine dodecasyllable."

36. Cito o escólio: οἱ δὲ ὑποκριταὶ τοῦτο ἀγνοήσαντες τὸ τῆς ἀντιδιαστολῆς μετατιθέασι εἰς τὸ τίς δ᾽οὐχὶ θνητῶν τοῦτο γινώσκει σαφῶς.

37. "Os atores, interpretando mal a pontuação, mudaram-na para τίς δ οὐχὶ θνητῶν τοῦτο γινώσκει σαφῶς; Σ. Os atores tinham γινώσκει em seu texto; e, incapazes de compreender ἄρτι e não tendo pontuação no texto, alteraram ἄρτι para τοῦτο e, portanto, τόδ᾽ para σαφῶς. [...]: i.e. você levou bastante tempo para entender isso."

38. "O escoliasta diz que alguns atores interpretam equivocadamente o verso como "τίς δ οὐχὶ θνητῶν; Τοῦτο γινώσκει σαφῶς;". Γινώσκει é a leitura de Láscaris e de outras boas cópias."

39. "De outro modo, apontar exemplos com mudança sistemática induzida pela teoria gramatical é difícil; Planudes e seus discípulos, porém, substituíram, regularmente nos textos que copiaram, γίνομαι e γινώσκω por γίγνομαι e γιγνώσκω, e fizeram concessões a uma ou duas outras preferências em particular."

40. "The verbal script is not a complete performance, or even a secure record of a complete performance. We cannot, ultimately, even be sure of the status of the scripts that have come down to us as texts, and in certain cases scholars have suspected that an original script has been altered or supplemented for performances later than its original production in the fifth century BCE."

41. "Seria de se esperar que Page começasse com as interpolações atestadas dos atores [isto é, com equívocos de pronúncia], mas, umas poucas páginas antes [100 e seg.], vê-se que as "interpolações acidentais" que ele discute são não apenas sem atestação mas também completamente diferentes daqueles equívocos de pronúncia atestados: a substituição de uma palavra ou verso por outro de um contexto semelhante; a repetição de um verso num contexto diferente. O escólio a *Med.* 84 deveria ter sido um lembrete sóbrio de como é difícil, para uma versão de ator, infiltrar-se na tradição manuscrita: a leitura preservada

neste escólio não comprova no texto a troca do ator nem para τοῦτο nem para σαφῶς; além disso, a versão atoral de uma forma contestada 'γινώσκει (ς)' é encontrada somente em um manuscrito e em correções de dois outros."

42. "87. Verso condenável. (1) Perturba a simetria – sem ele são três versos que correspondem a três outros da ama. (2) O realce marcado no verso parece irrelevante para a situação presente. (3) Ele perturba a construção: de 88, o exemplo particular, segue-se facilmente para a generalização do 86, contudo, se 87 for inserido, o trecho fica bastante disperso (4) é lugar-comum que pode ser facilmente alterado por um 'paralelo' [...]. (5) O verso foi considerado como espúrio no texto oficial antigo (v. escólio) – principalmente porque irrelevante. A linha anterior também..."

43. "Ancient commentators and readers were aware that certain lines in drama might be delivered aside and we often encounter in scholia comments which say that such and such a line is an aside [...]. Such comments, do not, however, depend upon a transmitted set of stage directions: they are based simply upon inference from the text." E ainda: "It is natural, even when two people are alone, for the one who is about to ask a person question or to impart confidential information to behave as if there was a possibility of conversation being overheard and to look around and lower his voice." (Bain, 1977, p. 18 e p. 60). ("Os comentadores e leitores antigos tinham consciência de que certos versos no drama poderiam ser pronunciados de forma lateral e, muitas vezes, encontramos nos escólios comentários de que tal e tal verso fosse um aparte [...]. Tais comentários, entretanto, não dependem do conjunto transmitido de direções de cena: baseiam-se simplesmente nas inferências do texto." E ainda: "É natural, mesmo quando duas pessoas estão sozinhas, para aquele que está prestes a fazer uma pergunta pessoal ou a transmitir informações confidenciais, comportar-se como se houvesse a possibilidade de a conversa ser ouvida por alguém, daí, olhar em volta e abaixar a voz").

44. "A relação entre uma 'regra' gramatical e uma métrica ou uma convenção e os manuscritos é muitas vezes paradoxal, pois, para quase todas as regras, os manuscritos apresentam exceções, assim, muitas vezes o crítico se encontra gerando uma regra a partir do testemunho dos manuscritos, mas logo em seguida, volta-se e corrige as exceções."

45. "Sentimentos distintos poderiam ser evocados por melodias associadas, por exemplo, a eventos e temas eróticos, patrióticos ou heroicos. Nomeadamente, se um dramaturgo desejava evocar memórias pungentes do passado político de Atenas, ele poderia introduzir uma melodia das canções áticas populares nas bebedeiras [...]."

46. "Como maestro de uma orquestra, o diretor não é uma pessoa particularmente popular, uma vez que ele só está em seu lugar para criticar. Ele tem que corrigir até mesmo os artistas maduros e muitas vezes recebe chumbo trocado. A experiência me ensinou que o artista pode ter razão sem que, necessariamente, o diretor esteja errado, pois em casos de dúvida uma questão pode ser resolvida de várias maneiras. É melhor, então, por uma questão de harmonia, aceitar a interpretação do diretor, uma vez que alguma decisão tem que ser tomada. E é geralmente o diretor o único que conhece toda a peça: o desenvolvimento do enredo, todas as intrigas, todos os papéis; [-] e por essa razão ele deve ter a palavra final. Mesmo se ele não é um ator e não é capaz de executar um papel, ele ainda pode discernir como tudo deve ser feito."

47. Em ensaio bastante conhecido, intitulado "Da tradução como criação e como crítica", o poeta e tradutor Haroldo de Campos se dedica rapidamente ao vocábulo "tom". Para

tanto, ele alude às palavras do professor canadense Hugh Kenner, na sua introdução à obra *Translations of Ezra Pound*, e aos comentários do poeta e tradutor Boris Pasternak sobre a poesia de Rilke. Ambos fazem uso da palavra 'tom'. O poeta e teórico paulista, sobre o termo, sustenta o seguinte: 'Quando Kenner fala em traduzir o 'tom', o tônus do original, a propósito da empreitada de E.P., está usando as mesmas palavras que empregou o poeta Boris Pasternak, o outro grande tradutor e teórico da tradução, a respeito do problema. 'Entre nós' – afirma Pasternak (*Essai d'Auto biographie*) – Rilke é realmente desconhecido. As poucas tentativas que se fizeram para vertê-lo não foram felizes. Não são os tradutores culpados. Eles estão habituados a traduzir o significado e não o tom do que é dito. Ora, aqui tudo é uma questão de tom." E continua Campos: "Não é à toa que Pasternak, dentro desta visada, que transcende o caso particular de Rilke e pode ser estendida aos textos criativos em geral, se aplicou a traduzir Shakespeare com um acento inconfundivelmente pessoal e permitindo-se uma grande liberdade de reelaboração." (Campos, 1996, p. 37-38). O que Haroldo de Campos (in Meschonnic, 2010, p. 43) sugere com a noção de tom, Henri Meschonnic afirma com a ideia de ritmo: "Eu não considero mais o ritmo uma alternância formal do mesmo e do diferente, dos tempos fortes e dos tempos fracos. Na pista de Benveniste, que não transformou a noção, mas que mostrou, pela história da noção, que o ritmo era, em Demócrito, a organização movente; entendo ritmo como a organização e a própria operação do sentido no discurso. A organização (da prosódia à entonação) da subjetividade e da especificidade de um discurso: sua historicidade. Não mais um oposto do sentido, mas a significação generalizada de um discurso. O que se impõe imediatamente como o objetivo do discurso."

48. "[...] it was not the silent physical presence of the actor so much as his voice which provided the indispensable conduit connecting reality and psychic experience. Epictetus, a shrewd observer of theatre, observed at around the turn of the second century AD that the voice was the only part of an actor's 'real' self that remained when he erased his physical presence behind a costume and mask (*Discourses* 1.29.6). Yet material reality could only become fully transformed through the production of incorporeal sound from the actor's fleshly body; air physically propelled through the actor's torso, throat and head mutated into language, poetry, ideology, and culture. When the ancient actor opened his mouth, beneath his sculptured, painted mask, and forced the air from his lungs through his larynx, teeth and lips, it was his voice that allowed matter to become mind, art, and emotion, and the carnal, biological body to meet the metaphorical body politic.'; 'It is, however, certain that the voice of the ancient actor needed to be loud. It has even been suggested that the convention of the mask survived because it allowed the singer to concentrate on the production of sound at the expense of facial expression. [...] There is also evidence that the training of an actor's voice was severe ([Aristot.] *Probl.* 11.22): Pollux reports that the comic actor Hermon, a contemporary of Aristophanes, once arrived late at the theatre because he had been doing his vocal exercises (*Onomastikon* 4.88). Yet it is impossible now to recover the tension of the vocal chords, the control of the air supply, and the quality of the noise emitted by ancient tragic actors. Allegations that they used the bass register, rather than the higher pitch of the tenor, are insubstantiable." ("Não era tanto a presença física, silenciosa, do ator, mas era sua voz que proporcionava um canal indispensável que conectava a realidade e a experiência psíquica. Epicteto, um arguto observador de teatro, observou, por volta da virada do século II d.C, que a voz era a única parte do eu "real" de um ator que permanecia quando ele ocultava sua presença física por trás de um traje e de uma máscara (*Discursos* 1.29.6). Contudo, a realidade material só poderia se transformar

completamente através da produção de uma acústica imaterial do corpo carnal do ator; o ar fisicamente impulsionado através do torso, garganta e cabeça do ator era mudado em linguagem, poesia, ideologia e cultura. Quando o ator antigo abria sua boca, sob sua máscara esculpida e pintada, e forçava o ar de seus pulmões através de sua laringe, dentes e lábios, era sua voz que permitia que a matéria se tornasse mente, arte e emoção e o carnal, o corpo biológico se encontrasse com o corpo político metafórico."; "No entanto, é certo que a voz do ator antigo precisava ser possante, alta. Foi, inclusive, sugerido que o uso da máscara permaneceu, porque ele permitia que o cantor se concentrasse na produção do som em detrimento da expressão facial. [...] Há também evidências de que o treinamento da voz de um ator era severo ([Ar.] *Probl.*, 11.22): Pólux relata que o ator cômico Hérmon, contemporâneo de Aristófanes, chegou uma vez tarde ao teatro, porque estava fazendo seus exercícios vocais (*Onomastikon* 4.88). No entanto, é impossível agora recuperar a tensão das cordas vocais, o controle do suprimento de ar e a qualidade do ruído emitido por atores trágicos antigos. As alegações de que eles usaram o baixo, ao invés do tom mais agudo de um tenor, são insubstanciais.")

49. Poderia convocar muitos para argumentar, mas não me parece necessário. Chamo a atenção para apenas um, Juan Caramuel Lobkowitz, pelo detalhamento e pela aplicabilidade de suas recomendações para o estudo de teatro. Um quadro sinóptico apresentado por Luis Robledo Estaire (2002) para a seção do estudo do gesto no autor pode abrir janelas e mostrar possibilidades. A partir desse artigo, passo a enumerar sucintamente os itens apontados, conjugando-os com citações de Caramuel nas páginas anteriores ao quadro. Apresento também recortes de um outro tratado desse autor discutido por Lobkowitz (2008). Pretendo demonstrar a potencialidade do discurso corporal, matéria desenvolvida por Caramuel em *Trismegistus theologicus*, tomo I. Os excertos são de "De las 'restrictiones' que nacen del gesto y del ornato: Del gesto en general". "[Este tratado] muestra que los hombres pueden y suelen hablar comenzando por el último cabello de la cabeza y acabando con los pies, agitando la cabeza, asintiendo, negando, balanceando y moviendo las manos, pies y todo lo demás, precisando más ampliamente lo dicho en el discurso."; "Divido el gesto en grave y ridículo. Y, distinguiendo dentro del primero entre gesto excesivo y gesto sobrio [...]." (Lobkowitz apud Estaire, p. 148 e 152 respectivamente). A seção "Del habla del cuerpo" inclui: "Del habla de los cabellos, Del habla de la cabeza, Del habla del semblante, Del habla simple de los ojos, Del habla por los colores, Del habla de las lágrimas, Del habla de la nariz, Del habla de la boca, Del habla de la voz muda e inarticulada, Del habla de la risa, Del habla de la tos, Del habla de los besos, Del habla de los hombros, Del habla de la espalda, Del habla de los brazos, Del habla de los codos, Del habla de las manos." "También con los brazos hablan los hombres, y, así, mientras peroran, con los brazos unos parecen nadar en el río, otros serrar una madera, otros, como los cálibes, forjar el hierro en el yunque, otros tejer con menos esfuerzo, otros bordar con la aguja y otros volar en el vacío. Hay algunos (también me sirve la lengua española) que [en] el pulpito se columpian, otros que esgrimen, otros que arrullan. Y esto sin faltar otros que danzan, bailan, castañetean y, fuera de propósito, juegan los brazos con movimientos poco proporcionados. Y todos estos movimientos provienen de la Naturaleza o del Arte. Si de la Naturaleza, denotan una manera de hablar en el orador incorrecta e indisciplinada. Si del Arte, denotan una emoción especial que quieren sea captada por el auditorio." (Lobkowitz apud Estaire, 2002, p. 153); "Quirología: Sobre el modo de hablar de las manos": "Así como en el canto armónico ajustan, en intensión y extensión rítmica, la lira y los órganos con la voz: (pues se cometería disonancia inarmónica, si hubiera discordancia entre la voz y el

instrumento musical), así también, de manera similar, los movimientos de las manos y la disposición de todo el cuerpo deben atemperarse a lo que se dice y al modo en que se dice." (Lobkowitz, 2008, p. 61).

50. "La voz mediana, también llamada igual, es la que utilizamos comúnmente al hablar, porque no admite variaciones, ni retóricas ni musicales"; "Aquel tono que produce una voz llena y arrogante es llamado por los españoles sonsonete"; "El tono de voz tiene una especial virtud, y el que, atendiendo al carácter de lo que se dice, habla en tono alto, vehemente y áspero, o bien en tono bajo, suave y bondadoso, expresa mucho más de lo que significan las palabras: en efecto, cada tema requiere un modo especial de hablar, por lo cual, del mismo modo que la acrimonia y vehemencia en la pronunciación causaría risa en una declamación panegírica, así también la suavidad y la afabilidad elocutiva en la peroratio haría sospechosa a la acusación de falsedad y engaño."; "El último cuidado del retórico es la *pronuntiatio*, que concierne a la manera de decir. Y, si lees con atención, las anotaciones que siguen podrán serte de provecho para tu formación. En primer lugar, el modo de pronunciar distingue a un pueblo de otro pueblo y a un país de otro país, pues la misma lengua latina es pronunciada de manera diferente y con acento distinto por un castellano, por un portugués, por un alemán, por un italiano, etc. A veces, cuando oímos a dos hablar, aunque no entendamos ni una palabra, sabemos en qué lengua lo hacen por la manera de hablar y por el tono. En segundo lugar, el modo de pronunciar distingue la interrogación de la afirmación. Este tono del habla convierte con frecuencia un aserto verdaderamente católico en herético. Católicas son aquellas palabras de San Agustín: quien sin ti te hizo, no te salvará sin ti, que, sin embargo, en boca de Juan Calvino son heréticas, pues las trae así: quien sin ti te hizo, ¿no te salvará sin ti?... En tercer lugar, el modo de pronunciar distingue la ironía de la expresión ordinaria, ya que con un tono decimos: bella cosa, cuando nos admiramos y de verdad afirmamos que es bella, y con otro cuando, con estas mismas palabras, declaramos la voz en grito con ironía que es infame... La ironía, como la suelen definir los retóricos, es una figura que difícilmente reconocerás en la escritura, pues toda ella se cifra en la acritud de la voz. Podemos llamarla disimulo o burla, como quiera que, con la pronunciación misma, damos a entender lo opuesto a lo que significan las palabras."

51. "Muchos ha habido que han tenido una voz vehemente y férrea: y éstos se defienden de manera óptima en causas desesperadas, pues dice el refrán español: "el que mal pleyto tiene, a vozes le mete". Tal fue Esténtor, de quien dice Homero, *Iliada* ε: Στέντορι εἰσαμένη μεγαλήτορι χαλκεοφώνῳ,/ ὅς τόσον αὐδήσασχ᾽ ὅσον ἄλλοι πεντήκοντα./ Simulando la figura de Esténtor, de gran corazón y voz de bronce,/ Cuyo grito sonaba como si otros cincuenta a la par gritasen!" [V, v. 784-786]

52. "Na raiz da palavra grega que designa 'ator', em sentido estrito, está, portanto, a função básica de falar, de responder. A palavra se manifesta através da voz: segundo sua tonalidade, sua inflexão, seu colorido variado no discurso. Esperava-se dos atores gregos inúmeros talentos de voz para exigências que ele tinha que atender: clareza, por causa da amplidão do teatro; mobilidade; conductibilidade, pois ele deveria representar, inclusive, papéis do sexo feminino e de outros variados personagens [Luc. *De salt.*, 28.] na mesma peça; velocidade na modulação e na transição entre as partes recitadas, as melodramáticas e as cantadas. Além dessas condições especiais, a voz tinha de corresponder às diferentes idades dos personagens representados, e passar, instintivamente, por toda uma gama natural de tons e matizes que correspondiam aos vários tons e matizes de vários estados de alma."

53. *The dramatic festivals of Athens*, 1968, p. 156.

54. "A palavra composta terá ainda, de uma só vez, pelo simples fato de ser composta, certa variação e grandeza e, junto com elas, também concisão, pois irá compor-se uma palavra em lugar de toda uma locução. Por exemplo, se te referires ao transporte do trigo, ἡ τοῦ σίτου κομιδή, como σιτοπομπία, dessa forma, haverá muito mais grandeza. Mas, talvez, também uma palavra que é desarticulada criando-se uma locução, tornaria esse outro modo mais grandioso, por exemplo, σιτοῦ πομπή em lugar de σιτοπομπία."

55. Para avivar a memória, pode-se recuperar a letra e a melodia em: <http://letras.mus.br/paulo-cesar-pinheiro/378711>.

56. É no sentido de aliar razão e sensibilidade que leio a proposição de Kraus e compreendo que o λόγος na Grécia antiga significa sempre palavra em ação, ou seja, palavra oralizada para mover e produzir afetos em uma plateia (Kraus, 2010, p. 96).

57. "O riso obsceno no êxodo do Agamêmnon de Ésquilo", trecho de comentário sobre a importância da voz para o teatro em Platão (apud Barbosa; Lage, 2006, p. 71): "Platão afirma, no livro III da *República* (393c) – quando discute as diferenças da narrativa (*diégesis*) pura e da narrativa mimética – que o ator que almeja exercer bem sua profissão deve tornar-se semelhante àquele que imita na voz (*katá phonén*) e na aparência (*katá skhêma*). A insistência de Platão quanto à atuação do ator não deixa suspeita: o teatro antigo dá relevância a alguns dos elementos mais perecíveis da cena, a voz e os movimentos corporais. Porém, a preocupação do filósofo, no trecho, vai em direção às 'imitações' teatrais (de ações elevadas ou de vilezas e baixezas) que poderiam ser prejudiciais à República. Neste sentido, ele afirma que, se reproduzidas desde a infância, tais imitações (boas ou más) acabariam por transformarem-se em hábitos (*éthe*) manifestos na voz e nos movimentos corporais. Para nós, o que interessa é o fato de que Platão marca, ainda que indiretamente, o poder da voz na performance trágica [...]." Outras referências: Capone (1935, p. 112-120); Sobre o canto (*tò mélos*), Aristóteles (2007, 1447b, 25).

58. "No que respeita aos estudos tradutológicos orientados para os modos literários, se é certo que a maior parte se centra nos problemas envolvidos na tradução de poesia lírica, também é verdade que os textos dramáticos têm sido muito esquecidos. Há muito poucos dados sobre os problemas específicos da tradução de textos dramáticos e os testemunhos dos tradutores que o fazem deixam muitas vezes pensar que a metodologia usada no processo de tradução é a mesma com que são abordados os textos narrativos. E, todavia, mesmo uma reflexão superficial sobre o assunto é suficiente para mostrar que o texto dramático não pode ser traduzido como um texto narrativo. Para começar, a leitura de um texto dramático é diferente. Ele é lido como algo incompleto e não como uma entidade inteiramente acabada, pois é só no espetáculo teatral que todo o potencial do texto é actualizado. O que coloca ao tradutor um problema central: traduzir o texto como um texto puramente literário ou tentar traduzi-lo na sua função de mais um elemento de outro sistema mais complexo."

59. Há maneiras interessantes. Postulei alhures a postura do galo para o ὑβριστής (cf. Barbosa, "As rinhas de ..." 2009, p. 245-261).

60. Na *Poética*, 1462a 11, passo em que Aristóteles comenta os exageros dos atores.

61. Inteligente é curar-se na frente de muitos, sem que ninguém o saiba, o que, de resto, a tragédia faz.

62. "A noção que quero usar e desenvolver neste contexto é epifania. Com 'epifania' não quero dizer, de novo, simultaneidade, tensão e oscilação entre sentido e presença; quero dizer, sobretudo, a sensação, citada e teorizada por Jean-Luc Nancy, de que não conseguimos agarrar os efeitos de presença, de que eles – e, com eles, a simultaneidade da presença e do sentido – são efêmeros. De modo mais preciso: sob o título 'epifania' pretendo comentar três características que moldam a maneira como se apresenta diante de nós a tensão entre presença e sentido, quando ela ocorre, surge do nada; a emergência dessa tensão como tendo uma articulação espacial; a possibilidade de descrever sua temporalidade como um 'evento.'"

63. Da carta de João Guimarães Rosa (1980, p. 119) a Edoardo Bizzarri (Rio, 7 de março de 1965): "Você sabe, eu não improviso coisas escritas, sou lento, atormentado, sou o antijornalista. Tenho, apenas, boa vontade."

CAPÍTULO 3
TRAGÉDIA, É?

– *Otototototoi, oi moi, moi!*
– *Feú, fel, well, beú!*

Irerê, meu passarinho do sertão do Cariri,
Irerê, meu companheiro,
Cadê viola? Cadê meu bem? Cadê Maria?
Ai triste sorte do violeiro cantadô!
Ah! Sem a viola em que cantava o seu amô,
Ah! Seu assobio é tua flauta de Irerê:
Que tua flauta do sertão quando assobia,
Ah! A gente sofre sem querê!
Ah! Teu canto chega lá no fundo do sertão,
Ah! Como uma brisa amolecendo o coração,
Ah! Ah!
Irerê, solta o teu canto!
Canta mais! Canta mais!
Pra alembrá o Cariri!
Canta, cambaxirra! Canta, juriti!
Canta Irerê! Canta, canta sofrê
Patativa! Bem-te-vi!
Maria acorda que é dia
Cantem todos vocês
Passarinhos do sertão!
Bem-te-vi! Eh! Sabiá!

Lá! liá! liá! liá! liá! liá!
Eh! Sabiá da mata cantadô!
Liá! liá! liá! liá!
Lá! liá! liá! liá! liá! liá!
Eh! Sabiá da mata sofredô!
O vosso canto vem do fundo do sertão
Como uma brisa amolecendo o coração
Irerê meu passarinho do sertão do Cariri...
Ai![1]

Com um martelo começo este terceiro capítulo. Villa-Lobos e Bandeira, na "Dança" ("Martelo")[2] das *Bachianas nº 5*, foram capazes de materializar o canto do irerê, um passarinho vulgar e, junto com ele, convocar todo um coro: a cambaxirra, o sofrê, o juriti, a patativa, o bem-te-vi, o sabiá. Essa passarinhada há de acordar uma Maria, talvez uma *Maria ninguém*, companheira de um *João de nada*. Nada impede, porém, que seja aqui uma prosopopeia, já que "maria-é-dia", "maria-já-é-dia", "marido-é-dia", "maridedia" e "bem-te-vi-miúdo" são nomes dados a uma ave também conhecida como "pai agostinho" ou "irrê". Alegoria do Brasil, tal qual o "mulato inzoneiro" de Ary Barroso.

Também Rosa sabe o Brasil passarinheiro:

> O comum: essas garças, enfileirantes, de toda brancura; o jaburu; o patoverde, o pato-preto, topetudo; marrequinhos dansantes; martim pescador; mergulhão; e até uns urubús, com aquele triste preto que mancha. Mas, melhor de todos – conforme o Reinaldo disse-o que é o passarim mais bonito e engraçadinho de rio abaixo e rio-acima: o que se chama o manuelzinho-da-crôa. (Rosa, 2009, vol. 2, p. 94)

Acorda, Brasil, com o grito da passarada sonorosa![3] Vem ver a lua grega, "que dorme na noite escura, que surge tão bela e branca, derramando doçura, clara chama silente, ardendo meu sonhar"[4] e há tanto para sonhar... Começar pelo "Martelo" de Villa-Lobos e Bandeira significa dar chance para o grito forte-agudo-grave-doce e consciente da arte despertando as gentes: λόγος.

O "Martelo"[5] marca a pulsação e dá o tom deste capítulo: solene, meio alexandrino e satírico. Com ele volto ao início, quando afirmei a urgência da tragédia ática para nosso país, e ao poema "Pátria Minha" de Vinícius de Moraes – insistindo na ideia de que "o Brasil precisa de educação, de uma educação que não seja de pássaros empalhados em museus, mas de voos amplos no céu da arte" (Villa-Lobos *apud* Paz, 1989, p. 4). *Ritornellos, ring-composition*.

Tento, com traduções, recuperar o voo largo das palavras gregas, traduzi-los em canto e grito vivos e bem marcados pelas interjeições, à moda daqui, do meu lugar de enunciação.

Por que as interjeições? Coisa tão banal que, por vezes, sequer é traduzida?! Não devo me desdobrar em um tratado. Uso interjeições como uma metonímia para todo um conjunto de emoções humanas e para o entendimento do gênero trágico, já que elas são uma espécie de desabafo intempestivo e primam pela síntese. W. B. Stanford (1983, p. 57) chama-as "*ejaculations*." O mesmo estudioso afirma que as interjeições não são

> *quite verbal in the sense that they are not generally subject to rules of syntax, they do not belong to the categories of noun, verb, etc., they are not declined or conjugated, and they have no descriptive force.*

Stanford assegura, ainda, que elas constituem um dos

> (...) *most primitive of all human sounds, more like animal cries than speech*"; (...) "*of supreme importance for the emotional effects of Greek tragedy, setting up physical and emotional vibrations that no articulate words could. Yet editors often ignore them, and translators are commonly satisfied with a perfunctory 'Oh', 'Ah' or 'Alas'.* [6]

Aqui no Brasil estamos em igual situação.

As interjeições gregas são variegadíssimas, sem contar que a maioria das classes de palavras pode fazer o seu papel em um texto qualquer. Elas abrangem um espectro que vai de vogais isoladas que se transformam em vocalizações, como podemos ouvir na primeira parte das *Bachianas nº 5*, aos encontros vocálicos que se formam a partir de muitíssimas combinações de elementos, *clusters* ou sílabas inteiras, com variações de acentuação e duração que frequentemente se repetem alternando sons. Vamos ouvir? Ei-las, em pequeníssima amostragem, τὰ ἐπιφωνήματα:

ἅ, ἆ ἄ, αἶ, αἰαῖ, αἰβοῖ, αἰβοιβοῖ ἄγε, ἀλαλαί, ἀλαλαλαί, ἀπαπαί, ἀπαππαπαῖ, ἄρα, ἀτταταῖ, ἀτταταταῖ, ἀτταταίαξ, βᾶ, βαβαί, βαβαιάξ, βόμβαξ, βομβαλοβομβάξ, βῦ, δᾶ, ἔ, ἒ ἒ ἒ ἔ, ἔα, εἶα, εἶα δή, εἶα νῦν, ἄγ εἶα, εἶ ἄγε, εἶεν, εἶτα, εἶτεν, ἐλελεῦ, ἐλελελεῦ, ἐῦ, εὐαί, εὐάν, εὐέν, ἐνοῖ, εὐράξ πατάξ, ἠέ, ἤν, ἠήν, ἰαῖ, ἰαί, ἰαιβοῖ, ἰαππαπαιάξ, ἰατταταῖ, ἰατταταιάξ, ἰαῦ, ἰαυοῖ, ἰδού, ἰεῦ, ἰή, ἴθι, ἰού, ἴσσα, ἴτω, ἰύ, ἰώ, ἰώ μοι, κόκκου, μᾶ, ὀά, οἶ, οἰβοιβοῖ, οἴμοι, ὀποποῖ, ὀτοτοῖ, ὀττοτοῖ, ὀτοτοτοῖ τοτοῖ, οὐά, οὐᾶ, οὐαί, ὄφ, πανοίμοι, πάξ, παπαῖ, παππαπαππαπαῖ, παπαιάξ, πόπαξ, πόποι, πύπαξ, σαβοῖ, τᾶ, ταταῖ, τῇ, τοτοῖ, τοτοτοῖ, ὕῦ, φεῦ, φῦ, χά, ψ ψ, ψό, ὤ, ὦ, ὠή, ὠαιαί, ὠσαννά.

Observe-se que, tal como no "Martelo", com a palavra "Irerê", um nome próprio se transforma em interjeição;⁷ assim também se dá com a palavra "κόκκυ"⁸ em grego. As exclamações dão o tom da proferição, o natural do ser da tragédia nessa ou naquela função.⁹ A impressão pode ser intensificada se colocamos nas traduções as interjeições gregas quase transliteradas (aquelas como ἄρα!, αἰβοῖ!, βᾶ!, βόμβαξ!, ὀά!, οὐαί!, ὕῦ!, φῦ!, ψ ψ!, ὠή!, que se aproximariam bem da nossa prosódia ou da de línguas que nos são, em geral, mais familiares que o grego: ara! aye boy! bah! bombáx!, ôa!, uai!, huhu! fu! psit! oé!); alguns diriam que enchemos os textos gregos de vulgaridades e, no entanto, muitas dessas exclamações estão nos poetas trágicos... Vale repensar o conceito de tragédia.

Vejo as interjeições como marcas de emoções essencialmente equívocas. O *Greek-English Lexicon* de Liddell-Scott registra, com discrição, a oscilação de sentidos a que me refiro; com paciência ver-se-á que expressam, às vezes, sentimentos opostos:

ἆ, exclamation expressing pity, envy, contempt, etc., in Hom. always ἆ δειλέ, ἆ δειλύ, ἆ δειλοί, *Il*.11.441, 17.443, *Od*.20.351, cf. Thgn.351, Theoc.*Ep*.6; also in Lyr., Archil.135, and Trag., A.*Ag*.1087, etc.; in reproofs or warnings, ἆ, μηδαμῶς ... S.*Ph*.1300, cf. *OT*.1147, E.*Hel*.445, etc.: – freq. with adj., ἆ μάκαπ Thgn.1013, Choeril.1 ἆ τάλας Semon. 7.76, cf. B.15.30; ἆ τρισευδαίμων *Id*.3.10; rarely alone, Ar.*Ra*.759; sts. doubled, ἆ ἆ A.*Pr*.114, 566, Ar.*V*.1379. – Rare in Prose, Pl.*Hp.Ma*. 295a (Euclus ap. Sch.ad loc. is said to have used it = νῦν).

αἰβοῖ, *faugh!* exclam. of disgust, Ar.*Ach*.189, *V*.37; αἰβοιβοῖ, of laughter, Id.*Pax*1066.

ἀππαπαῖ, an exclamation of grief or pain, Ar.*V*.235, 309.

βαβαί, exclam. of surprise or amazement, *bless me!* E.*Cyc*.156, Ar.*Av*.272, etc.; doubled, *hurrah!* Achae.28, cf. Chrysipp.*Stoic*.3.178; οὐχὶ τῶν μετρίων, ἀλλὰ τῶν βαβαὶ βαβαί, to denote persons *extravagant* in their expressions, Alex.206: c. gen., βαβαὶ τοῦ λόγου *bless me* what an argument! Pl.*Phlb*.23b, cf. Jul.*Caes*.309b, etc. (On the accent, cf. Hdn.*Gr*.1.502; βαβαῖ cod. B in Pl. l.c.)

ἰαί 1. barbarous exclam. of sorrow, S.*Fr*.631. 2. of triumph, Ar. *Lys*. 1292; ἰαὶ ἰαί Id.*Ec*.1180.

ἰή [ῐ], exclam. of joy or enthusiasm, ἰή, ἰή, ἰή, Ar.*Pax*195; esp. used in the cult of Apollo, ἰὴ παιών ib.453, al.; ἰὴ παιῆον Call.*Ap*.21, 103, *Hec*. 1.1.10; ἀλαλαὶ ἰὴ παιήων Ar.*Lys*.1291; cf. ἰέ. 2. of grief, A.*Pers*.1004, *Supp*.114, *Ag*.1485 (all lyr.). (ἴη v.l. in Call. *Ap*. ll.cc., where it is associated with ἵει, imper. of ἵημι.)

οἴ, exclam. of pain, grief, pity, astonishment, *ah! woe!* sts. with nom., οἴ 'γὺ S.*Aj*.803, *El*.674, 1115: mostly c. dat. (cf. οἴμοι): c. acc., οἴ ἐμὲ δειλήν *AP*9.408 (Apollonid. or Antip.), cf. *IG*14.1971.5: also οἰοῖ, οἰοιοῖ, A.D.*Adv*.177.4, cf. A.*Eu*.841, *Supp*.876, *Pers*.955 (all lyr.), etc.: Ion. ὀῖ as exclam. of fear, Ar.*Pax*933.

οἴμοι, exclam. of pain, fright, pity, anger, grief, also of surprise, prop. οἴ μοι *ah me! woe's me!* (in Hom. always ὤ μοι); οἴμ' ὡς τεθνήξεις Ar.*Ach*.590; and Com., *SEG*3.56 (Attica, *c*.540 B.C.), *SIG*11 (*c*.525/500 B.C.), *CEG*49 (*c*.525/500 B.C.), *Not. Scav*.1899.411 (?vi B.C., see Jeffery *LSAG*.p.269), Emp.139.1 D.-K. οἴμ' ὡς ἥδομαι Id.*Nu*.773: mostly abs., or with a nom., οἴ. ἐγὼ σοῦ μέλεος cj. in S.*Tr*.971 (lyr.); οἴ. δείλαιος Ar.*Eq*.139: ironical, οἴ., καταύδα *oh!* denounce it, S.*Ant*.86: sts. c. gen. causae, οἴ. ἀναλκέης Thgn.891; οἴ. φρενὸς σῆς E.*Hipp*.1454; οἴ. ταλαίνης συμφορᾶς S.*El*.1179; οἴμοι μοι Ar.*Pax*257 (really οἰμοιμοῖ acc. to A.D.*Adv*.177.3): – the forms ᾤμοι and ὤμοι are freq. found in codd., as of S.*Tr*.l.c., *Aj*.980, *OC*202 (lyr.), etc.; ᾤμοι is acknowledged by A.D.*Adv*.126.27. (οἴμοι may become οἴμ' by elision in Trag. and Com. before ὡς, οἴμ' ὡς ἔοικας ὀρθὰ μαρτυρεῖν S.*Aj*.354, cf. *Ant*.320, 1270, Ar.ll.cc., Cratin.183: freq. written οἴμμοι in codd. of LXX.)

πᾰπαῖ, (not παπαί, Hdn.Gr.2.933), exclam. of suffering, whether mental as A.*Pers*.1031, or (more freq.) physical, Ar.*Ach*.1214, etc.; doubled, A. l.c., *Ag*.1114; φεῦ παπαῖ, παπαῖ μάλ' αὖθις S.*Ph*.792; also παππαπαππαπαῖ ib. 754; παπαῖ, ἀπαππαπαῖ, παπᾶ παπᾶ παπᾶ παπαῖ ib. 746.

II. of surprise, Hdt.8.26; π., οἷον λέγεις you don't say so!, Pl.*Lg*.704c; also παπαπαπαῖ Ar.*Th*.1191: c. gen., παπαῖ τῶν ἐπαίνων Luc.*Cont*.23; expressing scorn, S.*Fr*.153.

πόποι, exclam. of surprise, anger, or pain, ὦ π. freq. in Hom., always at the beginning of a verse and sentence; ὦ π., οἷον ἔειπε .. *Od*.17.248; ὦ π., οἷον δή ντ .. 1.32; ὦ π., ὡς .. 10.38, al.; ὦ π., ἦ μάλα .. *Il*.16.745, al.; ὦ π. οὐδέ νύ σοί περ 8.201, cf. *Od*.17.454; ὦ π. .. καὶ δὴ *Il*.21.420; in later Ep. and Eleg., A.R.3.558,al., *AP*5.253 (Paul. Sil.); Trag. only in lyr., exc. A.*Pers*.731 (troch., c. gen.), as ib. 852, *Eu*.145, S.*OT*.168: with other exclam., ἰὼ π. A.*Pr*.575, *Ag*.1100; ὀτοτοτοτοῖ πόποι δᾶ ib. 1072, 1076. – Later writers expld. πύποι as a Dryopian word = δαίμονες, Plu.2.22c, or, = ἀγάλμασα ὑπόγαια τῶν θεῶν, EM823.32, and πόποι = θεοί Lyc.943; dat. πόποις Euph.136.

ὗὗ, exclamation of admiration (cf. Sch.), Ar.Pl.895; of alarm, S.Ichn.125; ὗὗὗ ib. 170 (Written without breathing or accent in Pap. and in most codd. of Ar., cf. Suid.; ὗ Ar. cod. M.).

φεῦ, exclamation of grief or anger, *alas!* freq. in Trag.; φ. τάλας S.Aj. 983, etc.: freq. c. gen., φ. τοῦ ὄρνιθος .. A.Th.597, cf. S.El.920, 1183; φ. τῆς βροτείας [φρενός] E.Hipp.936: joined with other exclam, οἰοῖ δᾶ φ. A.Eu.841 (lyr.); παπαῖ φ. or φ. π., S.Ph.785, 792; φ. ὦ Ἑλλάς X.Ages.7.5, cf. Cyr.7.3.8. II. of astonishment or admiration, *ah! oh!* E.Heracl.552, El.262, Ph.1740 (lyr.), Pl.Phdr.273c, etc., cf. Sch.Ar. Av.162; doubled, φ. φ. E.Heracl.535, Ar. l.c., Theoc.5.86: c. gen., φ. φ. τῆς ὤπας, τοῦ κάλλους Ar.Av.1724 (lyr.); φ. τοῦ ἀνδρός *oh*, what a man! X.Cyr.3.1.39 (where, however, there is also a sense of *grief*): also φ. τὸ καὶ λαβεῖν πρόσφθεγμα τοιοῦδ᾽ ἀνδρός *oh*, but to get speech of such a man! S.Ph.234; folld. by a relat., φεῦ, ὅσῳ λέγεις κτλ. Pl.Phdr.263d; φ. ὡς εὖ λέγεις Id.Hp.Ma.287b – φεῦ in Trag. and Com. Poets sts. stands extra versum, A.Ag.1307, Ch.194, Ar.Nu.41, etc.; when it forms part of the verse, it is usu. at the beginning, but not so in S.Ph.234, 1302.

De Homero a Herodiano Gramático elas são utilizadas. Dúbias, similares aos bordões das novelas, populares, intempestivas, as interjeições constroem a base do que quero sustentar: a situação da encenação é essencial para a tradução. Quero outrossim evidenciar a linguagem teatral, comprovar de que maneira um elemento linguístico mínimo pode ser mutante e marcante na caracterização de uma cena e de um personagem. Procuro, do mesmo modo, registrar a riqueza da linguagem escrita em possibilidades interpretativas encenáveis e insisto no quão empobrecedor é privilegiar, para o teatro, somente a dimensão denotativa do texto.

Sustento-me em mais um dos famosos trechos de reflexões do nosso caro Aristóteles, cortes de seu tratado *Sobre a interpreta*ção, mencionado anteriormente. Recordo a passagem citada no capítulo 2 de modo ampliado, 16a 3-18. Ela dá relevo à base comum de todos nós, a emoção expressa em sons registrados em símbolos escritos:

> Así, pues, lo <que hay> en el sonido son símbolos de las afecciones <que hay> en el alma, y la escritura <es símbolo> de lo <que hay> en el sonido. Y, así como las letras no son las mismas para todos, tampoco los sonidos son los mismos. Ahora

> *bien, aquello de lo que esas cosas son signos primordialmente, las afecciones del alma, <son> las mismas para todos, y aquello de lo que éstas son semejanzas, las cosas, también <son> las mismas.*
> *Así, pues, de esto se ha hablado en los < escritos> sobre el alma, pues corresponde a otro tratado diferente. Pero, así como en el alma hay, a veces, una noción sin que se signifique verdad o falsedad y, otras veces, la hay también, <de modo que> necesariamente ha de darse en ella una de las dos cosas, así también <ocurre> en el sonido: en efecto, lo falso y lo verdadero giran en torno a la composición y la división. Así, pues, los nombres y los verbos, por sí mismos, se asemejan a la noción sin composición ni división, v.g.: hombre o blanco, cuando no se añade nada más: pues aún no son ni falsos ni verdaderos. De esto hay un ejemplo significativo: en efecto, el ciervo-cabrío significa algo, pero no es verdadero ni falso, a menos que se añada el ser o el no ser, sin más o con arreglo al tiempo.* (Aristóteles, 1995, p. 35-36)

Assim, de acordo com Aristóteles e visto que as emoções são comuns a todos os homens,[10] os sons são símbolos dessas nossas experiências de alma e essas, por sua vez, são incontáveis, subjetivas, fluidas e instáveis – nunca se pode dizer falso ou verdadeiro um sentimento ou impressão quando os observamos manifestarem-se improvisamente – e, ainda, é fato que cada um expressa seu sentimento do modo que lhe é peculiar. Ora, divergindo no vocabulário mas coincidindo na emoção, podemos afirmar que a ambiguidade, o erro, a incerteza são marcas cruciais quando se fala de paixão.

Construída com uma avalanche de interjeições e estrangeirismos, a tragédia *Persas*, de Ésquilo, para alguns, seria um grande lamento; para outros, um deboche para com todo um povo.[11] Nela, a enormidade dessas duas classes (interjeições e estrangeirismos) molda personagens e contexto, estrutura o drama que atinge o ridículo sarcástico, rebaixa o inimigo, execra e materializa sua barbárie.[12] Admito que haja na peça um humor desesperado, bruto e arredio diante da dor dos outros. Humor que deixa entrever uma oscilação de sentimentos reprimidos e aflorados, talvez censurados. Elencando termos que não ocorrem nos textos herdados, mas que teriam, segundo os escoliastas, sido proferidos na encenação, Stanford comenta para *Persas*:

> *As might be expected from a Marathonomach, the commonest foreign terms in Aeschylns are Persian. In* Agamemnon, *l. 282, he uses the Persian word* ἄγγαρος *for the Persian device of signaling by beacons. In fr. 364* μανδύη *may be another example of this linguistic Medism (but it is possibly Liburnian). Naturally, most*

examples occur in Persians, *where one finds* ἀγδβάται *(l. 924, cf. 960),* Δάριαν, Δαριᾶνα, *(651, 662, 671, probably from Darayavaus), and a fine Miltonic use of exotic, slightly Hellenized, proper names throughout. The scholiast on* ὀᾶ *in 11. 117, 122 calls it a* Περσικὸν θρήνημα. *In Frogs 1028 Dionysus says he was delighted when in a production of* Persians *'the Chorus clapped their hands and shouted* ἰαυοῖ.' *No such exclamation occurs in the text as we have it now.* (Stanford, 1942, p. 51)[13]

Realço, portanto, o contexto abalroado com as expressões estrangeiras. Que lhes parece fazer Ésquilo? Não seria o mesmo que Chaplin (1940), replicado e precedido por tantos humoristas, ao forjar o discurso do grande ditador repleto de sons estrangeiros ao inglês? Destaco com ênfase a consciência, por parte dos escoliastas, da autonomia dos atores, que oportunamente inserem suas manifestações e improvisações no texto recebido.

Conforme este espírito de improvisação ao sabor da cena, as interjeições possibilitam uma rica variação de sentido – que pode ocorrer nos moldes do gosto do emissor, do contexto e do receptor (observado, evidentemente pelo emissor em atuação). Com isso, estamos diante da viabilidade de um mesmo termo se aplicar ao falso e ao verdadeiro com o fim de provocar mal-entendidos e expressar sentidos díspares e abertos, recurso imprescindível nas tragédias. Para esse tipo de categoria, que chamo de interjectividade, o que determina o sentido é a "combinação" da frase com o "contexto" de sua ocorrência e a decisão do ator. Em outros termos,

[o] significado das palavras *queijo, maçã, néctar, conhecimento, mas, mero,* ou de qualquer outra palavra ou frase [e acrescento: ou gesto], é decididamente um fato linguístico – ou para sermos mais precisos e menos restritos – um fato semiótico. (Jakobson, 2001, p. 63).[14]

O uso do corpo é o primeiro requisito para que haja um fato semiótico no teatro. Ao ler um texto teatral, devo ter a habilidade de ver, em detalhe, o corpo que profere palavras. Cumpre vê-lo como uma coisa em si mesmo, ao ponto de vislumbrá-lo divorciado da personagem que fala, para perceber a beleza e a harmonia de seus movimentos em cena. A coisidade do corpo é sobretudo aparente nas cenas de morte.[15]

O *Ájax* de Sófocles, morto, cravado em uma espada enorme, enterrada no piso do recinto, é estorvo durante toda a peça. As partes do corpo, sinédoques expressivas de dor, significam demasiado. Quem não se comove com a chaga de Filoctetes corroendo-lhe a carne? Quem não se assusta com os pés pandos, oscilante sustentação de Édipo, o tirano? E quem não se espanta quando este, nas *Fenícias* de Eurípides, solicita a ajuda de Antígona, no grotesco v. 1699, para levar sua mão até os corpos mortos dos filhos Etéocles e Polinices?[16] Esses dados, no meu entender, são sobremodo importantes e devem ser levados em conta em uma tradução. Além disso, a atenção a esses aspectos ilumina o fato de que na linguagem – escrita ou falada – as coisas nunca são simplesmente "sim" ou "não", isto ou aquilo. Um gaguejar não atrapalha uma fala, antes acrescenta dados à comunicação. Informa sobre a pessoa que enuncia e que deixa transparecer, ao falar, o sentimento que a move, sua hesitação, sua ansiedade. Um piscar de olhos, um movimento de mão dizem mais, talvez, que a palavra exata, etimologicamente escavada do dicionário.[17]

Observe-se, muito do que veicula a linguagem é o que os manuais chamam de expletivo, elemento estilístico dispensável, utilizado para realce. Ora, esse expletivo é fundamental e indispensável para o teatro. Nessas circunstâncias tem-se um λόγος que não intenta afirmar ou negar, mas fazer-se presente, declarar-se vivo, manifestar-se.[18] O estagirita, no tratado citado há pouco, reforça que há, na linguagem, expressões e frases que não visam a afirmações ou negações. São sons que expressam estados e que, por isso, não são verdadeiros nem falsos.[19] São expressões, μιμήσεις, que mimetizam o que se passa na "alma" dos que as deixam romper a barreira dos seus próprios dentes.

Também nesta linha de pensamento, Ilundain (1997, p. 31) assevera que "a esfera cognitiva não é a única dimensão da linguagem dos homens"; Jakobson é mais prudente – não separa a dimensão cognitiva de outros espaços da comunicação, entendendo que ela abrange todos os espaços de manifestação humana, e afirma que

> Em sua função cognitiva, a linguagem depende muito pouco do sistema gramatical, porque a definição de nossa experiência está numa relação complementar com as operações metalinguísticas – o nível cognitivo da linguagem não só admite mas exige a interpretação por meio de outros códigos, a recodificação, isto é, a tradução. A hipótese de dados cognitivos inefáveis ou intraduzíveis seria uma contradição nos termos. Mas nos gracejos, nos sonhos, na magia, enfim, naquilo que se pode chamar de mitologia verbal de todos os dias, e sobretudo na poesia, as categorias gramaticais têm um teor semântico elevado. Nessas condições, a questão da tradução se complica e se presta muito mais a discussões. (Jakobson, 2001, p. 69)

Entende-se, assim, que optar pela interjectividade – categoria que no teatro tem valor elevado – é valorizar em especial um sistema gramatical flexível que admite rubricas de emoção e que autoriza a conversão de um termo qualquer em interjeição, conferindo-lhe alto teor semântico, que pode manifestar a disposição para um acolhimento, uma abertura de intenção; registrar surpresa, desprezo, frustração, uma opinião; que pode inclusive mimetizar espontaneidade, indecisão, indefinição.

Seu significado, em suma, é indefinido, está condicionado à decisão do ator e, por isso, é versátil e fluido. Sua inconstância advém da imprecisão linguística inerente à categoria, pois vogais ou vocalizações, sílabas, consoantes, sons articuláveis quaisquer, nomes, substantivos, advérbios, adjetivos e verbos podem funcionar como interjeições, como já se disse. Escritas, elas estão aptas a gerar uma ou mais maneiras de compreensão e de enunciação, o que as faz migrar para o território da ambiguidade, em grego, ἀμφιβολία, *amphibolía* (se se trata do conjunto), ou da *homonímia*, ὁμωνυμία (se visamos somente a palavras).[20]

Se a ambiguidade põe em perigo a exatidão, ela, por outro lado, abre perspectivas para o acaso tão pertinente à cena, ela limita com o caos (Aristóteles, 1992, 1, 6, 12; Lausberg, 2004, p. 133).[21] Todavia, parece certo, um dos princípios básicos da expressão enunciativa para Aristóteles, *Retórica* 1407a 32, é o de não utilizar vocábulos que remetam para generalidades e ambiguidades, a menos que se pretenda iludir e impressionar, tarefa que teatro almeja cumprir para, por procedimentos vários, gerar conflitos, agônes, disputas.

> Melhor assim. Pelejar por exato, dá erro contra a gente. Não se queira. Viver é muito perigoso..." (Rosa, 2009, vol. 2, p. 57). "Tendo Deus, é menos grave se descuidar um pouquinho, pois no fim dá certo. Mas, se não tem Deus, então, a gente não tem licença de coisa nenhuma! Porque existe dor. E a vida do homem está presa encantoada – erra rumo (...). Dor não dói até em criancinhas e bichos, e nos doidos – não dói sem precisar de se ter razão nem conhecimento? (Rosa, 2009, vol. 2, p. 41-42).

Mas a tragédia fala com clareza conceitual? A tragédia filosofa ortodoxamente? Retrato da vida sendo, creio que não. A tragédia, do ponto de vista da interjectividade, é um grito falacioso, verossímil e eficaz. Um espelhamento cruzado da realidade, um quiasma enorme. Demétrio compartilha da opinião de Aristóteles:

> 196. [a] escrita clara deve também fugir à ambiguidade e lançar mão da figura chamada epanalepse. *Epanalepse* é a retomada da mesma partícula de ligação nos

termos finais, na ocasião de um enunciado longo. [...] 197. Em função da clareza, também muitas vezes se deve empregar a repetição [...]. 289. Muitas vezes, quando dirigimos a palavra a um tirano ou a qualquer outra pessoa violenta, dispostos a censurá-los, usamos por necessidade o modo figurado no discurso [...]. 291. [...] Além disso, muitas vezes, também empregam a ambivalência. E caso alguém queira copiar esses e fazer reprovações que não sejam, de fato, reprovações, um exemplo é a passagem de Ésquines a propósito do Telauges. Quase toda a narração sobre Telauges fornece uma aporia: é algo a ser admirado ou é uma chacota? Esse tipo de ambiguidade, apesar de não ser, na verdade, uma ironia, dá a impressão de sê-lo. (Demétrio, 2011, p. 146-147)

Contudo, deixar tudo bem organizado, claro e explicado é meta da escrita filosófica e científica. A exigência se impõe com frequência na tradução das tragédias e está igualmente na preocupação de muitos dos tradutores de teatro no Brasil. À cata de solução para trechos ambíguos, obscuros e opacos, longe dos palcos – onde facilmente se resolvem e encenam as ambiguidades –, quase sempre nossos tradutores fazem uso da dita epanalepse e da repetição, minimizando a fartura cênica das ambiguidades.

Rita Copeland (1991, p. 84) registra uma expressão saborosa e útil, para essa figura daninha de equívocos desconcertantes. Ela fala da "ambiguidade produtiva",[22] da "*capacity to multiply meanings through ambiguity*" (capacidade de multiplicar significados através da ambiguidade) (Copeland, 1991, p. 68). Para contexto diverso do nosso, embora pertinente, ela introduz perspectivas interessantes:

> *The ambiguity or multiple value of signs in Scripture also creates difference within the text itself, which it is the duty of the reader to resolve. For example, for ambiguous figurative signs Augustine prescribes comparison of usages in the text, and explains the principle of polyvalence:*
>
>> '[...] But since things are similar to other things in a great many ways, we must not think it to be prescribed that what a thing signifies by similitude in one place must always be signified by that thing. For the Lord used 'leaven' in vituperation when he said, 'Beware of the leaven of the Pharisees', and in praise when he said, 'The kingdom of God ... is like to leaven, which a woman took and hid in three measures of meal, till the whole was leavened.'
>> ... In the same way other things signify not one thing but more, and not

only two diverse things, but sometimes many different things in accordance with the meaning of passages in which they are found.'

This program gives the reader the power of invention. It gives reading and interpretation – the traditional province of the grammarian – a new status, as textual power shifts from authorial intention to 'affective stylistics', to what the reader can do with the text. In practice it transfers responsibility for making meaning from the writer to the reader. Of course, meaning in Scripture is unitary, and is produced, not by the reader, but by God. But that meaning can be expressed ambiguously, so that it is up to the reader to judge carefully and to be equipped with the fundamentals of doctrine (signs and things, caritas*) and with the* techné *of exposition. Classical rhetoric deals with ambiguities of meaning from the perspective of the orator, of the producer of the utterance. The facts of the case, the* res, *are ambiguous, and meaning is contingent upon the orator's effective use of language, of* signa. *It is up to the orator to argue the case from the most persuasive angle. Augustine's sacred rhetoric takes up ambiguities of meaning from the perspective of the reader. The 'facts' of the 'case', that is, the* res *or doctrine, are determinate and unitary, and what is ambiguous are the words, the* signa. *It is the responsibility of the reader to interpret these signs and to produce an account of their meaning. The whole responsibility of* inventio, *of discovery, is transferred to the reader, and the function of* inventio *is to make, not* res, *but* signa *meaningful.*[23]

A abertura para a intervenção, o julgamento e a interpretação do ouvinte – sobretudo no teatro, quando a atenção é condição para fruir a cena – é valor sem medida. Isso, como asseverou Copeland, delega ao espectador um oportuno poder de invenção transferindo-lhe certa responsabilidade em relação ao sentido e esperando de sua parte criatividade e bom humor. Nas palavras de Heinrich F. Plett, a propósito de textos teatrais de Shakespeare e Kleist e do *Ulisses* de Joyce, "[t]*his polyfunctionality – intended and controlled ambiguity – is the basis of its literariness.*"[24] Pessoalmente, à "literariedade" de Plett, provavelmente herdada dos formalistas russos, eu ajuntaria "dramaticidade".

Portanto, as interjeições são, para mim, marcas pontuais do processo de pensamento teatral que se equilibra entre ambiguidades, noção sobre a qual escolhi refletir.[25] Evidentemente poder-se-ia pensar na ambiguidade sintática – não é o caso – ou lexical. Scott G. Schreiber, após se dedicar ao estudo específico do tema em Aristóteles, conclui que o filósofo "*has a wider and a narrower version of linguistic multivocality. Under the wider version, any universal predicate is potentially ambiguous, because it can apply to multiple different individuals.*"[26]

Sob influência aristotélica, prefiro transitar pela noção mais larga de ambiguidade, entendendo as marcas emocionais de eventos que todos sofremos, gozamos, provamos e degustamos cada dia como concretizações de hesitações e de emoções confusas. Isso seria então o que, com sua licença, chamo de interjeições, ou de modo mais preciso, de interjectividade linguístico-literária. A ambiguidade guarda em si a força viva da fala cotidiana do povo e de muita sabedoria expressa como abertura para o outro. É bem "exata" a reflexão de Luís da Câmara Cascudo (1986, p. 232):

> Uma interpretação não é uma atitude imóvel e definitiva, como é possível nas artes plásticas. A vida aviva, apaga, retifica, substitui o que julgávamos permanente na hora da elaboração. Quando um pesquisador da cultura humana cristaliza conceitos e opiniões em livros que ficam valendo como pontos cardeais, para mim, professor de Província, apenas finca um marco para que se vá medindo as distâncias contemporâneas das derivas. O que era terra, é mar e onde quebravam as ondas, está uma cidade.

Afirmou Cascudo. Rosa referendou:

> O senhor... Mire veja: o mais importante e bonito, do mundo, é isto: que as pessoas não estão sempre iguais, ainda não foram terminadas – mas que elas vão sempre mudando. Afinam ou desafinam. Verdade maior. É o que a vida me ensinou. Isso que me alegra, montão. (2009, vol. 2, p. 17)

Avanço sob a batuta de João Guimarães Rosa; entretanto, expressar sentimentos é trabalhoso, um deslize e pode-se cair no patético, no melodramático, no derramado. Sentimentos são complicados antes mesmo de serem expressos. Os afetos são anárquicos, dionisíacos. A razão – se é possível separá-la da emoção – é mais bem-comportada. Labirínticos e babélicos, os πάθη, como pontuamos antes, são difíceis até mesmo de discernir, de categorizar, de controlar e, acrescento, de traduzir. René Girard (2010) já provou o que afirmo no seu estudo acerca do desejo mimético: entre o amor, o desejo, o ciúme e a inveja, a fusão e a confusão são regentes. Os outros afetos, por certo, colaboram na balbúrdia: ὀργή!

Felizmente, porém, o século XXI abandonou o objetivismo idealizado e assumiu o corpo unificado em emoção e razão, λόγος, outra vez. Michel Serres, ao explicar a fusão das duas categorias a partir do léxico, abre caminhos: "Os gregos tiveram a requintada sabedoria de fundir numa mesma palavra a ordem e o ornamento, a arte de ornar com a arte de ordenar." (Serres, 2001, p. 27). Ele se reporta ao vocábulo κόσμος. "O cosmo designa a arrumação, a harmonia e a lei, a conveniência: eis o mundo, terra e céu, mas também a decoração, o embelezamento ou o arranjo. Nada é tão profundo como o enfeite, nada é tão abrangente como a pele, o ornato e as dimensões do mundo." (Serres, 2001, p. 27). Desse modo, é possível "pensar" com a pele que nos reveste, que recebe as ondas sonoras de maneira tátil e que igualmente ouve. A pele é uma superfície larguíssima para experimentar e entender o mundo.

Por isso também e mais uma vez as interjeições. Como marcadores de afetos, elas se ocupam das funções expressiva e fática da linguagem; visam o receptor, mas estão centradas no emissor do enunciado e garantem os canais da comunicação abertos. Catalogando, vemos que, no teatro, as interjeições ocorrem principalmente nas situações de proibição, na chegada de uma nova personagem, nas respostas a perguntas e em perguntas que demandam respostas, na manifestação de um novo estado de ânimo, na sugestão da intenção de interrupção da fala de algum outro personagem, numa transição no assunto, na intervenção e recuperação de discursos, como um ato de dominação, intimidação, manipulação (Ilundain, 1997, p. 36-38).

Seu sentido, já foi dito, depende da entonação, pois a maneira de dizê-la é o que mais interessa. Importam a abertura da boca, o tom grave ou agudo, doce ou ríspido, vibrante ou abafado; considera-se o ritmo da fala, se lento, intempestivo, hesitante, ou certeiro, gozoso ou desgostoso. E se mais pesa a entonação, nelas se percebe que o texto está nas mãos – e na voz – do ator e não nas do escritor--dramaturgo-tradutor. Assim, temos, com a interjeição, uma situação fônica mínima e fluida que se atualiza semanticamente no discurso (Ilundain, 1997, p. 34) para proveito do enunciador e que tem um espectro largo de significados.

A interjeição φεῦ, *phêu*, por exemplo, uma das mais empregadas nos textos trágicos, é de tradução custosa. Alguns colegas optam por sua transliteração; na direção de tradução da *Electra de Eurípides*, assim optei, como tantos, mas acresci de imediato uma palavra. Pretendi oferecer ao público um sentido correlato inserindo mais um termo na tradução. "Fel": "bile, azedume, amargor". Aproveitei-me de um vocalismo oportuno na pronúncia mineira dessa palavra e a verti numa transliteração motivada.[27] Foi emoção de momento; aliás, no instante em que o fiz, me lembrei de Serres:

> As ciências exatas constroem teorias sutis, mas leais, finas e estáveis. Um gato aí continua um gato, princípio de identidade. As ciências humanas e sociais descrevem teorias mais desleais ainda do que a fraude. Mais trapaceiras que a trapaça, para desmontar o objeto delas. Então, tudo se torna possível, uma vaca é uma mulher ou um deus é um touro, até o princípio de identidade varia. Razão que vigia quando a razão dorme, razão que dorme enquanto vela, inferno das relações onde a própria estabilidade flutua. (Serres, 2001, p. 38)

Em *Hécuba*, outra peça euripidiana, a mesma interjeição "φεῦ!", que aparece extra-metro (v. 55), foi traduzida por "*beú!*", termo retirado de uma expressão idiomática, "triste como Maria Beú". Nossa intenção era expressar a dor de Hécuba e Polidoro. Segundo Câmara Cascudo,

> Maria Beú era a 'Verônica', desfilando na procissão dos Passos, Sexta-Feira da Paixão. Acompanhava Jesus Cristo ao Calvário, chorando e cantando, lugubremente, as Lamentações de Jeremias. Cada estrofe termina com a exclamativa *Heu, Heu, Domine!* Sempre pronunciada Heú, Heú, de onde o Povo entendeu Beú, Beú, denominando a figura. A Verônica, vestindo negra túnica talar, cabeleira solta, levando nas mãos maceradas a Santa Efígie, feições que o Messias imprimira em suor e sangue, a voz lenta, a música dolente, arrastada, sepulcral, o passo trôpego, esmagado pelo sofrimento, sugeriu a própria imagem da Tristeza desolada, aflita, inconsolável. Não era possível existir entidade mais soturna e trágica como Maria Beú. (Cascudo, 1986, p. 87)

A certeza do sentido, nas interjeições, é vã. Com Liddell-Scott, como vimos, φεῦ vem assim explicada: "φεῦ, exclamation of grief or anger, *alas!* freq. in Trag.; (...) of astonishment or admiration, *ah! oh!*"; no *Dictionnaire Étymologique de la langue grecque*, de Pierre Chantraine, ela é: "*exclamation exprimant la douleur, le chagrin (...) ou l'étonnement, l'admiration (...). Autre forme, exprimant le dédain ou le dégoût: φῦ (...)*"; no *Dicionário Grego-Português* (*DGP*) tem-se: "φεῦ *interj.* 1. (*de dor*) ah! Ai! Ai de mim! Infelizmente! (...) 2. (*de espanto ou admiração*) oh! ah!".

Tomando por base apenas esses três dicionários, nota-se rapidamente que "φεῦ" varia como expressão de dor, raiva, espanto, pesar e, ligeiramente modificada, significa ademais desgosto e desdém. Sabemos que todos os sentimentos arrolados pelos dicionários são diferentes e suscitam no ouvinte reações variadas: a raiva desperta o medo; a dor, a piedade; o espanto, o temor; o pesar, a solidariedade.

Uma questão me intriga: os dicionários não mencionam a ocorrência da mesma interjeição em um contexto de intensa alegria, no *Filoctetes* de Sófocles, v. 234. O trecho mencionado nos faz ver quando o pobre guerreiro ferido e abandonado em Lemnos, ilha deserta, vibra ao ver chegar, e sobretudo ao ouvir, Neoptólemo, filho de Aquiles que o saúda em língua grega. Exultante, Filoctetes grita: ὦ φίλτατον φώνημα· φεῦ τὸ καὶ λαβεῖν πρόσφθεγμα τοιοῦδ᾽ἀνδρὸς ἐν χρόνῳ μακρῷ ("Ó adorada toada! φεῦ! Tanto tempo e me vem, agora, o saudar deste bravo.").

Neste mesmo torneio de flutuação de sentidos, voltando para *Hécuba*, relato um particular: durante a encenação, para o estabelecimento da tradução, o ator Cristiano Elias de Carvalho, intérprete do fantasma de Polidoro, ao enunciar a interjeição "beú", fê-lo não como expressão de dor, mas em modo de sobressalto e a fim de assustar a personagem que entra em cena, sua própria mãe, Hécuba. Com isso materializou-se o mau presságio mencionado pela personagem, que surge em cena assombrada por um pesadelo com o filho; a cena foi, simplesmente, reinaugurada em colorido e vivacidade.

Um outro exemplo há de me servir para argumentação. O entendimento veio da prática teatral. Montávamos a *Medeia* de Eurípides na tradução da Truπersa. O texto é repleto de interjeições, entre elas o sintagma interjetivo formado por "οἴ", interjeição, e "μοι", dativo de ἐγώ, pronome pessoal do caso reto, 1ª pessoa, acompanhado da pontuação exclamativa. A tradução que fizemos, antes de colocar o texto em cena, estava crivada de "ai de mim", o que gerava uma dicção pesada, arrastada. A solução para esse inchaço foi sugerida por uma atriz e compositora, Josiane Félix dos Santos. Toda vez que as crianças falassem e o coro se pronunciasse sobre elas a interjeição permaneceria como no grego transliterado "oi moi" e a fala adequaria a pronúncia de "μοι" para "mãe" com tom hipocorístico: "mõe". O resultado foi "oi mõe" alternando com "ô mõe". Essa pronúncia se confirma nos lamentos e exigências dos pequenos.[28] Esse achado, sem dúvida, foi fruto do trabalho coletivo e colaborativo.

Nos contextos de ocorrência, a interjeição φεῦ, o pronome de primeira pessoa utilizado como interjeição ou qualquer outra palavra resguardam sentidos ocultos os quais não se excluem mutuamente. Eles estão presentes em potência e servem para atingir a vários ouvintes de modos diversificados. É a voz e a entonação do ator que deixam aflorar este ou aquele sentido, que sufocam um deles e que não conseguem impedir que um outro se cale[29] e é possível acontecer, no meio do júbilo, o despertar da memória de uma rejeição sofrida injustamente. Ora, assim sendo, Borges tem razão:

> Creio que nossa ideia de as palavras serem uma simples álgebra de símbolos vem dos dicionários. Não quero ser ingrato com os dicionários – minha leitura favorita seria o dr. Johnson, o dr. Skeat e aquele autor conjunto, o Shorter Oxford. Acho, porém, que o fato de termos longos catálogos de palavras e explicações nos faz pensar que as explicações esgotam as palavras, e que qualquer uma dessas moedas, dessas palavras, pode ser trocada por outra. Mas acho que sabemos – e o poeta há de sentir – que toda palavra subsiste por si mesma, que cada palavra é única. (Borges, 2000, p. 97)

Escolho seguir o argentino em passos que juncam as pegadas de outros poetas sobre o chamado "estado de dicionário". Aprendi a adotar tal posicionamento também com Eurípides, que, nas *Bacantes,* investiga a loucura sensata e a lucidez alucinada que não cabem nas palavras, vão além (Eurípides, 1960). E quero mostrar, em poesia genuinamente brasileira, a potência da interjeição e a valência de ver a dor do outro; foi este o motivo de começar o capítulo com o canto dos passarinhos do sertão, afinal, "a gente sofre sem querer".

Sendo o "Martelo" de Bandeira e Villa-Lobos uma canção recheada de interjeições, ela é, naturalmente, saborosa pela sua ambiguidade e lucidez argumentativa em atuação conjunta. Tem a leveza de um trinado, a alegria da cantoria oriunda do nordeste e, ao mesmo tempo, a atmosfera triste e nostálgica da presença da ausência. É um reclame, isto é, uma "espécie de assobio com que o caçador imita o canto das aves que quer atrair" (Houaiss; Villar, 2009), seduzir e incitar: solta seu canto, Brasil, canta mais traduções.

Ponte entre culturas, o que é típico do Brasil é igualmente genuíno em Gustav Mahler (Frungillo, 2003, p. 205). No compositor europeu, as batidas do martelo soam de forma mais comportada, sombria, épica e em assombrosa música sinfônica. Em terras tropicais, das batidas rápidas do martelo vem o desafio brincante, a evocação do duelo poético dos sofridos sertanejos. Villa-Lobos, capaz também na linguagem polifônica, aqui, em especial, voa alto, sobe os ares; em Mahler o martelo sombrio de Thor, na *6ª Sinfonia,* conhecida como "Trágica", desce para a terra fortemente, cheio de intensidade, oprime e intimida. Entre nós, viceja o contraditório, misturado, o paradoxal, o triste no alegre, o alegre no triste.

A música e a poesia dos compositores brasileiros têm contrastes curiosos: é um texto nostálgico, cheio de "ais" e "ehs", em *vocalise* e texto, lamento por se sofrer sem querer, marcado por um andamento rápido (mas nem tanto) e lento (mas não muito), um "*allegretto*". O resultado me parece ser a materialização da ambiguidade de um canto de passarinho que não é triste, nem alegre, muito antes pelo contrário, camaleão que se adequa ao estado de ânimo do ouvinte.

Além dos "ais" e "ehs", há outras possibilidades no "Martelo" de Bandeira e Villa-Lobos. Destaco a palavra "lá" que cumpre, normalmente, a função de advérbio de lugar. O "lá" da poesia que observo vem acompanhado de exclamação e se faz, por isso mesmo, ambíguo: advérbio intensificado, isto é, o "lá", vocalização de um som alongado, é o "muito longe", a interjeição disfarçada e, da mesma maneira, uma nota musical mascarada da escala.

O engenho poético-musical cria o excesso, o "lá" se muda em "liá" de forma que assume-se interjeição-assobio-flauta. "L-i-á", ou seja, a nota musical "lá" com a intercalação da vogal "i", transcrição do grito-assobio--agudo – e rápido – do passarinho (onomatopeia)[30] que carrega o sugestivo nome científico *Dendrocygna viduata*.[31] A última palavra do "Martelo" é um prolongado "ai".

Ouso dizer que este martelinho é pura interjeição e que as *Bachianas* nº 5 apresentam, na composição, uma verdadeira corporificação das vozes trágicas dos brasileiros: alegoria. Loque Arcanjo, em análise da estrutura musical da obra, confirma esta hipótese:

> O canto representa, a partir da propriedade descritiva incorporada pela música, a imagem do pássaro que a soprano deve imitar aos sons das notas agudas em intervalos descendentes. Como se observa claramente, os textos de Manuel Bandeira e de Ruth Valadares[32] apresentam, mais uma vez, nos quadros do modernismo nacionalista brasileiro, algumas das principais características: a exaltação dos sentimentos afetivos que se expressam por meio da 'saudade', da 'tristeza' e do 'sonho' a essência da brasilidade. O canto do sabiá explicitado na poesia de Bandeira no trecho "Lá! liá! liá! liá! liá! liá!, Eh sabiá da mata cantadô!, Lá! liá! liá!, Lá! liá! liá! liá! liá!, Eh sabiá da mata sofredô!", bem como a música de Villa-Lobos que dá musicalidade ao canto indicam uma das mais expressivas características do romantismo musical do século XIX: explorar a capacidade que a música e a

poesia oferecem ao compositor e ao poeta de descrever e representar os sons da natureza. (Arcanjo Jr., 2007, p. 133-134)

Temos, então, em língua do Brasil, exemplificada a possibilidade de a palavra constituir-se corpo-voz-grito e de assumir a ambiguidade de πάθη que apontei: prova disso é que Arcanjo enumera, sem se dar conta e talvez por causa da dificuldade de discernir com exatidão, sentimentos variados para uma só essência: "saudade", "tristeza", "sonho".

O romantismo brasileiro resiste como passado. O germe do nacionalismo cresceu, com a Semana de Arte Moderna como seu apogeu, mas os tempos mudaram e agora ele sofre a ameaça de não passar de um transgênico. Com os tempos, se muita coisa mudou, a beleza da composição todavia perdura. Quiçá pela qualidade poética e musical do texto, quiçá pela natureza que, no frenesi ecológico contemporâneo, neles se expressa efusivamente e ultrapassa quaisquer possíveis estilos e ideologias de época. Permanecem hoje, ainda eficazes, cada palavra e cada som que, penetrando os dois ouvidos de nosso tempo, prosseguem com grande número de gravações por todo o mundo. O próprio Villa-Lobos explica-o humorosamente:

> Deus nos colocou dois ouvidos pelo seguinte, quando a emoção é grande e que [sic] a gente ouve, ouve-se com os dois ouvidos. Quando ela não é muito grande, entra por um e sai pelo outro.[33]

A citação nos deixa entrever a diferença entre uma emoção inteligente, produtiva, e outra passageira, descartável, associada com o patético que entra por um ouvido e sai pelo outro, o que Susan Sontag (2003, p. 85) chama de fenômeno "instável". A emoção sábia entra pelos dois ouvidos, fica, converge e ressoa, move os afetos e desencadeia a ação, a transformação do ouvinte. Decerto essa emoção sábia ocorre por vários motivos no "Martelo", um deles, a qualidade contraditória da peça: tema musical e melodia alegres constituem um lamento. Neste caso, o paradoxo move os afetos. A natureza exuberante externaliza e esbanja gritos e cantos. A vibração do irerê, ao contrário do que se espera, desperta a tristeza. Invade o fundo do "ser-tão-coração".

> Ah! Seu assobio é tua flauta de Irerê:
> Que tua flauta do sertão quando assobia,
> Ah! A gente sofre sem querê!

Ah! Teu canto chega lá no fundo do sertão,
Ah! Como uma brisa amolecendo o coração,
Ah! Ah!

Um outro elemento que concorre para a emoção sábia é o empenho e a busca do cantador: "Cadê viola? Cadê meu bem? Cadê Maria?" A atitude bisbilhoteira desperta a curiosidade do ouvinte. O ritmo martelado incita ao movimento. Queremos saber onde está a viola, o bem, Maria, pois não é só para os filósofos que o saber é bom, todos os homens se comprazem nele (Aristóteles, 1992, 1448b). Atiçados e predispostos, assumimos a postura de "companheiros" do eu que lamenta.

A interpelação inicial, "Irerê, meu companheiro", nos envolve – outro motivo de provocação emocional inteligente: somos transmudados, assim como ele, num dos espevitados passarinhos do "ser-tão" e estamos interessados na perquirição do cantador, compartilhamos de sua angústia. A interjeição "ah", com sua vogal aberta em prolongamento, estica a procura, sedimenta a dor que invade e amolece o ouvinte. A perda da viola, firmada nos versos "Ai triste sorte a do violeiro cantadô! Sem a viola em que cantava o seu amô", provoca a compaixão.[34] Segue-se um dito proverbial, bastante universal, capaz de envolver brasileiros e estrangeiros em uma só dança: "A gente sofre sem querê!". A partir deste ponto o "Martelo" é internacional, deixou de ser local. O canto do pássaro, como dissemos, chega ao fundo do "ser-tão-coração" de todos. A voz cantante enxerta dor na exultação e exorta: "Irerê, solta a voz, canta mais." Bandeira está em absoluta sintonia com o Villa-Lobos que disse:

> Pode parecer ridícula a frase: 'Todo o Brasil deve cantar'. No entanto, o Brasil inteiro canta no Carnaval, essa festa rica de ritmos e alucinante. Festa de doidos, pretexto para desabafo de uma subconsciente loucura coletiva. Por que não há de cantar nos outros momentos da vida nacional, nos grandes momentos de protesto, de alegria, de entusiasmo? (Villa-Lobos *apud* Paz, 1989, p. 13)

E Bandeira:

> Canta, cambaxirra! Canta, juriti!
> Canta Irerê! Canta, canta sofrê
> Patativa! Bem-te-vi!
> Maria acorda que é dia

Cantem todos vocês
Passarinhos do sertão!

Um outro incentivo à emoção qualificada por mim como "inteligente" é o (re)conhecimento que se oferece ao ouvinte: a variedade das aves e dos instrumentos populares brasileiros; a profissão peculiar da *terra brasilis*, a saber, de violeiro cantador; a identificação de um personagem com nome, Maria, tudo brasileiríssimo, apesar de Bach, que garante o gosto universal,[35] e da ambiguidade ligeira que enriquece em "sofrê", forma de expressão oral do infinitivo do verbo "sofrer" e "sofrê", passarinho cantador, conhecido por alguns como "corrupião".

Na música, na poesia, no romance, na tragédia, palavra oralizada é som. Observe-se que, se Villa e Bandeira fizeram alvorada, Rosa (2009, vol. 2, p. 20) criou o som do sertão:

> De qualquer pano de mato, de de-entre quase cada encostar de duas folhas, saíam em giro as todas as cores de borboletas. Como não se viu, aqui se vê. Porque, nos gerais, a mesma raça de borboletas, que em outras partes é trivial regular – cá cresce, vira muito maior, e com mais brilho, se sabe; acho que é do seco do ar, do limpo, desta luz enorme. Beiras nascentes do Urucuia, ali o poví canta altinho. E tinha o xenxém, que tintipiava de manhã no revoredo, o saci-dobrejo, a doidinha, a gangorrinha, o tempoquente, a rola-vaqueira... e o bem-te-vi que dizia, e araras enrouquecidas. Bom era ouvir o mom das vacas devendo seu leite. Mas, passarinho de bilo no desvéu da madrugada, para toda tristeza que o pensamento da gente quer, ele repergunta e finge resposta. Tal, de tarde, o bento-vieira tresvoava, em vai sobre vem sob, rebicando de vôo todo bichinhozinho de finas asas; pássaro esperto. Ia dechover mais em mais. Tardinha que enche as árvores de cigarras – então, não chove. Assovios que fechavam o dia: o papa-banana, o azulejo, a garricha-do-brejo, o suiriri, o sabiá-ponga, o grunhatá-do-coqueiro...

Porque, *em geral*, "a mesma raça de borboletas, que em outras partes é trivial regular – cá cresce, vira muito maior, e com mais brilho..." e nas "Beiras nascentes do Urucuia, ali o poví canta altinho." A exuberância da língua oralizada permite ao "poví" cantar altinho; mas que significado tem esse léxico? Poví é o Grunhatá-do-coqueiro, nome oficial do "vim-vim" ou "fim-fim" ou "tem-tem" ou "vem-vem", do "gaturamo"[36], da *euphonia chlorotica*[37] verde-amarelo ou azul e amarelo em suas várias espécies. Mas "poví" à moda mineira pode ser também: *porvir, povim/povi(nho)*... Porém, aqui, não começarei um novo livro, nem comentarei o "mom" das vacas, outros hão de fazê-lo.

Proponho apenas que se faça o mesmo nas traduções do grego. Recordo, ademais, e é bom recuperarmos, o que vem antes do "Martelo", a "Cantilena", que, em minha opinião, é uma declaração de amor ao lugar, ao chão, à terra de origem. E que assim seja nas traduções:

> Vai! Por este céu vazio
> de esperança!
> Vai! Minha alma regressar,
> para os meus,
> ao meu lugar,
> este chão de todos nós,
> quando alguém lhe escutar,
> vai lembrar,
> vai lembrar
> a minha voz as preces
> que deixei, quando parti
> dando tudo pra não ir!
> Ai! A eternidade
> Ai! Este meu grito
> Ai! Tudo perdido
> Ai, a esperança,
> o infinito.[38]

"Cantilena", toda ela impregnada de interjeição, lamento, paixão, um χάος grego, abertura hiante, possibilidade de infinito que por ser tão genuinamente nossa viajou e atravessou mares encantando o mundo. E não é desconhecida a preocupação desses autores com a identidade brasileira. A nossa identidade é o que temos para oferecer de novo e Villa-Lobos, em que nos pesem suas idiossincrasias, consciente de nossas diferenças, afirma:

> O sentido real da pesquisa folclórica não é só a música, é tudo, é medicina, os costumes, os hábitos até a maneira de cantar dos pássaros é também folclore que se chama *folklore nature*, cada passarinho tem um canto original, e esse passarinho ouvindo outro passarinho tem outro canto. E eles são tão diferentes desses

passarinhos aristocráticos da Europa, do pardal, e vemos o canário belga bi bi bi bi. O nosso é bá bá bá bá! É forte, vigoroso![39]

E Bandeira em dueto entoa:

Sempre fui partidário do abrasileiramento do nosso português literário, de sorte que aceitava em princípio a iniciativa de Mário [refere-se a Mário de Andrade e nacionalismo do movimento modernista]. Mas discordava dele profundamente na sua sistematização, que me parecia indiscretamente pessoal, resultando numa construção cerebrina, que não era língua de ninguém. Eu não podia compreender como alguém, cujo fito principal era 'funcionar socialmente dentro de uma nacionalidade', se deixava levar, por espírito de sistema, a escrever numa linguagem artificialíssima, que repugnava à quase totalidade de seus patrícios. Mário, que se prezava de psicólogo, escrevia-me, para justificar-se de seus exageros, que era preciso forçar a nota: 'exigir muito dos homens pra que eles cedam um poucadinho'. O reformador não se limitava a aproveitar-se do tesouro das dicções populares, algumas tão saborosas como esse 'poucadinho', nascido por contaminação de 'pouco' e 'bocado'. Ia abusivamente além, procedendo por dedução 'lógica, filosófica e psicológica'. (Bandeira, s/d., p. 13-14)

Na abordagem da tragédia ática que proponho, busco o que é nosso para que o texto grego possa "funcionar socialmente dentro de uma nacionalidade" tropical. Em *Medeia*, *Electra*, *Orestes*, traduzidos pela Trupersa sob minha direção, em *Hécuba* (tradução a caminho) fizemos, sistematicamente e nos versos oportunos, a intertextualidade com a música popular brasileira.[40] Argumento que só poderíamos ver e ouvir os gregos de nosso ponto de visão e audição, o de brasileiros do século XXI. Se há diferenças e semelhanças entre os gregos e nós, coincido também com o ponto de chegada de Villa-Lobos e de Bandeira: é preciso ensinar a discerni-las, isso ajudará a melhorar nosso país.[41]

Por fim, levo em conta o documentário "Índio de Casaca"[42] – tragédia de cocar e atabaque? – e os depoimentos de alguns amigos do maestro: "Villa deixou sempre a impressão muito forte nos lugares em que passou por aqueles que o conheceram."; "Villa foi contraste, paradoxo brasileiro."; "Villa, o caos."; "Um vulcão, ele era um vulcão"; "(...) um anjo demoníaco".

Villa-Lobos, uma interjeição?! Bandeira também? Bandeira talvez não fosse tão trágico como melancólico: penso, com boa dose de ironia, na 'Tragédia brasileira' em drágeas e à moda de Bandeira (Bandeira, 1980, p. 98-99), na ambiguidade debochada e libertina de Nelson Rodrigues (cf. Barbosa; Barbosa,

2012, p. 205-223). Estas características se podem vislumbrar no "Martelo". Mas é o paradoxo que me interessa, ele é figura básica das tragédias.[43] E se χάος, em grego, é espaço vazio, daí posso reinterpretá-lo também como potência de silêncio transformado em palavra. Deste modo é que entendo que "quem não chora não mama, quem canta, os seus males espanta." Cantar e gritar a dor, diante dos outros, é de fato solução.

Mas que seja levado em conta que os gregos não valoravam os sentimentos – emoções, afetos – como nós. A paixão, o πάθος

> pertence a um grupo de palavras etimologicamente definido, em que o traço semântico principal parece ser a ideia de passividade, de afecção que acomete uma pessoa, uma coletividade ou um ente qualquer (como os astros); logo, comporta a ideia de um acontecimento que não foi buscado pelo que o sofre, de uma casualidade provocadora de certos estados. Assim, *páskhein* [sofrer, estar acometido por] se opõe a *poieîn* [fazer], *drân* [atuar] etc. (Brandão, s/d)

Se estar à mercê de algo exterior causa desconforto, exceção se faça em caso de *performance;* vamos ao teatro por escolha. A retórica se baseia nisto, na manipulação dos afetos pela palavra com vistas à persuasão.[44] Aos susceptíveis, a entrega, a escravidão. Grifo que minha leitura dos trágicos não passa pelo sentimentalismo. Não é o que pretendo, quando afirmo ser a tragédia uma interjeição maximizada. O grito nos trágicos é bem pensado e medido, usado, motivado e carregado de sentidos, somente finge ser patético. Se falei na introdução dos males familiares expostos na cena trágica, deixo claro que não tive a intenção de encher o livro de melúria. "Comover não no sentido de tornar o leitor sentimental ou piegas, mas no de lhe estimular a sensibilidade, a capacidade de empatia. (...) Efeitos semelhantes, sublinhe-se, não iguais." (Paes, 1990, p. 115). A interjeição é programada, argumentativa e manipuladora. Vem na medida em que se quer atingir as feridas, mesmo que para pensá-las, κάθαρσις.

A tragédia é, sem dúvida, política.[45] No caso das relações de família, sequer havia entre mães, pais e filhos ou filhos, pais e mãe, pelo menos nos documentos teatrais do período clássico ateniense, as ligações afetivas como as conhecemos. No texto da *Medeia* de Eurípides, mostrei alhures que a protagonista não extermina seus filhos, mas mata todos os correlatos que determinam a relação filial: os herdeiros, a prole, os rebentos, frutos, crias, a estirpe, os descendentes... (Barbosa, 2013, p. 38). Filicídios, infanticídios, matricídios e parricídios, aliás, são do gosto popular, bilheteria esgotada, no passado como hoje. O que me instiga no momento não é a perplexidade de um crime espantoso nem a função moralista de corrigir erros, punir culpados.

> Vigiar e observar. As ciências humanas vigiam, as ciências exatas observam. As primeiras têm a idade dos mitos, as outras, novas, nasceram conosco, têm a idade da história. O mito, o teatro, a representação, a política não ensinam a observar, incitam a vigiar. (Serres, 2001, p. 34)

Se se usou até aqui o termo "observar", foi como jargão acadêmico. Ao pensar o teatro, estamos antes contemplando, assistindo, vigiando a beleza do corpo em ação e, afinal, no caso dos crimes, realmente não sei quem sofre mais com a prática, se o algoz ou se a vítima (Platão, *Górgias*, 1992). Se falo em educar, esse educar passa por conhecer-se, distinguir pontos fracos e fortes e saber usá-los de forma ética. O perigo de se deixar manipular pelo λόγος deve ser revelado. Vendo a tragédia, aprendemos.

Em Eurípides, por exemplo: a natureza explode, a φύσις (*phýsis*, *natura*) grita e luta contra si mesma, mas fá-lo cheia de inteligência: λόγος. Se ética ou não, isto é lá com o cidadão. Passo para uma nova etapa, depois retorno ao estudo da interjeição e da ambiguidade. Detenho-me de forma mais exata sobre o texto grego: a *Electra*, a de Eurípides, um estudo de caso.

O enredo: duas mulheres, mãe e filha, concebem crimes uma contra a outra; os personagens masculinos que as cercam, no drama, usufruem do conflito: Agamêmnon, o marido eliminado, quer ser vingado; Egisto, primo e sucessor do defunto, novo companheiro da assassina, quer nada menos que o comando da cidade. Além destes, apresenta-se Orestes, o filho do falecido, que disputa com Egisto o mando. A trama se constitui, ela própria, como testemunha, e o texto prima por revelar a opressão interna – íntima e particular – de um pequeno grupo enlaçado pelo sangue. Contendas de família que se alargam em dolo que se estende ao Estado. Crime de lesa-majestade, visto estarmos numa família de autoridades maiores.

São machistas as palavras da peça, não há objeções; todavia, é possível perceber, para além disso, que existem, por vezes, solturas mais prementes do que as solicitadas por "ismos". São alforrias compulsórias demandadas pelo humano por inteiro, não dividido em sexos. Se o texto antigo privilegia os varões atenienses, bani-lo apenas por tal razão é temerário; melhor seria pervertê-lo, lê-lo na contramão, invadir suas lacunas e buscar nele a voz latente que se escuta abafada.

Este procedimento, a saber, escutar a voz do renegado, do banido e rejeitado, cumpriu-o Girard, ao criar o conceito de *textos de perseguição* a partir do estudo de um poema do compositor e poeta nascido na França no século XIV, Guillaume de Machaut, intitulado "Julgamento do Rei de Navarra".[46] Uma das obras mais famosas de Machaut, este poema, com seu estatuto ficcional, relata acontecimentos "inteiramente inverossímeis" mesclados com outros "verossímeis pela metade". Sentimentos indefinidos de falso e verdadeiro se sobrepõem neste texto. Em sua análise, Girard mostra que, ao longo da leitura, apesar do amálgama cristalizado, do apagamento de falas opostas perpetrado, fica-se com a impressão de que, de fato, "deve ter acontecido algo de real" (Girard, 2004, p. 5), mais do que isso, algo de muito ruim.

Sem abolir as ressalvas quanto a "certezas históricas", o filósofo francês, no seu estudo, instiga a encontrar "acontecimentos reais em meio às inverossimilhanças do relato" (Girard, 2004, p. 6). Nada de original existe nisso e, verdade seja dita, tal proceder é de resto bastante antigo, aristotélico (Aristóteles, 1992, 1451a 36-1451b 33). De minha parte, tratando especificamente da tragédia, aos fatos e atos verossímeis tirados do inverossímil, guardados a sete chaves por medo e preconceitos de época, costumes e decoro cênico, chamaremos de "obscenos". Eles são palavras aladas fugidias, aves de mau agouro que precisam se mostrar, ganhar as alturas e sumir da vista nossa, para produzir κάθαρσις.

A exposição do veto, das trilhas proibidas do pensamento, pode curar; vimos no primeiro capítulo. Isso desmascara dores, tal como o fez Ann Douglas, na década de 1990, com propósitos distintos, quando declarou para a cultura norte-americana que, longe de ser uma raça germânica, ela era, sobretudo, mestiça.[47] A afirmativa ajuda o autoconhecimento: γνῶθι σεαυτόν. Pauto-me igualmente pelas reflexões de Gayatri Chakravorty Spivak, que desafia os discursos hegemônicos e registra para os anais do século XX uma pergunta retórica: "Pode o subalterno falar?" (Spivak, 2010, p. 20).[48]

Com tais intuitos pergunto-me: há espaço para o povo falar na tragédia feita no Brasil? Há nível de entendimento na grande massa para este teatro? Será que somos inferiores aos gregos e não podemos acessar seus textos? A tragédia é mesmo um gênero puro, elitizado e sem mistura desde sua concepção?

Não é isso que diz o bom estagirita...

Então, o drama ático diz alguma coisa para os que não podem falar, ou, em outros termos, é possível ouvir a voz do subjugado na tragédia? Hei de tentar responder estas questões até o fim deste livro. Enfim, vamos ao encalço da coisa dentro da coisa, do não dito que grita sem falar, da coisa camuflada, vaga, escamoteada, para nela perceber a opressão que demanda, senão uma resistência, uma transgressão que, por sua vez, prenuncia rupturas de controles sociais, políticos, éticos e morais.

Já é tempo de assumirmos nossa alta condição de povo tupiniquim à moda de Mário de Andrade; é tempo de ser índio de casaca à *la* Villa-Lobos, é tempo de saber-se catrumano. Sobre essa nossa última e altíssima condição, no *Grande Sertão: veredas* bem marcada, podemos enumerar três grupos étnicos distintos, além dos jagunços e dos proprietários de terra. São os "urucuianos", os "caborjes" e os "catrumanos". Os catrumanos, de acordo com Willi Bolle, representam "o país de mil-e-tantas-misérias" (Bolle, 2004, p. 63). O dicionário Houaiss (2009) registra "catrumano" como "caipira", "matuto" e remete o leitor para o nome "quadrúmano"; Latorre (2011, p. 138) detalha que Guimarães Rosa os mostra como roceiros bastante pobres, raça de homens "deverseada" e distante nos modos e usos, "mal ensinada e quase como bicho" (Bichos *a cuatro manos*?! Subalternos, macaquitos?), uns quase animais orelhudos que dormem farejando, mudam conforme a fase da lua e fazem muitos malefícios, como rogar pragas, dar "soloturno" e pôr quebranto, uns tais ditos que secam árvores; rústicos, atrasados, supersticiosos, de usos e costumes arcaicos e que falam um linguajar estranho (Rosa, 2009, vol. 2, p. 252-253).

À parte o termo 'catrumanos' ser utilizado, no Rosa, para designar os mais 'sem recurso' dos mineiros, os completos 'tabaréus', os "quadrúmanos" foram classificados cientificamente como seres do reino *animalia*, filo *chordata*, classe *mammalia* e ordem *quadrumana*. Têm as quatro extremidades em formato de mão; dentes de três tipos; dividem-se entre macacos e lêmures.

Podemos optar por ver os catrumanos brasileiros como macacos da ordem *quadrumana*, seres abaixo do humano, κατά + humanos, incapazes de acessar a sofisticada filosofia grega ou, de outra parte, podemos vê-los como lêmures: primatas africanos ou espectros de um mundo antigo, pajelança do mundo romano, almas de um outro mundo, fantasmas (do lat. *Lemures*).

Os mineiros, os mais reservados dos brasileiros, os que riem calados, *catrumanamente*, são, também, arcaicos e clássicos, pelo menos é o que afirma Rosa (*apud* Latorre, 1968, p. 52), em correspondência à então doutoranda da Ann Arbor University, Mary Lou Daniel. Ele declara o seguinte:

Os sertanejos de Minas Gerais, isolados entre as montanhas, no imo de um estado central, conservador por excelência, mantiveram quase intacto um idioma clássico-arcaico, que foi o meu, de infância, e que me seduz. Tomando-o por base, de certo modo, instintivamente tendo a desenvolver suas tendências evolutivas, ainda embrionárias, como caminhos que uso.

Para escrever *Grande Sertão:* veredas, passei um mês inteiro no mato, em lombo de mula, catalogando em um caderninho o linguajar do povo sertanejo. Há palavras que na cidade nem são conhecidas e que têm, contudo, raízes puras no latim autêntico.

Em sentido acumulado: os catrumanos, como metonímia do Brasil à moda rosiana, são os que dão gritos de "onça e de uivado": interjeição; vão a pé como macacos, "nem cavalo eles não têm"; vão "de chapéu desabado", com "avantes passos". São "pobres, mas atravessados de armas,[50] e com cheias cartucheiras", são guerreiros, "homens reperdidos sem salvação naquele recanto lontão de mundo, groteiros dum sertão, os catrumanos daquelas brenhas"; entre eles conhecemos, no desenrolar da história, Teofrásio, o "chefim" deles. Esse catrumanos – macacos, feras e lêmures – "guardavam um punhado de terra no fechado da mão, no prazo de três noites e três dias, sem abrir, sem largar: e quando jogavam fora aquela terra, em algum lugar, nele com data de três meses ficava sendo uma sepultura...". Em outro episódio – que não vamos comentar – vemos, tal como afirma Guimarães Rosa, que, para os catrumanos, ou para os *cuatro manos*, ou talvez, os quadrúmanos, quem sabe os κατά-humanos, os truca-manos e troca-manos, para esses tais, "[n]os tempos nos tempos antigos, devia ter sido assim" (Rosa, 2009, vol. 2, p. 248). Os catrumanos assustadores, lêmures nas brenhas e grotas das Minas Gerais, encomendam mortos de um mundo clássico de muito poder e se põem a traduzir tragédias.

Nessa perspectiva, trabalhamos com o teatro, texto – por sua estrutura de múltiplas personagens que falam em discurso direto sem intermediação – polifônico *avant* Bakhtin. Tento, através do processo tradutório, atingi-lo nas suas camadas mais profundas e, por isso, "cometo" traduções do grego e, entre elas, a desse drama euripidiano que ora comento, *Electra*, a de Eurípides.

A tradução da Truπersa para *Electra*, é, portanto, uma tradução coletiva – em trupe constituída por artistas e acadêmicos – com um escopo definido: aplicar as pesquisas desenvolvidas no GTT e utilizar formas tradutórias para atingir um grande público, de classes sociais e intelectuais múltiplas. Buscamos quebrar o que mantém a tragédia grega restrita a uma elite, oferecer ao mercado brasileiro traduções com consciência semiótica e cênica, quebrar ideologias e entender os mecanismos e técnicas geradores de um bom texto dramatúrgico. Nos textos traduzidos, realçamos o silêncio dos massacrados, de forma que eles falem através da mudez imposta pelo autor do passado. Realçar seu silêncio significa buscar uma tradução precisa, capturar os *gestos interjectivos* subjacentes às palavras, isto é, possibilidades de gestos que o léxico escolhido pelo autor grego sugere.[51] Realçar o silêncio é igualmente buscar a oralidade e o falar do povo tal como o fez Guimarães Rosa (2009, vol. 2, p. 274): "O senhor sabe o que o silêncio é? É a gente mesmo, demais." Em outros termos, queremos detectar os *gestos interjectivos*, movimentos indicados na escolha de um vocabulário que denuncia – e desenha – a intenção de uma ação na personagem, nos prevérbios, nos sufixos, no aspecto verbal, nos fonemas que o compõem, nos *clusters* etc.

Meu *corpus* exemplar, o drama euripidiano *Electra*, evidencia o que os seres humanos continuamos repetindo por vinte e sete séculos ao longo de nossas vidas: a violência – ou a sujeição violenta – contra um igual. Gente que combate gente, ideologias, partidos, gêneros, hierarquias. O ímpeto para o confronto proporciona elementos para o estudo das interjeições e dos silêncios, das lacunas de interditos, de polissemias sugeridas, ironias e ambiguidades, suposições, fantasmas de ideias. *Electra* mostra que, quando pareamos com alguém, qualquer um que nos faz frente, seja pai, mãe, irmão, colega de trabalho, a postura mais fácil – se temos meios para tal – é o extermínio. Exterminado o rival, tornamo-nos, nós mesmos, iguais àquela praga que antes julgávamos funesta e que, por fim, extirpamos ao assumi-la para nós.[52]

Demonstrarei *en passant* que, na peça, agressores e agredidos não têm lado definido. São vítimas e algozes a um só tempo. O contexto é simples. Após matarem a mãe, os irmãos Electra e Orestes receberão dos deuses as punições de praxe – sacrifícios purificatórios, banimentos, casamentos – e, depois, os matricidas serão absolvidos, posto que cumpriam ordens do deus Apolo, que por meio deles punia a morte do soberano grego Agamêmnon, abatido no banho, com machado de dois gumes, sob a mão da esposa dominada pelo desejo de desforra de crimes antigos contra ela cometidos. Orestes, herdeiro varão, liberado pelos deuses num tribunal instituído por Atena, fundará para si nova cidade, mas antes, como todos sabem, sofrerá a loucura, pelo crime de sangue, durante muito tempo; Electra, a filha insatisfeita, deverá se enquadrar nos limites então estabelecidos a uma mulher, isto é, casar-se e calar-se.

Egisto, em sua própria casa, será morto por Orestes. Para o desenvolvimento de nossa argumentação – que consiste em mostrar traduções corporificadas e afetivamente pensadas – vejamos os crimes, estudemos o léxico utilizado na narrativa descritiva do ἄγγελος, o núncio. No trecho desse mensageiro (sempre em tradução da Trupersa) não há interjeições, exceto se considerarmos os vocativos dos vv. 779, 817 e 830, em que se vê repetido apenas um ὦ seguido da palavra ξένος. Previsível, almeja-se a visualização da cena que ocorreu *in off*. Aqui, nada de ambiguidades, tudo tem que estar muito claro, nítido, diante dos olhos. A mínima diferença na ação desenha o *modus operandi* do ator Orestes. Os detalhes e a precisão na descrição são ferramenta de convencimento e presentificação para o ouvinte. Nisso consiste o processo de fazer ver. Orestes, em primeiro lugar, matará o parceiro de sua mãe. Electra, com a cumplicidade fraterna, matará a mãe e tornar-se-á igual a ela. O relato dos crimes é suficientemente imagético para que possamos vê-lo: onde, como, com quem...; espiem o que se mostra (v. 818-830), em itálico estão algumas das muitas escolhas lexicais que nomeio, para nosso uso pontual, verbimagens.⁵²

ἐκ κανοῦ δ᾽ *ἑλὼν*
Αἴγισθος ὀρθὴν σφαγίδα, μοσχείαν τρίχα
τεμὼν ἐφ᾽ ἁγνὸν πῦρ *ἔθηκε* δεξιᾷ,
κἄσφαξ᾽ ἐπ᾽ ὤμων μόσχον ὡς *ἧραν* χεροῖν
δμῶες, λέγει δὲ σῷ κασιγνήτῳ τάδε· 815
Ἐκ τῶν καλῶν κομποῦσι τοῖσι Θεσσαλοῖς
εἶναι τόδ᾽, ὅστις ταῦρον ἀρταμεῖ καλῶς
ἵππους τ᾽ ὀχμάζει· *λαβὲ* σίδηρον, ὦ ξένε,
δεῖξόν τε φήμην ἔτυμον ἀμφὶ Θεσσαλῶν.
ὁ δ᾽ εὐκρότητον Δωρίδ᾽ *ἁρπάσας* χεροῖν,
ῥίψας ἀπ᾽ ὤμων εὐπρεπῆ πορπάματα, 820
Πυλάδην μὲν εἵλετ᾽ ἐν πόνοις ὑπηρέτην,
δμῶας δ᾽ ἀπωθεῖ· καὶ λαβὼν μόσχου πόδα,
λευκὰς ἐγύμνου σάρκας *ἐκτείνων* χέρα·
θᾶσσον δὲ βύρσαν ἐξέδειρεν ἢ δρομεὺς
δισσοὺς διαύλους ἱππίους *διήνυσε*, 825
κἀνεῖτο λαγόνας. ἱερὰ δ᾽ ἐς χεῖρας *λαβὼν*
Αἴγισθος ᾖρει. καὶ λοβὸς μὲν οὐ προσῆν
σπλάγχνοις, πύλαι δὲ καὶ δοχαὶ χολῆς πέλας
κακὰς ἔφαινον τῷ σκοποῦντι προσβολάς.

χὤ μὲν σκυθράζει, δεσπότης δ' ἀνιστορεῖ· 830
τί χρῆμ' ἀθυμεῖς; – ὦ ξέν', ὀρρωδῶ τινα
δόλον θυραῖον. ἔστι δ' ἔχθιστος βροτῶν
Ἀγαμέμνονος παῖς πολέμιός τ' ἐμοῖς δόμοις·
ὃ δ' εἶπε· φυγάδος δῆτα δειμαίνεις δόλον,
πόλεως ἀνάσσων; οὐχ, ὅπως παστήρια 835
θοινασόμεσθα, Φθιάδ' ἀντὶ Δωρικῆς
οἴσει τις ἡμῖν κοπίδ', ἀπορρήξω χέλυν;
λαβὼν δὲ κόπτει. σπλάγχνα δ' Αἴγισθος *λαβὼν*
ἤθρει διαιρῶν. τοῦ δὲ νεύοντος κάτω
ὄνυχας ἐπ' ἄκρους στὰς κασίγνητος σέθεν 840
ἐς σφονδύλους ἔπαισε, νωτιαῖα δὲ
ἔρρηξεν ἄρθρα – *πᾶν δὲ σῶμ' ἄνω κάτω*
ἤσπαιρεν ἠλάλαζε δυσθνῄσκων φόνῳ.

                   Entrementes, Egisto *pega*
do cestinho o reto-punhal-sacrificador e, tosando de uma
novilha o pelo, *deu*-o, com a destra, ao fogo santo; então
sangra pelos ombros a bezerra que já os domésticos
arribaram com as duas mãos; e, pra teu irmão,
diz isto: "De serem bons se prezam os tessálios,
qualquer um, de bem *carnear* um touro
e de amansar cavalos. *Pega* o ferro, ô forasteiro,
mostra a verdade famanada dos tessálios!" E ele,
no que *agarra* com as duas mãos o dórico bem afiado,
lança dos ombros fora os broches filigranados,
toma Pílades por parceiro na peleja, *rejeita*
os domésticos e, *prendendo* o pé da novilha,
as carnes brancas despela, *estende* a mão
e – mais veloz que cocheiro desatinado duas
vezes *corre* a raia – *esfola, risca, rompe, rasga* o couro¹
e *talha* os lombos. Aí as tripas, com as mãos, Egisto
arranca e *espreita*: não havia – por certo – um lóbulo nas
entranhas; as portas e mais as cavas perto da vesícula
biliar *indicavam* atresia danosa para o espia.
E ele, então, escureja, mas o senhor interpela:
"Com que te alteraste?" – "Ô forasteiro, me assombra

uma *tocaia* porta-fora: inda vive o mais odiento vivente
– o menino de Agamêmnon –, um inimigo de minha casa".
E ele disse: "Mas chefiando a cidade é de um foragido
que temes *tocaias*? Não! Como? Sejam
celebrados os rituais! Uma fítica curva, em vez
do dórico, alguém nos *traga*: *destrincharei* o peito!"
Pega uma e *talha*. Aí, as vísceras Egisto *pega* e pra
dividir, escolhe. Mas, no que pra abaixo,
se *amesura* na ponta dos pés *esticado*, teu irmão
vara-lhe pelas costelas e racha as juntas
da espinha: e, *de alto a baixo*, todo o corpo
convulsa, guincha agonizante com a sangria.

Ilumino apenas os verbos de movimento, pois não adiro totalmente às categorizações semânticas, as palavras têm parte com os camaleões. Poderia recorrer aos performativos explícitos, utilizando a terminologia de Austin (1990, p. 21-28). Não o farei. Quero contudo frisar que tais verbos (e alguns substantivos e adjetivos) não somente realizam um ato fático,[53] entendido como na terminologia de Austin, mas também figuram como rubricas para que o ator realize suas ações de forma a serem clara e maximizadamente vistas por uma plateia.

Há evidentemente uma diferença visual neles: "pegar" e "dar" carregam um grau elevado de neutralidade da ação de transportar; "arribar" marca um movimento ativo e esforçado para o alto; "agarrar" determina um movimento rude e firme de retirada de um objeto de seu lugar, ou, às avessas, mantém com firmeza o objeto em seu espaço de inércia; "lançar" escreve uma linha de movimento rápido com impulso; "tomar" traça um movimento divergente e "rejeitar" mostra repulsa, movimento para trás; "prender" figura a estaticidade tensionada; "estender" é gesto para frente, exige expansão; "correr", "esfolar", "riscar" representam movimentos rapidíssimos; "espreitar" focaliza o movimento do olhar para dentro de um lugar proibido ou de um local protegido; "indicar", movimento com o dedo em direção de; "trazer", movimento neutro; "romper", "rasgar", "talhar" "dividir", "escolher", movimento para estabelecer partes distintas, separar; "amesurar", movimento em curva do alto para baixo; "esticar", movimento de (dis)tensão; "varar", movimento perfurante e enérgico; "convulsionar", multiplicidade de movimentos desordenados para todos os lados. A esse léxico imagético, que garante para o ator o tipo e o modo do gesto que deve fazer em cena, chamei, como se viu, de verbimagem. Não apresento novidade, é Demétrio quem primeiro sustenta a precisão vocabular:

> 276. E é preciso tentar usar palavras de modo conveniente ao assunto. Por exemplo, para quem agiu com violência e astúcia: *forçou*; para quem agiu abertamente com violência e insensatez: *demoliu, destruiu*; com ardil e em segredo: *rompeu* ou *se esquivou*, ou qualquer palavra desse tipo, adaptada ao assunto. (Demétrio, 2011, p. 161)

As tramoias, a ousadia, a violência e as conversas entre Egisto, o assassino de Agamêmnon, e Orestes, tudo foi visto. Sua morte inclusive. No momento em que ele se dobra para frente a fim de examinar as vísceras do animal abatido para o sacrifício, no exato instante em que ele se põe na ponta dos pés, Orestes, pelas costas, perfura a pele entre os ossos das costelas e quebra sua coluna, de modo que vítima entra em convulsão.

> Aí, as vísceras Egisto *pega* e pra
> *dividir, escolhe*. Mas, no que pra abaixo,
> se *amesura* na ponta dos pés *esticado*, teu irmão
> *vara-lhe* pelas costelas e racha as juntas
> da espinha: e, *de alto a baixo*, todo o corpo
> *convulsa, guincha* agonizante com a sangria.

"Tá lá o corpo estendido no chão". Julguemos o autor da ação: perito, rápido, competente e mortal. Mas o Orestes que mata Egisto não transgride, não é algoz, como disse, ele cumpre ordens divinas e resgata o poder de chefe na cidade de Micenas. Sim ou não, não se trata de opinião, deixemos em suspenso. Há casos em que a culpabilidade é equívoca.

Matar a própria mãe, todavia, é outra coisa. É ato contra o sangue seu, é aborto invertido. Nesse crime, Electra participa com gosto de vingança. A filha do soberano, moça velha, afastada do poder pela mãe e pelo consorte Egisto, obrigada a se casar com um camponês sem prestígio para o rebaixamento dos possíveis frutos advindos dessa união, mata com justa razão. Será?

Proponho voltarmos, na tragédia euripidiana, à cena em que a uxoricida Clitemnestra, ao visitar a filha, futura matricida, mostra os dois lados da moeda feminina manipulada pelo poder. A mãe chega à cena em comitiva e num carro. O aparato demandado – um veículo, cavalos e escravos entrando bem no local em que você está – é uma figura retórica fisicalizada, isto é, uma hipérbole cênica: corpo berrante e aberrante. A figura é recurso comum nas tragédias: Agamêmnon, no *Agamêmnon* de Ésquilo, chega de carro e comitiva; Medeia sai num carro de fogo. As Oceânides chegam em ondas marinhas no *Prometeu* esquiliano; Ulisses, em *Filoctetes*, atravessa, ao entrar em cena, um palco repleto de panos de pus, bandeirolas de dor...

E Clitemnestra chega.[54] O coro de amigas de Electra expõe, diante da entrada deslumbrante da rainha, um raciocínio muito temperado. Aristides Evangelus Phoutrides, sobre o trecho, pondera:

> Na Electra, as mulheres da região mostram igualmente, para a mãe tirânica, um rosto alegre de modo que ela não possa sequer suspeitar do fim de Egisto ou do perigo que ela própria corre. Quanto mais lisonjeiras pareçam suas palavras, mais ardilosa é sua dissimulação. Seus versos, carregados de acidez latente e de terrível ironia, tornam a passagem infinitamente trágica. (Phoutrides, 1916, p. 115)

A plenitude de sentidos possíveis, a ambiguidade de cada suspiro nos permite uma leitura-visão-esplêndida. *Flash*, relâmpago, a fala é curta.

Χορός
ἰώ,
βασίλεια γύναι χθονὸς Ἀργείας,
παῖ Τυνδάρεω,
καὶ τοῖν ἀγαθοῖν ξύγγονε κούροιν   999
Διός, οἳ φλογερὰν αἰθέρ' ἐν ἄστροις
ναίουσι, βροτῶν ἐν ἁλὸς ῥοθίοις
τιμὰς σωτῆρας ἔχοντες·
χαῖρε, σεβίζω σ' ἴσα καὶ μάκαρας
πλούτου μεγάλης τ'εὐδαιμονίας.   1004
τὰς σὰς δὲ τύχας θεραπεύεσθαι
καιρός. χαῖρ', ὦ βασίλεια.

Coro
IôÔ
Soberana mulher do Argivo chão!
Filha de Tíndaro e
irmã dos bons gêmeos – meninos de Zeus –,

os dois que fulgem entre astros no ardente
Éter, os que têm fama de salvar homens
dos quebradouros de mar,
salve! Igual aos bem-ditos de riquezas e
abastança mor eu te venero!
É muito boa hora pra reparar
tua fortuna! Salve! Ó! Soberana!

Como se articula esta fala do coro?

O verso se abre com a interjeição "ἰώ" que é constituída por duas vogais em tom crescente, com duração de meio tempo para o "ἰ" e dois tempos para o "ώ", isto é, temos uma semivogal mais uma vogal duplicada. O efeito é uma indicação precisa de uma situação de espanto.[55]

O verso continua com dois outros versos bastante expressivos igualmente em gradação de extensão.[56] O primeiro vocativo ocupa um verso, o segundo cinco. São eles, "βασίλεια γύναι χθονὸς Ἀργείας" (soberana mulher do argivo chão) e "παῖ Τυνδάρεω, καὶ τοῖν ἀγαθοῖν ξύγγονε κούροιν Διός, οἳ φλογερὰν αἰθέρ᾽ ἐν ἄστροις ναίουσι, βροτῶν ἐν ἁλὸς ῥοθίοις τιμὰς σωτῆρας ἔχοντες" (filha de Tíndaro e irmã dos bons gêmeos – meninos de Zeus –, os dois que fulgem entre astros no ardente Éter, os que têm fama de salvar homens dos quebradouros de mar). O efeito é a ampliação, em palavras, da dignidade da rainha que entra em cena; *lato sensu*, todos estes versos são uma grande interjeição. Explico.

1. O trecho continua com um verbo-sentença-interjectiva, "χαῖρε (salve)!", marcador de ação laudatória, utilizado na segunda pessoa do imperativo. O efeito é evidente: exultante acolhimento ou reproche irônico, se os atores modularem a voz. É bom lembrar que "homens e mulheres se comunicam por meio de modulações sem fim." (Steiner, 2005, p. 69).

2. O verso consecutivo faz uso da comparação "rainha igual a divindade": ἴσα καὶ μάκαρας πλούτου μεγάλης τ᾽ εὐδαιμονίας (como venero os deuses, eu te venero por causa da tua riqueza e abastança).

3. Arremate do verso com uma oração declarativa (já mencionada anteriormente): "eu te venero (σεβίζω σε)", revelando um movimento interior (e, também, exterior) da personagem que fala. Outra vez o efeito provocado de acolhimento respeitoso – ou caso se queira, debochado.

4. Finalmente, os últimos versos da saudação. Destaco-os pela ambiguidade, que no meu ponto de vista é a mãe de um discurso dobrado,

econômico: falar que, com uma só palavra, diz muitas coisas num único instante, regalo para os tradutores. Nesses dois versos o coro, empregando o verbo θεραπεύεσθαι (cuidar, honrar, venerar, restaurar, observar, prestar a atenção) no infinitivo passivo, sem agente, gera três possibilidades de leitura cênica: uma em que o agente é o próprio coro, outra em que se faz uma exortação para Electra e outra em que o agente é Clitemnestra, detentora de toda essa grande fortuna que se vê. Desse modo, tem-se, numa tradução que elimina a ambiguidade, a fala: "É uma boa hora para cuidar do teu destino, minha senhora". Porém, se o tradutor emprega um léxico mais flexível, ele traz para seu texto a riqueza da leitura original ao conservar a possibilidade dos triplos sentidos sugeridos. Assim: exortação ao coro e à própria Clitemnestra – "É muito boa hora para *reparar* a tua *fortuna*!"; exortação a Electra – "É muito boa hora para recuperares/ salvares a tua fortuna para teu próprio usufruto". A ironia se mantém com o sentido: "É oportuno que tua fortuna seja preservada (e/ou notada e/ ou recuperada) por ti mesma (e/ou por mim e/ou por Electra). Ainda, a palavra "fortuna", na tradução, é apenas uma opção de léxico flexível, vocábulo que tenta preservar a ambiguidade da palavra τύχη, "sorte boa", "destino desconhecido", "ventura e desventura". A enunciação é marcada pela ironia zombeteira, que, prosaicamente dita e desmascarada, em termos mais prosaicos fica assim: "Agora, nós que te olhamos nesse fausto todo podemos perceber como és rica, Clitemnestra, mas cuidado, soberana, a hora é oportuna para tua filha te matar."

5. Percebe-se claramente um uso econômico da palavra: entende-se muita coisa em pouco tempo. A ambiguidade sem dúvida contribui para a ligeireza da palavra dita.

6. O trecho termina com a repetição do verbo de saudação e o vocativo soberana.

Neste pequeno trecho, o dramaturgo tirou do exagero, da hipérbole visual (da entrada apoteótica) e dos verbos-emocionais um construto lucidamente montado para expor sua técnica e para garantir, para o coro, argúcia e inteligência. Explica melhor o processo nosso amigo Aristóteles.[57] Por tais meios o poeta foi capaz de mover os afetos da plateia. Tudo muito bem pensado, λόγος que se torna carne.

A técnica de introduzir a rainha com carro e comitiva foi resultado de um hábito criativo que possibilitou – dentro e fora da cena – a observação do fausto e da miséria que existem a um só tempo na mesma personagem: paradoxo.

Com esse engenho veio um raciocínio verdadeiro e uma conclusão acertada para as personagens e para o espectador. O alvo da ironia, Clitemnestra, por certo, interpreta de forma equivocada a saudação do coro.

Espero ter demonstrado que não é verdade que os exageros, ambiguidades e vulgaridades pauperizam um texto. Discordo de Aristóteles (1992, 1461b 30-1462a 12) quando ele acusa os atores dos exageros cênicos. Nesse momento teórico do filósofo, creio, tem início uma divisão, que perdura e é nefasta, entre o texto e a encenação, a valorização da obra escrita e o menosprezo pelo artista que a encena. Como os discursos políticos, os sermões religiosos, as propagandas e as teses acadêmicas, o teatro é ato retórico que carrega sistemas semióticos múltiplos.

No que diz respeito ao texto trágico antigo, o comportamento cênico exagerado é facilmente corroborado por uma constatação básica: as peças são crivadas de interjeições, isto é, de marcadores de emoção inseridos na frase e dirigidos ao interlocutor, marcadores que diferem da linguagem referencial pelo som particular que têm. As interjeições, como gritos ou melodias compostas por vogais alongadas, vocalizações, sílabas reduplicadas, consoantes e vogais ou partículas sintáticas que se juntam com a intenção de um apelo emocional – um exemplo, os vv. 745-746 do *Filoctetes* de Sófocles: παπαῖ, / παππαῖ, παππαπαππαπαππαπαῖ! – constituem os gritos e sussurros mais difíceis de traduzir do pergaminho grego para o papel brasileiro, e, desses dois, para o corpo. Mas a voz do ator facilmente lhes dá sentimento. Algumas interjeições como as que mencionei são puros sons, gritos inarticulados, gestos, onomatopeias, musicalização de algum tipo; outras são vocativos: nomes e verbos usados em casos específicos, tais como "vamos!", "vede!", "Édipo!". No meu entender, as interjeições dos textos teatrais são, juntamente com as partículas, os marcadores que hoje chamamos de rubricas.

E há interjeições mudas, as mais eficazes, gestos intempestivos, abruptos, exagerados. Proponho chamá-las de gestos-interjectivos. As vozeadas, chamemo-las de gestos de voz. Sejam mudos, sejam vozeados, eles contorcem o corpo que os emite; ampliam o espaço da personagem, carregam atos de transgressão, ὕβρεις.

Segundo Hermann Fraenkel (*apud* Collard, 2005, p. 358), "*Sophocles only abandons educated language for emotion*";[58] me pergunto se a tragédia sofocliana, tão fecunda de interjeições, é isenta de emoção. Não só ela, mas a euripidiana e a esquiliana são, de fato, exageradamente calcadas nos πάθη, nos afetos, donde se poderia derivar, talvez, que Sófocles e seus colegas de trupe são mal-educados o tempo todo? Deixo suspensa a questão e faço um preâmbulo antes de chegar ao ponto que não é final, é só o começo de um raciocínio.

Encher a cena com dores e aflições pode resultar em retumbante fracasso se não se sabe encontrar a medida exata, o momento oportuno, a forma e a intenção adequadas, λόγος. Dominar a alegria e a dor, expressá-las de maneira contida ou derramada são atos da razão artística pautada na estética retórica. Se não, vejamos:

> Alguns acharam o terceiro ato dessa peça [o *Filoctetes* de Sófocles] desproporcionalmente mais curto que os demais. Com isso vê-se, afirmam os críticos de arte, que os antigos não se importavam com a igualdade de comprimento dos atos. Eu também creio nisso; mas nesse caso eu preferia me basear num outro exemplo do que nesse. As exclamações de lamento, o gemer, os ἄ, ἄ φεῦ, ἀτταταῖ, ὤ μοι, μοί! quebrados, as frases inteiras repletas de παπαῖ, παπαῖ que constituem esse ato e que deviam ser declamadas com alongamentos e interrupções muito diferentes daqueles necessários num discurso ordenado fizeram com que a representação desse ato sem dúvida durasse praticamente tanto quanto os outros. Ao leitor ele parece ser muito mais curto no papel do que terá parecido aos ouvintes. (Lessing, 1998, p. 84)

O comentário é de uma argúcia deliciosa. Lessing, no fundo, fala de dramaturgia (o que aqui não interessa particularmente) e de uma diferença que a grande maioria dos estudiosos deixa escapar: teatro grego é língua escrita que finge ser oral, ou seja, Sófocles, quando sobrecarrega o terceiro ato de *Filoctetes*, sabe que a exteriorização indecorosa de sensações por gritos, afrontas, lamentos e lágrimas tem limite. Trata-se de expor o exagero para que, na fria admiração e na fruição do prazer estético, possamos contemplar e discernir o que somos e o que queremos ser. No teatro o tempo é tudo.

Nesse momento, preparando o próximo capítulo, tomo referência de Ilundain, mais uma vez, para pensar as interjeições que, segundo ele, são marcadores de força ilocucionária:[59]

> *Lo que queremos afirmar es que en la interjección se da esa fuerza ilocucionaria* [Ilundain, 1997, p. 72].[60] *Las interjecciones no definen conceptos, porque en ellas se da una ausencia de valor conceptual, lo cual las sitúa en un plan semiológico particular. Más que definir conceptos, fuera del plano conceptual, lo que hacen las interjecciones es señalar una presencia. En una oración como '¡Ay, qué dolor de muelas tengo!',*

> *el grito de dolor '¡Ay! No se refiere ni a un objeto concreto ni a una representación conceptual, sino que, inserto en una situación concreta de comunicación, lo que hace es señalar, a través del acto en sí de articular la interjección, el dolor mismo, de que viene a continuación explicitado por medio de una oración exclamativa: '¡Ay, qué dolor de muelas tengo!' Puede verse la interjección como la concentración de una frase entera. Por una parte, el proprio hablante deja su huella personal, lo cual es muy característico de la conversación (insistimos en el papel de la interjección como 'estimulante conversacional' del que ya hemos hablado), y por otro lado, el hecho de sólo marcar una presencia y la ausencia de valor conceptual se ve compensado, en este ejemplo, por el anunciado linguístico que sigue a la interjección, '¡qué dolor de muelas tengo!', con lo qual se produce un interesante equilibrio entre significados factitivo ('¡ay!') y conceptual ('¡qué dolor de muelas tengo!').* (Ilundain, 1997, p. 40-41)

Espero ter mostrado com os exemplos escolhidos ao longo do capítulo o jogo cênico cheio de força ilocucionária. As interjeições acompanhadas de gestos debochados e sérios cumpliciaram, por exemplo, com os planos de Electra. Nosso medo cresce e não se refere a objeto concreto qualquer senão à situação de traição que se configura: "¡Ay, qué dolor!" Diante da dor de Electra vimos Clitemnestra cair na rede: o matricídio veremos agora. Esse fato, mesmo que tenha sido autorizado pelo deus, ainda que fosse demandado por um rei morto, vindo diretamente do Hades, nas entrelinhas do texto, faz sofrer a ambos, Orestes e sua irmã. Tristes figuras, eles são vítimas perseguidas pelo costume da vindicação. Como e por que posso afirmar isso? Olhando pelas frestas da conversa, percebo os confundidos sentimentos das personagens. Orestes, o menino banido de casa para morrer no exílio, afastado para preservar o trono e o governo para o belo Egisto, é uma grande vítima de si mesmo (Homero, *Odisseia*, v. 29).

Voltemos à sua representação na *Electra* de Eurípides, v. 1179-1223:

Χορός
ἀλλ᾽ οἵδε μητρὸς νεοφόνοις ἐν αἵμασι
πεφυρμένοι βαίνουσιν ἐξ οἴκων πόδα,
τροπαῖα δείγματ᾽ ἀθλίων προσφαγμάτων.
οὐκ ἔστιν οὐδεὶς οἶκος ἀθλιώτερος
τῶν Ταντaλείων οὐδ᾽ ἔφυ ποτ᾽ ἐκγόνων.

Ὀρέστης

ἰὼ Γᾶ καὶ Ζεῦ πανδερκέτα
βροτῶν, ἴδετε τάδ' ἔργα φόνι-
α μυσαρά, δίγονα σώματ' ἐν
χθονὶ κείμενα πλαγᾷ
χερὸς ὑπ' ἐμᾶς, ἄποιν' ἐμῶν
πημάτων...

*

Ἠλέκτρα
δακρύτ' ἄγαν, ὦ σύγγον', αἰτία δ' ἐγώ.
διὰ πυρὸς ἔμολον ἁ τάλαινα ματρὶ τᾷδ',
ἅ μ' ἔτικτε κούραν.

Χορός
ἰὼ τύχας, σᾶς τύχας,
μᾶτερ τεκοῦσ' ἄλαστα,
ἄλαστα μέλεα καὶ πέρα
παθοῦσα σῶν τέκνων ὑπαί.
πατρὸς δ' ἔτεισας φόνον δικαίως.

Ὀρέστης
ἰὼ Φοῖβ', ἀνύμνησας δίκαι'
ἄφαντα, φανερὰ δ' ἐξέπρα-
ξας ἄχεα, φόνια δ' ὤπασας
λάχε' ἀπὸ γᾶς τᾶς Ἑλλανίδος.
τίνα δ' ἑτέραν μόλω πόλιν;
τίς ξένος, τίς εὐσεβὴς
ἐμὸν κάρα προσόψεται
ματέρα κτανόντος;

Ἠλέκτρα
ἰὼ ἰώ μοι. ποῖ δ' ἐγώ, τίν' ἐς χορόν,
τίνα γάμον εἶμι; τίς πόσις με δέξεται
νυμφικὰς ἐς εὐνάς;

Χορός
πάλιν, πάλιν φρόνημα σὸν

μετεστάθη πρὸς αὔραν·
φρονεῖς γὰρ ὅσια νῦν, τότ' οὐ
φρονοῦσα, δεινὰ δ' εἰργάσω,
φίλα, κασίγνητον οὐ θέλοντα.

Ὀρέστης
κατεῖδες, οἷον ἁ τάλαιν' ἔξω πέπλων
ἔβαλεν, ἔδειξε μαστὸν ἐν φοναῖσιν,
ἰώ μοι, πρὸς πέδῳ
τιθεῖσα γόνιμα μέλεα; τὰν κόμαν δ' ἐγὼ –

Χορός
σάφ' οἶδα, δι' ὀδύνας ἔβας,
ἰήιον κλύων γόον
ματρός, ἅ σ' ἔτικτε.

Ὀρέστης
βοὰν δ' ἔλασκε τάνδε, πρὸς γένυν ἐμὰν
τιθεῖσα χεῖρα· Τέκος ἐμόν, λιταίνω·

Coro
Mas nossa! Estes aqui, empapados no sangue
quente da mãe, botam o pé pra fora de casa,
triunfal evidência dos espasmos da vítima imolada.
Não há casa nenhuma mais espasmada
que a dos Tantálidas, nem jamais haverá!

Orestes
Aiô! Gaia! E Zeus que tudo dos mortais
vês! Vede estas obras cruentas,
imundas, corpos duplos na
terra estendidos pelo golpe
de minha mão, desforra de meus
pesares...

*

Electra
Ah! Quantas lágrimas tu sofres derramando, irmão![61]
E sou eu a desculpa, a cruenta, o fogo que veio sobre
esta aqui, a mãe que me pariu mulher.

Coro
Iô! Ô sorte, sorte tua,
ó mãe que gerou verdugos,
tristes verdugos, no além
és padecente por causa de teus frutos!
Mas do pai pagaste, com justiça, o crime.

Orestes
Êô Febo, profetizaste a justiça
escura, mas claras dores impu-
seste. Expulsaste a criminosa
sina para longe da terra da Hélade.
Mas para que outra cidade vou?
Que estranho, que devoto
olhará a cara
do que matou a mãe?

Electra
Aiô, aió eu! Pra onde vou? Para qual dança,
qual enlace eu vou? Qual marido me levará
para o leito nupcial?

Coro
Uma volta, outra volta, *la donna è mobile!* A tua mente
é mudada ao sabor do vento!
Pois agora és levada à piedade, e antes não
eras pia! E fizeste horrores,
amiga, quando o irmão não queria.

Orestes
Reparaste como a coitada jogou fora
a veste, mostrou o seio pra carnagem,

eô eu, no chão
tombadas as partes que me pariram! E eu, os cabelos...

Coro (Corifeu)
Sei bem, entraste em agonia
ao ouvir o gemido chiado
da mãe que te gerou!

Orestes
E ela agudizou aquele grito, ao tocar
com a mão meu queixo: "Fruto meu, imploro..."

Pudores à parte, carece olhar os imiscuídos sentimentos latejantes nos versos, nas fartas interjeições. Elas nos ajudam a enxergar o processo de enlouquecimento de Orestes. O coro, de forma irônica, canta a instabilidade do feminino e, para tanto, inserimos um verso do *Rigoletto* de Verdi análogo ao de Eurípides. O silêncio do temor palpita. A pressão física e mental de uma "incomunicação parcial de obscenidades" deixa aflorar significações clandestinas (Steiner, 2005, p. 58) com sugestões de prenúncios maléficos.

Orestes anuncia o crime e em português bem comum ele exorta: "Vede, fui eu quem matei!". Electra, igualmente em subentendidos, clama: "Mataste por mim, sou a desculpa, sou o fogo." O coro intervém: "Clitemnestra gerou os próprios carrascos, criminosa, mereceu a morte." Essas falas não estão no texto, subentendem-se dele. Ambos os irmãos constatam seu desamparo e o coro continua com uma alegria revanchista.

Orestes relata o crime em sua perspectiva: a visão do seio da mãe e das partes [genitais?], e realça que dessas partes ele foi nascido.[62] Sem dúvida Eurípides dialoga com o erotismo velado de Ésquilo em *Coéforas*. R. Drew Griffith comenta a passagem. Cito-a visto ser ela um paralelo bastante elucidativo sobre o trecho antes comentado:

> *Most notably, in the* Choephori, *having argued for her life in vain, as a last desperate attempt, Clytaemnestra says to Orestes,* τόνδε δ' αἴδεσαι...μαστόν, *'pity this breast' (896-897). Her words apparently allude to Hecuba's supplication of Hector to reenter the walls of Troy in the Iliad (22.79-82). This reminiscence suggests an appeal to Orestes' filial loyalty, but we know from the nurse, Cilissa's earlier speech (Cho. 734-765), that she has usurped Clytaemnestra in the role of mother so that Orestes*

> could say with Ion, "I never knew the breast" (Eur. Ion 319). *Moreover, there is also an erotic element in Clytaemnestra's plea, reminiscent as it is of the incident in the Little Iliad in which her sister, Helen, disrobes before Menelaus, when he is about to kill her after the Trojan war. Clytaemnestra's breast is a significant object upon which three distinct and mutually incompatible fields of meaning converge. The Iliadic intertext problematizes our reading of the whole scene, and the erotic and maternal aspects of Clytaemnestra's gesture work at cross-purposes one to the other.*
> (Griffith, 1995, p. 230)[63]

Desde Ésquilo, portanto, Orestes é atormentado com complexos sentimentos filiais e sexuais. Mas em Eurípides o coro lhe interrompe tanto o pensamento quanto a fala pervertida e, abruptamente, declara ter já escutado um "gemido chiado". Os significados se acumulam e concretizam a confusão mental que se inicia no rapaz: a obsessão do homem adulto que possivelmente vê as partes íntimas da mulher-mãe (v. 1206 e 1207); a curiosidade do grupo que ouve, mas não vê; a sensação simultânea de vitória e desamparo da filha que matou a mãe. Para os que ouviram os sons, as interjeições recuperadas, são muitas as possibilidades de leitura: gritos de uma vítima agonizante, que "parte dessa vida para outra"; expressão de prazer de uma mulher que goza pelo sexo ou de uma parturiente (que dá à luz e faz nascer, em Orestes e Electra, dois assassinos).

O filho descreve os apelos da moribunda, que evocam novamente a situação de maternidade. O coro censura. Corpos mortos são carne: podem apenas ser manipulados, expostos, mutilados. Em resposta, ele, o carniceiro e rude assassino, conta como cravou o cutelo na goela da mãe (v. 1221-1223), e não há como negar que há algo de erótico também nisso. Electra tenta puxar o foco de luz para si e, de forma quase fálica, informa: "Mas, junto, eu te instiguei e a espada firmei". Detalhe nada desprezível o adendo da moça. Sua fala "é igualmente uma arma e uma vingança" (Steiner, 2005, p. 58). Note-se porém: uma só é a arma do crime; entretanto, para Orestes ela é um φασγάνον, uma faca sacrificial, e para Electra um ξίφος, uma espada, com todas as conotações sexuais que se podem inferir circulantes na Antiguidade.

Recordem, por favor, o corpo da soberana-mãe está em cena e o herdeiro real fica cada fez mais transtornado olhando para o cadáver exposto. Ele reclama certa compostura (v. 1227) e pede (1228-1229): "Mais decoro, que se ocultem as partes da mãe". Depois exclama: "Pariste assassinos! Ara![64] Os teus assassinos!" Novo parto, novos frutos. Nasceu um louco sacrificador e uma amargosa e muda mulher, enfim, de fato, casada. Deixemos então *Electra* em paz.

Encerro. Propus apresentar reflexões sobre gritos, sussurros e gestos, mostrei-os como um só ato, os gritos nas performances dos exageros, os sussurros nos ditos velados e macios para a comoção, e os gestos, ação física refletida e programada, para a presentificação da catarse. Rejeitei a tendência de traduzir a tragédia ratificando para ela um deslocamento funcional – apesar da tradição de leitura advinda dos períodos pós-Atenas-clássica – tratando-a através de um receptivo silencioso e solitário do texto como literatura e não como teatro. Postulo as tragédias gregas para o povo tupiniquim, para o povo catrumano, em especial para todos os "Teofrásios".[65]

Argumento outra vez com o próprio Aristóteles. O mestre, na *Retórica*, 1404b, apura sua posição e elucida: de fato, a tragédia tem dicção altaneira alcançada pela linguagem, que, além de ser ornamentada e de ter abandonado as palavras de uso corrente, tem pendor para o estranhamento, ou seja, a tragédia constrói-se na linguagem poética, isso não é possível negar. Todavia acredito que ser poética não distancia a comunicação: pelo contrário, a linguagem poética utiliza-se de muitos sistemas para se comunicar.

Léxico e sintaxe da linguagem poética provocam estranhamento, por certo, entretanto esse estranhamento serve para consolidar o poder que a palavra tem de despertar a atenção do espectador/leitor. O abandono da linguagem corrente e o emprego do ornamento não significam, de modo algum, segundo penso, traduzir de modo a gerar um texto empolado ou hermético; significam, sim, novidade, vigor, frescor, sedução e variedade. Tudo depende da leitura e da interpretação que se faz dos termos. É possível ser altamente poético a partir do uso da linguagem comum; inserir vocábulos de utilização restrita e, ainda assim, pela situação poética instaurada, fazer-se entender.

Davi Arrigucci Jr. (1990) indicou, provou e ensinou o que afirmo ao analisar a poesia de Manuel Bandeira. Por isso, recorro a mais uma de minhas tantas licenças rogadas e cito, para refrigério e argumentação final, um poema do pernambucano:

Nova Poética

Vou lançar a teoria do poeta sórdido.
Poeta sórdido:
Aquele em cuja poesia há a marca suja da vida.
Vai um sujeito,
    Sai um sujeito de casa com roupa de brim branco

> Muito bem engomada, e na primeira
> Esquina passa um caminhão, salpica-lhe
> o paletó de uma nódoa de lama:
>
> É a vida.
>
> O poema deve ser como a nódoa no brim:
> Fazer o leitor satisfeito de si dar o desespero.
> Sei que a poesia é também orvalho.
> Mas este fica para as menininhas, as estrelas alfas, as
>   virgens cem por cento e as amadas que
>   envelheceram sem maldade. (Bandeira, 1980, p. 140-141)

Fechar os horizontes, não. A tradução pode resgatar o πάθος inaugural da poesia. E sobre a elevação e gravidade da tragédia, o próprio Aristóteles insiste na pertinência e na circunstância da palavra eleita. Quanto à tragédia – elocução poética – tudo nela deve guardar 'adequação', ou seja, uma sensibilidade para a inserção da fala na situação da personagem e do discurso. Na *Retórica* 1446b, aliás, em relação ao que discuto agora, emprega-se a palavra πρέπουσα, um particípio presente de πρέπω. Πρέπουσα: 'conveniente', 'adequada'. Assim é que, na *Retórica*, segundo o texto lá estabelecido, a 'fala', o 'discurso' [λόγος] não deve ser nem 'rasa', 'rasteira' [μήτε ταπεινὴν] nem acima do 'valor' [μήτε ὑπὲρ τὸ ἀξίωμα], mas 'adequada', 'conveniente', 'apropriada' [ἀλλὰ πρέπουσαν] e de igual modo é a 'fala poética'. Ela [a poética], não é, igualmente, rasa [ἡ γὰρ ποιητικὴ ἴσως οὐ ταπεινή], mas também não é 'apropriada' à fala comum [ἀλλ' οὐ πρέπουσα λόγῳ].

Ora, reflitamos: o problema é semelhante àquele – veremos à frente – que se sabe girar em torno da exigência de fidelidade na tradução e precisa ser relativizado da seguinte maneira: do que se fala quando se fala do 'conveniente'? Conveniente para quem? Para a situação? A personagem? O público? Conveniente para o que se entende acerca de um estilo preconcebido em relação ao gênero? Conveniente para a imagem do tradutor? Para o que determinou a tradição?

Além disso, ainda na *Retórica*, na mesma passagem, Aristóteles afirma que "também na poesia será inapropriado se um escravo ou alguém demasiado jovem ou sobre um assunto demasiado trivial pronunciar belas palavras" (Aristóteles, 2005, 1404b, em tradução de Manuel Júnior, Paulo Farmhouse e Abel Pena). Para ele, Eurípides teria utilizado a "linguagem de dia de semana" (Rosa, 2009, vol. 2, p. 407) nas suas tragédias; o estagirita indica, na *Poética*,

1462a, 3-4, aparentemente de forma contraditória, que a tragédia é poesia para espectadores 'vulgares', 'comuns', 'de todo tipo' [τὴν δὲ τραγικὴν πρὸς φαύλους]. Essa paradoxalidade manifesta-se igualmente na função da partitura escrita para ser oralizada; tais referências me mantiveram sempre atenta.[66] Reproduzindo tal funcionamento, vestimos o disfarce textual para dizer o sublime ora de modo excelso, ora de forma corrente, e para permanecer no ponto máximo de tensão entre o oral e o escrito, o poético e o prosaico. Enfatizo insistentemente e com outra passagem da *Poética*,1461b 26-1462 a-b, que o filósofo registra que a tragédia, já na Antiguidade, levava fama de ser uma arte vulgar que se concretiza por meio de atores que gesticulavam exageradamente diante de um público rude. O mestre se opõe a tal escola de interpretação, isenta os dramaturgos e atribui a vulgaridade e a popularidade desse tipo de teatro somente aos intérpretes.

Pobres atores, ai! A gente sofre sem querer! É tempo de piracema. E...

Quem sabe direito o que uma pessoa é? Antes sendo: julgamento é sempre defeituoso, porque o que a gente julga é o passado. Eh, bê. Mas, para o escriturado da vida, o julgar não se dispensa; carece? Só que uns peixes tem, que nadam rio-arriba, da barra às cabeceiras. Lei é lei? Loas! Quem julga, já morreu. Viver é muito perigoso, mesmo. (Rosa, 2009, vol. 2, p. 175)

Leia-se a citação acima levando-se em conta que "Ebbe" é "maré", em alemão, ou seja, julgamentos baixam e levantam, vão e vêm, são como ondas do mar.

Notas

1. "Bachianas Brasileiras No. 5 – Dança (Martelo)", música: Heitor Villa-Lobos; letra: Manuel Bandeira. A poesia que abre o capítulo integra, portanto, a segunda parte das *Bachianas nº 5* de Heitor Villa-Lobos (cf. Villa-Lobos; Bandeira; c1978). [Partitura]. Abordei esta obra, sob outro foco, em artigo de Barbosa publicado em 2008 (p. 51-81). Volto a recuperá-la, portanto, para dar início ao presente capítulo com o canto do Irerê. Cf. interpretação de Maria Lúcia Godoy. Disponível em: <https://www.youtube.com/watch?v=O-GO-FiDHt6Q&feature=youtube_gdata_player>.

2. Na opinião de Ricardo Monteiro (2002, p. 196-197), "[n]ão existe um consenso, nem entre cantadores, muito menos entre os pesquisadores, sobre uma definição precisa do

que seria o Martelo. Sabe-se que ele tem um tom majestático". Retomando informações de Câmara Cascudo, o pesquisador afirma ser o "Martelo" o "Alexandrino dos Rapsodos Sertanejos".

3. Acerca das *Bachianas* nº 4, comentando sobre a araponga, Ana Carolina Manfrinato declara que "essa referência é componente significativo do *style-oiseaux* de Villa-Lobos, pois suas frequentes apropriações de cantos de pássaros podem ser considerados como sinédoques em relação à natureza do Brasil e sua ideia mais abrangente de fazer 'música nacional'. Como exemplo, tem-se o texto abaixo de Manuel Bandeira que Villa-Lobos usou em "Dança" ("Martelo") da "Bachianas Brasileiras nº5", os grifos no texto foram feitos para este trabalho com a intenção de exemplificar as referências ao canto do sertão." (Manfrinato, 2013, p. 70). Cf. ainda a nota 66 na mesma página: "A sinédoque é aparentada com a metonímia e consiste numa figura de linguagem onde a parte representa o todo. Neste caso, o canto de uma ave típica pode representar toda a fauna e, por extensão, os recursos naturais de um país". E, ainda, na página 72: "Nota-se que, no texto de Manuel Bandeira, a ave que simboliza o 'canto do sertão' é o irerê, cujo canto, assim como a araponga, também consiste na repetição de sons agudos. Vale ressaltar que o Irerê é encontrado em todo o Brasil, inclusive na região do Crato (Ceará), perto do sertão do Cariri ao qual o texto faz referência."

4. Que se ouça a "Melodia Sentimental" na interpretação de Zizi Possi. Música de Heitor Villa-Lobos e letra de Dora Guimarães, disponível em: <https://www.youtube.com/watch?v=cW1rB7qW5Sk>. Há, igualmente, a gravação de Maria Bethânia, disponível em: <https://www.youtube.com/watch?v=dYbjGWKqBwc>. Sugiro também, ou, antes, suplico, que se veja essa música nos corpos brasileiros em movimento sob a regência de Antônio Nóbrega: <https://www.youtube.com/watch?v=KoSpFzyzJao>.

5. *Bachianas* nº 5 tem apenas dois movimentos: Ária (Cantilena) e Dança (Martelo). Para Loque Arcanjo Jr., "martelo" é uma espécie de toada na qual desponta, principalmente, o teor satírico. Ele afirma que a dança tem "um pé na Europa, outro no Brasil". Na composição da Ária, Villa-Lobos, ainda de acordo com Arcanjo, também colocou um pé na Europa e outro no Brasil, utilizando recursos bachianos e, por meio de um processo inventivo, construindo uma leitura original do estilo (cf. Arcanjo Jr, 2007, p. 127-128, p. 132). "Como dito anteriormente, Villa-Lobos não desenvolveu nenhuma pesquisa de campo sobre a música popular brasileira. Porém, para a composição das 'Bachianas Brasileiras', o compositor promoveu uma leitura destes elementos, seguindo os ensinamentos de Mário de Andrade, ao buscar na suíte a norma de composição ou o esquema para, na concepção daquele universo cultural, alcançar o elo entre a musicalidade brasileira e a europeia. Por um lado, as 'Bachianas' representam o modernismo de Mário de Andrade para o qual a música nacional teria na Suíte um de seus modelos composicionais. A embolada, a modinha, o ponteio, o martelo, o miudinho e a catira ali estão presentes e são exemplos da diversidade do discurso musical de Villa-Lobos, até então estigmatizado como de caráter unificador. Por outro lado, a conciliação com o modernismo do Rio de Janeiro aparece na valorização do choro, especialmente nas 'Bachianas nºs 5 e 6.'" (Arcanjo Jr., 2013, p. 119). As *Bachianas* me servem de inspiração para pensar uma teoria de tradução aplicada à tragédia.

6. "Totalmente orais no sentido que, de maneira geral, não estão sujeitas às regras de sintaxe, não pertencem às categorias de substantivo, verbo, etc., não são declinadas, nem conjugadas e não têm força descritiva."; "o mais primitivo de todos os sons humanos, mais próximo dos gritos de animais do que fala"; "De máxima importância para os efeitos emo-

cionais da tragédia grega, estabelecendo vibrações físicas e emocionais que nenhuma palavra articulada poderia. No entanto, os editores muitas vezes as ignoram e os tradutores frequentemente se satisfazem com um ligeiro 'Oh', 'Ah' ou 'Alas.'" (Stanford, 1989, p. 57).

7. No verso "Irerê! Solta seu canto!".

8. Κόκκυ, cuco, grito de pássaro, Ar. *Av.* 505; também exclamação, "rápido!".

9. Compreendo ser o natural da tragédia o misturado em níveis superpostos; ela tem todos os tons: o agudo, o grave e o quebrado; presta-se ao riso e ao pranto. Uso nessa nota a terminologia gramatical de Dioniso Trácio em tradução de Davidson (1874, p. 327), ofereço-a como um suplemento para a posição de Campos mencionada no segundo capítulo: "*On Tone* (τόνος). *Tone: is the resonance of a voice endowed with harmony. It is heightened in the acute, balanced in the grave, and broken in the circumflex.*"; ("Sobre o tom (τόνος). Tom: é a ressonância de uma voz dotada de harmonia. É aumentado no agudo, equilibrado no grave, e quebrado no circunflexo.").

10. E, semelhantemente: "[...] os 'movimentos do espírito' para usar a frase de Dante, são rigorosamente análogos. São também, assim como veremos, as mais frequentes causas de mal-entendidos ou, o que é a mesma coisa, do insucesso em se traduzir corretamente." (Steiner, 2005, p. 72).

11. "*Humour is not confined to particular characters in Aeschylus. It was hardly congruous with the nature of Greek tragedy to introduce such consistently humorous or comic characters as are found in Shakespeare. What there is in Aeschylus usually has a sardonic grimness about it in the manner of the Homeric comment on dead warriors 'nearer and dearer to vultures than to wives'. This might be called heraldic humour, for mostly heralds use it. Perhaps here (in spite of the Homeric precedent) we have a result of the poet's military service, a direct imitation of the pungent, often callous, remarks and comments of old campaigners.*" (Stanford, 1942, p. 122). ("O humor não se limita, em Ésquilo, a personagens particulares. Dificilmente se diria congruente à natureza da tragédia grega introduzir, consistentemente, personagens divertidos ou cômicos como os encontrados em Shakespeare. O que há em Ésquilo, geralmente, tem severidade sardônica, à maneira do comentário homérico sobre guerreiros mortos 'mais próximos e mais caros para abutres do que para esposas'. Isso pode ser chamado de humor heráldico, pois a maioria dos arautos se utiliza dele. Talvez aqui (apesar do precedente homérico), tenhamos um resultado do serviço militar do poeta em uma clara imitação da mordacidade, muitas vezes insensível, das observações e comentários de antigos companheiros de campanha.").

12. "*Persians has least characterization of all the plays. The unusual frequency of compounds of* άβρο- *(41, 185, 541, 543, 1073) suggests a general characteristic of the Persians in comparison with the Dorian type of Greek. The hedonistic last words of Dareins (840-2) emphasize this. Some grim humour in the Messenger's speech will be noticed later.*" (Stanford, 1942, p. 113). ("De todas as peças de Ésquilo, *Persas* é a que tem menos caracterização. A frequência incomum dos compostos com άβρο- (vv. 41, 185, 541, 543, 1073) sugere uma característica geral para eles em comparação com os dórios. As últimas e hedonistas palavras de Dario (vv. 840-2) enfatizam isso. Certo humor sombrio no discurso do Mensageiro também poderá ser notado mais tarde."). Stanford, em outra obra sua (1983, p. 60), acerca dos gritos (e interjeições) dos persas afirma: "*[T]hese various cries were uttered by uninhibited actors in full voice – more tolerable in an unroofed theatre – they must have a tremendous emotional effect. For us it needs a great effort to feel anything like it. The weight*

of tradition in northern Europe and America is against such open-mouthed and open-hearted demonstrations of grief, pain and joy, in life or in literature. And, so far as translation is concerned, we have not the vocabulary to produce equivalents for the many Greeks forms." ("Esses vários gritos foram proferidos, em plena voz, por atores desinibidos – coisa mais tolerável em um teatro ao ar livre – deviam ter um efeito emocional tremendo. Para nós, é preciso um grande esforço para sentir algo parecido. O peso da tradição no norte da Europa e na América é contrário a tais demonstrações exageradas de luto e alegria, na vida ou na literatura, de boca aberta e de coração aberto. Além disso, no que se refere à tradução, não temos nem vocabulário para produzir equivalências para as muitas formas gregas."). As ponderações de Stanford coincidem em certos pontos com aqueloutra de Lessing, a saber, a de que os gregos externavam demasiadamente suas fraquezas. Stanford, entretanto, embora muito tímido em relação a possíveis traduções de interjeições, tem um olhar mais positivo sobre esse comportamento exagerado dos helênicos. Nas entrelinhas, os dois estudiosos parecem afirmar que a tragédia grega, tal como a imaginamos hoje, é um construto de ingleses, alemães, franceses... Ao que parece, os gregos eram bem diferentes quanto à manifestação de seus sentimentos.

13. "Como seria de esperar de um ex-combatente de Maratona, os termos estrangeiros mais comuns em Ésquilo são persas. No *Agamêmnon*, l. 282, ele faz uso da palavra persa ἄγγαρος para se referir a um dispositivo persa de sinalização por balizas. No *fr. 364*, μανδύη pode ser outro exemplo deste 'medismo' linguístico (mas o termo é, possivelmente, liburniano). Naturalmente, a maioria dos exemplos ocorre em *Persas*, onde se encontra ἀγδβάται (v. 1.924, cf. v. 960), Δάριαν, Δαριᾶνα (vv. 651, 662, 671, provavelmente de *Darayavaus*), em um estilo refinado e exótico à moda de Milton, ligeiramente helenizado nos nomes próprios. O escoliasta chama ὀᾶ, nos vv. 11. 117, 122, de περσικὸν θρήνημα [lamento pérsico]. Em *Rãs*, v. 1028, Dioniso diz que se regozijou quando, em uma produção de *Persas*, 'o coro bateu palmas e gritou ἰαυοῖ.' Não há tal exclamação no texto como o temos agora."

14. Jakobson citado em tradução de Izidoro Blikstein e José Paulo Paes. Além do linguista russo, também Austin desenvolve algo semelhante no primeiro capítulo, com os atos de fala. Também os antigos – *avant le nom* – pensavam o discurso teatral como um ato semiótico. Argumento com Demétrio (2011, p. 146): "§195. Há, ainda, outras observações concernentes ao teatro. Por exemplo, em Eurípides, quando Íon apanha o arco e a flecha e ameaça o cisne que defeca sobre as estátuas, fornecem muito dinamismo à cena a corrida até o arco, a olhada da personagem para o céu, enquanto dialoga com o cisne, e toda a performance restante, concebida para o ator."

15. Sobre o ponto específico e ainda sobre corporalidade na tragédia, cf. Griffith (1998, p. 232).

16. πρόσθες τυφλὴν χεῖρ᾽ ἐπὶ πρόσωπα δυστυχῇ/ "conduz a mão cega até a fronte dos desgraçados".

17. Indico, na interpretação de Bibi Ferreira ou de Lúcio Mauro, o "Monólogo das Mãos" de Giuseppe Ghiaroni, texto que integra a peça *O Vendedor de Ilusões*, de autoria de Oduvaldo Vianna. Há também um outro monólogo, de Pedro Bloch, *As Mãos de Eurídice*, na interpretação de Rodolpho Mayer. Destaco um pequeno trecho: "Sobretudo as mãos, sobretudo as mãos. As mãos de Eurídice exprimiam todas as emoções, riam às vezes, ficavam furiosas, choravam, juntavam-se em súplica, projetavam-se em desespero...".

18. A ideia de "construção de presença" está bem discutida em Gumbrecht (2010, citado no capítulo 2).

19. "*Enunciado [λόγος] es un sonido significativo [φωνὴ σημαντική], cualquiera de cuyas partes es significativa por separado como enunciación, pero no como afirmación. Digo que hombre, por ejemplo, significa algo, pero no que sea o que no sea (aunque sería una afirmación o una negación si se añadiera algo); sin embargo, una sílaba de hombre no <es significativa>: en efecto, tampoco en ratón es significativo -tón, sino que, en este caso, es meramente un sonido. En cambio, en los < términos> dobles sí tiene significado <cada parte>, pero no en sí misma, como ya se ha dicho. Todo enunciado es significativo [ἔστι δὲ λόγος ἅπας μὲν σημαντικός], pero no como un instrumento < natural>, sino por convención, como ya se ha dicho; ahora bien, no todo enunciado es asertivo, sino < sólo> aquel en que se da la verdad o la falsedad: y no en todos se da, v.g.: la plegaria es un enunciado [εὐχὴ λόγος], pero no es verdadero ni falso. Dejemos, pues, de lado esos otros – ya que su examen es más propio de la retórica o de la poética –, ya que < el objeto> del presente estudio es el < enunciado> asertivo.*" (Aristóteles, 1995, p. 41-42).

20. Para estudo destes termos, ver Anderson Jr. (2000, p. 40 e 81-82).

21. Reflito, no entanto, especificamente sobre Caos: "Das forças primitivas, Caos, Gaia, Eros e Tártaro surgirá o cosmo. O mais atraente destes todos é Caos, o abismo, uma boca aberta, uma possibilidade escancarada. A positivação do caos (para os gregos: abertura espantosa, imensidade de espaço), que entendemos como espaço da possibilidade infinita e variada de criação, no nosso ponto de vista, aponta para a necessidade de se criar o impensável, o imponderável, de inventar, de ficcionalizar. E assim parece ocorrer na *Teogonia* (v. 116-153), pois é de Caos que surgem dois princípios dessemelhantes ao extremo: Érebo e Noite, que unidos geram Éter e Dia." (Barbosa, 2010, p. 93). Estes significados foram auferidos do Bailly (1952) e também de Cornford (1989, p. 317, notas 1 e 2), ambos na mesma direção de leitura χάος: vazio enorme, abertura, separação, cavidade. Cornford, na obra citada, apresenta uma relação do termo *kháos* com *khásma*, bocejo; *kháskein, khasmâsthai*, escancarar, bocejar. De Liddell-Scott (2003) temos: "Χάος, εος, Att. ους, τό, *chaos*, the first state of the universe [...]; represented sts. as *infinite space*, [...]. as *unformed matter*, [...]; *space, the expanse of air*, [...] *infinite time*, [...]; *the nether abyss, infinite darkness*, [...]; represented as in the interior of the globe, [...] generally, *darkness*, [...]; *any vast gulf* or *chasm* [...]."

22. Expressão formada a partir das ideias de Borst (1959, p. 730-733), obra que não consultei.

23. "A ambiguidade ou o valor múltiplo dos signos também cria, nas *Escrituras*, diferenças, dentro do próprio texto, que cabe ao leitor resolver. Por exemplo, para signos figurativos ambíguos, Agostinho prescreve comparação de usos no texto e explica o princípio da polivalência: '[...] Mas desde que as coisas são semelhantes umas com as outras de muitas maneiras, não devemos pensar que seja determinado que aquilo que uma coisa significa pela semelhança em um lugar deve ser sempre o significado desta coisa. Pois o Senhor usou 'fermento' como vitupério, quando disse: 'Cuidado com o fermento dos fariseus', e como louvor quando disse: 'O reino de Deus... é semelhante ao fermento, que uma mulher tomou e escondeu em três medidas de farinha, até que o todo foi levedado'... Da mesma forma, outras coisas não significam uma coisa, mas mais, e não apenas duas coisas diversas, mas às vezes muitas coisas diferentes de acordo com o significado das passagens nas quais elas são encontradas.') Este programa fornece ao leitor o poder da invenção. Ele dá à leitura e à interpretação – a província tradicional do gramático – um novo *status*, à medida que o poder textual se deslo-

ca da intenção autoral para a 'estilística afetiva', para o que o leitor pode fazer com o texto. Na prática, transfere a responsabilidade de fazer sentido do escritor para o leitor. Naturalmente, o significado nas *Escrituras* é unitário, e é produzido não pelo leitor, mas por Deus. Mas esse significado pode ser expresso de forma ambígua, de modo que cabe ao leitor julgar com cuidado e estar apto a lidar com os fundamentos da doutrina (signos e coisas, *caritas*) e com a *techné* da exposição. A retórica clássica lida com ambiguidades de significado da perspectiva do orador, do criador da enunciação. Os fatos do caso, a *res*, são ambíguos, e o significado é contingente, mediante ao uso efetivo da linguagem pelo orador, dos *signa*. Cabe ao orador argumentar sobre o caso de seu ângulo mais persuasivo. A retórica sagrada de Agostinho toma as ambiguidades do significado pela perspectiva do leitor. Os 'fatos' do 'caso', isto é, a *res* ou doutrina, são determinados e unitários, e o que é ambíguo são as palavras, os *signa*. É responsabilidade do leitor interpretar esses sinais e dar conta de seu significado. Toda a responsabilidade da *inventio*, da descoberta, é transferida para o leitor, e a função de *inventio* é tomar, não a *res*, mas os *signa* plenos de sentido." (Copeland, 1991, p. 157-158).

24. "[...] essa polifuncionalidade – ambiguidade tencionada e controlada – é a base de sua literariedade." (Plett, 2010, p. 189).

25. Ao tratar a ambiguidade, pretendo vinculá-la aos πάθη e à estilística calcada nas emoções. Pleiteio para a ambiguidade uma largueza tão grande que somos obrigados a derrubar muros. O primeiro será o da categoria de "figura de linguagem", que passaremos a compreender como "figura de pensamento" e até marca de comportamento social.

26. "[...] há uma versão mais alargada e uma mais estrita da multivocalidade linguística. Sob a versão mais alargada, qualquer predicado universal é potencialmente ambíguo, porque ele pode ser aplicado a múltiplos e diferentes indivíduos." (Schreiber, 2003, p. 170).

27. Na pronúncia mineira, o "l" pós-vocálico tende a sofrer vocalização e ser pronunciado "u". Desse modo temos uma pronúncia muito aproximada da palavra grega φεῦ.

28. Sobre a execução fonética dos ditongos /āj/ e /ōj/ baseamo-nos na alternância vocálica entre /a/ e /o/ "pães e pões é questão de opiniães".

29. Cf. por exemplo, King (1997, p. 227): "*One eminently defensible use of voice subordinates 'the subject under discussion' when political and social structures have denied the means of self-expression to he unjustly silenced. These people have often been denied a forum precisely because they have something to say; their message can be anticipated, with the result that content is subordinated to tone or voice in the first stages of movements for emancipation.*"; ("Um uso eminentemente defensável da voz reduz 'a matéria em discussão', quando, ao injustamente silenciado, as estruturas políticas e sociais negaram-lhe os meios de auto-expressão. A essas pessoas tem sido muitas vezes negado um *fórum* exatamente porque elas têm algo a dizer; sua mensagem pode ser antecipada, com o resultado de que conteúdo é subordinado ao tom ou à voz nos primeiros estágios dos movimentos de emancipação.").

30. "Passarinhos do sertão!/ Bem-te-vi! Eh! Sabiá!/ Lá! liá! liá! liá! liá!/ Eh! Sabiá da mata cantadô!/ Liá! liá! liá! liá!/ Lá! liá! liá! liá! liá! liá!"

31. A formação do termo é: δένδρος, árvore; κύκνος, cisne e, do latim, *viduata*, viúva. Popularmente: marreca-piadeira, a viuvinha, paturi.

32. Autora da letra de "Ária" ("Cantilena") das *Bachianas* nº 5. Assim, as *Bachianas* nº 5 trazem para nosso gozo a "Cantilena", com poesia de Ruth Valadares Correa, e o "Martelo",

citado na abertura do capítulo, com poesia de Manuel Bandeira. "Cantilena" tem duas partes. A primeira parte raramente é interpretada com a letra composta por David Nasser. "Cantilena" completa, mas sem a letra inicial, ouve-se, na interpretação de Bidu Sayão, disponível em: <https://www.youtube.com/watch?v=bLZD0XplYrI>. A cantilena "é um tipo de ária, famosa por sua bela melodia extremamente fluente e pela instrumentação original de Villa-Lobos (soprano e conjunto de violoncelos). A Ária ("Cantilena") foi composta em 1938 e tem uma forma ternária A-B-A; o segundo movimento da obra, Dansa ("Martelo"), com texto de Manuel Bandeira, foi acrescentado em 1945. A Cantilena [...] faz referências bastante claras à linguagem musical de Bach e à música popular brasileira da época em que foi composta. O comentário de Nóbrega sobre as qualidades da *Bachianas* nº 5 expressa de maneira contundente percepção da fluência desta melodia. Nóbrega (1969, p. 18) tece o seguinte: "Villa-Lobos grafou essa melodia numa sucessão caprichosa de compassos alternados. Entretanto, o que à primeira vista parece rebuscamento e preciosismo flui maravilhosamente. Nenhum recurso de impressionar o leitor ou o ouvinte. Estudioso apaixonado da música popular brasileira, soube o mestre captar as tenutas e os '*rubati*', as manhas e maciezas com que os intérpretes populares executam seu repertório, com alterações aleatórias de agógica que frequentemente implicam numa revalorização métrica. Por isso mesmo é que, a despeito da irregularidade métrica aparente, a Ária das "Bachianas Brasileiras nº 5" nos soa tão fluente). A melodia se desenvolve de maneira a criar uma impressão de fluência, de uma melodia infinita." (Dudeque, 2008, p. 135-136). De minha parte penso que as duas composições, "Cantilena" e "Martelo", são como um só movimento *ad infinitum*. Elas realizam o que chamo de tipicamente trágico brasileiro: lamento e extravasamento interjectivo jubilatório.

33. "Documentário Heitor Villa-Lobos: Índio de Casaca". TV manchete. Fotografia, Roberto Naar; produção executiva, Aloysio Salles; roteiro, Álvaro Ramos; apresentação, Paulo José; direção, Roberto Feith. Disponível em: <https://www.youtube.com/watch?v=3WNDf03560c>.

34. Cito, para rememoração, a *Retórica* aristotélica em tradução Manuel Alexandre Júnior, Paulo Farmhouse Alberto e Abel do Nascimento Pena: "(ἔλεος, um dos πάθη componentes da κάθαρσις), isto é, uma 'certa pena causada pela aparição de um mal destruidor e aflitivo, afectando quem não merece ser afectado, podendo também fazer-nos sofrer a nós próprios, ou a algum dos nossos, principalmente quando esse mal nos ameaça de perto." (Aristóteles, 2005, 1385b).

35. "O povo deve ser orientado para formar elites espontâneas e as elites para se tornarem baluartes morais e materiais das realizações artísticas de suas predileções. Já uma vez submetemos a um '*test*' de apreciação imprevista, numa reunião de mais de 2.000 operários, dois Prelúdios e duas Fugas de Bach, cantados por um corpo coral de 200 professores de canto orfeônico, obras essas que possuem incontestável afinidade de células melódicas e rítmicas com certo gênero de música popularesca sertaneja. Tivemos antes, o cuidado de prevenir a esse auditório que iam ouvir músicas de vários gêneros de autores nacionais e do maior compositor de todas as épocas, *sem mencionar os nomes nem os títulos* (grifo do autor), para que fosse julgado sem nenhuma sugestão de ânimo nem influências estranhas ao estado de espírito em que se achavam no momento. Ouviram religiosamente o programa mas, aplaudiram muito mais as obras de Bach." (Villa-Lobos *apud* Santos, 2010, p. 96). E em Arcanjo Jr. (2013, p. 115 e 116, respectivamente): "As 'Bachianas Brasileiras' são obras consideradas as maiores expressões do nacional em

Villa-Lobos."; "Como síntese das formas estudadas por Mário de Andrade, em especial o martelo, a quadrilha, os cocos, os lundus e as modinhas, a suíte definia-se para o musicólogo como a manifestação musical que agruparia estas danças e ritmos, tornando-se, assim, o modelo musical a ser seguido pelo compositor nacionalista. Esta estrutura, presente tanto na cultura musical europeia, quanto na musicalidade brasileira, foi defendida pelo musicólogo e utilizada por Villa-Lobos nas 'Bachianas Brasileiras' como elo entre culturas musicais distintas.".

36. Cf. Murilo Mendes: "Minha terra tem macieiras da Califórnia / onde cantam gaturamos de Veneza." Ver nota seguinte.

37. Do grego εὐφωνία (com voz bela e forte, harmonia de sons) e χλωροτής (verde em todos os seus tons, frescor, umidade). Eis que Rosa agrega ao sertão a estirpe grega da ambiguidade e sonoridade, porém no sertão, tudo tem mais brilho, basta ler *As canções do exílio* de Gonçalves Dias e Murilo Mendes e tudo ficará bastante claro: " 'Canção do exílio' Minha terra tem macieiras da Califórnia / onde cantam gaturamos de Veneza./ Os poetas da minha terra/ são pretos que vivem em torres de ametista,/ os sargentos do exército são monistas, cubistas,/ os filósofos são polacos vendendo a prestações./ A gente não pode dormir/ com os oradores e os pernilongos./ Os sururus em família têm por testemunha a Gioconda./ Eu morro sufocado/ em terra estrangeira./ Nossas flores são mais bonitas/ nossas frutas mais gostosas / mas custam cem mil réis a dúzia./ Ai quem me dera chupar uma carambola de verdade/ e ouvir um sabiá com certidão de idade!" (Mendes, 1988, p. 21); "'Canção do exílio' Minha terra tem palmeiras,/ Onde canta o Sabiá;/As aves, que aqui gorjeiam,/ Não gorjeiam como lá./ Nosso céu tem mais estrelas,/ Nossas várzeas têm mais flores,/ Nossos bosques têm mais vida,/ Nossa vida mais amores./ Em cismar, sozinho, à noite,/ Mais prazer encontro eu lá;/ Minha terra tem palmeiras, / Onde canta o Sabiá. / Minha terra tem primores,/ Que tais não encontro eu cá; / Em cismar – sozinho, à noite – / Mais prazer encontro eu lá; / Minha terra tem palmeiras, / Onde canta o Sabiá. / Não permita Deus que eu morra,/ Sem que eu volte para lá;/ Sem que desfrute os primores/ Que não encontro por cá;/ Sem qu'inda aviste as palmeiras,/ Onde canta o Sabiá." (Dias, 1997, p. 27).

38. Letra de difícil acesso. Foi gravada por Elizeth Cardozo e pode ser ouvida em <https://www.youtube.com/watch?v=kc5di2C-K_I>, 1ª parte. Em depoimento a Ermelinda Paz (2004, p. 6-7), a cantora afirma: "Não conheci Villa-Lobos. O maestro é universalmente conhecido e fez mais sucesso no exterior que aqui no Brasil. Tive a felicidade de ser convidada pelo maestro Diogo Pacheco para cantar a ária da *Bachiana* nº 5. Fiz duas apresentações no Municipal de São Paulo e no Municipal do Rio de Janeiro, acompanhada por oito cellos. Primeiro me apresentei em São Paulo, em outubro de 64. Já havia gravado a 'Melodia sentimental', num disco intitulado 'A enluarada', produzido pelo Hermínio Bello de Carvalho. Gravei a 'Cantilena' da *Bachiana* nº 5 em ritmo de choro, com letra de David Nasser, no meu primeiro LP pela Som Livre ("O inverno do meu tempo"), acompanhada pelo violoncelista Iberê Gomes Grosso."; "Houve muita polêmica, muita pichação, as pessoas não compreenderam o meu trabalho. Maria Lúcia Godoy, que é a maior intérprete de Villa-Lobos, foi minha maior defensora, mas a carga foi muito grande! Me causou muita tristeza! A Dona Mindinha, após assistir minha apresentação no Municipal, deu um depoimento dizendo que: 'Se Villa-Lobos tivesse escutado a interpretação da Elizeth, teria ficado muito entusiasmado, pois era exatamente assim que ele gostaria de ouvir, popularmente interpretada...'"

39. "Documentário Heitor Villa-Lobos: Índio de Casaca".

40. Mencionamos a estratégia no capítulo dois, com a canção "Refém da Solidão", de Baden Powell e Paulo César Pinheiro.

41. Tenho um sentimento muito parecido com o que expressa Guilherme de Figueiredo sobre Heitor Villa-Lobos. Cito seu depoimento: "O meu primeiro contato com Villa-Lobos foi quando eu me formei em direito e resolvemos cantar bem certinho o Hino Nacional. Nós éramos trezentos e tantos bacharelandos. Então, pedimos ao maestro Villa-Lobos que viesse ensinar a gente. Ele veio, um homem enérgico, furioso, cheio de gestos. Exigente, queria a pronúncia exata, o som exato. Dividiu aquela gente toda em barítonos, sopranos, baixos, contraltos e tal, mas saiu bonito, saiu muito bonito, realmente. Mas eu tinha dele certa implicância, por causa do que fez no estádio do Fluminense, grande manifestação onde reuniu milhares de alunos para cantarem no coral. Não é que eu não gostasse disso, não gostava da homenagem que ele estava prestando a Getúlio Vargas, que tinha acabado de se tornar Presidente da República, ditador. Eu fiquei com muita raiva dele. Hoje compreendo que Villa-Lobos, para perseguir o que queria, aproximava-se de qualquer governo, de quaisquer pessoas e pouco se importava com a atitude de cada um ou com o pensamento e a ideologia. Porque ele tinha uma ideologia própria que não era uma ideologia política. Era uma ideologia, vamos dizer assim, sentimental. Ele era um nacionalista sentimental e um homem convencido de que o Brasil inteiro precisava aprender a cantar." (Figueiredo *apud* Paz, 1989, p. 83-84). E, ainda, do próprio Villa-Lobos (*apud* Paz, 1989, p. 14): "Um povo que sabe cantar está a um passo da felicidade. É preciso ensinar o mundo inteiro a cantar". Penso assim com relação à tragédia e à catarse trágica.

42. "Documentário Heitor Villa-Lobos: Índio de Casaca", disponível em: <https://www.youtube.com/watch?v=3WNDf03560c>.

43. Tomo de empréstimo palavras de Guépin (1968, p. 108-109): "*We must now meditate further on the paradox of bacchic joy, in order to understand better the fundamental problem of tragedy, insofar as it ends in death and suffering, which is, as is contended, also the fundamental problem of sacrifice. Dionysus has been connected with Charites from the oldest times. The charites, from* χαίρω, χάρις, *represent the idea of elementary joy, with its associations of blooming live, music and health.* Γάνος, *the splendour of wine, of life-giving water, of flowers, is also a typically Dionisiac notion. [...] In this dithyramb, sung at the opening of the Dyonisia, at which tragedy was performated, the god appears as a god of joy and abundance.* Πολυγηθής *Hesiod calls him,* χάρμα βροτοῖσιν *Homer says. And in the* Bacchae *too it is the function of the god to unite men in dances, to make them happy to the music of flutes, and to put an end to all cares. But, in the same* Bacchae, *to this joy belongs the terrible* ὠμοφάγος χάρις, *'the joy the raw flesh devoured.*" ("Precisamos agora meditar um pouco mais sobre o paradoxo da alegria báquica, a fim de compreender melhor o problema fundamental da tragédia, na medida em que ela termina com a morte e o sofrimento, que é, como se diz, o problema fundamental do sacrifício também. Dioniso tem sido associado às Graças desde os tempos mais antigos. As graças, de χαίρω [*chaíro*, alegrar-se, rejubilar-se], χάρις (*cháris*, graça, encanto, sedução) representam a ideia da alegria primária, com suas associações com a vida florescente, a música e a saúde. Γάνος, o esplendor, do vinho, da água vivificante, das flores, é também uma noção tipicamente dionisíaca. [...] Neste ditirambo [o de Dioniso], cantado na abertura das Dionísias, onde a tragédia foi performatizada, o deus surge como um deus de alegria e abundância. Hesíodo o chama de Πολυγηθής [super-feliz], χάρμα βροτοῖσιν [alegria para as gentes] Homero diz. Nas *Bacantes* também está

registrado que é função do deus unir os homens em danças, para fazê-los felizes através da música das flautas e para pôr fim a todos os seus cuidados. Mas, na mesma *Bacantes*, a esta alegria pertence o terrível ὠμοφάγος χάρις, 'a alegria de devorar a carne crua.') Cf., também, Barbosa (2008).

44. Pelo menos dentro da perspectiva aristotélica. Assim, confira-se a *Retórica*, 1377b e 1378a respectivamente e agora em tradução de Ísis Borges B. da Fonseca: "A aparência sob a qual se mostra o orador é, pois útil para as deliberações, enquanto a maneira como se dispõe o ouvinte importa mais aos processos; com efeito, para as pessoas que amam, as coisas não parecem ser as mesmas que para aquelas que odeiam, nem para os dominados pela cólera, as mesmas que para os tranquilos; mas elas são ou totalmente diferentes ou de importância diferente; aquele que ama tem por certo que a pessoa sob julgamento ou não pratica ato injusto ou comete delitos de pouca importância, e aquele que odeia tem por certo o contrário, e, para o que tem aspirações e esperança, se o que vai acontecer é agradável, parece-lhe que isso acontecerá e será bom, mas para o indiferente e para o descontente parece o contrário."; "As paixões [πάθη] são todos aqueles sentimentos que, causando mudança nas pessoas, fazem variar seus julgamentos, e são seguidos de tristeza e prazer, como a cólera, a piedade, o temor, e todas as outras paixões análogas, assim como seus contrários. Devem-se distinguir, relativamente a cada uma, três pontos de vista, quero dizer, a respeito da cólera, por exemplo, em que disposições estão as pessoas em cólera, contra quem habitualmente se encolerizam, e por quais motivos. De fato, se conhecêssemos apenas um ou dois desses pontos de vista, mas não todos, seria impossível inspirar a cólera; o mesmo acontece com as outras paixões." (Aristóteles, 2000). Buscando uma argumentação mais atual que a de Aristóteles, cito Christian Meier (1993, p. 43): "*Dans l'Athènes du Ve siècle, non seulement la politique intérieure et extérieure, mais aussi l'expansion économique et la vie intellectuelle son nouvelles et sans précédents. [...] Les sophistes, la musique, diverses sciences, sont en plein essor. Les sophistes affirment avoir découvert des méthodes d'éducation mais aussi de défense en justice entièrement nouvelles. Tout cela aboutit à une confiance extraordinaire dans le savoir-faire humain [...]. A quel point cette confiance repose sur l'individu et sur sa capacité d'agir, combien elle est d'ordre technique, c'est ce qui apparaît dans une de ses manifestations les plus nettes: le pouvoir qu'a l'orateur de transformer la cause la plus mauvaise, donc la plus faible, pour en faire la plus forte.*" ("Na Atenas do século V, não somente a política interna e externa, mas também a expansão econômica e intelectual são novas e sem precedentes. [...] Os sofistas, a música, as diversas ciências estão em pleno desenvolvimento. Os sofistas afirmam ter descoberto métodos em educação e também em defesas judiciais inteiramente novos. Tudo isso leva a uma confiança extraordinária no *savoir-faire*, na experiência humana [...]. Até que ponto a confiança é baseada no indivíduo e na sua capacidade de agir e o quanto ela é de ordem técnica, é o que aparece em uma de suas manifestações mais claras: o poder que o orador tem de transformar a pior causa, portanto, a mais fraca, na mais forte."

45. A obra de Meier, citada na nota anterior, dedica-se exclusivamente a este tema.

46. O poema, parte declamativo e parte musical, pode ser ouvido, em parte, na belíssima performance do Ensemble Gilles Binchois e de Dominique Vellard, disponível em: https://www.youtube.com/watch?v=7n-9AD3kCa4

47. "*It was a time of liberatory struggles, a period of breaking away and killing off, when American moderns, black and white, turned their backs on Anglo/European traditions and*

'genteel' bourgeois 'cultural cowardice' to embrace their own cultural resources, including the heritage of African-American folk and popular art." (Douglas, 1995, p. 4); ("Foi um tempo de lutas liberadoras, um período de rupturas e matanças, quando americanos modernos, pretos e brancos, viraram as costas para tradições inglesas/europeias, para a 'polida covardia cultural burguesa', a fim de abraçar os seus próprios recursos culturais, incluindo o patrimônio do povo afro-americano e da arte popular.").

48. "Este texto se deslocará, por uma rota necessariamente tortuosa, a partir de uma crítica aos esforços atuais do Ocidente para problematizar o sujeito, em direção à questão de como o sujeito do Terceiro Mundo é representado no discurso ocidental. Ao longo deste percurso, terei a oportunidade de sugerir que uma descentralização ainda mais radical do sujeito é, de fato, implícita tanto em Marx quanto em Derrida. E recorrerei, talvez de maneira surpreendente, ao argumento de que *a produção intelectual ocidental é de muitas maneiras, cúmplice dos interesses econômicos internacionais do ocidente*. Ao final, oferecerei uma análise alternativa das relações entre os discursos do Ocidente e a possibilidade de falar da (ou pela) mulher subalterna." Grifo nosso.

49. Armas ou seria de almas? Afinal, em rotacismo, "armas" é o modo mineiro de falar "almas". Se de fato assim for, nós, os catrumanos, somos incorporações passadas, acúmulo de civilizações.

50. Os gestos interjectivos são auferidos de um léxico que, segundo meu entender, é propício para o teatro. Palavras que carregam gestos impulsivos com força tais como "arredar", "topar"; movimentos desorientados, como "titubear", "ziguezaguear", "vacilar"; gestos com vagareza, "passear", "arrastar", "rastejar" etc. têm valor de interjeição, mas não carecem de vocalização específica. Funcionam como rubricas de como devem ser executadas as ações e carregam em si as emoções da ação; assim, por exemplo, "arrastar" implica "pesar" e "saltitar" sugere, mas não com exclusividade, alegria e leveza.

51. Hipótese de René Girard (2010) em *Shakespeare: o teatro da inveja*.

52. Chamo de verbimagem os termos lexicais ou frases que carregam visualidade ou materialidade e ocupam a mesma função dos termos que veiculam os gestos interjectivos. São verbos, substantivos ou mesmo adjetivos e advérbios que funcionam como rubricas de ação. Têm valor gritante, intenso e carregado de marca afetiva e não precisam ser vozeados, mas performatizados. Acabam fazendo o papel de um diretor de cena. A expressão "de alto a baixo" é quironômica e fácil de mostrar; o verbo "espreitar" tem a mímica do estreitamento, sugere o proibido; a palavra "tocaia" desenha a curva do que se encolhe para esconder.

53. Sobre ato fático Austin (1990, p. 85-86) afirma: "O ato fático consiste no proferimento de certos vocábulos ou palavras, isto é, ruídos de determinado tipo considerados como pertencentes a um vocábulo e na medida em que a ele pertencem, de conformidade com uma certa gramática e na medida em que a esta se conformam. [...] É óbvio que para realizar um ato fático devo realizar um ato fonético, ou se o preferem, ao realizar um estou realizando o outro (o que não quer dizer que os atos fáticos sejam uma subclasse dos atos fonéticos, isto é, que pertençam à classe destes últimos). Contudo, a afirmação inversa não é verdadeira, pois se um macaco emite um ruído que se parece com a palavra 'vou' isso não consiste em um ato fático. É óbvio que na definição do ato fático duas coisas se ajuntam: vocabulário e gramática. [...] O ato fático, contudo, como o fonético, é essencialmente imitável, pode ser reproduzido (inclusive na entonação, caretas, gestos, etc.). Pode-se imitar

não apenas o proferimento entre aspas 'Ela tem um lindo cabelo', como também o fato mais completo de que tal proferimento tenha sido feito assim: 'Ela tem um lindo cabelo' (careta)."

54. Para sua entrada, Sommerstein (2003, p. 58) faz um comentário interessante, que reproduzo aqui: "*Electra as a farmer's wife, carrying a jar of water on her head; Clytaemestra, in contrast, arriving in a carriage, resplendently dressed.*"; ("Electra, como a esposa de um trabalhador rural, levando um cântaro de água sobre a cabeça; Clitemnestra, em contrapartida, chegando em uma carruagem, vestida resplendentemente."). O jogo de contrastes, de fato, é evidente.

55 Sobre a importância da duração, registro a indicação de Demétrio (2011, p. 113 e 148 respectivamente), referindo-se à extensão dos *colos* (κῶλον, parte de um período). Meu interesse está voltado apenas para o trecho que grifei. Realço que o fato de partir de uma breve para chegar a uma longa confere à fala uma gradação de ênfase. § 39: "Porque já devem ser grandiosos, tanto a entrada, ou o início do colo, quanto o seu final. *E isso ocorrerá se partirmos de uma longa e com uma longa encerrarmos. Pois a longa é, por natureza, grandiosa.* Dita no início, de imediato impacta; ao encerrar, deixa o ouvinte envolvido em grandeza. Sem dúvida, todos nos lembramos particularmente dos inícios e dos finais e por eles somos movidos; já pelo que está no meio, menos, como se os elementos aí presentes estivessem encobertos ou apagados."; e § 207 "[...] pois todo alongamento acarreta volume."

56. "[Para a veemência p]oderia, ainda, ser empregada a chamada gradação, como nesta passagem de Demóstenes: *Não disse isso, sem redigir um decreto; nem redigi um decreto, sem partir em embaixada; nem parti em embaixada, sem persuadir os tebanos.* § 295. O discurso parece a alguém que sobe mais e mais. Porém, se alguém o disser deste modo: 'eu, tendo dito isso e redigido um decreto, parti em embaixada e persuadi os tebanos', dirá apenas uma narrativa, e nada veemente." (Demétrio, 2011, p. 160, § 270). Grifos nossos.

57. "Então a arte, como já dissemos, é uma disposição relacionada com a criação, envolvendo um modo verdadeiro de raciocinar [...]." (Aristóteles, 1992, p. 116).

58. "Sófocles somente abandona a linguagem polida por causa da emoção."

59. Para Paulo Ottoni, Austin introduziu de maneira definitiva os conceitos de *performativo, ilocucionário* e de *ato de fala*, "através dos quais deslancha toda a sua argumentação. Estes três conceitos tanto se perpetuaram nas discussões posteriores da filosofia analítica quanto nas da linguística. Os conceitos de *performativo*, de *ato de fala* e de ilocucionário estão vinculados na obra de Austin de modo muito especial: um conceito muitas vezes serve para a explicação do outro, havendo uma interdependência entre eles. Essa complementaridade, esta dependência de um conceito pelo outro, é fundamental no interior da sua argumentação. O seu procedimento é enriquecedor pelo fato de criar uma tensão, a partir da discussão destes conceitos no interior da filosofia e da linguística". Paulo Ottoni (2002, p. 120 e p. 128) define ato ilocucionário como um "ato de realização de uma ação através de um enunciado, por exemplo, o *ato de promessa*, que pode ser realizado por um enunciado que se inicie por *eu prometo...*, ou por outra realização; por último, um *ato perlocucionário*, que é o ato que produz efeito sobre o interlocutor. [...] Austin faz a distinção entre *sentido* e *força*, já que o *ato locucionário* é a produção de sentido que se opõe à força do *ato* ilocucionário." Grifos do autor.

60. Ilundain, no trecho citado, se utiliza de uma terminologia incipiente de Austin (1990, p. 89, p. 95 e p. 120, respectivamente). O filósofo inglês estabelece que *ato ilocucionário* é "a realização de um ato *ao* dizer algo, em oposição à realização *de* um ato de dizer algo" ou seja, de um *ato locucionário* (grifos do autor). E ainda: "dissemos que também realizamos *atos ilocucionários* tais como informar, ordenar, prevenir, avisar, comprometer-se, etc., isto é, proferimentos que têm uma certa força (convencional)." e "Além de tudo, em geral, o ato locucionário, como o ato ilocucionário, é apenas uma abstração: todo ato linguístico genuíno é ambas as coisas de uma só vez."

61. Intertextualidade proposital com a música popular brasileira.

62. **γόνιμα μέλεα.** Expressão capciosa. O primeiro termo remete para contextos procriativos, o segundo, com alteração do λ por ρ – duas consoantes líquidas muito próximas na articulação – transforma-se de "inútil, desprezível" para "partes genitais". Copio, abreviadamente, os verbetes do Liddell-Scott: "γόνιμος, ον also η, ον Hp. *Vict*.1.25, Isyll. 53: – *productive, fertile, fruitful*, σπέρμα γ., opp. ἄγονον, Arist. *HA* 523a25; κύημα γ. Id. *GA* 736a35; ᾠὰ γ., opp. ὑπηνέμια, ib. 730a6; of women, Id. *Pr*.876b12; of the male, Id. *HA*546a2, al.; ἐν τῇσι ἡλικιῃσι τῇσι γονίμῃσι εἶναι Hp. l.c.; γ. μέλεα *parent's* limbs, E. *El*.1209 (lyr.); γ. φλέψ *AP*6.218 (Alc.); γ. μέρεα *generative* organs, Aret. *SD*2.5: hence (metaph.), ἀπὸ τίκτειν τε καὶ ἀλεθές Pl. *Tht*.150c; γ. ἢ ἀνεμιαῖον ib. 151e; Νεῖλος γ., opp. πέλαγος, *Lyr. Alex. Adesp.* 32.6, cf. *Sammelb.* 2074 (Sup.). Adv. -μως, σπέρμα ἐν τῇ μήτρᾳ γ. κρατηθῆναι Porph. *Gaur.* 2.2." "μέλεος, α, ον also ος, ον E. *Or*.207 (lyr.): – *idle, useless*, οὐδέ τί σε χρὴ ἑστάμεναι μέλεον σὺν τεύχεσιν *Il*.10.480; μελέη δέ μοι ἔσσεσαι ὁρμὴ *Od*. 5.416; οὐ μ. εἰρήσεται αἶνος *Il*. 23.795; μ. δέ οἱ εὖχος ἔδωκας a vaunt *unearned*, 21.473: neut. μέλεον as Adv., *in vain*, μέλεον δ' ἠκόντισαν ἄμφω 16.336. II. after Hom., *unhappy, miserable*, ὢ μέλεοι, τί κάθησθε; Orac.ap. Hdt.7.140, etc.; μέλεος γάμων *unhappy* in marriage, A. *Th.* 779 (lyr.); ὤμοι ἐγὼ τοῦ μ. S.*Tr*.972 (lyr.), cf. E.*IT*868 (lyr.), Men.*Epit*.470. 2. of acts, conditions, etc., ἔργα A. *Ch*.1007 (anap.); θάνατοι, πάθα, Id. *Th.* 879 (anap.), S. *Ant*.977 (lyr.); ὀνόματα Antiph. 209.8. [μέλεοι is disyll. in A. *Th.* 878 (lyr.), 945 (lyr.).]"
"**μέρος, εος**, τό, (μείρομαι) first in *h. Cer.* 399 (v. infr. IV), *h.Merc*.53 (v. infr. II. 2): – *share, portion*, Pi. *O.* 8.77, Hdt.1.145, *Berl.Sitzb*.1927.167 (Cyrene), etc.; μέρος ἔχοντα Μουσᾶν B. 3.71; ἔχει δόμων μ. E. *Ph*.483; κτεάνων μ. A. *Ag*.1574 (anap.); συμβαλέσθαι τὸ μ. D. 41.11; τὰ μ. τινῶν κομίζεσθαι ibid.; λαβεῖν τῆς μεθόδοτου τὸ μ. Arist. *Pol*.1295a3; of work put out to contract, *allotment*, *IG*2. 463.7, 26. 2. *heritage, lot, destiny*, μεθέξειν τάφου μ. A. *Ag*.507; ἔχετον κοινοῦ θανάτου μ. S. *Ant*.147 (anap.); τοῦτο γὰρ..σπάνιον μ. is a rare *portion*, E. *Alc*.474 (lyr.); ἀπὸ μέρος προτιμάσθαι from *considerations of rank or family*, Th. 2.37."

63. "Mais claramente, nas *Coéforas*, tendo defendido sua vida em vão, como uma última tentativa desesperada, Clitemnestra diz a Orestes, τόνδε δ αἴδεσαι ... μαστόν, 'piedade por este seio [que te nutriu]' (vv. 896-897). Suas palavras, aparentemente, aludem ao pedido de Hécuba para Heitor adentrar as muralhas de Tróia na *Ilíada* (22, vv. 79-82). Esta recordação sugere um apelo à lealdade filial de Orestes, mas sabemos pelo discurso anterior da ama, Cilissa (*Coéforas*, vv. 734-765), que foi ela, em lugar de Clitemnestra, quem cumpriu o papel de mãe para Orestes, de modo que ele poderia dizer como Íon: "Eu nunca conheci o peito." (Eur. *Ion*, v. 319). Além disso, há igualmente um elemento erótico na súplica de Clitemnestra, uma vez que há uma lembrança de um incidente semelhante na *Pequena Ilíada* em que sua irmã, Helena, desnuda-se à frente de Menelau, quando ele está prestes a matá-la após a guerra de Troia. O seio de Clitemnestra é um objeto [cênico] significativo para o qual três distintos e incompatíveis campos semânticos convergem. O intertexto

com a *Ilíada* problematiza a nossa leitura da cena como um todo e os aspectos eróticos e maternos do gesto de Clitemnestra operam com propósitos opostos um ao outro."

64. Usufruímos da ambiguidade do termo em português, a saber: "ara", interjeição; espécie de mesa de pedra destinada a sacrifícios; altar; 3ª pessoa do presente do indicativo do verbo "arar", "lavrar".

65. Na região sertaneja de Minas Gerais descrita em *Grande Sertão: veredas*, muitos nomes próprios têm origem greco-latina: Hermógenes, o que acabou virando nome de praça, foi um coronel natural da cidade de João Pinheiro; Ricardo Gregório, casado com dona Hermogênea, foi fazendeiro em Curralinho, cidade que hoje leva o nome de Corinto. Repare-se também na denominação da cidade de Corinto que é homônima àqueloutra antiga de Κόρινθος do Peloponeso e recorde-se, ainda, o nome da cidade natal de Guimarães Rosa, Cordisburgo, e lembremo-nos igualmente do tenente Alcides do Amaral, de Rotílio Manduca e Aurélio Caciquinho Ferreira... Há outros nomes cujo paradeiro histórico não se sabe, mas se suspeita, como o de Maria Deodorina da Fé Bettancourt Marins. O catrumano Teofrásio tem, de fato, etimologia certa, é "o que fala pelo Deus".

66. Afinal, há um anseio na métrica trágica, preferentemente iâmbica, exceto nas partes corais, para o naturalismo e o prosaísmo se nos detivermos na afirmativa aristotélica que cito: "De fato, o iambo é mais coloquial dos metros. Prova disso é usarmos mais iambos na conversa uns com os outros e raramente – apenas quando fugimos do tom coloquial – os hexâmetros (1449a 23-28)" (Aristóteles, *Poética*, 2005).

CAPÍTULO 4
TRAGÉDIA SEMPRE DEMUDADA...

— Isso é grave, muito grave...
— Só à noite podemos ver estrelas...

Quem são os culpados, os atores?! Já na Antiguidade acusavam-nos de mal-interpretar tudo, adulterar falas, instigar os autores a fabricar, para seu sucesso pessoal, partes declamatórias, cantadas, dançadas e acrobacias... Exigiam destaques e adornos, interpolavam e improvisavam nos esquecimentos (cf. Aristóteles, *Poética*, 1992, 1451b 32; 1456b 7; 1461b 27; 1462a).

Nesse sentido, sou Paulo e também Pilatos: τί οὖν ὁ νόμος;[1] τί ἐστιν ἀλήθεια;[2] O que é então a norma? O que é a verdade? O que é o texto puro, a cultura pura, a língua pura? É possível a compreensão absoluta e consumada de um texto?

Nem lá, nem cá, nada disso. O texto é o que é, com seus limites, seus mistérios, sua potência. Os impossíveis dos textos são o que nos motiva. Entretanto a poesia, o leitor, o ator mudam de cultura para cultura, de língua para língua... Os textos, como as pessoas, não estão sempre iguais, ainda não foram terminados... E nem os atores transgridem, nem o texto estudado, construído e todo criticamente aparatado, trava. Controverso. É que "[h]á muitas maneiras sérias de não dizer nada, mas só a poesia é verdadeira." (Barros, 2010, p. 345). A poesia e o livro. O teatro e o texto. "O livro é um objeto físico num mundo de objetos físicos. É um conjunto de símbolos mortos. E então aparece o leitor certo e as palavras — ou antes, a poesia por trás das palavras, pois as próprias palavras são meros símbolos — saltam para a vida, e temos uma ressurreição da palavra." (Borges, 2000, p. 12).

Não há dúvida de que os textos que nos chegaram são incertos em algumas passagens, perderam-se em outras tantas e têm erros de cópia, acréscimos e interferências de tipos vários, até mesmo de editores antigos, que, provavelmente, desconhecemos, quando e como. Esses textos, sabe-se, são quase todos fragmentos de um texto antes proferido em cena, de um pensamento corporificado, testado e depois registrado, de uma história acontecida e tocada a muitas mãos. Não há dúvida, também, de que somente essa escritura que nos chegou é o que os sustenta; só a palavra ali registrada – e o suporte perecível do manuscrito – os preservou para uma cena cogitada[3] e lhes garantiu um lugar no tempo e espaço em que um dia ela há de acontecer. E ela há de acontecer não no nosso simples intelecto, mas em todo nosso ser, na nossa carne e no nosso sangue (Borges, 2000, p. 14).

Postura logocêntrica? Sim, não e talvez.[4] A prática ensina que, no teatro e para os artistas do palco, é natural que o texto venha com perdas e que estas sejam preenchidas pela cena, por objetos e pela presteza do ator. O ator *clica o prestes*, o quase perdido. Há, no enfrentamento da falta, para combatê-lo, toda uma técnica de memorização. Contingências naturais: para os mortais, o tempo é o senhor, na lida com o tempo é preciso conhecer o καιρός (a hora, o momento e o local oportunos) para agir.

Precisamos agora de um ator, e que seja também um diretor e, mais, um pedagogo para bater o martelo e esmagar a perda! Ele será o francês François Kahn, em texto gerado a partir de uma oficina na Universidade de São Paulo. Kahn põe seu dedo nesta guarida, neste lugar onde a tensão entre a memória e o esquecimento, entre a permanência e a efemeridade, albergadas, geram a solução: diante da instabilidade, a improvisação.

Para o professor, a

> memória é uma ferramenta fundamental no ofício do ator. Isso é tão óbvio que seu estudo é esquecido: parece tão simples, quase mecânico ou talvez eletrônico, como se o nosso cérebro fosse um tipo de computador, onde bastasse dar um tipo de *upgrade* e aumentar sua capacidade de memória. Mas não é assim que funciona. A memória é orgânica, inscrita em nosso corpo. Tem uma duração mais ou menos longa. Tem 'centros' diferentes, segundo o tipo de informação memorizada. Ela tem um antagonista de peso, outra ferramenta fundamental, o esquecimento, que apaga os dados ou os coloca em uma gaveta secreta: o inconsciente. Por fim, ela é essencialmente diferente para cada indivíduo, quanto ao conteúdo e quanto ao funcionamento.
>
> Não vou tratar aqui de questões teórico-filosóficas da memória, nem de questões neurofisiológicas. O que me interessa é a prática, o trabalho propriamente dito da memória no ofício do ator. [...] Para expor esta prática, vou me ater a duas

aplicações bem particulares, por um lado o trabalho de memorização de um texto, e por outro, o trabalho de improvisação estruturada. Concluirei com uma reflexão entre a memória e a organicidade. (Kahn, 2009, p. 147)

Por motivos práticos, tampouco vou percorrer todas as etapas do raciocínio de Kahn. "O que me interessa é a prática." Focalizo apenas as ideias de "organicidade da memória" e "improvisação estruturada", que são análogas às relações entre texto escrito e encenação.

O conceito de organicidade, para o artista francês, é grotowskiano e se aplica não somente à ação do ator, mas a qualquer outra ação parateatral onde o corpo é o suporte orgânico para a memória. Por meio dele ela se materializa, se manifesta. Continuemos atentos à fala do pedagogo:

> Para mim, a organicidade é uma qualidade muito particular da presença e da ação no trabalho do ator. Tem uma relação muito direta com a não separação do corpo e da mente, um tipo de passividade ativa que permite quebrar a barreira entre ação e pensamento, percepção e consciência, decisão e ação. Para utilizar uma imagem simples, a organicidade parece uma perfeita adequação de um animal com o mundo à sua volta. É bem verdade que não somos mais que animais humanos, e toda a nossa educação nos leva ao controle de nossos comportamentos, de nossas emoções e até mesmo de nossas percepções (não é um julgamento de valor, é uma simples constatação). Para resgatar nossa organicidade original, no sentido do recém-nascido, é preciso reanimar a memória de nossa animalidade em nosso corpo. É aí que se manifesta a organicidade, na qualidade de nossa atenção, na origem e na energia de nossos movimentos, na fluência de nossa voz, no silêncio de nossa presença, na precisão de nosso olhar e de nossa postura. (Kahn, 2009, p. 156)

Para nosso escopo, interessa-nos a relação entre texto e encenação, a não separação entre corpo e mente, a quebra da barreira entre a ação e o pensamento, entre a percepção e a consciência, entre a decisão e a ação; interessa-nos resgatar e reanimar a memória da animalidade de um possível corpo grego. A organicidade, assim entendida, parece ser a integração entre agente/coisa/corpo (ator) e meio (circunstância de ação). Neste paralelo, me permito inferir que um texto escrito pode estar para o suporte material da mesma maneira que a memória para o corpo e o corpo para a terra ou, nos termos de Kahn, para "o mundo à sua volta". Algo como o que se dá entre a letra, o texto e o papel, pergaminho ou papiro ocorre para o corpo na ação teatral. Procede? Ao que nos concerne, parece que sim, se atentarmos para o que o artista pedagogo chamou de "improvisação estruturada".

A palavra improvisação significa, a princípio, "atuar no calor da hora e sem preparação", contudo não é este o sentido que queremos para ela. Improvisação, se admitimos o trabalho de pesquisa e de ensaio dos atores, é na verdade um ponto de arremate na costura de um longo processo que pressupõe um fio material de base (memória e experiência vivida) para a construção de um espetáculo. O ator vai "atuar *hic et nunc* como se agisse na hora e sem preparação", mas estando, verdadeiramente, capacitado para repetir esta mesma ação a cada performance, em todas as suas microvariações as quais serão buscadas de uma estrutura de base sempre idêntica (Kahn, 2009, p. 151-152).

Em outros termos, suponhamos que haja, no corpo do ator, "camadas", como se ele fosse a própria terra. No interior da terra podemos reconhecer três camadas principais (crosta, manto e núcleo), que têm suas próprias características de densidade, estado físico, temperatura, pressão e espessura. Por analogia (ou metáfora) talvez pudéssemos pensar haver, no corpo do ator, a crosta, o manto e o núcleo, isto é, a pele, o estômago, o cor-mente para se plantar um texto. Não me interessam detalhes, basta-me a ideia de que, a uma dada temperatura interior, os afetos pressionados rompam a pele e extravasem. Não fossem as altas pressões que ocorrem no interior, tudo ficaria muito resguardado.[5]

Mas suponhamos que, no corpo do ator, a memória falhe como num abalo sísmico análogo a uma perda irrecuperável no manuscrito, e, por isso, o texto se perca durante a ação e deixe um vácuo de palavra. Se Kahn estiver certo, imediatamente, os centros diferentes da memória desse corpo virão em auxílio e preencherão o vazio. Recordemos a imagem dos fracassos escondidos em camadas – que Walter Benjamin indicou. Misturando tudo, me vem também um construto teórico da geografia, a representação interna dos vulcões. Considerando que a língua, um dos centros da memória que guarda um tipo específico de informação, perca a palavra esperada; que fazer? Ora, num movimento sísmico, uma camada supre a outra; então, no corpo do ator, a informação de um outro centro preencherá a lacuna instaurada; se a boca não falou, o braço vem em seu socorro e preenche o ato com um gesto; se a língua se enrolou, que o pé assuma a cena e "chute o balde" improvisando uma saída.

A situação "memória e esquecimento do ator", que é sempre única de indivíduo para indivíduo, pode nos fazer pensar a questão da transmissão e preservação dos textos, dos manuscritos. Portanto, pode ser que a tradução do teatro careça da instância do corpo[6] para uma solução adequada. Se a memória está (in)/(e)scrita no corpo, ele é, a um só tempo, suporte, texto e tradução.

Dá-se, pela metáfora imaginada, uma convergência entre corpo e terra/cultura, algo que busquei em Mário de Andrade, citado na epígrafe deste livro:

> Ninguém que seja verdadeiramente, isto é, viva, se relacione com seu passado, com as suas necessidades imediatas e práticas e espirituais, se relacione com o meio e com a terra, com a família etc., ninguém que seja verdadeiramente, deixará de ser nacional. [...]
>
> De que maneira nós podemos concorrer pra grandeza da humanidade? É sendo franceses ou alemães? Não, porque isso já está na civilização. O nosso contingente tem de ser brasileiro. O dia em que nós formos inteiramente brasileiros e só brasileiros a humanidade estará rica de mais uma raça, rica duma nova combinação de qualidades humanas.

Os corpos, como a memória, são, também, essencialmente diferentes para cada um, quanto à matéria física e emocional e ao conteúdo de experiência de vida retido. Nossos corpos são diferentes em essência, em energia vivida e experiência acumulada. O modo de ser, agir e pensar de um francês não é o mesmo de um brasileiro. E, neste ponto exato, as coisas se distinguem: quando se fala de memória no corpo não é a mesma coisa que falar de memória em suporte material sem vida em si mesmo; corpo não é papel, papiro nem pergaminho.

Trabalharei neste capítulo em movimento pendular, oscilatório: corpo e texto, texto e corpo, mas assumindo a fixação da memória em camadas no texto e no corpo. Memória: fio flexível que une uma extremidade à outra. O capítulo continua – observando de um outro lugar e em outra perspectiva – a ambiguidade no movimento do sentido que se sobrepõe, em termos da teoria da tradução, em espírito e letra. Não estou pensando nisto ou naquilo. Penso em camadas lidas e vistas à escolha do receptor, isto e aquilo simultaneamente.

Mas voltemos a Kahn, pois as orientações desse professor são proveitosas e reiteram que é decisivo dedicar atenção à organicidade e ao tempo de funcionamento – ou prontidão para a ação – de cada centro diferente da informação memorizada.

> Examinemos agora a relação entre memória e organicidade. Para atingir a organicidade na improvisação, o ator deve se conectar com a memória corporal e o subconsciente ou, em outras palavras, ativar sua intuição e abandonar uma parte do controle lógico, racional que barra o processo. Insisto que é uma parte do controle e não todo o controle: é necessário sempre ter bom senso, manter a autoproteção física, e, digamos, a memorização automática do que acontece. Não

há nenhum interesse em se colocar num tipo de estado de exaltação mental que teria como consequência o esquecimento do que é mais importante, os detalhes, e que assim, nos levaria à inconsistência do conjunto. Em seguida, é preciso realizar a estruturação da improvisação, que é como uma operação alquímica de transformação. Os restos, os elementos inúteis, serão eliminados assim como as redundâncias e os tempos mortos. Será preciso esculpir cada detalhe, porém compreender também a economia da energia e, enfim, introduzir certos elementos estranhos à improvisação. E aí nos encontramos diante de alguma coisa aparentemente contraditória: o material introduzido pertence à memória voluntária ao passo que o material vindo da improvisação pertence à memória involuntária. Será preciso então forjar um novo material mesclando as duas memórias. [...] Por experiência própria, posso dizer que é preciso agir muito gradativamente, especialmente com o texto. Para mim, no começo, é melhor separar texto e ação: na prática, interromper o texto para fazer a ação e interromper a ação para falar o texto. [...] Assim, a memória voluntária continua a manter o rigor do texto, as restrições técnicas e inter-humanas, enquanto que a memória involuntária continua a alimentar a fonte primeira da criação, registrando com fidelidade o que surge durante o trabalho. Somente assim podemos preservar a organicidade do trabalho, esta ausência de corte entre o mental e o corporal, esta conjunção entre opostos: precisão e espontaneidade. (Kahn, 2009, p. 156)

Se cogitarmos a memória orgânica, havemos de repensar a improvisação como perfeita conjugação entre corpo e mente (memória atuante e aplicada). Tencionar e planejar intuitivamente; abandonar uma parte do controle lógico e deixar a carne falar, a carne é forte. Os detalhes convergem para a consistência do conjunto tal qual numa reação química. Mudanças qualitativas ocorrem na conectividade corpo e mente, quando os elementos inúteis são eliminados; nenhuma redundância, nenhum excesso; texto tão assimilado que o corpo vira letra e som, tudo fica amalgamado – o fingimento e o real – e podemos falar de algo como φρήν, isto é, coração, entranhas, que é também espírito, alma e vontade. A natureza do corpo do artista se transforma em espírito e o espírito se transforma em corpo. Observem que Kahn, ao falar de alquimia, coincide com a ideia de Rosa para a palavra criadora:

> Escrever é um processo químico; o escritor deve ser um alquimista. Naturalmente, pode explodir no ar. A alquimia do escrever precisa de sangue do coração. Não estão certos, quando me comparam com Joyce. Ele era um homem cerebral, não um alquimista. Para poder ser feiticeiro da palavra, para

estudar a alquimia do sangue do coração humano, é preciso provir do sertão. (Rosa; Lorenz, 2009, p. LIII)

Ser "feiticeiro da palavra" na escrita e no teatro é *ser tão* texto que o corpo transpira palavras que nem se quis dizer. Desenvolvendo tais conjugações, de memórias escritas no e do corpo (pessoal, social e cultural), percebo que há tesouros ocultos que, como o ouro negro, é preciso prospectar a custo. Afundar-me na terra-texto-corpo-Gaia (incluo Gaia para remeter o leitor ao espaço mítico de ser) é motivo para, novamente, associarmo-nos à literatura de João Guimarães Rosa (tão monstruosa, arrebatadora e catártica) e à tragédia; vejo-as como instinto manifesto de violência selvagem primeva (que irrompe e faz irromper) não apenas por interpretação de René Girard, mas reforçada por Silviano Santiago (2017, p. 28):

> Por que Guimarães Rosa decide escrever uma prosa literária a ser reconhecida pelo leitor como algo que desnorteia e encanta, assusta e atemoriza, e que põe abaixo não só o alicerce retórico canônico da literatura como também o léxico dicionarizado e as construções sintáticas assimiladas e postas em exercício pela prosa literária nacional no lento processo de sua formação no século 19 e, desde então, no exaustivo trabalho de afirmação de sua autonomia? [...] Por que se julga indispensável no período histórico em que a nação quer industrializar-se [...]? Por que, sendo já sinistro e indispensável, ele ainda se quer solitário e anárquico?

Em contraste quase absurdo com as perguntas arroladas acima, o perfil intelectual do diplomata e romancista Guimarães Rosa o desenha como assumido poliglota e rato internacional de bibliotecas, cujas infatigáveis e fantásticas viagens pelo interior das Minas Gerais, por várias nações do planeta Terra e pelo universo dos livros descobrem uma personalidade sentimental e intelectual semelhante à do monarquista pernambucano Joaquim Nabuco, narrada em *Minha formação* [...].

Ambas desnorteiam, encantam, assustam e atemorizam. Ambas, no sistema literário, no coletivo da encenação – de forma anárquica – conduzem ao reconhecimento e ao confronto consigo mesmo. Aliás, para o *Grande Sertão*: veredas e, igualmente, para essa coisa que se chama tragédia ática (e, ainda, para o artista que se arvora a encená-la, e para o tradutor que se dispõe a traduzi-la) é sempre tempo de piracema. Nadar contra a corrente do automático no trabalho árduo de pesquisa com o intuito de preservar e guardar o frescor do *hic et nunc*, do que surge no texto e na cena como inesperado sem sê-lo. Tomo trecho da carta de Guimarães Rosa (*apud* Nascimento, 2014, p. 170) a Harriet de Onís.

Tudo é atrevimento, estranhez, liberdade, colorido revolucionário. Todo automatismo da inércia, da escrita convencional, é rigorosamente evitado. Tudo pela poesia e por caminhos novos! Acabarão aceitando.

[...]

E é por isto – para termos um livro vivo, ativo, um livro novo mesmo – que temos de fugir do habitual, eliminar o raso costumeiro, condenar o lugar-comum; em suma: evitar tudo o que o leitor preguiçoso espera ao autor preguiçoso. Mas, nós não somos assim. [...]

Edna Maria Fernandes dos Santos Nascimento, investigando a gênese da obra rosiana, relata a intimidade entre o trabalho da memória atuante aplicada e a busca de sua materialização na forma exata. O trabalho braçal, físico mesmo, é de fato componente da obra rosiana:

> O trabalho de elaboração da forma está presente ao longo de toda obra rosiana imprimindo-lhe características próprias. Para chegar à forma de expressão precisa, Guimarães Rosa trabalhava muito. O trecho 'Genialidade, pois sim. Mas eu digo: trabalho, trabalho, trabalho!', que se encontra na entrevista a Günter W. Lorenz [...], exprime a atitude do escritor em relação ao fazer literário. De fato, a sua obra demonstra que o texto literário é fruto de um contínuo e árduo trabalho. Parte de seu trabalho de coleta de material, de busca da forma precisa e de criação léxica pode ser reconstituída na leitura de sua correspondência. Além disso, nela é possível desvendar seu diálogo com outros textos. A coleta do material processa-se de diferentes formas. O trecho de 'Conversa de bois', conto de *Sagarana*, que descreve o acidente com Agenor Soronho e a formidável reação dos bois em favor do menino Tiãozinho, é registrado com acuidade pelo escritor, como ele próprio comenta em correspondência à Harriet de Onís:

> > Trata-se de narração real, e raríssima, de um caso que aconteceu, de fato, realmente. As palavras e expressões, do carreiro, que me contou sua dramática experiência, foram por mim quase que 'taquigrafadas', *ipsis verbis*.
> > É um relato vivo, importante.

> O contato direto com os animais no zoológico era também uma fonte para sua escritura como confessa o escritor a Mário Calábria:

> > Peguei-me com o coração me lembrando aquela nossa entretida ida ao Parc Zoologique de Vincennes, onde os

> bisões gorjeiam e as girafas (maluco-metódicas) galopam ... [...] E mesmo para mim, depois dessa experiência, desta mágica aventura, passei a saber coisas novas a respeito do ouriço e da folha de faia. [...] É perto dos bichos que os homens se amam mais.
>
> (Nascimento, 2014, p. 165)

Nascimento acrescenta, a essas duas estratégias, as consultas aos dicionários, a busca de auxílio em livros especializados, a pesquisa de formas precisas em outros idiomas, a neologização, a fuga às formas estereotipadas e ao lugar comum etc. Ainda *apud* Nascimento, cito Rosa:

> [...] nos meus livros (onde nada é gratuito, disponível, nem inútil), tem importância, pelo menos igual ao do sentido da estória, se é que não muito mais: a poética ou poeticidade da forma, tanto a 'sensação' mágica, visual, das palavras, quanto a 'eficácia sonora' delas; e mais as alterações viventes do ritmo, a música subjacente, as fórmulas-esqueletos das frases – transmitindo ao subconsciente vibrações emotivas subtis. [...]
>
> Observo, também, que quase sempre as dúvidas decorrem do 'vício sintático', da servidão à sintaxe vulgar e rígida, doença de que sofremos. Duas coisas convém ter sempre presente: tudo vai para a poesia, o lugar-comum deve ter proibida a entrada, estamos descobrindo novos territórios do sentir, do pensar, e da expressividade; as palavras valem 'sozinhas', cada uma por si, com sua carga própria, independentes, e às combinações delas permitem-se todas variantes e variedades. [...]
>
> A meu ver, o texto literário precisa ter gosto, sabor próprio – como na boa poesia. O leitor deve receber sempre uma pequena sensação de surpresa – isto é, de vida. Assim, penso que nunca se deverá procurar, para a tradução, expressões já cunhadas, batidas e cediças, do inglês. Acho, também, que as palavras devem fornecer mais do que o que significam. As palavras devem funcionar também por sua forma gráfica, sugestiva, e sua sonoridade, contribuindo para criar uma espécie de 'música subjacente'. Daí, o recurso às rimas, às assonâncias, e, principalmente, às aliterações. Formas curtas, rápidas, enérgicas. Força, principalmente. [...] (Nascimento, 2014, p. 165, p. 169)

Guardo com especial apreço e creio que a junção Kahn-Rosa se manifesta nas expressões: "nada é gratuito, disponível, nem inútil", "a poética ou poeticidade da forma" transmitem "ao subconsciente vibrações emotivas subtis".

Assim, imagino que vigem, no crespo do ator-intérprete-tradutor, no crespo e áspero do ator-filólogo, e no texto a ser por ele interpretado-traduzido-performatizado, as tais camadas e atmosferas elevadas, que, em analogia, se aplicam aos múltiplos sistemas com os quais se trabalha para a ação cênica. Quando uma camada se rompe, outra, colaborativamente, vem do fundo para suprir a carência, preencher a lacuna por meio de um gesto, um olhar, pelo som, luz, cor, pelos adereços... Como na encenação, assim também na tradução. Segredos revelados, que dificilmente percebemos, debaixo de nossos olhos surgem. Recupero, um pouco mais, a fala de Kahn (2009, p. 148):

> ficamos surpresos ao descobrir que, para muitos, a memorização permanece um problema mal resolvido que provoca cansaço, angústia e até sofrimento. Quase sempre isto intensifica o medo dos atores: seu pavor do 'branco', de perder o fio da meada. Por causa disso, os atores invariavelmente, no começo dos ensaios, se agarram ao texto como se fosse uma tábua de salvação. Isto não só cerceia consideravelmente a liberdade de reação e de criação do ator durante os ensaios, mas também adia o momento do ator se separar de seu texto. Portanto, uma memorização malfeita apenas provoca no ator um excesso de tensão interior totalmente inútil, e não resolve nem um pouco o verdadeiro problema: dizer o texto como se tivesse sido pensado e falado pela primeira vez, renovado a cada performance e ao mesmo tempo idêntico ao texto escrito: *hic et nunc*.

François Kahn (2009, p. 148) se coloca como ator e pondera à volta da angústia da perda e da ânsia pela preservação do texto na perspectiva "atoral". Um mesmo tipo de ansiedade persegue a nós, das letras; basta conferir os aparatos críticos, as discussões infindáveis, os tratados e teses às vezes sobre uma única palavra – a exata – em um único texto, numa única situação. Aparece aqui um estudo sobre o λόγος, ali um outro sobre o οἴνοπα πόντον, acolá um outro ainda sobre χαλεπός e sobre φρήν, e mais outro sobre θῦμος... Este estudo, como se vê, é um pouco diferente: tento conjugar as duas maiores áreas que envolvem o teatro, a palavra e o corpo, para traduzir. Garimpo ferrenhamente um texto que, embora escrito, fazia figura de ter sido "pensado e falado pela primeira vez, renovado a cada performance e ao mesmo tempo idêntico ao texto escrito: *hic et nunc*". Mimese de plenitude. Mimese, não plenitude!

Que se asseverem, portanto, – a partir da tradução – a perda e a contingência, e se resolvam os impasses com suplências e movimentos de camadas, significação e concretização, erupção da energia mais funda, que, colocada em movimento pela elevação da temperatura, rompe o sistema textual e passa a outro. Assumo que a palavra teatral tenha muitas camadas que suprem as faltas de outros sistemas.

A multiplicidade de sistemas salva o ator-intérprete-tradutor do esquecimento gerando a improvisação. É preciso, porém, buscar a improvisação que consiste numa capacidade aprendida e controlada que se destina ao resgate de alternativas enterradas ou deslocadas para níveis de maior ou menor elevação para utilizá-las no momento oportuno, conveniente, preciso, exato: καιρός. Volto a Kahn (2009, p. 152):

> A improvisação é uma palavra que gera muita confusão: significa, a princípio, atuar no calor da hora e sem preparação. Agora, se pensamos no trabalho do ator durante os ensaios, a improvisação toma um sentido um pouco diferente. Trata-se do ponto de partida de um processo criativo que, ao se desenvolver, vai constituir o material de base para a construção de um espetáculo, ou seja, uma improvisação estruturada. Essa expressão comporta certa ambiguidade e justamente por isso traduz muito bem o paradoxo fundamental do trabalho teatral: o ator deve atuar *hic et nunc* como se agisse na hora e sem preparação; e ao mesmo tempo tem que ser capaz de repetir esta mesma ação a cada performance; uma ação diferente em suas microvariações, mas cuja estrutura permanece idêntica. Assim, a improvisação estruturada é um trabalho quase oposto ao trabalho de memorização, já que leva o ator da liberdade de improvisação à estrutura. Porém, o rigor é o mesmo.

Improvisação no teatro – e na tradução – é, portanto, parte de um processo demorado de convivência texto, autor, tradutor, que tem início com a "semeadura" das palavras e com seu cultivo no corpo e na mente.[7] Depois, naturalmente, chega a colheita dos frutos e a devoração e, sobretudo, a incorporação – estômago, sangue e veias – nos atores de cena. Estes atores de tradução, de alguma forma, hão de detectar problemas mais profundos de execução cênica no texto, aqueles que o tradutor, após os ensaios e discussões adequadas, deverá resolver (recordo-lhes o caso da interjeição "beú" discutida no capítulo 3). Sendo assim, tudo é muito ensaiado e pavimentado. O improviso brota depois de muito preparo. As microvariações – em termos filológicos, 'variantes' – do texto proferido, evidentemente, dependem, ademais, da situação de cada performance do ator, do contexto e da plateia. Elas levam o ator – e o tradutor, também, por que não? – à liberdade da criação controlada da partitura escrita. Apolo e Dioniso partilhando um só santuário. Caos e organização fluindo como nas 'evoluções de bateria'.[8] É carnaval, tudo muito organizado no caos.

As sugestões de Kahn para o treinamento do ator-filólogo ao exercício de tradução coincidem com algumas estratégias que utilizo nas traduções da Truπersa. Ei-las: "Na improvisação, é preciso tentar ser muito concreto e até mesmo empregar elementos próximos da imitação e da pantomima" (Kahn, 2009, p. 152), é preciso atentar para detalhes do concreto, formas, cor, textura, pontos e linhas que, embora abstratos – pois a palavra é signo –, guardam substancialidade. E carece deixar de lado a emoção, ser exato, preciso, frio e sensível, isto é, ser um observador do funcionamento dos cinco sentidos na hora de uma futura execução cênica. A emoção do ator-tradutor-filólogo atrapalha, ele fica ensimesmado e julga, policia-se e contém cada possível ato criativo; pior, se afaga nos achados como já notava Kleist... A exigência é de sensibilidade, não de emoção.

Na *mímesis* interessa o que se vê: não a sensação propriamente dita, mas a ação física que representa a emoção da personagem diante de um espectador; para o tradutor interessa a palavra exata que facilita a *imagetização* da emoção para o ator. E observe-se a necessidade de guardar os dêiticos como tais – nunca substituí-los por substantivos, eles são um enorme arsenal de materialidade a ser experimentada – que se opte por recuperar, se possível, letras, sons, formas, cores, texturas, cheiros; essa é uma forma de albergar a palavra grega e não apenas exibi-la, na primeira camada do texto, pelo significado; assim o exemplo que citei no capítulo 3, "φεῦ", "fel"; ou a palavra "ὑπερχαίρουσα" pela saltitante "hipercontente" no v. 1165 da *Medeia de Eurípides* na tradução da Truπersa. A razão do jogo com as camadas é a busca da concreção e do movimento de superfícies e de funduras.

É abertura do interior para o exterior e derramamento de πάθη. Pois, se Dioniso é ctônico, é razoável que se busquem as placas 'tectônicas' do texto e da memória. Para tanto, nada melhor do que criar a imagem do vulcão como ferramenta: ela surge, visível para o ator-tradutor-filólogo, até no entendimento da plateia, quando todos se deleitam de algum modo e em sua própria medida descobrem, entendem, participam.[9] E "[n]ão se trata de demonstrar a quem assiste o que se passa, mas de deixar transparecer, de seguir o fio da recordação ou da intuição" (Kahn, 2009, p. 153) para que, imprevistamente, uma camada avulte e supra o vazio de outra, e de repente, "não mais que de repente," brote o gozo da partilha, o derramamento.[10]

Na tradução da Truπersa recomendo evitar estados emotivos difusos e confusos. Ambíguos, sim, mas ambíguos por sobreposição acumulativa e não por fusão descaracterizante. Nada de exaltação, nada de transe; o concreto está na letra e no volume das palavras, na voz encorpada que as profere e materializa no ar. Vê-las, degustá-las e enunciá-las, sentir as que melhor caem no corpo e mostrá-las não é difícil:

> Certas palavras têm ardimentos; outras não.
> A palavra *jacaré* fere a voz.
> É como descer arranhado pelas escarpas de um serrote.
> É nome verdasco de lodo no couro.
> Além disso é *agríope* (que tem olho medonho).
> Já a palavra *garça* tem para nós um
> Sombreamento de silêncios...
> E o azul seleciona ela! (Barros, 2010, p. 277)

Em termos menos poéticos e mais sistematizados para estudo: "É preciso buscar o que parece ser mais concreto e pulsante"[11] para manter a função do texto traduzido, a saber, a função teatral. Por exercício religioso, carece decorar o texto todo – plantá-lo no âmago, no φρηνί, no θυμῷ – para livrar-se dele no nível da pele, pois o corpo deve estar disponível para a experiência do espaço cênico que o abriga.[12] Assim, como afirmamos, o texto é ingerido, devorado, deglutido e passa a ter uma parte no pensamento, outra no respiro, inda outra na voz, mais outra nos movimentos e no olhar do ator-tradutor-filólogo.[13] A pele interage no improviso regida pelas entranhas. Desse modo, sabendo o texto – absolutamente – é possível concentrar-se, sem entraves, na ação da personagem, que profere "espontaneamente" aquele texto de antes, que estava estático, em ataraxia permanente, mas que, em cena, deve surgir como ação esplendente, pois bem disse o mestre de Estagira: ἔστιν οὖν τραγῳδία μίμησις πράξεως...[14]

E de novo, quanto às perdas, atores estão acostumados ao esquecimento fortuito e imprevisível e todos estão treinados na imprescindível arte da improvisação teatral. Ela preserva o visceral, garante o ritmo do espetáculo, que, necessariamente, deve provocar o espectador. "Não é suficiente montar uma cena correta [nem um texto imexível], numa ordem correta, com a energia correta. A improvisação tem algo de vital, de sutil e de misterioso. Não se deve e não se pode explicar tudo." E mais, "[e]m certos casos, a ação se torna um tipo de correnteza sobre a qual o texto vem flutuar como um barco. Em outros casos, é a ação que vem como que habitar dentro do texto e o leva." (Kahn, 2009, p. 155, p. 157). Mais uma vez Kahn forja uma imagem importante que visualiza a instabilidade, a imprevisibilidade e liberdade: a correnteza conjugada com confiança na técnica de manejar o timão de um barco.

O teatro tem sua gramática, sua sintaxe, suas leis. É linguagem que, segundo suponho, se erige em muitas camadas que devem ser compartilhadas com a plateia. Entretanto, o grande mestre estagirita, quiçá, por não ser um homem de teatro, deslustra a questão da memória/ esquecimento/ improviso do ator na performance. Ele mesmo, até onde sei, é o primeiro autor do mundo antigo a haver falado de improvisação. O termo utilizado no texto é αὐτοσχεδίασμα e αὐτοσχεδιαστικός. A palavra é composta pelo pronome/ adjetivo demonstrativo αὐτός, o *mesmo*, o *próprio* e pela palavra σχεδία acrescida de sufixos. A etimologia de σχεδία é a seguinte:

> σχεδία, ion. -ίη *f.* 'radeau' *(Od., att., hellén.): dans l'Od. Le mot désigne une sorte d'embarcation improvisée; le mot désigne aussi le pont de bateaux construit par Darius (Hdt., Esch.); 'cadre' (Ath. Mech.).* (Chantraine 1977, vol. IV, p. 143)[15]

Neste ponto encontram-se Kahn e Aristóteles; ajuntando sentidos e significados, para o teatro, teríamos "o improvisar-se", "o fazer-se por si mesmo", "o improvisador de si". Os contextos de ocorrência do termo αὐτοσχεδίασμα, na *Poética*, reproduzo aqui:

> κατὰ φύσιν δὲ ὄντος ἡμῖν τοῦ μιμεῖσθαι καὶ τῆς ἁρμονίας καὶ τοῦ ῥυθμοῦ (τὰ γὰρ μέτρα ὅτι μόρια τῶν ῥυθμῶν ἐστι φανερὸν) ἐξ ἀρχῆς οἱ πεφυκότες πρὸς αὐτὰ μάλιστα κατὰ μικρὸν προάγοντες ἐγέννησαν τὴν ποίησιν ἐκ τῶν αὐτοσχεδιασμάτων

> Então foi pela nossa índole mesma que o representar da harmonia e do ritmo (já que os metros aparecem dos ritmos), desde início, os com maior pendor para estas coisas, aos poucos, *foram puxando das improvisações* e, assim, criaram a poesia. (Aristóteles, *Poética*, 1992, 1448b 20)

De minha parte, realcei na tradução o fato de o teatro ter surgido de improvisações, isto é, das flutuações (ou navegações) de um texto, que se constituiu no fluxo de uma correnteza de palavras, instável, cheio de lufadas de criação que acabou por se sustentar na ação, nos gestos intempestivos, vocalizações inesperadas, atos de quaisquer tipo, ora harmoniosos, ora descontrolados num corpo vivo (um barco navegante na cena), ainda carregado de emoção, sem a depuração do que fosse mais eficaz para aguçar a sensibilidade da plateia. Com o tempo, a sensibilidade depurou a emoção e criou a poesia. Sobre o trecho citado, o comentário de D. W. Lucas na sua edição da *Poética* nos pode auxiliar a compreender melhor a situação que desejo focalizar:

It has already been implied by the examples of the distribution of media among arts that harmony cannot exist without rhythm, so they form a natural pair. The possession of these instincts for rhythm and harmony distinguishes men from animals according to Pl. Laws 653e. They are manifest in children from birth (Probl. 920b 30). [...] the αὐτοσχεδιασμάτων, 'improvisations', came first; men gradually developed them (προάγοντες) until they reached a stage when they became fit to be described as belonging to an art. (Lucas in Aristotle, Poetics, 1968, p. 73-74)[16]

Então vejamos, minha leitura/tradução de Lucas incide especialmente sobre as últimas frases: elas são evidentes nas crianças desde o nascimento; vêm em primeiro lugar; desenvolvem-se até alcançar o nível da arte. As declarações me permitem pensar que o fundamento do teatro é a ação espontânea, pré-ensaiada na vida ordinária, o *script* ou roteiro de ações interessantes e bem-sucedidas advém de camadas mais profundas, não do texto. Se assim for, há, portanto, que se encontrar a ação fundamento dos versos nas palavras, esse é o principal desafio para o tradutor do teatro ático, se ele pretende manter o texto traduzido em sua função original, a saber, a μίμησις πράξεως, a palavra programada para se transformar em ação.

Comentadores renomados da *Poética*, como Roselyne Dupont-Roc e Jean Lallot, Leonardo Tarán e Dimitri Gutas, não se interessam pelo fato de o teatro ter nascido da improvisação. Tarán desconfia deixar de lado algo importante, mas se defende, embora saiba categoricamente que sua mirada é filtrada: "*I limit my comments to the essential decisions behind my views.*" (Tarán in Aristotle, Poetics, 2012, p. 236).[17] Do seu ponto de vista "as formas da narrativa" são o que mais interessa. Ele afirma, inclusive, hipótese que não vou discutir, que, para Aristóteles, o teatro não é uma narrativa. Aposto em que Tarán esteja certo nessa inferência e que o filósofo da *Metafísica*, de fato, não pense no teatro como narrativa, mas como ação, e que seja ela o fundamento da tragédia, sem mais. Vejamos o trecho de Tarán:

> *Aristotle does not envisage the drama as a form of narrative [cf. infra]. Also,* τοὺς μιμουμένους *is in all probability middle active and not passive [cf. Bywater, p. 121]; it refers to the actors, as E. Müller, Die Theorie der Kunst bei den Alten, II, p. 18 suggested, and so there is a radical change of subject. This interpretation is in agreement with Aristotle's conception of Drama, especially of Tragedy: cf. 6, 1449b 24-26:* περὶ δὲ τραγῳδίας λέγωμεν ἀναλαβόντες αὐτῆς ἐκ τῶν εἰρημένων τὸν γινόμενον ὅρον τῆς οὐσίας. ἔστιν οὖν τραγῳδία μίμησις πράξεως σπουδαίας καὶ τελείας μέγεθος ἐχούσης..., <u>δρώντων</u>

καὶ οὐ δι᾽ ἀπαγγελίας; 31: ἐπεὶ δὲ πράττοντες ποιοῦνται τὴν μίμησιν; *1450a 20-21*: *οὔκουν ὅπως τὰ ἤθη μιμήσωνται* πράττουσιν. *Bywater's objection [p. 120] that the bipartite interpretation is too wide a divergence from the Republic disregards the fact that there is an essential difference between Plato and Aristotle in the way they consider Tragedy and Epic: the former rejects Tragedy because it is all impersonation [i.e. imitation in the restricted sense of the term], whereas for the latter this very fact ensures the superiority of Tragedy over Epic [cf. supra].* (Tarán in Aristotle, Poetics, 2012, p. 237-238)[18]

Tal fundamento é bom para mim, já que pleiteio a tradução da ação na escritura, o texto-ação corporificado na cena, isto é, pleno de possibilidades para materializar a "função atoral", seja ela aquela que se exerceu no período clássico, seja a que se pode exercer hoje. Como vimos, embora não se debruce sobre o assunto, o próprio Tarán admite que essa também é uma das preocupações do pensador de Estagira. Aliás, a suspeita se comprova igualmente para Gazoni,[19] que declara que, pelos estudos realizados para a conclusão de seu trabalho de tradução da *Poética*, o que lhe parece principal é que, na dita obra, a definição da tragédia vem como mimese de uma ação e que o simples fato de ser encarada como ação coloca a tragédia no centro da moral aristotélica e das discussões sobre ações pensadas, impensadas, controladas, programadas, escamoteadas etc.

Por ora, não me interessa a moral e a ética no escopo de Gazoni, exceto no meu próprio trabalho de tradutora. Focalizo apenas e tão somente o nascer da improvisação, que, repito, me permite hipotetizar a prioridade da ação sobre o texto, sem desvalorizar – em nada – a fixação dos versos mais eficazes para a cena. Conjecturas filológicas bem guardadas no coração; no processo tradutório postulo que os versos fixados nos textos seriam o resultado de uma convivência harmoniosa do autor/tradutor com o ator e de uma pós-produção de cenas traduzidas em ensaios sucessivos, com idas e vindas e melhorias significativas. Nisso consiste o trabalho do ator-filólogo. O mesmo proponho para quaisquer outras traduções de teatro.

O outro contexto de ocorrência da ideia de improvisação se dá com a categoria adjetivo para o vocábulo αὐτοσχέδια, e localiza-se na *Poética*, 1449a 9:

γενομένη δ᾽οὖν ἀπ᾽ἀρχῆς αὐτοσχεδιαστικῆς – καὶ αὐτὴ καὶ ἡ κωμῳδία, καὶ ἡ μὲν ἀπὸ τῶν ἐξαρχόντων τὸν διθύραμβον, ἡ δὲ ἀπὸ τῶν τὰ φαλλικὰ ἃ ἔτι καὶ νῦν ἐν πολλαῖς τῶν πόλεων διαμένει νομιζόμενα – κατὰ μικρὸν ηὐξήθη προαγόντων ὅσον ἐγίγνετο φανερὸν αὐτῆς· καὶ πολλὰς μεταβολὰς μεταβαλοῦσα ἡ τραγῳδία ἐπαύσατο, ἐπεὶ ἔσχε τὴν αὐτῆς φύσιν.

E então, surgida de alicerces *improvisados* – tanto esta quanto a comédia, uma dos que regiam o ditirambo e a outra dos fálicos que, por costume, ainda agora persistem em muitas cidades – aos poucos, por burilamentos, na medida em que tudo quanto lhe era peculiar já se fazia evidente, realçou-se; aí, mudada por muitas mudanças, a tragédia se fixou depois que tinha alcançado a própria índole.[20]

Tenho consciência de que estou trabalhando em terreno minado. Sei que complico as coisas advogando o trabalho coletivo. Não vejo alternativa: o teatro é uma arte complexa. Os que trabalham nele sabem enfrentar a turbulência, o efêmero e o instável, a bem dizer, são como as contingentes folhas (e páginas) de árvore (e de teorias) que se vão (Homero, 2003, v. 146-149). Assumir o acidental, o fenomênico, este é o desafio mor para o ator-tradutor-filólogo. Ele, ao receber e falar o texto traduzido (é o que proponho seguir no procedimento de tradução do teatro), sabe que com um respiro diferente o texto-ação-apresentado pode ser mudado; isso é o que me parece ter afirmado Aristóteles ao descrever a formação do gênero trágico; que passou por muitas mudanças e só depois, quando alcançou a própria índole, se fixou. Testes cênicos para as traduções teatrais, disposição, abertura e criatividade para alterar, se preciso, as traduções antes realizadas e adequar o texto traduzido e a encenação de forma a acolher o estrangeiro que veio da Ática com generosidade, esta é nossa proposta.

E no terreno minado imprevistas minas se espalham, outras tantas e poderosas. Lucas adverte que cada frase da passagem da *Poética* aqui apresentada tem sido objeto de controvérsia. Segundo esse helenista, a principal polêmica é a origem mesma da tragédia: uma hipótese de Aristóteles ou simplesmente um saber da tradição? Se os pesquisadores, no geral, admiram-se de a tragédia ter se originado do ditirambo, Lucas, com ressalvas, resguarda o estagirita.

> *Finally, it is worth observing that A.'s account of the origin of tragedy from a basically ludicrous form fits so badly with the scheme of development presented in the first part of the chapter that he would not have been likely to offer it unless he had been reasonably confident that it was true.* (Lucas in Aristotle, Poetics, 1968, p. 79-80)[21]

Aplica-se aqui o dito francês citado por Barba e referido nas nossas páginas iniciais. Funcionam, a partir do *reculer pour mieux sauter*, também os quiasmas e os paradoxos tão bem acomodados na tragédia. O comentário de Lucas, para o presente capítulo, também é importante. Desenvolvi alhures pesquisa sobre o riso na tragédia, e pude constatar a presença do humor sarcástico e do grotesco nas peças trágicas áticas, sobretudo nas ironias. Entendo e defendo a pertinência deles nesses textos. Não vejo problemas em "encaixar" a passagem no esquema desenvolvido no início da *Poética*. Acredito que a solução de algumas dessas questões pode advir de uma maior flexibilização dos gêneros dramáticos e de uma tradução comprometida com tal flexibilização, tanto dos textos eles mesmos quanto da *Poética* de Aristóteles.[22] Deixo em suspenso, porém, esse assunto; há ainda um percurso a fazer, antes de chegar ao ponto final, um percurso mais original e que, talvez, contribua para os estudos da tradução do teatro ático.

Retorno à questão do estabelecimento filológico de um texto e do processo de tradução, da ânsia de preservação, da preocupação com sua qualidade e com a inacessibilidade generalizada dos profissionais das artes cênicas ao texto grego de base para a produção-encenação de tragédias. Os atores perdem muitos dos nada desprezíveis recursos provindos da área de estudos clássicos. Se aos profissionais de teatro não causa espécie a impossibilidade de acesso ao grego, se não os apavora tanto esquecer o texto porque aprenderam técnicas de improvisação, se os atores são dionisíacos e se acostumaram a retirar seu fruto do χάος,[23] ainda assim é preciso encarar que o caos criador deve – se se quer conhecer mesmo a tragédia ática – se materializar em corpo estrangeiro. Para encenar a tragédia – a menos que se tenha em mente encenar através de uma tradução hipertextual, isto é, criar reescritas, adaptações, recriações, pastiches – há que se disciplinar para controlar algumas tendências deformadoras em nosso impulso de tradução (seja ele de língua para língua, seja ele do texto para a cena).

Uma das deformações recorrentes e que Antoine Berman elenca nas traduções é a racionalização em seus vários níveis, desde o das *Belas Infiéis* até aquele mínimo que "re-compõe as frases e as sequências de frases de maneira a arrumá-las conforme uma certa ideia da *ordem* de um discurso." (Berman, 2013, p. 68).[24] Essa tendência, segundo Berman (2013), "conduz violentamente o original de sua arborescência à linearidade."

Na minha interpretação, chamo de arborescência as ramificações múltiplas das palavras, as ambiguidades, os paradoxos, os sentidos dobrados, triplicados, elevados a potências enésimas (de uma só "raiz" formadora de palavra) que aparecem no texto enriquecendo-o, poetizando-o.[25] E chamo de linearidade a perda da densidade, dos labirintos sintáticos, das frases em suspenso e inconclusas, das imperfeições simuladas de um ato espontâneo de fala que é escrito, da letra-carne de um ser-personagem-estrangeiro, mas que quer renascer das mãos de um tradutor tropical com corpo muito brasileiro. Berman ajuda a pensar:

Ora, assim como o Estrangeiro é um ser carnal, tangível na multiplicidade de seus signos concretos de estrangeiridade, também a obra é uma realidade carnal, tangível, viva no nível da língua. É até sua corporeidade (por exemplo, sua iconicidade) que a torna viva e capaz de sobrevida durante séculos. Refiro-me aqui às reflexões decisivas de Benjamin em *A tarefa do tradutor*.

O objetivo ético do traduzir, por se propor acolher o Estrangeiro na sua corporeidade carnal, só pode estar ligado à letra da obra. (Berman, 2013, p. 98)

Os seres de que falamos – Clitemnestra, Édipo, Agamêmnon, Orestes – são feitos somente de letras. Surgem em alfabeto grego, têm grafia, tamanho de página, mancha de texto de fala, espíritos, tônus, modulações, acentuações gregas. Mas essa letra, adotando ainda a terminologia de Berman, é carnal, tangível na multiplicidade dos signos concretos que a escritura registrou. Sua corporeidade precisa ser preservada – se queremos acessar a tragédia na função que tinha na cultura clássica – e, para isso, existe a tradução. A racionalização hipertextual praticada e generalizada aniquila o objetivo principal de concretude do texto teatral em uma cena. Ouçamos Berman:

> Quem diz racionalização, diz abstração, generalização. [...] A racionalização faz passar o original do concreto ao abstrato, não somente ao reordenar linearmente a estrutura sintática, mas, por exemplo, ao traduzir os verbos por substantivos, escolhendo entre dois substantivos o mais geral etc. [...]
>
> Essa racionalização generalizante é ainda mais perniciosa por não ser total. E por seu sentido ser o de não ser. Pois ela se contenta em inverter a relação do formal e do informal, do ordenado e do desordenado, do abstrato e do concreto que prevalece no original. Esta inversão – típica da tradução etnocêntrica – faz com que a obra, sem parecer mostrar mudança de forma e de sentido, mude, de fato, radicalmente de signo e de estatuto. (Berman, 2013, p. 69-70)

Teatro para ser lido e não encenado não é teatro genuinamente grego – se é que é possível acessar, mesmo que apenas em parte, o genuíno, o original – nem reproduz sua função, ou seja, estar presente e difundido no sistema cultural de um povo.

Podemos minimizar a distância recuperando um dos seus elementos, isso me parece legítimo. No meu caso, tento resgatar a sua função. Assim, tornar-se carne é a meta da tradução Truπersa e nessa 'metamorfose' o texto é a única direção forte. Ora, se me é permitida uma comparação, direi: o gênero tragédia surgiu como um ramo que brotou da ação de atores, ele cresceu e atingiu a palavra quase plena, poetizada, a palavra que se alia ao ato e, por isso será sempre "palavra em ação".

No espetáculo, o corpo que age, se quiser, pode ser livre sem se subordinar à entidade texto; isso, aliás, vem ocorrendo excessivamente nos nossos dias, pois os mitos são fascinantes. Eles se manifestam quando as encenações se pautam tão somente na ação física, sem a voz, nem a palavra – retorno ao mimo? –, prescindindo do texto.

As montagens de tragédias – sem internalizar o texto – recriam, arquetipizam personagens, instauram, no presente, o passado dos mitos. Procedimento que julgo igualmente legítimo e, até agora, indispensável, pois que somente ele tem garantido a presença das tragédias áticas no repertório brasileiro. Lamentável, no entanto, é o fato de estarmos perdendo um patrimônio da humanidade por causa de destratos e distratos obsessivos com o texto, com a sintaxe e com a palavra exata no "que concerne particularmente ao nível de 'clareza'." Por tal procedimento pode-se cair em outra tendência deformante que Berman (2013, p. 70) nomeia de clarificação,[26] disposição que apaga o sistematismo construído pelo dramaturgo.[27] "O sistematismo de uma obra ultrapassa o nível dos significantes: estende-se ao tipo de frases, de construções utilizadas." (Berman, 2013, p. 80). Pessoalmente creio que, nas tragédias áticas, clarificar é quase um atentado, se entendermos que a tragédia mostra a perplexidade de um protagonista diante da ἀνάγκη, da μοῖρα e da ἄτη.[28]

Se a prática de racionalizar e clarificar o texto opaco das tragédias de Ésquilo, Sófocles e Eurípides persiste, aniquilamos o projeto do teatro ático, banimos o perfume mediterrâneo desses estrangeiros encantadores. O teatro antigo nunca poderá abrir mão da filologia e dos tradutores. Ressalvo, todavia, que o instrumental linguístico e filológico carece ser utilizado, sempre, em trabalho de equipe, pois o teatro não pode prescindir do coletivo, nem a recuperação de uma cultura se faz apenas pela perseguição do entendimento apenas. É evidente o desânimo dos atores diante de textos assim gerados. Por isso, ando em busca do λόγος, aquele que se faz carne, que se alia à ação física, vocal e cênica.[29]

Urge a recuperação da cultura grega pelo corpo brasileiro com todo o seu aparato crítico de afetos e imagens de sentimentos em μίμησις πράξεως. Todos ganharão com isso. Nesse caso as teorias (da literatura, da filologia, da linguística, da história etc) e a natureza carnal que interpreta a palavra tomam caminhos superpostos, feitos em camadas, tendendo para o mesmo fim, qual seja, tornar o homem comum melhor, mais pleno e largo, mais feliz. Texto grego em corpo brasílico. O estrangeiro no nacional, o nacional no estrangeiro – albergue longínquo, mas fascinante, seja para quem recebe, seja para quem visita.

Em outras palavras, penso que os problemas que "passam batido" para a classe teatral artística, isto é, as perdas do texto que viajou séculos, sua história de estabelecimento a partir dos muitos manuscritos, a mentalidade da cultura que o forjou, a ideologia dos primeiros tradutores e editores, tudo isso é como a ferrugem que interage sobre o bronze;[30] o material afetado, se bem polido e ungido, ganha brilho e cor, mostra o passado e o presente a um só olhar, ilumina-se com a nova voz que o emite para enriquecer-se e enriquecer o outro. Desse modo, o texto, nas mãos dos filólogos e tradutores, se unificarmos as forças de trabalho com os atores, provocará redescobertas incríveis e outros mundos se farão possíveis.

O fato – problema e ao mesmo tempo solução – é que o teatro trabalha tanto com a construção concreta de um texto escrito quanto com a prática ou materialização ou corporificação do mesmo texto no corpo e na voz e, mais, ele pretende a manifestação do corpo e do texto no espaço. Que se guarde sempre na mente que, durante a tradução, toda representação textual é uma teorização de tradução e uma ação cênica futura, "uma construção artificial"; "a questão é o que é possível fazer com base nessas representações" (Britto, 2001, p. 46) que nos chegaram já pré-lidas, pré-conceituadas.

Talvez devêssemos redirecionar a questão e indagar o que é possível fazer cenicamente com o texto alcançado nesta ou naquela tradução. No meu pensamento, o texto é andaime da construção do ato, desenho da cena, o qual, tão logo ela se complete, desaparece; o texto é a partitura; a cena, a matéria impalpável que se experimenta. Trabalho em camadas, sincronizado, otimizado, em trupe, num canteiro de obras, num sítio arqueológico.[31] Se a metáfora pode ser levada adiante, entenderemos que a empreitada conjunta das áreas é um dos modos de ação mais produtivos para o resgate do teatro antigo.[32] Produtivo, mas não sem conflitos, alguns dos quais explorei, em parte, na introdução à *Medeia de Eurípides* (Barbosa, 2013, p. 12-36).

A razão dos conflitos é evidente: todas as áreas têm seus pressupostos e especificidades. As letras clássicas não fogem à regra: têm-nos, tanto os implícitos quanto os explícitos, e em demasia, visto que foram constituídos por séculos a fio. É através deles e da disciplina para com eles que a área se sustenta. Que seja! Mas estejamos conscientes dos perigos de um enrijecimento. Zeus nos proteja contra a ἄτη...

Por tudo isso a abordagem do teatro antigo é cada vez mais complexa. Ao longo dos séculos o posicionamento dos investigadores sofisticou-se grandemente. A (cons)ciência acerca de muitas questões, antes guardadas em silêncio, aflorou. É consenso entre muitos: a perspectiva mudou. Estudos mais recentes apontam para uma primavera espetacular, colorida por muitos ramos e flores. Há os historicistas e filólogos com novas descobertas, os artistas de palco, os artistas das letras, os músicos, os estrategistas, isto é, os tradutores...

Peter Wilson, por exemplo, à cata de descobertas, em retrospectiva, arrola algumas das principais abordagens, prevê somatórios, sugere linhas de abordagem e exige a reanálise dos documentos e inscrições (Wilson, 2007). Ruth Scodel (2011), mais preocupada com a difusão do teatro antigo – alvo com que me identifico bastante –, contrapõe: conjecturas idealizadas sobre o texto, os atores e a cena antiga são perigosas. Os textos dramáticos colocam problemas específicos, privilegiam ambiguidades, visam a públicos distintos: o leitor e o espectador. Esses textos exigem olhares conjuntos. Se há o texto para o leitor solitário e o espetáculo para todos, é bom lembrar que o espectador recebe o texto em conjunto e, no conjunto, ele, espectador, se distingue em muitos. Em textos assim tão apurados, que trabalham com jogos cênicos quase mágicos, rubricas que os espectadores não veem (ou leem), gestos e aparatos que os leitores não acessam, urge ser o mais transparente possível.

Todavia, a transparência, no teatro, é por vezes opacidade.

O olhar é silente, mas ouve e fala. Os olhos têm cortinas que se fecham, mas os ouvidos, pobrezinhos, são penetrados, mesmo não querendo. "Ouvir é obedecer."[33] Sendo assim, os olhos podem desobedecer; os ouvidos, não. Daí, parte do corpo é violentada, parte do corpo reage em força contrária. Recordem-se, por favor, do que foi dito sobre a catarse, sobre o medo e a compaixão. "Ouvir é ser tocado à distância." (Quignard, 1999, p. 64). Se "com as palavras se podem multiplicar os silêncios" (Barros, 2010, p. 477), sem palavras pode-se ver "o silêncio das formas", "o perfume das cores", o "formato dos cantos" (Barros, 2010, p. 411). E o teatro lida com todos os sentidos a um só tempo, se "a dança é uma imagem" (Quignard, 1999, p. 107), as palavras dançam, passam do ouvido para a vista, do ver para o mover, para o subir, o descer, o tocar. Talvez sejam essas as razões que moveram Scodel a recomendar cautela quanto às "decisões invisíveis" dos tradutores e ao excesso de notas ao texto traduzido. O opaco e o transparente fazendo parte do texto poético, cabe ao tradutor a sensibilidade e a perícia para conservá-los juntos. Nesse sentido, ela declara:

A translator usually had to decide what the Greek should be and then translate it; sometimes the translator can add notes that explain where there have been difficult decisions. But often these decisions are invisible and I want my readers to realize that we do not always know what the poets actually wrote. [...] I have assumed that my readers are intelligent people who want both information and ideas that will help provoke their own responses. (Scodel, 2011, p. 8)[34]

Além do que comentou Marieta Severo na nota 23, também isto o teatro nos ensina: a conviver com o incerto, o dobrado, o simultâneo, o improvisado, o fluido, o que se esvaiu. "A inconsistência e a não-delimitação são atributos divinos." (Quignard, 1999, p. 67). Os poetas [– e os dramaturgos muito mais –] preferem "as linhas tortas, como Deus." (Barros, 2010, p. 337).

O sofrimento tem tortuoso caminho e a tragédia o coloca de modo iluminado. Admirar-se com o sofrimento, respeitar aquele que se vê sofrer, respeitar aquele que nos vê sofrer, aquele que nos lê, é o que ela ensina. Saber que nem sempre o que nos lê e vê nos saberá plenamente, assumir que o desejo do outro tanto o impele à compreensão quanto aponta para a fuga e determina um jogo de mostrar-se e esconder-se. Scodel pede mais transparência por parte dos tradutores e menos justificativas. Na mesma direção, aqui no Brasil, vai Paulo Sérgio de Vasconcellos:

Algumas traduções deixam mais à vista o fato de que não há transparência na tarefa da tradução, como não há no processo de interpretação; outras procuram escamotear essa condição como se pudessem recriar o original à la Pierre Menard. O que me parece inaceitável é que a academia rejeite traduções que recriam poeticamente o original em nome de uma fidelidade ao sentido que trai concepções positivistas. O trabalho filológico fornece ao tradutor elementos importantes para a compreensão do texto a traduzir; as traduções poéticas, que por vezes traem o sentido literal para não trair o poético, são um meio eficaz de fazer os textos literários da Antiguidade chegarem ao leitor moderno e terem impacto sobre a vida cultural. Traduções acadêmicas, eruditas, cheias de notas de rodapé, mesmo carentes do trabalho estético com a língua que é próprio do poético, podem também ter seu público fora da academia e seu papel de divulgação dos clássicos. Como prova disso, veem-se várias editoras recorrerem à academia solicitando traduções dos clássicos para publicá-las, mesmo que sejam traduções não poéticas de textos poéticos. Não se trata de campos de ação excludentes, mas de faces diversas do trabalho com os textos antigos que os mantém vivos, influentes, significativos, cada um à sua maneira, com suas concepções e métodos próprios. (Vasconcellos, 2011, p. 73-74)

Do que, entretanto, discordo, em consonância com Scodel, e friso, a partir da posição diplomática de Vasconcellos, é que os tradutores – em nome de uma escola de tradução de teatro brasileira que formasse um povo leitor e espectador de tragédias – deveriam se mostrar mais em suas decisões tradutórias. Isto é, deixar claro que o texto vem de longe, de um outrora que ainda é hoje; de um longínquo que se faz perto por decisão e escolha desse mesmo tradutor e, dessa maneira, traz inevitáveis marcas dos de lá e dos de cá; por conseguinte, demandando-lhes mostrar suas opções, soluções e transgressões a cada peça traduzida.

Julgo ainda que sobremaneira interessantes para as traduções de tragédia são os relatos dos acasos e dos lances afortunados dos dados-palavras, bem como dos fracassos, pois o leitor e o espectador estarão – participando dos percalços do texto (e do tradutor) – de frente para a condição do trágico por excelência, a saber, a lida com o καιρός, o tempo favorável, com a τύχη, a fortuna, e com a ἀνάγκη, a necessidade, a inexorabilidade das perdas.

O teatro instiga-nos a pensar na tradução como arte e como técnica vital. Se nele há elevada demanda de improvisação, que tal fazer na tradução uma evolução de bateria à moda dos tupiniquins urbanos catrumanos? Improvisação alcançada pela prática e transformada em técnica. Os segredos práticos revelados do tradutor são, é bem verdade, escola de tradução. Entramos em cheio na afirmativa de Henri Meschonnic: "Traduzir não tem somente uma função prática. Mas uma importância teórica." (Meschonnic, 2010, p. 23). Importância teórica sobre a obra, sobre o processo e sobre o agente, acrescento.

Quem somos os agentes de tradução de teatro ático – e da literatura clássica – no Brasil? Restrinjo-me a minha área de pesquisa, o teatro trágico, por limitações pessoais, mas acredito que ela pode funcionar como metonímia. Por que traduzir assim ou assado? Repito Michel Serres, que disse em entrevista que os gregos são físicos e carnais até na filosofia.

> na Antiguidade, os sábios gregos e latinos, quando eram filósofos, achavam que *a filosofia não era algo abstrato*. Não era escrever livros, mas podia-se até escrever. Não era conhecer as ciências, mas podia-se até conhecê-las. *Mas era viver. E o verdadeiro filósofo era aquele que vivia bem, isto é, tinha uma boa vida*. É claro, havia divergências quanto à definição de 'boa vida'. Cada um achava uma coisa. Eu simplesmente quis fazer um livro de vida.[35]

Então, para quê e para quem poder-se-ia traduzir tragédia à luz da fisicalidade primordial grega? Antes, carece saber, posto que prática é teoria na tradução, como traduzimos e quem o faz. Saber igualmente: por que traduzir este e não aquele texto? As respostas a essas perguntas são fundamentais para estruturarmos para nosso povo a acessibilidade à cultura antiga. Para tanto, julgo que devíamos nos preocupar com o nosso processo de tradução de forma mais sistemática. Passemos à tarefa. Como andam as traduções de teatro ático no Brasil contemporâneo e genuinamente brasileiro? Traçarei aqui um microscópico panorama.

Arrisca um rápido olhar para a tradução dos clássicos o mesmo Paulo Sérgio de Vasconcellos há pouco citado. Ele focaliza pontos nevrálgicos na tradução de textos poéticos, que, por sua vez, enquadram-se em parte do meu escopo (Vasconcellos, 2011, p. 68-79) e, com acerto, aponta o fantasma que ainda nos oprime nas letras clássicas: o da obtenção absolutamente necessária de traduções fiéis e literais, palavras que se repetem reiteradamente nos prefácios, críticas e apresentações dos textos traduzidos. Eu própria diante deles me intimido – ou, pelo menos, penso neles como reis, aos quais devo servir. O colega de Campinas dá seu depoimento:

> Tenho observado, ao longo dos últimos anos, que ainda resiste um antigo *tópos* que abre tantas apresentações de trabalhos acadêmicos e, mesmo, de livros da área: a profissão de fé de que, na tradução de textos literários, sobretudo poéticos, preferiu-se ser *fiel* ao original. Eu mesmo, há vinte anos atrás, utilizei-me dessa tópica de forma ingênua, pagando tributo a esse *locus communis*. Quantos prefácios não trazem tal declaração de princípio, uma *captatio beneuolentiae* meio acanhada, prevendo um crítico que se incomodasse com uma tradução não poética – ou mesmo literária – de um texto poético?

Evidentemente, tal gesto prevalece naqueles que têm menor ou maior pendor para a criação artística e nos que são tímidos professores. Particularmente nesse aspecto, a submissão sistemática das nossas traduções aos artistas do palco nos alivia; a trupe de tradução auxilia o trabalho crítico antes mesmo da publicação, já que a situação aporística é geral. Contudo, muitos grandes poetas e tradutores têm comentado acerca da fidelidade: neste percurso, é útil a reflexão de Berman a respeito:

> Fidelidade e exatidão se referem a uma certa postura do homem em relação a si mesmo, aos outros, ao mundo e à existência. E, do mesmo modo, certamente, em relação aos textos. Na sua área, o tradutor é tomado pelo espírito de fidelidade e exatidão. É a sua paixão, e é uma paixão ética e não literária ou estética. (Berman, 2013, p. 95)

E ainda:

O objetivo ético do traduzir, por se propor acolher o Estrangeiro na sua corporeidade carnal, só pode estar ligado à *letra* da obra. Se a *forma* do objetivo é a fidelidade, é necessário dizer que só há fidelidade – em todas as áreas – à letra. Ser 'fiel' a um contrato significa respeitar suas cláusulas, não o 'espírito' do contrato. Ser fiel ao "espírito" de um texto é uma contradição em si.

[...]

Fidelidade e exatidão se reportam à literalidade carnal do texto. (Berman, 2013, p. 98-99)

Mais uma vez o poeta e tradutor Henri Meschonnic tem uma postura alargada e situa a questão dentro de uma "poética do traduzir":

Traduzir é o ponto fraco das noções de linguagem. Porque é o ponto onde a confusão entre língua e discurso é a mais frequente e desastrosa.

A língua é o sistema da linguagem que identifica a mistura inextrincável entre uma cultura, uma literatura, um povo, uma nação, indivíduos, e aquilo que eles fazem dela. É por isso que se, no senso linguístico da palavra, traduzir é fazer passar o que é dito de uma língua a outra, como todo o resto acompanha, o bom-senso que se prende à língua é limitado.

[...]

É então uma escrita, a organização de uma tal subjetividade no discurso que ela transforma os valores de uma língua em valores de discurso. Não se pode mais continuar a pensá-los nos termos costumeiros do signo. Não se traduz mais a língua. Ou, então, desconhece-se o discurso e a escritura. É o discurso, e a escritura, que é preciso traduzir, banalidade mesmo. (Meschonnic, 2010, p. 20)[36]

Às reflexões do especialista francês ajunto às do belga José Lambert ao responder à pergunta: "Os estudos da tradução são muito literários?"

– Sim, de fato, a pesquisa em tradução muitas vezes é conduzida de modo 'literário demais', isto é, faz uso de muitas concepções implicitamente literárias sobre língua, textos etc; um dos paradoxos, porém, é que a pesquisa literária mal se ocupa da tradução; as (sub)áreas dos estudos literários que afirmam enfatizar a importância da tradução (literatura comparada, estudos medievais etc) geralmente confirmam nossa insatisfação quanto à abordagem literária da tradução, na qual a 'fidelidade' continua sendo central; o próprio conceito de fidelidade é indicativo da confiança (entre acadêmicos) em valores canônicos e de que poucos acadêmicos originários da tradução trabalharam contra essa herança literária (demais) [...].

E, ainda, o mesmo Lambert, em outro contexto:

> Que entendemos neste caso por 'exatidão', 'fidelidade' ou 'precisão'? A maioria dos comparatistas que comentam esses temas se fundam sobre uma visão muito estreita do processo da tradução, que mascara a quimera da tradução 'perfeita', 'exata' ou 'fiel ao sentido'. Afirmando a possibilidade de aceitar a definição antecipada por Mme. de Rochmondet, [a saber: 'Há, por fim, dois tipos de tradução: aquele que se limita a fazer conhecer uma língua estrangeira em seu gênio particular, e a tradução literal; e aquele cujo fim é o de transportar de uma língua a outra o pensamento do autor, para dá-lo a conhecer particularmente. A melhor tradução é aquela que preenche melhor esta última condição, submetendo-se nisso tanto quanto possível à primeira.'] Bereaud nos deixa adivinhar também porque, segundo ele, os autores estrangeiros somente foram 'traídos' até 1830. (Lambert, 2011, p. 78-80)[37]

Na lista de citações que programei sobre o assunto não poderia deixar sem luz José Paulo Paes, mesmo esquecendo-me de muitos outros. O ensaísta, poeta e tradutor paulista nos serve muito diretamente, visto estar falando de especificidades da língua grega e de delicadezas de fidelidades que mais desviam do que se colocam diretamente sobre a dicção do autor; por isso, mais uma vez submeto-os a outra longa citação.

> Esta questão da fluência, tão intimamente ligada à da naturalidade de dicção, remete a um outro ponto básico de estratégia tradutória com que tive repetidamente de avir-me na tradução de 40 pequenos trechos da *Odisseia*, os quais perfazem apenas 298 dos seus 33.333 versos. Refiro-me às palavras compostas, especialmente epítetos, que aparecem no texto de Kazantzákis com frequência igual ou maior que no texto homérico, onde já no primeiro verso da *Odisseia* deparamos o *polýtropon* com que Homero qualifica o seu protagonista e que o dicionário traduz por 'errante, muito variado, flexível, destro, industrioso, astuto', desdobrando assim num leque adjetival o caráter multímodo de Odisseu, expresso em grego por um único epíteto. Mais célebre ainda é, como se sabe, o caso de *rhododáktylos*, o epíteto homérico da Aurora e que, acicatado pelo demônio da fidelidade à letra, o nosso Odorico Mendes não trepidou em verter por 'dedirrósea'.

É bem verdade que um tradutor mais moderno, A. T. Murray, o traduz por rosy-
-fingered, mas há uma diferença fundamental a considerar. Em inglês, tanto *rosy*
quanto *fingered* são palavras de uso corrente, pelo que a mera justaposição de
uma à outra num adjetivo composto se afigura perfeitamente natural ao usuário
da língua, por tratar-se de um processo comum de composição, aliás levado às
raias do virtuosismo por Joyce. Já o mesmo não acontece com 'dedirrósea', em
que o falante do português desde logo detecta uma afetação erudita, puxada a
latinismo, tanto quanto em 'olhicerúlea', 'crinipulcra', 'claviargêntea', 'erifulgente'
etc. (Paes, 1990, p. 88)

Finalmente, nesse somatório de citações comprobatórias de uma linha
de pensamento, ajunto uma última, muito esclarecedora para o tema de José
Paulo Paes, a de um antigo, o caro Demétrio:

E é preciso ter em vista, primeiro, a clareza e o costume, na criação de palavras;
depois, a semelhança com as palavras já estabelecidas. Assim, ninguém pareceria
estar falando frígio ou cita no meio de palavras gregas. '§ 97 Deve-se inventar
neologismos, na verdade, ou para coisas ainda não nomeadas, como o faz, por
exemplo, aquele que chamou o tamboril, bem como os outros instrumentos
próprios dos afeminados, de *vergonhagitadas*, e, também Aristóteles, quando
diz *elefanteiro*; ou se deve inventá-los formando palavras ao lado das já estabelecidas, por exemplo, quando alguém chama de *canoísta* aquele que rema *a canoa*,
ou, ainda, Aristóteles quando, desse modo, chama de *solista* quem vive só. §98
Xenofonte, quando disse: *o exército gritatacava*, imitou o grito de guerra que
clamava o exército sem parar, com uma só palavra. No entanto, é bem arriscado
esse emprego, como eu dizia, mesmo para os próprios poetas.' e '§188 Nas palavras,
outro fator de afetação estaria em expressões como: *Ria a rosa de petalaprazível*,
pois a metáfora *ria* é muito forçada, e o termo composto, *petalaprazível*, absolutamente ninguém, com o mínimo de bom senso, colocaria nem mesmo em um
poema.' (Demétrio, 2011, p. 126 e p. 145)[38]

Desculpem-me a profusão de citações. Foi uma estratégia argumentativa,
para dar vista d'olhos à polêmica e mostrar a fragilidade do conceito de fidelidade em sua forma absoluta. Bastava ter dito o que disse antes, ecoando Rosa:
"traduzir é conviver" e não se limitar à palavra.

Não poderia deixar de citar o "maestro Rosa", aquele que, ao fim e ao
cabo, me ensinou a traduzir o teatro ático com impertinente mania de evitar
'expressões já cunhadas, batidas e cediças'; de buscar a 'música subjacente' ao
verso, de arriscar traduções que visam à sugestão de um significado tangencial

além do próprio significado da palavra escolhida. O que Rosa recomenda à tradutora Harriet Onís me parece recomendável a qualquer tradutor, sobretudo quando se coloca em pauta o elemento surpresa imprescindível no teatro.

Encerro este capítulo, finalmente, em *ring-composition*, com Vasconcellos, que adverte: "Não se é fiel ao sentido da letra do texto ao apresentar-se ao leitor uma interpretação banal da expressão densa e marcada do original." (Vasconcellos, 2011, p. 70). Por certo que não, todavia tampouco se é fiel ao sentido da letra do texto ao apresentar-se ao leitor uma interpretação solene da expressão simples e popular ou ao mudar a sua função.

Os clássicos não foram sempre e constantemente solenes nas tragédias...[39] Tentei mostrar a relatividade dessa ideia nas páginas primeiras do capítulo presente. A relativização permite-nos entrever a exuberância de possibilidades oferecidas. A tradução é sempre relativa.[40] Escolher, na tradução, é sofrer, mas sofrer é inerente à existência. Tentei igualmente mostrar o valor e o significado da improvisação no contexto teatral que possibilita, em certa medida, o controle da angústia.

Olhemos agora para a terra firme das traduções produzidas. Depois de um relance espraiado, convocarei as nuvens carregadas e farei, dentro do copo de Aristóteles, tempestades.

Notas

1. *Gal.* 3:19.

2. *Jo.* 18:38.

3. O texto permanece. E não sou eu, das letras, quem diz, mas um ator, um dramaturgo: "Quanto à contribuição, eu acho que a dramaturgia sempre trará uma contribuição maior. Dramaturgia, afinal de contas, é o texto, é a palavra, ele permanece, pelo menos permanece durante algum tempo. Tempo do fôlego que tem essa dramaturgia, é claro." Gianfrancesco Guarnieri, 05/08/1991. "Programa Roda Viva". Disponível em: <http://www.rodaviva.fapesp.br/materia/149/entrevistados/gianfrancesco_guarnieri_1991.htm>.

4. Pelo "talvez" infiro que o teatro é a primazia do texto aliada à supremacia do corpo, só isto: corpo e palavra. O teatro é uma boa história com uma boa dramaturgia e um corpo em ação. Na tradução de teatro, segundo penso, é mister a precisão linguístico-filológica, a dramaturgia – quase sempre esquecida – e a concretude da letra para a performance. Tudo isso reunido é mito, μῦθος, no sentido aristotélico, enredo articulado para a cena. Estou pensando em fusão,

junção, amálgama: texto-dramaturgia-matéria/corpo. Em outros termos, para a tradução de teatro o tradutor deve estar consciente – ou em busca – da unidade de corpo e mente. Tomo por testemunha e uso como argumento um homem de teatro, Antônio Nóbrega: "Ultimamente eu vi um espetáculo, com o Luís Melo, *Sonata Kreutzer*. É um ator em cena, com uma luz única, com um texto tirado de um romance, um romance até pesado, um romance trágico, Tolstói escritor russo, ou seja, tem todos os ingredientes para ser chato. No entanto, é prazerosíssimo. O que é? É um bom ator, contando uma boa história. Eu acho que o teatro talvez se resuma a isso: uma boa história sendo bem contada. E talvez a falta disso também, quer dizer, o uso excessivo da luz, o uso excessivo da cenografia, para mim tudo isso desfoca o teatro. É como se sujasse... o teatro." Antônio Nóbrega. 30/12/1996, "Programa Roda Viva". Disponível em: <http://www.rodaviva.fapesp.br/materia/3/entrevistados/antonio_nobrega_1996.htm>.

5. Nos vulcões, o material rochoso subterrâneo e profundo, quando submetido a pressões e temperaturas altíssimas e quando a superfície rígida sofre uma ruptura, tende a escapar, extravasando. Recordo Calderón (2003, p. 13), em *La vida es sueño*: "*En llegando a esta pasión,/ un volcán, un Etna hecho,/ quisiera sacar del pecho/ pedazos del corazón./ ¿Qué ley, justicia o razón,/ negar a los hombres sabe/ privilegio tan suave,/ excepción tan principal,/ que Dios le ha dado a un cristal,/ a un pez, a un bruto y a un ave?*"

6. Na analogia do corpo com a terra, Gaia, vamos desdobrar o pensamento: "O planeta Terra é constituído por diversos setores ou ambientes, alguns dos quais permitem acesso direto, como a atmosfera, a hidrosfera (incluindo rios, lagos, águas subterrâneas e geleiras), a biosfera (conjunto dos seres vivos) e a superfície da parte rochosa. Desta superfície para baixo, o acesso é muito limitado. As escavações e sondagens mais profundas já chegaram a cerca de 13km de profundidade, enquanto o raio da terra é de quase 6.400km. Por isso, para se obter informações deste interior inacessível, existem métodos indiretos de investigação: a sismologia e a comparação com meteoritos." (Toledo, disponível em: <http://www.igc.usp.br/index.php?id=165>).

7. Ao ator-tradutor da Trunersa, o ator-filólogo, aconselho sempre falar suas palavras traduzidas em frente ao espelho, enquanto perfaz os gestos que elas demandam. Se não demandam gesto algum, há problema e isso repercutirá na dramaturgia, nesse caso, é melhor voltar às camadas mais profundas do texto grego.

8. Cf. Evolução da bateria "Maracatu Estrela Brilhante do Recife". Disponível em: <https://www.youtube.com/watch?v=GmuOoaeuubs>.

9. "A tragédia e a comunhão. Aliás, em tais formas rituais, o corpo caprino de Dioniso é esquartejado, desmembrado e devorado por todos os participantes do rito. *Tragos*: sacrifício do bode, tragédia; o ritual de comer o deus e de beber seu sangue. Semelhante à comunhão, cerimônia ainda existente nos mistérios da santa missa, na qual os cristãos se alimentam do Cristo. Antigas lendas relatam um rito primevo, transformado em ato social, de uma violência inaudita. A unidade tribal, a comunhão, era obtida (...) com o desmembramento do chefe, alcançava-se a unidade da tribo." (Fo, 2011, p. 37).

10. "[...] este tipo de memorização [eu acrescento: de resgate do texto grego na tradução] pode trazer verdadeiras surpresas, provocar a descoberta de uma interpretação, de uma associação, de uma emoção escondida que vem à tona na primeira vez que o texto é enunciado. É algo imprevisível, não preparado, que pode ser muito delicado e quase invisível, mas, às vezes, é fundamental para o resto do trabalho." (Kahn, 2009, p. 151).

11. Esta frase, que Kahn (2009, p. 153) emprega para o ator, utilizo-a para os atores de tradução da Truπersa. Como os primeiros atores do texto no universo da língua e cultura de chegada, eles precisam de disciplina para pensar o concreto desde a tradução.

12. "Esta contradição entre espontaneidade e precisão é natural e orgânica. Uma vez que cada um destes aspectos é um polo da natureza humana, por essa razão, quando eles se entrecruzam nós ficamos inteiros. Em um certo sentido, a precisão é o campo de ação da consciência, a espontaneidade – por outro lado – do instinto." Jerzy Grotowski, em transcrição de Leszek Kolankiewicz (*apud* Kahn, 2009, p. 147).

13. Mais uma vez, busco o depoimento de um ator para comprovação – pela πρᾶξις – do que acabo de afirmar, Juca de Oliveira no "Programa Roda Viva", 04/08/2014: "Olha, existe uma... alguns tipos de memorização. [...] Existe uma memorização um pouco mais simples que é... [...] é a televisão. A televisão você nunca sabe absolutamente. Você sempre tem alguma coisa de... aquele pânico, aquele medo de você errar e que, de vez em quando faz com que você brilhe. [...] No caso do teatro, é absolutamente o contrário, você tem que saber absolutamente. Você tem que saber a tal ponto que aquilo se torne um ato reflexo, pra que você interprete, pra que você viva as personagens independentemente e em qualquer minuto de você pensar o que você está dizendo, porque na hora que você pensa na palavra você se desliga." Disponível em: <https://www.youtube.com/watch?v=Kd-2r7PYInI>.

14. "Então a tragédia é uma representação de uma ação..." (Aristóteles, *Poética*, 1992, 1449b 24).

15. "σχεδία, ion. -ίη f. 'jangada' [*Od*, at, helênico]: Na *Od*. a palavra se refere a um tipo de barco improvisado; o termo se refere também à ponte de barcos construída por Dario [Heródoto, Ésquilo]; 'Moldura' [Ateneu mecânico]."

16. "Ficou implícito já, através de exemplos da divisão dos meios nas artes, que a harmonia não pode existir sem ritmo, pois eles formam um par natural. A capacidade para estas tendências naturais ao ritmo e harmonia distingue os homens dos animais de acordo com Platão, *Leis* 653e. Elas são evidentes nas crianças, desde o nascimento [*Probl*. 920b 30]. As αὐτοσχεδιασμάτων, 'improvisações', vêm em primeiro lugar; os homens as desenvolveram gradualmente até que elas alcançaram um patamar em que se tornaram aptas a serem descritas como pertencentes a uma arte."

17. "Limito meus comentários a decisões essenciais que subjazem às minhas opiniões."

18. "Aristóteles não considera o drama como uma forma de narrativa [cf. infra]. Além disso, τοὺς μιμουμένους, com toda probabilidade médio-ativo e não passivo [cf. Bywater, s/d., p. 121], refere-se aos atores, como E. Müller, *Die Theorie der Kunst bei den Alten*, II, p. 18, sugeriu, e deste modo, no contexto, há uma mudança radical do assunto. Essa interpretação está de acordo com a concepção de Aristóteles acerca do drama, especialmente da tragédia: cf. 6, 1449b 24-26: περὶ δὲ τραγῳδίας λέγωμεν ἀναλαβόντες αὐτῆς ἐκ τῶν εἰρημένων τὸν γινόμενον ὅρον τῆς οὐσίας.Ἔστιν οὖν τραγῳδία μίμησις πράξεως σπουδαίας καὶ τελείας μέγεθος ἐχούσης ..., <u>δρώντων καὶ οὐ δι ἀπαγγελίας</u>; 31: ἐπεὶ δὲ <u>πράττοντες</u> ποιοῦνται τὴν μίμησιν; 1450a 20-21: οὔκουν ὅπως τὰ ἤθη μιμήσωνται <u>πράττουσιν</u>. A objeção de Bywater [p. 120] de que a interpretação bipartite é uma enfática divergência da *República* ignora o fato de que existe uma diferença essencial entre Platão e Aristóteles no modo como consideram a tragédia e a épica: o primeiro rejeita a tragédia porque ela é absoluta falsificação (isto

é, imitação no sentido restrito do termo), enquanto que, para o segundo, este mesmo fato é o que assegura a superioridade da tragédia sobre a épica [cf. supra]."

19. "Se há um momento em que a ação é abordada antes do capítulo 6, ela é abordada de maneira indireta por meio dos agentes. Eles são citados no início do capítulo 2, onde é o caráter de quem age (e não a ação) que fundamenta a distinção entre a tragédia (caráter elevado) e comédia (caráter baixo). Mas é a ação que se protagoniza na definição da tragédia e entre as partes que a compõem, e não o agente (e seu caráter)." (Gazoni, 2006, p. 8, p. 12; cf. Aristóteles, 1992, 1450a 16-24).

20. Antônio Nóbrega, no século XXI, fala da mesma maneira com relação à dança ocidental em seus vários tipos: "[A música] vai se organizando naturalmente, assim como a dança clássica também vai se organizando naturalmente, assim como o 'kathakali' no oriente também vai, assim como o 'nô', assim como o 'kabuki', nada disso nasceu pronto, não é? São linguagens, seja da dança, seja da música... Algumas delas milenares, não é? As nossas, um 'cavalo-marinho', se tivesse o mesmo tempo pra ir se construindo... se constituindo... talvez daqui a quinhentos anos chegasse a uma forma semelhante a um 'nô', semelhante a um 'kabuki', se ela fosse feita dentro do seu... da sua trajetória cultural independente, porque, veja, uma dança clássica, por exemplo, a dança clássica europeia, só chegou ao que é, porque ela foi se desenvolvendo por ela mesma, dentro dela, ou seja, não havia nenhum fator externo que desse outras referências a não ser o desenvolvimento dela interno como, por exemplo, uma dança – pra ficar na dança ainda – como, por exemplo, uma dança como o 'kathakali', ou seja, aquilo ia se maturando naturalmente ao longo dos anos..." "Programa Roda Viva", 24/11/2014. Disponível em: <https://www.youtube.com/watch?v=vhxDSRcmJf0> – é assim que se leva a tragédia do passado para o hoje, há dor no salto e no riso também.

21. "Finalmente, vale a pena observar que a suposição de Aristóteles de que a tragédia teve sua origem a partir de uma forma fundamentalmente burlesca se ajusta tão inadequadamente ao esquema de desenvolvimento apresentado na primeira parte do capítulo que ele, provavelmente, não a teria aventado se não estivesse razoavelmente convicto de que se tratava de uma verdade."

22. Gostaria de recordar mais uma passagem do tratado de Demétrio (2011, p. 133-134), nesse estudo escolhido como apoio teórico. No passo ele indica o riso como veículo para a instauração do medo e do espanto: "§130. Mas, às vezes, Homero também lança mão da graça para aterrorizar e impressionar – e é mais amedrontador brincando. Aliás, ele parece ter sido o primeiro a ter encontrado a graça amedrontadora, como no episódio da mais sem graça das personagens, o Ciclope: *Ninguém vou comer por último; os outros, primeiro* – esse o dom de hospitalidade do Ciclope! Com efeito, em nenhum outro momento, o poeta o mostrou tão terrível (nem ao jantar os dois companheiros, nem nas menções à clava ou à pedra que lhe servia de porta), quanto nessa fineza. §131. Também Xenofonte lança mão dessa espécie de graça e também ele promove o terror por meio dela. Por exemplo, na passagem da dançarina em armas: *Perguntado pelo plafagônio se também as mulheres guerreavam ao lado deles, disse: 'pois, elas mesmas até fizeram o rei voltar para trás'*. Por meio da graça, um duplo terror se manifesta: um, porque não eram quaisquer mulheres que os acompanhavam, mas as amazonas; outro é contra o rei, que seria fraco a ponto de ser afugentado por mulheres."

23. Ainda sobre a improvisação, parece-me interessante ouvir de novo os atores. Marieta Severo afirma: "O teatro me obrigou, me levou a um respeito, a um saber escutar, a uma compreensão também do outro, do ser humano, ele me voltou pro ser humano, então, isso pra mim é a coisa mais preciosa, eu sei que eu fui ficando melhor por causa do meu trabalho que me obriga a uma escuta. Eu tenho que saber o que é que está se passando com você, quando eu tô em cena com você. Por que é que cada dia é diferente? Porque a cada dia nós duas estamos um tiquinho diferentes e eu tenho que ter uma escuta para essa sutileza, pra o que você tá me trazendo e lidar com aquilo. Por isso é que ele é vivo, porque naquele momento eu tenho que tá ali, pera aí, olha o jeito que ela fez isso hoje, assim, ah, então, aí eu respondo assim, aí eu não sei que... assim, o jogo é esse. E é o melhor jogo pro ser humano na vida." "Eu fico muito, muito nervosa, eu fico insegura quando começo um trabalho novo, eu acho que não vou dar conta, eu não sei se eu vou conseguir fazer aquilo direito, se eu vou conseguir, porque é muito misterioso você se apossar de um personagem, né? Tem uns que vêm bacana e que você consegue se relacionar com eles de uma maneira mais completa, tem outros que você batalha, batalha, batalha, batalha parece que pega um caminho errado e não vai, então o grande, esse mistério o que você realmente vai conseguir realizar, vai conseguir ter uma plenitude ali dentro daquele personagem, o que você não vai conseguir, você não sabe nunca. [...] [O teatro] é uma relação tão viva, tão em cima do momento, do que tá ali, da vida mesmo, o que tem de mais vibrante com o aqui e agora, o que tá acontecendo..." "Starte: grandes atrizes", 15/06/2012. Disponível em: <https://www.youtube.com/watch?v=dFAAIfoziTw>. Bibi Ferreira: "O VT [*video tape*] tirou a beleza do ao vivo, o ao vivo é aquele momento e acabou. [...] [com o VT] era um tal de parar por causa de uma luz não sei o quê, para porque eu errei, deixa ver se passou o erro, deixa, o erro entrou, a vida é assim, agora, qualquer coisinha, cuidado que... [...] tá postiço, perdeu a vida do ao vivo. [...] Tudo não pode ser entregue à sorte, mas a sorte é importante. Por um lado, um pouco de sorte, não tudo, um pouquinho de sorte, muito respeito e aquela coisa que você tem que ter que chama-se instinto daquilo que você vai fazer, se você acha que o que você vai fazer vai agradar, né? Você tem que saber qual é a música, qual é o texto, saber o que é que eles vão querer, eles ali ó, o público, que é o único importante". Disponível em: <https://www.youtube.com/watch?v=-Qz_tcCTVMAw>.

24. Berman (2013, p. 63-87) dedica todo um capítulo às possíveis deformações de um texto traduzido. Já comentei, mas não custa repetir: ele fala da "sistemática da deformação" e tenta descrever as "forças deformadoras" no domínio da "prosa literária". Considero que elas se aplicam também ao teatro ático, no qual, devido à mistura de dialetos, vê-se a informidade (espaço polilinguístico de uma comunidade) que Berman diz encontrar na prosa literária (nos romances, ensaios, cartas etc.). Ele afirma um total de 13 forças deformadoras, 13 tendências. Destaco a que julgo mais perniciosa para a tradução de dramas, a *racionalização* – maneiras de "ordenar" a sintaxe e a pontuação do texto (lembremo-nos de que os originais gregos não registravam pontuação). Para o autor, a racionalização "aniquila também um outro elemento prosaico: o objetivo de concretude." (p. 69).

25. Retomo nota do capítulo 1 com Kandinsky (2005, p. 98): "o crescimento de um dedo da mão é como o de um ramo que brota do galho." Arborescência, palavra que faz brotar ramos, corpo que faz brotar braço, mão e dedos... Agrego o testemunho de dois artistas, o ator e diretor François Kahn, antes mencionado, e o brincante Antônio Nóbrega. Kahn: "Uma das últimas coisas que Grotowski me falou numa conversa de trabalho foi: '*Not engineering, but gardening*', ele falou em inglês, estranho, não? Não fazer engenharia com o teatro, fazer

jardinagem. Você deve cuidar dos homens, dos atores, como das plantas. É preciso tempo, seguir as estações, deixar envelhecer, cortar os galhos secos, respeitar as relações entre as plantas para fazer com que cresçam bem, não dar água demais, não deixar demais no sol, todas essas coisas. *Not engineering, but gardening.*" Curiosamente, Nóbrega se utiliza de uma metáfora análoga: "Como eu tenho me apresentado em plateias muito diferentes, muito díspares entre elas, então eu tenho um testemunho, até me desculpem a vaidade, mas eu tenho um testemunho otimista em relação ao que eu tenho feito. Porque como eu tenho, às vezes eu coloco um pouco essa metáfora, não sei se ela é muito clara, não sei se ela é boa. É como a palma da minha mão, é como se no espetáculo eu tivesse, por exemplo, dez elementos de comunicação com o público. Dentre esses dez, cinco têm um respaldo um pouco mais erudito, são as minhas referências. Por exemplo, n'*O brincante* eu tenho, é um espetáculo em que o tecido musical – depois é que eu me dei conta – a trilha sonora é composta de grandes compositores russos. Tem um tema de *Prokofiev*, de Stravinsky e de Rachmaninov. Compositores eruditos. Eu tenho referência de Rabelais, por exemplo. É claro que essas músicas são dissolvidas também. A maneira como elas são colocadas não são dentro do rigor do erudito, não é um quarteto de cordas que está tocando, não é uma orquestra sinfônica." Antônio Nóbrega, 30/12/1996, "Programa Roda Viva". Disponível em: <http://www.rodaviva.fapesp.br/materia/3/entrevistados/antonio_nobrega_1996.htm>.

26. Clarificação para Berman se resume em: "Onde o original se move sem problema (e com uma necessidade própria) no indefinido, a clarificação tende a impor algo definido." Para o nosso caso cito um exemplo. Quando Sófocles faz o oráculo falar para Édipo (*Édipo Rei*, v. 791) que em sua trajetória era preciso ele se misturar (μειχθῆναι) com sua própria mãe: ὡς μητρὶ μὲν χρείη με μειχθῆναι ("que, com minha mãe, era preciso eu me misturar." Édipo Rei na edição de Dawe vertida por nós ao português), o verbo μίγνυμι ou μείγνυμι, nesse contexto, é ambíguo, turvo, opaco – como de resto é qualquer termo em um oráculo. O Liddell-Scott dá para ele um primeiro significado, misturar líquidos (Ésquilo, *Coéforas*, 2004, 546), confundir substâncias (fluidos e sólidos); ajuntar, reunir, bater-se, combater no corpo a corpo (Sófocles, *Édipo em Colono*, 1996, 1047). O contexto erótico é, no Liddell-Scott, um significado secundário que vem na resposta do oráculo como hipótese assustadora. Por isso, esse sentido, julgo, deve manter-se camuflado, em nível mais fundo – vulcão pronto para explodir – mas silente para ser vivido como ameaça. Nunca é demais reforçar que a linguagem oracular é enigmática. O oráculo não disse ζεύγνυμι (como ocorre no v. 826), nem νυμφεύω (como ocorre no v. 980), nem ξυνευνάζω (v. 982), nem o verbo mais esperado para a união sexual, o γαμέω que ocorre largamente na peça (v. 825, v. 1199, v. 1214 por duas vezes, v. 1403 por duas vezes, v. 1492, v. 1500, v. 1502). O oráculo quis dizer, e disse, obscuramente. Só um dito obscuro poderia perturbar Édipo e levá-lo a equívocos. Clarificar a fala do oráculo, traduzi-la por "relações sexuais" ou o que nos leve a entender apenas isso em frase como "o oráculo disse que era preciso eu ter relações sexuais com minha mãe" é iluminar, planificar, linearizar, descomplicar o que é belíssimamente escuro, rugoso, ramificado e complicado. É fazer superficial o que é, em grego, uterino, visceral.

27. Um oportuno comentário de ator: "Gosto dos textos teatrais que não têm, dentro do que está escrito, a explicação do que acontece. Muitos textos teatrais têm a tendência de sempre explicar o que acontece." [...] "Devo gostar do estilo do texto, mas, antes de tudo, o texto deve ter um sentido profundo para mim, qualquer coisa que toque uma questão fundamental. E, ao mesmo tempo, deve ter qualquer coisa de misterioso, que eu não possa explicar imediatamente. Então, gosto muito de trabalhar sobre textos que as pessoas

consideram difíceis de fazer no teatro, porque dentro deles há a possibilidade de abrir portas, de deixar o espectador ver coisas que de um outro modo não poderia." [...] "Se você se dirige ao espectador não como uma pessoa estúpida, mas ao contrário, como uma pessoa inteligente, que é sensível, que aceita coisas mesmo se não entende imediatamente ou inteiramente, muda completamente a relação. Então você pode representar coisas muito complexas, no sentido conceitual, para pessoas muito simples, não é um problema de encontrar um público em especial, culto, preparado... Não é isso, o problema é criar uma situação de aceitação, os espectadores têm que estar disponíveis para escutar algo que talvez no início seja um pouco complicado. O que conta é a simplicidade da relação entre o ator e o espectador: o ator deve tentar não se colocar fisicamente ou intelectualmente em posição dominante. Ele deve aceitar ficar perto do espectador." François Kahn, Disponível em: <http://www.uff.br/gambiarra/dossie/0002_2009/MZaltron/>.

28. 'Inexorabilidade dos acontecimentos', 'lote de vida concedida' e 'obnubilação diante dos fatos'.

29. Retomo a intuição de Manfred Kraus (capítulo 1) e de Antoine Berman (capítulo 2).

30. Refiro-me exatamente ao pequeno tratado de Plutarco (1974), *Porque a Pítia não profere seus oráculos em verso*, em que se discute a alteração do colorido dos bronzes para justificar a modificação dos oráculos proferidos pela Pítia.

31. Sobre a oscilação entre o logocentrismo e as novas tendências, Britto, com o artigo "Desconstruir para quê?", me ajudou enormemente no processo de teorização de tradução de tragédias. Destaco um trecho: "Todas as críticas ao logocentrismo apontam para fatos inegáveis. Tem razão Arrojo quando chama a atenção para a impossibilidade de traduções perfeitamente literais, em que a figura do tradutor é de todo invisível. Também é verdade que não é possível determinar com exatidão qual o significado único e preciso de um determinado texto, nem tampouco identificar um tal significado com a intenção consciente do autor. E é evidente que é ingenuidade acreditar que o significado é uma entidade abstrata que pode ser destacada dos outros elementos do texto, como o estilo. O problema, porém, é que, para a grande maioria dos fins práticos que envolvem a utilização de textos, só podemos agir se adotarmos certos pressupostos, aproximações que, embora não correspondam à realidade dos fatos, são imprescindíveis. Temos que agir como se os autores fossem sujeitos conscientes e seus textos exprimissem um significado estável que corresponde a suas intenções conscientes; do mesmo modo, quando trabalhamos com traduções de seus textos, temos que agir como se as traduções desses textos fossem equivalentes aos originais, podendo aquelas ser usadas como substitutos destes. Em particular, no contexto do mundo acadêmico, do qual faz parte o mundo da teoria da tradução, só pode haver discussão e troca de ideias se todos os envolvidos na vida acadêmica considerarem que seus pares são sujeitos conscientes que exprimem suas intenções em textos originais, os quais podem ser substituídos por traduções funcionalmente equivalentes em outros idiomas. Em termos wittgensteinianos, poderíamos dizer que o jogo de linguagem 'teorizar' é regido por uma série de regras, entre as quais figuram os pressupostos (1) [isto é, traduções são textos equivalentes a originais] – (3) [isto é, o significado é um objeto distinto do estilo do texto em ele aparece. O pressuposto 2, no artigo de Britto, é: pode-se considerar um texto "original" como um objeto estável, cujo significado identifica-se com a intenção consciente do autor]. Quem não aceita essas regras simplesmente não pode participar do jogo." (Britto, 2001, p. 45).

32. Faço minhas as palavras de Juca de Oliveira: "Eu amo o teatro e o teatro é uma arte coletiva. Nós somos membros de uma tribo, não é verdade? É maravilhoso você ser ator, escritor de teatro, porque nós pertencemos a uma tribo. Nós somos expulsos do altar, da igreja, da praça pública e nos encontramos nas encruzilhadas com os ladrões de galinha, batedores de carteira, prostitutas e homossexuais. Esses somos nós, nós somos algo até diria bastante marginais, mas a grande maravilha está no fato de nós sermos membros de uma tribo. Nós nos amamos e nós nos queremos desesperadamente. Então é, sempre, é uma família. Você tá sempre em uma família. E como você tem sempre que fazer personagens, mergulhar dentro de você e fazer aflorar coisas que são absolutamente diferentes de você, você não pode ter preconceito e, não tendo preconceito, fica uma delícia." Disponível em: <https://www.youtube.com/watch?v=Kd-2r7PYInI>.

33. "Não existe impermeabilidade de si em relação ao sonoro. O som toca *illico* o corpo como se o corpo diante do som se apresentasse mais que nu: desprovido de pele. Orelhas, onde está o seu prepúcio? Orelhas, onde estão suas pálpebras? Orelhas, onde estão a porta, as persianas, a membrana ou o teto? Antes do nascimento, até o instante derradeiro da morte, os homens e as mulheres ouvem sem um instante de descanso. Não existe sono para a audição. [...] Não existe distanciamento diante do sonoro." (Quignard, 1999, p. 64-65).

34. "O tradutor geralmente tem que decidir o que seria em grego [a expressão] e depois traduzi-la; às vezes o tradutor pode acrescentar notas que explicam onde as decisões foram difíceis. Mas, muitas vezes, essas decisões são invisíveis e quero que meus leitores percebam que nem sempre sabemos o que os poetas realmente escreveram. [...] Assumo que meus leitores são pessoas inteligentes que querem tanto informações quanto ideias que ajudarão a provocar suas próprias respostas."

35. "Programa Roda Viva", disponível em: <http://www.rodaviva.fapesp.br/materia/386/entre>. Os grifos são meus.

36. Vale a pena avançar com o autor e peço licença para fazê-lo, aqui em um pé de página: "Há uma língua de pau do tradutor, e do especialista profissional da tradução. Ela é de pau porque é uma verdadeira autoridade, sem alternativa. E merece bem ser chamada de uma língua, porque ela só conhece a língua. As unidades da língua. Ela se realiza através das noções aparentemente anódinas e de bom-senso, de *língua de partida* ou *língua fonte*, aqueles que sonham em reproduzi-la em tradução sendo aqueles que procuram fontes; e de *língua de chegada*, ou *língua alvo* a língua em que se traduz, aqueles que visam a ilusão do natural sendo os alvejadores. Acompanhamento tradicional: os termos de *equivalência*, de *fidelidade*, de *transparência* ou *apagamento* e *modéstia* do tradutor. A tradução como *interpretação*. Está claro que ela não saberia fazer outra coisa além de interpretar o texto a traduzir: é preciso compreender bem antes de traduzir. Acompanhamento tradicional, a separação, concebida como um dado imediato da linguagem, entre o *sentido* e o *estilo*, entre o *sentido* e a *forma*. Estas noções são próprias da tradução. Elas não têm a solidez nem a segurança das noções de filologia. Apoiando-se inteiramente nos conhecimentos correntes em gramática. Estas são as noções que se ensina. Sem ver, e sem dizer, que elas constituem a programação mesma da má tradução, naturalmente caduca. Paradoxalmente, uma boa tradução não deve ser pensada como uma *interpretação*. Porque a interpretação é da ordem do sentido e do signo. Do descontínuo. Radicalmente diferente do texto, que *elabora* aquilo que diz. O texto é portador e levado. A interpretação, somente levada. A boa tradução deve fazer, e não somente dizer. Deve, como o texto, ser portadora e levada." (Meschonnic, 2010, p. 29, grifos do autor).

37. A tradução do trecho selecionado da obra de Lambert é de Júlio César Neves Monteiro e Luana Ferreira de Freitas. A tradução do segundo excerto está na p. 170 e é de Mauri Furlan.

38. Trata-se do § 96 e seguintes e do § 188 do tratado *Sobre o Estilo* em tradução de Gustavo Araújo de Freitas.

39. As atestações de Tavares (2013, p. 24) nos levam a tomar certas precauções, é preciso cuidar para não super-helenizar a tragédia, gênero que se integrava à exuberância e que tinha "a sua popularidade explicada na observação de seu contexto de produção." Demétrio (2011, p. 152-153) complementa: "§244 [...] como ocorre em todo o estilo antigo, já que os antigos eram simples."

40. "Percebe-se sem dificuldade que o que está em jogo no caso é um descompasso entre o poeta criador e o artesão tradutor. Este trabalha pragmaticamente no domínio do relativo; aquele parece mover-se utopicamente nas fronteiras do absoluto. Um contenta-se em fazer o melhor possível; o outro vive atormentado pela ânsia do perfeito. Ora, o ato tradutório, ainda que nele possa ter papel de relevo a mesma intuição responsável pelas fulgurações criativas, é na maior parte do tempo um ato de artesania." (Paes, 1990, p. 66).

CAPÍTULO 5
EM TERRA FIRME

– Conta, então, que fazem os poetas da minha terra?
– *Morrem sufocados em terra estrangeira...*
– Vê só! *Nossas flores são mais bonitas, nossas frutas mais gostosas...*
– E as traduções produzidas, hein?
– Um albergue contra tempestades...

Nada mais acolhedor que nossa língua amada, nossa terra firme, nosso abrigo secreto. Transpor belos textos em grego para o português amado, a delícia das delícias. É por causa do gozo que defendo uma causa: a de fazermos, no Brasil, a sistematização de nossas estratégias de tradução em paratextos e, com isso, estabelecermos uma 'escola teórico-prática' de traduzir teatro. Acredito que esse procedimento há de nos fazer avançar.

Pauto-me por Henri Meschonnic; entendo a tradução do teatro como uma experiência, um convívio.[1] A teoria, acompanhamento reflexivo dessa vivência 'amorosa', é suplemento. Ato de consciência também. Óbvio que cada um pode ter as práticas que preferir; proponho somente que se adira à observação do próprio trabalho de forma um pouco mais distanciada e sistemática. A experiência no teatro (mesmo aquela impensada e levada de improviso), segundo cremos, vem primeiro (Meschonnic, 2010, p. 17). O que interessa nessa seção são as vantagens de se acostumar com o exercício metódico e sistemático de uma declaração de intenções, hábitos, soluções e estratégias por parte dos tradutores experimentados, cujas declarações têm "importância teórica" (Meschonnic, 2010, p. 21). Pleiteio, portanto, a formação de uma escola de tradutores a partir dos agentes (tradu[a]tores) que se analisam, ponderam e expõem suas traduções.

O costume de declarar nossos meios nos formará. Faço aqui um exame – precário ainda: pesquisa em fluxo contínuo[2] – de alguns paratextos ou petições prévias que acompanham traduções no âmbito da tragédia ática. No momento, uma forma objetiva de iniciar uma avaliação da situação no Brasil seria a leitura dos paratextos das edições disponíveis no país, a fim de detectar estratégias declaradas de tradução.[3]

Se recorremos a esses textos para aprender estratégias, constatamos um contraste curioso. Nos dados coletados até agora, percebeu-se um apagamento em relação ao trabalho do tradutor. Ele é quase sempre, a meu ver, modesto demais nos prefácios e apresentações, mas, por outro lado, de uma visibilidade meio exagerada e com certas indiscrições (dessas que "roubam a cena") no texto resultado. Aparentemente seguros, eles, nos casos mais graves, marcam bem a própria presença na preocupação em mostrar rigor conteudístico e obsessão por clarificar o texto (supondo-o, talvez, difícil para o leitor),[4] em sua capacidade de julgar o que é valioso e o que é dispensável (cortando passagens),[5] em sua criatividade demasiada (mudando ideologicamente frases, enunciados), ou na busca do idioma de seu próprio tempo, com modernizações e simplificações desnecessárias.[6]

Há uma tendência para a adoção da tradução como interpretação. A corrente hermenêutica me parece, portanto, a mais forte. Este é um procedimento legítimo e pertinente para a literatura, mas, no caso do teatro – literatura de fronteira, que flerta com a dança, a pintura, a música e, sobretudo, com toda e qualquer ação de improvisação – a hermenêutica é apenas um pressuposto, o ponto de partida. Fixar-se nela não basta. O ponto deve desenvolver-se em linha, a linha em rede. Processo arriscado, contudo o risco é inerente a Brômio, o deus-voz-trovão.

Em todo o percurso deste estudo, pontuei vários autores; alguns, nas suas profundezas, contradizem-se, esbarram-se, conquanto nas superfícies dialoguem (é o caso, por exemplo, de Steiner e Berman, de Berman e Benjamin). Todavia, creio que consegui palestrar, tomando deles – omofágica, para não dizer antropofagicamente – o que mais me atendia. Pincei pontos comuns, semelhanças. Tracei um percurso, teci uma rede para pescar bons peixes e me alimentar. Não me colocaria presa a corrente alguma, sou todos e nada sou, sou trezentos – ou seria trezentos e cinquenta? –, sou de teatro, devota do caos e do improviso, mas disciplinada. Portanto, não rechaço nem adoto totalmente a corrente hermenêutica. Sei que traduzir não se limita a interpretar e entender. Sei, também, que a corporificação e a materialização do elemento poético de um texto só se realiza depois do entendimento pleno do trecho a ser traduzido. Exorto todos à produção de uma escola de tradução à moda do convívio entre autores e artistas com tradutores e, mais uma vez, tenho em mente Guimarães Rosa, em recomendação a Harriet Onís. Rosa amplia, alarga os horizontes de tradução pleiteando para seu texto traduzido ao inglês um alargamento do conteúdo em ritmo:

> Estes adjetivos, referentes a formas ou cores dos bovinos, são, no texto original, qualificativos rebuscados, que o leitor não conhece, não sabe o que significam. Servem, no texto, só como 'substância plástica', para, enfileirados, darem ideia, obrigatoriamente, do ritmo sonoro de uma boiada em marcha. Por isso, mesmo, escolheram-se, de preferência, termos desconhecidos do leitor; mas referentes aos bois. Tanto seria, com o mesmo efeito, escrever, só: la-lala-la... la, rá, la, rá... lá-lá-lá... etc., como quando se solfeja, sem palavras, um trecho de música. Note também como eles se enfileiram dois a dois, ou aliterados, aos pares de consoantes, idênticas, iniciais, ou rimando. Penso que, o melhor, numa tradução, seria fazer-se, em inglês, coisa análoga. [...] Todo o período é pois, de função plástico-onomatopaica. (Rosa apud Verlangieri, 1993, p. 190)

Na citação, o romancista busca esclarecer Onís sobre a primazia do ritmo no contexto de enumeração das cores dos bois. A forma de traduzir o ritmo (não a métrica) de um texto escrito/falado, para ele, está conjugada com a visualização, no caso mencionado, da cena de uma boiada em movimento. O ritmo subjuga o sentido, ou seja, importante é o balanço dos bois ser mais cheio de graça que a *Garota de Ipanema*. Ritmo talvez seja um dos motivos pelos quais Rosa, segundo comenta Jorge Faria Vaz,[7] assistiu, seis vezes, ao filme intitulado *Sinfonia Inacabada* (1934, Willi Forst). O fascínio pela película – entre outras coisas, evidentemente – pode estar ligado às extraordinárias conexões entre imagem, expectativas de visão, som e movimento, que Forst alcança. Haroldo de Campos também admitia emaranhados assim quando comentava a tradução do irmão Augusto de um "poema-minuto" de Safo. Para se fazer entender, Haroldo criou expressões como "ponto fugidio de sentido", "figuras fônicas em dança" (Campos, 2013, p. 31). Portanto, no passado como no presente, escritores, artistas, oradores e atores corporificam o conteúdo de suas palavras de forma que o ouvinte/leitor/espectador possa 'entender' a mensagem por vários meios, o intelecto, o afetivo, o sensível. No que diz respeito à corporificação e tradução, parece-me que a postura mais adequada à função cênica é a de Berman. Mas os caminhos – dos deuses e de seus devotos seguidores – são tortos, vão de

Aristóteles a Steiner e Meschonnic, desviam por Berman, sobrevoam os irmãos Campos, pousam em Paes, voam até Benjamin, se abrigam em Guimarães Rosa. Aristóteles (*Poética*, 1959, 3, 1, 1403b 27-32), há muito, colocou a importância da voz na performance. Ampliando a citação, veremos que, além da voz, ele prevê, igualmente, a corporificação do assunto em volume:

> ἔστιν δὲ αὕτη [ὑπόκρισις] μὲν ἐν τῇ φωνῇ, πῶς αὐτῇ δεῖ χρῆσθαι πρὸς ἕκαστον πάθος οἷον πότε μεγάλῃ καὶ πότε μικρᾷ καὶ μέσῃ, καὶ πῶς τοῖς τόνοις, οἷον ὀξείᾳ καὶ βαρείᾳ καὶ μέσῃ, καὶ ῥυθμοῖς τίσι πρὸς ἕκαστα. τρία γάρ ἐστιν περὶ ἃ σκοποῦσιν· ταῦτα δ' ἐστὶ μέγεθος ἁρμονία ῥυθμός...
>
> mas ela [a performance] está mesmo na voz, em como se deve usá-la para cada emoção; conformemente: se vigorosa, débil, média e em quais tons; conformemente: se no agudo, grave, médio e em que ritmos por cada item, pois há que se visar a três coisas: volume, harmonia e ritmo...

Observar com acuidade esses detalhes (corporificação, ritmação, movimento, sonoridade) é, para a tradução de textos teatrais, de valor máximo. Textos teatrais são provocações de acontecimento, de convivialidade.

Nesse sentido, temos que reinstalar um campo epistemológico, que muitas vezes foi tapado pela vontade de certeza da semiótica. Por exemplo, leio um texto, analiso os signos desse texto e os projetos de funcionamento do espetáculo, pensando que foi isso que se passou. A epistemologia do convivial implicaria ver como fracassa a linguagem. Beckett disse: tenta de novo, fracassa de novo, fracassa melhor. Tenho que ver onde fracassa a teoria semiótica porque é aí que estou entendendo a singularidade do teatro.

[...]

Tenho que poder pensar o acontecimento pelo que ele é, não pelo que deveria ser enquanto linguagem semiótica. Não digo que não há linguagem, mas que, no acontecimento, há muito mais que linguagem. E o acontecimento, como pertence à cultura vivente, implica categorias epistemológicas muito importantes, como a categoria do perdido, da ignorância – porque há coisas que vou ignorar

[...]

O que a semiótica fez foi negar e tapar os limites, pensando que, se estudamos as cadeias de signos, estudamos o acontecimento. Estamos nas portas de uma nova maneira de entender as coisas, onde nos colocamos num lugar de reconhecimento e de fracasso. (Dubatti apud Muniz & Romagnolli, 2014, p. 255-256)

Em outros termos, "para o artista, toda limitação é estimulante",[8] sobretudo se ela conduz à superação do fracasso e à consciência de si.

Observando alguns dos nossos mais prestigiosos tradutores – não vou nem pretendo esgotar o assunto, há autores não contemplados na pesquisa, o que revela, é fato, lacunas enormes – constato o que passo a relatar mesmo consciente da precariedade do *corpus*. Pude verificar fatos relevantes que a seguir vou arrolar.

De um tradutor bastante conhecido, da geração precedente à dos nossos contemporâneos, Mário da Gama Kury,[9] tomo o volume que integra *Medeia, Hipólito e Troianas* de Eurípides (1991) e que apresenta traduções diretas do grego. A obra vem com um prólogo que informa sobre as edições críticas que serviram de base para as três traduções, além de, antes de cada peça, fornecer uma introdução destacando os aspectos literários do texto. Nada consta sobre tradução. Vê-se, porém, nesses paratextos, uma clara necessidade de exibir todo o aparato acadêmico e filológico do tradutor.

O recado é claro: o leitor deve confiar no tradutor e não se cogita a possibilidade de o primeiro aprender com a experiência tradutória do último. Do mesmo Kury, posso citar ainda a tradução da *Oréstia* de Ésquilo (cf. 1964). As peças foram inicialmente publicadas em separado pela Civilização Brasileira e valeram ao estudioso uma reedição pela Zahar, afinal, a tradução da tragédia *Agamêmnon* conquistou o Prêmio Artur Azevedo de 1965.

A edição vencedora do concurso se estrutura a partir de uma introdução dividida com subtítulos: "O autor e a obra", que informa a respeito da vida de Ésquilo e faz um apanhado geral das peças do dramaturgo, acrescido de uma apresentação do mito de Agamêmnon. Na seção "Ésquilo poeta", encontramos a análise literária da peça que dá título ao volume. Nesses prolegômenos é igualmente mencionado o que outros autores, como Sófocles e Aristófanes, diziam a respeito de Ésquilo e suas tragédias. Por fim, Gama Kury – para nossa alegria – reúne no tópico "A tradução" reflexões sobre o seu fazer tradutório propriamente dito, as quais passo a citar:

> Da minha tradução nada direi, senão que foi um trabalho dificílimo mas feito com enorme satisfação. Penetrando nos detalhes da peça descobri novas belezas num texto cujas qualidades pensava conhecer todas antes de iniciar a tarefa ora concluída. Fugindo um pouco ao critério adotado na tradução da

'Electra' de Sófocles, aqui procurei respeitar mais o verso português, embora para isso tenha sido mais tentado a sacrificar algumas vezes a literalidade. Mudei de ideia também quanto aos coros, que na 'Electra' foram traduzidos sem metro. Adotei, porém, metro diferente do escolhido para a parte dialogada, tal como no original, embora reconheça que qualquer verso de estrutura rígida não poderá traduzir fielmente o movimento da parte coral no texto grego. Mas pelas razões expostas na introdução à 'Electra' [...], esses detalhes são irrelevantes, porque a parte coral, nas representações antigas, era cantada entre evoluções marcadas pelo número de sílabas dos versos, ao passo que hoje, seja na leitura ou na representação, esse detalhe não é observado. A cada variação do metro no original procurei fazer corresponder um metro diferente na tradução, porque essas transições têm a sua importância, para acentuar estados d'alma ou simplesmente para maior efeito sonoro. (Kury in Ésquilo, 1964, p. 1)

Nossa alegria durou pouco; a frase "Da minha tradução nada direi" desfez ilusões. No subtópico "Tradução", Gama Kury abre caminho para outro intitulado "O texto", no qual explicita quais edições lhe serviram de base. Vê-se, portanto, a partir da citação, novamente uma preocupação acadêmica e uma predileção pela prática da métrica conjugada com uma inclinação para a prosa ritmada. O mesmo se dá com a nova edição, quando Gama Kury recupera em parte os comentários gerais à tradução da primeira edição do *Agamêmnon* e modifica a frustrante frase inicial, "da minha tradução nada direi...". A edição de 2010 (reimpressão de 1991) apresenta, acerca do processo tradutório, a mesma declaração da edição anterior, a dificuldade enfrentada diante da língua grega. Além desta, o tradutor acrescenta a instabilidade e variação dos manuscritos com seus versos truncados. Ensinamentos para tradutores? Nenhum. Reproduzo um trecho da seção:

A primeira edição de minha tradução do texto do *Agamêmnon* foi publicada em 1964 pela Editora Civilização Brasileira, tendo recebido o Prêmio Artur Azevedo de 1965 da Academia Brasileira de Letras. Ao revê-la para esta reedição, esforcei-me por corrigir os numerosos erros tipográficos que infelizmente escaparam na primeira edição. Introduzi também no texto modificações feitas ao longo dos anos em meu exemplar de trabalho, com o objetivo de dar maior fluência à linguagem.

As traduções das *Eumênides* e das *Coéforas* saem aqui pela primeira vez.

De meu trabalho direi apenas que foi muito difícil mas feito com enorme satisfação. Penetrando nos detalhes das peças, descobri novas belezas num texto cujas qualidades pensava conhecer todas antes de iniciar a tarefa ora concluída.

As dificuldades são agravadas pelo fato de o texto das três peças ser problemático em muitos trechos, e de haver lacunas nos manuscritos das *Coéforas*, além de vários versos truncados, criando sérios desafios ao tradutor.

A cada variação do metro no original, procurei fazer corresponder um metro diferente na tradução, porque essas transições têm a sua importância, para acentuar estados d'alma ou simplesmente para maior efeito sonoro.

Serviu de base à tradução o texto da edição de Gilbert Murray (*Aeschyli quae supersunt Tragoedia*, editio altera, Oxonii, 1955). Consultei, para a interpretação das numerosas passagens obscurecidas por deficiências do texto, as edições de Wilamowitz-Moellendorff (*Aeschyli Tragoedia*, editio altera ex editione anni 1914 ope expressa), de Paul Mazon (Paris, 'Les Belles Lettres', 3ª edição, 1945), e a edição comentada de A. W. Verral (Londres, Macmillan, 1889 e seguintes). Recorri também a obras dedicadas à apreciação das peças, como a de George Méautis já citada e a de Maurice Croiset, Eschyle – *Études sur l'invention Dramatique dans son Théâtre*. (M. G. K., 1991) (Kury in Ésquilo, *Oréstia*, 2010, p. 14-15)

Continuando com os paratextos de Gama Kury, percebe-se que, embora bem-sucedido e bastante reconhecido, ele não é um tradutor reflexivo de modo a ensinar "o caminho das pedras" para os novos tradutores. Em *Prometeu Acorrentado, Ájax, Alceste* (Ésquilo, Sófocles, Eurípides, 1993), o estudioso faz uma breve introdução às três tragédias, abordando um pouco da vida dos autores e dos aspectos literários das obras. Dados importantes, provavelmente exigências editoriais, são fornecidos; a seção preenche lacunas que o público em geral carrega, contudo, sobre a tradução propriamente dita, há um certo silêncio obsedante. Kury distribui com parcimônia suas 'dicas' de tradução sobre o *Prometeu Acorrentado*: "Embora evitando uma linguagem empolada, procuramos manter em português a grandiosidade também verbal que a própria peça tem no original, decorrência lógica da condição divina dos personagens" e indica a edição escolhida, a de Gilbert Murray (Oxford, Clarendon Press, reedição de 1955). Sobre a tradução de *Ájax*, apenas:

Na tradução valemo-nos quase sempre do texto da edição de R.C. Jebb (Cambridge, University Press, 1896). Consultamos também as notas numerosas e esclarecedoras do mesmo Jebb, além das edições de Paul Masqueray (Paris, Les Belles Lettres, 4ª edição, 1946) e de Alfonse Dain e Paul Mazon (mesma editora, 1965). Seguindo o original, mantivemos na tradução (aqui como nas outras peças reunidas neste volume) as frequentes mudanças de metro constantes do original, para acentuar as emoções dos personagens. (Ésquilo, Sófocles, Eurípides, 1993, p. 11)

Sobre a tradução de *Alceste*, afirma o seguinte: "Serviu de base à nossa tradução a edição crítica de Gilbert Murray das obras completas de Eurípides (Oxford, Clarendon Press, vol. I, reimpressão de 1940)." (Kury in Ésquilo, Sófocles, Eurípides, 1993, p. 72).

Em *Os Persas, Electra* e *Hécuba* (Ésquilo, Sófocles, Eurípides, 1992), há um prólogo curtíssimo, em que Kury esclarece dar à luz traduções inéditas, sendo que a de *Electra*, em terceira edição, foi revista – "abrimos mão da literalidade absoluta em relação ao texto grego" – visando a uma melhor fruição do texto. A "Apresentação" inclui uma abordagem geral sobre a tragédia grega, com enfoque especial, de um parágrafo, para a ironia trágica em Sófocles e, particularmente, em *Electra*. Kury (Ésquilo, Sófocles, Eurípides, 1992, p. 14) fecha o parágrafo sustentando (a partir de citação de J. A. Symonds) que "o dramaturgo antigo jogava com as cartas na mesa, enquanto o moderno esconde-as nas mãos". Finaliza a apresentação com pequeno estudo da estrutura formal da tragédia e mais uma bibliografia básica. Cada peça é acompanhada de uma introdução com notas sobre o autor e a obra em questão, com algumas investidas sobre o estilo do dramaturgo: "A arrogância dos persas também se mostra com maior nitidez nas palavras deles mesmos." (Kury, 1992, p. 20). Há notas com informações históricas, mitológicas e geográficas sobre o texto grego. De tradução apenas esse trecho:

> Nossa tradução baseia-se principalmente no texto constante da valiosa edição de H. D. Broadhead, que inclui uma ampla introdução e notas abundantes, além de um comentário exaustivo (*The Persae of Aeschylus*, Cambridge, University Press, 1960). Consultamos também as edições de Gilbert Murray (Oxford, Clarendon Press, 1955) e de Paul Mazon (Paris, 'Les Belles Lettres', 1946). (Kury, 1992, p. 21)

O esquema configurado para *Os persas* se repete para *Electra* e para *Hécuba*. De qualquer modo, nos volumes consultados, minguam as informações sobre o processo tradutório. Quem buscar conselhos não os achará. Frustrados ficamos igualmente ao consultar as traduções de Alberto Guzik, Geir Campos, Miroel Silveira e Júnia Silveira Gonçalves, tradutores mais recentes (Ésquilo, 1980; Sófocles, 1980; Eurípides, 1980).

De Jaime Bruna, compulsei somente o volume que reúne as peças *Prometeu acorrentado, Rei Édipo, Hipólito* e *Nuvens* (Ésquilo, Sófocles, Eurípides, Aristófanes, 1968). Nele há uma introdução geral e notas prévias oferecendo os pressupostos mitológicos de cada peça. Nenhuma linha sobre tradução. O mesmo podemos afirmar da "versão poética" de José Eduardo do Prado Kelly para *Helena*, sem introdução nem apresentação. Um excerto de *Portraits contemporains*, em francês, de Charles Augustin Sainte-Beuve, cumpre a função de dar os devidos esclarecimentos sobre a tradução para o leitor. Recorto o trecho mais incisivo:

> *des traductions senties, fidèles, fidèles à l'esprit non moins qu'à la lettre des textes, et légèrement combinées avec les nécessités comme aussi avec les ressources de notre propre langue, feraient faire à celle-ci des pas très hardis, très heureux et, ce me semble, très légitimement autorisés. Traduire fidèlement, avec goût, c'est-à-dire avec une sincérité habile, les tragiques, Pindare, Homère, même Théocrite, ce serait, je le crois, innover en français, et innover de la manière la mieux fondée, la plus prudente et la plus exemplaire.* (Sainte-Beuve *apud* Kelly in Eurípides, 1985, p. 8)¹⁰

A notificação de possíveis falhas ou o instrumental para o aprendiz de tradução foram dados, mas em francês: recomenda-se sensibilidade, fidelidade ao espírito e à letra, adequação ao idioma pátrio, precisão, bom gosto e sinceridade inteligente para inovar a língua "francesa" (no caso de Prado Kelly, a língua portuguesa). Já em seu volume dedicado aos *Hipólitos* de Eurípides e Sêneca e à *Fedra* de Racine, encontraremos mais fartura de dados, com a ressalva de serem literários e mitológicos. De tradução, um parágrafo:

> Contentou-se em transladar as três tragédias ao verso português, aproximando-o o mais possível da forma original. Foi um modo particular de revivê-las na própria elaboração literária, ou melhor, de 'recriá-las', consoante dizia Ungaretti, ao exercitar-se em recomposições assim fiéis como sentidas. Essencial nos pareceu apreender cada vocábulo 'con occhio interiore', como belamente escreveu Valgimigli. Não sabemos se a execução correspondeu ao desejo, mas é certo que nos proporcionou um prazer raramente experimentado. (Kelly *in* Eurípides, Sêneca, Racine, 1985, p. 29)

João Batista de Mello e Souza é um pouquinho mais generoso ao confessar sua arte. Dessa maneira, ele contribui um pouco mais para a formação de um material teórico acerca dos estudos da tradução do teatro ático. Quando reúne as peças *Electra, Alceste* e *Hipólito* (Eurípides, 198-) contempla o leitor com um prefácio, tradução e notas dele próprio. Sob o título "A Grécia Antiga e a poesia dramática",[11] Souza faz um elogio à literatura grega atestado por citações de Michelet entre outros.[12] Segue-se um trecho de história da literatura com informações sobre o surgimento da tragédia, uma citação de Horácio, dados biográficos dos poetas trágicos e – finalmente! – reflexões, muitas, sobre a dificuldade de traduzir as tragédias gregas em versos:

> Algumas advertências prévias convêm formular, para os leitores que se disponham a conhecer as tragédias gregas por meio de traduções ou escólios, visto que se torna difícil a aquisição de conhecimentos bastantes no idioma em que foram escritas. Uma delas diz respeito à forma em que são apresentadas tais traduções. Tendo sido produzidas em verso essas admiráveis obras, não tem faltado quem se anime a interpretá-las, nos idiomas modernos, conservando-lhes a forma poética. Mas a poesia está sujeita a cânones rigorosos, e assim há de permanecer, em que pese aos que, em recentes tentativas pretendem libertá-la de tais exigências. Eis a razão por que a empresa de trasladar para o nosso vernáculo as veementes exclamações que se contêm nos versos tersos e patéticos de Sófocles ou de Ésquilo apresenta dificuldades intransponíveis. Na impossibilidade de comprimir num só verso de nosso idioma o integral conteúdo do verso grego, os tradutores são forçados, quase sempre, a modificar os termos da apóstrofe, ou a usar de circunlóquios, omissões ou acréscimos, que necessariamente importam em deslealdade para com o autor grego e para com o leitor que o deseja conhecer. Isenta de métrica, a tradução em prosa pode, com fidelidade absoluta, acompanhar o texto clássico, do qual só se afasta nas passagens em que a rigorosa exatidão vocabular possa dar em resultado uma forma incompreensível, ou de sentido diverso daquele que o poeta quis exprimir. Em tais passos é forçoso sacrificar a palavra, para manter a precisão da ideia. (Mello e Souza in Sófocles; Ésquilo, s.d., s.p.)

Mello e Souza se curva às exigências anteriormente comentadas de fidelidade "absoluta", academicismo e explicabilidade dos textos em prol de uma maior clareza. Nisso tudo, ele se lamenta pela perda da forma. Sua postura intimida um pouco, pois, para ele, é "difícil a aquisição de conhecimentos bastantes no idioma em que foram escritas". O tradutor paulista declara a necessidade de cortes e alongamentos ("tradutores são forçados, quase sempre, a modificar os termos da apóstrofe, ou a usar de circunlóquios, omissões ou acréscimos") e adota o tipo de tradução que Berman – injustamente, julgo eu – chama de "platônica" (Berman, 2013, p. 44-45).[13] Na tradução do *Rei Édipo*, da *Antígone* e do *Prometeu acorrentado* (Sófocles; Ésquilo, s.d.), Mello e Souza reproduz na íntegra os comentários do prólogo geral da edição anterior dedicada à tradução de *Electra*, *Alceste* e *Hipólito*, mas oferece exemplos de versos franceses com dificuldade de tradução e critica a proposta tradutológica de Odorico Mendes, exaltando a de Leconte de Lisle nestes termos:

> O precedente de Odorico Mendes transladando para o nosso idioma, em decassílabos, os poemas de Homero e Virgílio, não é de molde a animar idênticos tentames. Sílvio Romero censura, e com razão, as incríveis extravagâncias praticadas pelo ilustre maranhense no vão propósito de utilizar vocábulos correspondentes aos belos atributivos gregos, chegando ao ponto de ferir com o ridículo a duas poderosas deusas, – a quem denominou a 'olhi-táurea Juno' e 'a predadora Palas pulcrinoma', e ao invencível herói tessálio, este reduzido à pitoresca situação de 'o velocípede Aquiles'. 'Nesse estilo esvaeceu-se de todo a poesia do velho Homero', afirma o crítico brasileiro. 'Sirva-nos o exemplo, e evitemo-lo!'
>
> Enquanto nosso patrício Odorico Mendes assim se exauria para redigir aqueles imortais poemas em versos rudes, pesados, inteiramente destituídos de musicalidade, Leconte, exímio poeta francês, traduzia a obra de Homero em magnífica prosa, dúctil, fluente, cantante, que transmite a quem a lê impressão muito próxima da que produziria o texto grego dos hexâmetros. Tais considerações justificam, à saciedade, a preferência dada, na elaboração do presente volume, às traduções em prosa de algumas tragédias, escolhidas entre as mais famosas do teatro ateniense. (Mello e Souza, s.d., s.p.)

Com tais palavras e os olhos voltados para a França, ele passa pelas questões de tradução no nosso país e se põe a falar sobre a influência da música nas obras trágicas e nos enredos das peças. Há um estudo introdutório sobre cada peça abordada. Mello e Souza vê valor no que Berman qualifica como deformações. Seu escopo é a racionalização, a clarificação, a "fidelidade absoluta" e a "exatidão vocabular", ainda que a demanda do texto seja o contrário de tudo isso. Essa postura é a mais geral, não só em traduções de Mello e Souza, mas em todos os prefácios que consultamos até agora (à exceção da corrente haroldiana). Ainda de Mello e Souza, a tradução da *Alceste* (Eurípides, s.d.) de Eurípides serve para estabelecer um útil escopo para a peça, ela lhe serve para fazer uma exaltação do amor conjugal – interpretação que considero bastante questionável nos dias de hoje – e descrever o bom comportamento da deuteragonista euripidiana. Ressalto, entretanto, um ponto valioso: a discussão que o tradutor paulista propõe acerca da tradução de alguns nomes próprios:

Trasladando, para o vernáculo, a tragédia de Eurípedes [sic], resolvemos adotar, para certos nomes, a forma ou a grafia que mais conveniente nos pareceu, ou a que melhor condiz com a índole de nosso idioma. Assim, preferimos conservar o nome grego Tânatos para representar a Morte, e o de Hades para o sombrio país de Plutão. É evidente que a palavra inferno, mesmo no plural, que lhe asseguraria o sentido mitológico, causa revolta ao leitor, quando se trata de uma alma boníssima, como a da desditosa Alceste. Designando o nome horrendo por Tânatos, evitamos o nome de Orco, o qual, segundo autorizados mitologistas, se aplica ao próprio deus Plutão [...]. Evitamos, destarte, o emprego dos vocábulos Morte e Inferno, inadequados, em numerosos passos da tragédia, em consequência do sentido que comportam na língua portuguesa, como nos idiomas afins.

Idêntica preocupação nos aconselhou a substituir 'senhora' pela palavra 'rainha', sem prejuízo para o sentido, coarctando ambiguidades decorrentes do emprego daquele vocábulo como sinônimo de esposa, ou quando precedido do possessivo 'Nossa', – caso em que a bela palavra assume significação especial e querida para os cristãos. (Mello e Souza, s.d., s.p.)

Vemo-lo manipular o texto declarada e ideologicamente, donde resulta, pelo que se afirma no prefácio, uma tradução domesticante e cristianizada. Bom, ao menos o leitor saberá as regras do jogo.

Incluo, agora, uma tradução de Junito de Souza Brandão da mesma *Alceste* (Eurípides, 1968) que é introduzida pelos traços biográficos do autor, seu estilo e relação de suas obras. O tradutor nomeia algumas inovações que o dramaturgo trouxe para o gênero. Há uma versão em grego que antecede a versão em prosa traduzida por Brandão. O tradutor não aborda o processo de tradução.

Pesquisando entre os tradutores mais contemporâneos, veremos uma lucidez mais afim ao que hoje defendemos, uma orientação mais aberta e producente.

Um dos mais respeitados tradutores de tragédias do Brasil, José Antônio Alves (Jaa) Torrano é ainda comedido na revelação de suas estratégias tradutórias. Sua tradução de *Medeia* (Eurípides, 1991) traz, para a apresentação da peça euripidiana, um estudo de Filomena Yoshie Hirata e apenas uma breve nota de tradutor onde Torrano se volta para as questões mitológicas e, até certo ponto, místicas da peça. Cito um trecho da nota omitindo somente um parágrafo:

> Ao Deus Dioniso pertencem o teatro e as visões espetaculares; ao Deus Hermes pertencem a comunicação e o inesperado encontro de pessoas e coisas estranhas. Parece-nos claro que segundo a nossa participação em ambos estes Deuses,

também este trabalho de tradução terá sua própria claridade, sem necessitar de outras explicações e justificativas.

Valeu-nos a edição crítica de Denys L. Page – EURIPIDES, *Medea*, Oxford, Clarendon, 1985 –, cujo texto se reproduz defronte da tradução, para maior comodidade e conforto do leitor estudioso ou suspicaz.

Gritos de dor, de alegria ou de espanto não se traduzem. Mantivemos as interjeições tão peculiares à tragédia tais e quais, apenas transliterando-as, por supormos que o sentido geral do contexto e da situação baste para liberar-lhes toda a carga emotiva e valor afetivo.

Na perspectiva aberta pela poesia moderna, os versos livres parecem-nos mais adequados e aptos para evocar e convocar não só a riqueza poética mas ainda as noções e o mo(vi)mento próprios da grande arte trágica grega – já que nos pesa não haver equivalentes hodiernos para a medida e o ritmo tão rigorosos quão vigorosos das tragédias gregas, e já que em nosso vernáculo nos falece a índole musical e espontaneamente cantora do grego clássico. Recorrendo a notações escolares, por indicações marginais apontamos a configuração métrica e rítmica do original: PROODE, EST(ROFE), ANT(ÍSTROFE), EPODO, e assim por diante. – No mais, inspire Deus nossos espíritos e brilhe a luz visionária de Dioniso. (Torrano in Eurípides, 1991, p. 25-26)

Vemos na nota, por conseguinte, uma espécie de invocação a Dioniso e Hermes, visando ao teatro e à comunicação; uma clara preocupação na busca da melhor edição; explicações ligeiras para justificar a não tradução das interjeições, a declaração de escolha por traduzir em versos livres e, finalmente, a clarificação das divisões formais da peça. Jaa Torrano, no entanto, dá um primeiro passo para o projeto de traduções funcionais e colaborativas de teatro. Trata-se de uma iniciativa louvável, um procedimento que serviu de modelo para a Truπersa, ei-lo:

> Sobre a terra negra, entre os mortais, o tradutor gostaria de manifestar seus agradecimentos à atriz Marlene Fortuna, pela discussão e sugestões para tornar mais fluente e teatral o texto traduzido; ao diretor Ricardo Karman, pela lembrança de seu nome para traduzir *Medeia*, e pelo presente que lhe enviou de Londres; e ao diretor Antunes Filho, por ter-lhe pedido que traduzisse *Medeia*. (Torrano in Eurípides, 1991, p. 25-26)

Pioneiro no procedimento de se associar a atores para parcerias, ao trabalhar com uma atriz e dois diretores, Torrano cria novos caminhos para a tragédia ática.

Na *Oresteia* I: *Agamêmnon*, de Torrano, vê-se, primeiramente, o texto crítico-literário intitulado "A dialética trágica na *Oresteia* de Ésquilo", que inclui, felizmente, comentários mais objetivos sobre tradução:

> A tradução visa dupla finalidade: 1) exemplificar concretamente a interpretação que neste estudo se propõe da trilogia *Oresteia*, tomada privilegiadamente como objeto paradigmático de uma teoria da tragédia; e 2) constituir a tradução metódica e sistemática da trilogia de Ésquilo, contemplando com uma visão totalizante o sistema de imagens e de noções míticas exposto na trilogia *Oresteia*. A tradução se diz metódica pela coerência de seus procedimentos, e se diz sistemática pela transposição das figuras mitopoéticas reiterativas ou inter-referentes e das noções e do movimento próprios ao pensamento mítico e político de Ésquilo.
>
> O trabalho de tradução reproduz em versos livres vernáculos a dialética descrita neste estudo hermenêutico, e por isso a claridade da tradução aumenta e amplia-se com o desenvolvimento do estudo hermenêutico. Quais as palavras recorrentes com que se dizem as noções míticas mais importantes, e como criam seu sistema de inter-referências, só a diuturna cooperação do trabalho tradutório e do estudo hermenêutico pode indicar, descrever e fazer ver.
>
> Além dessas exigências relativas ao vocabulário próprio do sistema de imagens e de noções míticas, observam-se ainda: 1) a exigência de que se tome o verso como unidade mínima básica constitutiva do poema dramático; 2) a de que se recorra ao verso livre como expediente para preservar o jogo entre as noções fundamentais próprias da cultura grega antiga e presentes no texto, reconhecendo o verso livre como o mais apto, dentro das possibilidades de nossas poéticas contemporâneas, para a transposição da riqueza rítmica e semântica do verso grego em português; e, por fim, 3) as exigências relativas ao respeito rigoroso pela índole do português falado no Brasil, de modo a obter-se a compreensão imediata dos versos traduzidos, com a eliminação de todas as variantes sintáticas e vocabulares que possam perturbar essa compreensão imediata do texto vernáculo quando dito em voz alta, se fosse possível tão reverente respeito ou perspicaz compreensão.
>
> Essas quatro (sic) ordens de exigências, às quais a tradução busca atender, visam assegurar coerência, clareza e acribia à transposição, para a língua vernácula, desse sistema reiterativo e inter-referente de imagens e de noções míticas, presente em cada uma das três tragédias da *Oresteia* de Ésquilo.

Por outro lado, por mais que se multipliquem as garantias, não seríamos ainda incautas vítimas da ironia inerente às imagens em questão? Quem poderia eliminar necessidade e ambiguidade, e bani-las do império da imagem, sobretudo quando se tratam de imagens míticas do divino? (Torrano *in* Ésquilo, 2004, p. 13-14)

Estamos começando a obter ferramentas úteis para os aprendizes e mesmo para os já veteranos, pois temos aqui uma declaração de intenções. O tradutor se preocupa não somente em teorizar a tragédia, refletir sobre questões mitopoéticas e delinear o pensamento mítico e político de Ésquilo, mas vai além, revela sua opção teórica de tradução, a hermenêutica, e indica sua preocupação com o vocabulário a ser utilizado. Para o contexto de enunciação, ele afirma que se preocupa em ter zelo e respeito pela índole do português falado no Brasil; afirma também que busca a compreensão imediata dos versos traduzidos. Finalmente, propõe a "eliminação de todas as variantes sintáticas e vocabulares que possam perturbar essa compreensão imediata do texto em vernáculo quando dito em voz alta". Meta: "assegurar coerência, clareza e acribia" e atentar para as ambiguidades. Observe-se, todavia, que, em dissonância conosco, Torrano entende ser a tragédia *Agamêmnon* um "poema dramático" e não teatro. Dado importante, ainda, é que o tradutor não está primordialmente preocupado com a função teatral, embora tenha três colaboradores vinculados ao teatro.

Grande passo. Pela primeira vez até agora, em nossas pesquisas, deparamos com um tradutor que tem um olhar crítico sobre o seu trabalho, que declara o porquê de ter escolhido o autor em questão e o seu querer tradutório, que requer "coerência de procedimentos" e pratica o sistematismo "na transposição das figuras mitopoéticas reiterativas ou inter-referentes e das noções e do movimento próprios ao pensamento mítico e político de Ésquilo". Sua visada, interpretativa e hermenêutica, foge da proposta de Berman e se aproxima da de Steiner. No entanto ganha vulto maior, no aparato introdutório, o estudo intitulado "Sacralidade e violência: estudo de *Agamêmnon*", no qual o tradutor faz uma análise literária minuciosa de momentos da peça, ressaltando, por vezes, a linguagem de um ou outro personagem e o significado de símbolos e sinais divinos; há ainda uma sinopse da peça. Encerra-se o aparato literário com uma nota informando o texto de base utilizado.

Na *Oresteia* II: *Coéforas* (Ésquilo, 2004, p. 15-69), Torrano estuda a peça título do volume. Problematiza e analisa alguns elementos concernentes ao enredo em relação ao pensamento religioso e mítico grego. Fecha sua intervenção com uma nota editorial na qual faz referência ao texto base de sua tradução, a saber, a edição de A. F. Garvie.

Finalmente, na *Oresteia* III: *Eumênides* (Ésquilo, 2004), o roteiro propedêutico se repete, mas desta vez o tradutor não menciona os percalços da tradução, visto que, ao que parece, a temática já foi abordada em *Oresteia* I, mas acrescenta ao conjunto uma nota editorial referindo o texto base para sua tradução, que, exceto em relação aos vv. 119 (Dodds), 416 (*consensus codicum*), 632a (Headlam), 774 (Denys Page), foi o da edição firmada por Alan H. Sommerstein.

Tradutor produtivo, Jaa Torrano, em *Os persas, Os sete contra Tebas, As suplicantes* e *Prometeu Candeeiro* (Ésquilo, 2009), continua econômico quanto à exposição de suas estratégias tradutórias. Há, como de praxe, um estudo das quatro peças de Ésquilo, vistas como "documento literário" útil para a observação da "permanência e transformação do pensamento mítico arcaico dentro do horizonte político e do contexto cultural de Atenas no século V a.C." voltado para os estudos culturais do mundo antigo. Torrano fornece dados sobre as relações de poder e sobre a questão de Justiça na *pólis*. A tradução – solidária com o estudo, metódica pela coerência de seus procedimentos, e sistemática pela transposição das figuras mitopoéticas –, segundo o próprio tradutor, almeja exemplificar concretamente a interpretação anunciada e indicada no estudo. O volume contempla uma nova tradução do *Prometeu*, antes *Prisioneiro*, agora *Candeeiro*, com vistas a (re-)integrá-la à dicção e perspectiva hermenêutica do novo conjunto das tragédias de Ésquilo traduzidas. Sobre a tradução em si, observados todos esses prefácios, podemos afirmar que, infelizmente, nosso amigo tradutor omite grandes relatos acerca de suas estratégias e soluções, de questões incontornáveis e de mecanismos de compensação que seriam valiosos para o progresso dos estudos de tradução. Para o *Reso* (Eurípides, 2014, p. 98-131) a abordagem se limita à apreciação de um falso problema acerca da autoria/ autenticidade da peça de Eurípides.

Na abertura do volume que contempla a tradução do professor Donaldo Schüler de *Os sete contra Tebas*, de Ésquilo (2007), encontra-se uma análise literária de toda obra supérstite de Ésquilo. São, evidentemente, resumos que antecedem à peça em questão. A edição *pocket* não inclui orelhas nem apresentações. Há, no final do volume, uma página de notícias biográficas sobre Ésquilo e uma outra sobre o tradutor com indicação de sua profissão: professor e poeta. De acordo com as notícias biográficas do tradutor, entre suas traduções se inclui nada mais, nada menos que o *Finnegans Wake* de James Joyce. A quarta capa traz um resumo da peça título do volume. Nada há acerca do processo de tradução, das escolhas e das metas do tradutor; nem uma linha sequer. A referida editora, do mesmo tradutor, publicou a *Antígona* de Sófocles (1999), que vem igualmente com um breve texto de apresentação acompanhado de análise literária – focada nos contrastes – da peça. N'*As Fenícias*, de Eurípides (2005), o esquema é o mesmo, uma introdução abordando o irracional no teatro euripidiano com passagem por *Alceste, Medeia, Hipólito, Andrômaca, Hécuba, Electra, Ifigênia na Táurida, Helena, Íon, Héracles* e *Bacantes*. Ao final, um comentário mais demorado sobre *As Fenícias*. Segue-se a nota sobre o autor e a quarta capa com resumo da peça título. Não há informações sobre o tradutor nem qualquer notícia que nos leve a imaginar os desafios e as soluções encontradas para a passagem do grego ao português.

Professor e romancista, Schüler é um tradutor consciente, inteligente e versátil, mas não nos revela, nestes volumes, as pedras do caminho. Não fala de suas traduções, seus percalços e seus (des)encontros felizes. Em entrevista, ouvimo-lo discorrer sobre a preocupação de José de Alencar, Mário de Andrade, Oswald de Andrade, os irmãos Campos, Guimarães Rosa e outros em criar uma língua brasileira com os diferentes falares do Brasil. Na mesma entrevista o estudioso compara o procedimento dos brasileiros com aqueloutro de Joyce. Schüler afirma:

> [...] a minha preocupação foi a seguinte: recriar Joyce mas recriar Joyce dentro da língua bras... eh, portuguesa. Eu uso por exemplo expressões da literatura medieval, que foi muito rica, inclusive falares de países da África, que têm expressões muito próprias, além dos falares regionais, quer dizer que eu sempre estive muito interessado desde sempre pelo nordeste, eu trouxe dicionários regionais de lá, além dos dicionários que apareceram no sul e atento aos diferentes modos de falar.[14]

Além de uma posição mais geral, o professor, no rolar da entrevista, desce a detalhes de formação de palavras e sutilezas enormemente interessantes para o aprendiz de tradução, mas, lamentavelmente, nas traduções de tragédia a que recorremos em nossa pesquisa, inexistem comentários escritos acerca do processo. O mesmo não se dá, felizmente, com a tradução da *Odisseia*. Nela o tradutor é mais transparente em relação ao seu processo tradutório.

Passemos ao tradutor campinense Trajano Vieira, com o seu *Agamêmnon* (Ésquilo, 2007, p. 7-15), prêmio Jabuti 2008. A obra apresenta-se dividida em três partes: estudo introdutório e literário intitulado "Poeta Oracular", no qual o tradutor explica e problematiza a tragédia, traçando uma cronologia do período clássico. A tradução é seguida pelo texto grego. No plano lexical, o poeta exibe sua originalidade; informa a impossibilidade de esclarecer o sentido exato de certas passagens, atribui características verbais específicas a Cassandra e ao coro e, por fim, cita algumas dificuldades encontradas no momento da tradução:

> Um escritor tão atento ao potencial simbólico das palavras não deixaria de explorar outras dimensões da linguagem poética. Não me refiro apenas à notável confluência retórica de tom grandiloquente e construções enxutas e elípticas, mas à própria formação lexical. Isso ocorre não só no âmbito do que se imagina incomunicável, e que, por esse motivo, recebe configuração absolutamente particular, como no caso de Cassandra, mas também nos coros, de que são emblemáticas duas passagens apresentadas em sequência, que os tradutores costumam deixar de lado: o conhecido comentário que Ésquilo faz do nome de Helena, associando-o ao verbo *heleîn* (deter, segurar), para criar três compósitos, helenas, *hélandros*, *heléptolis* (sequestradora-de-navios, sequestradora-de-homens, sequestradora-de--cidades), que verti por 'enleia-naus', 'enleia-herói', 'enleia-pólis', e a exploração da polissemia de *kedos*, a qual, novamente, cabe frisar, os tradutores desconsideram. Há pelo menos dois sentidos distintos para esse vocábulo conforme registra o dicionário Bailly: a) preocupação, desgosto, pesar; b) parentesco por aliança, por matrimônio. É exatamente a partir dessa duplicidade semântica que Ésquilo considera o substantivo adequado (ortônimo) para definir a relação entre Helena e Páris. Em lugar de fugir ao desafio de verter a palavra e na impossibilidade de encontrar um correlato em português, mantive em itálico o termo grego e, em função apositiva, ecoando a dicção do *Finnegans Wake*, acrescentei: 'amorgurante mortimônio'. Outro composto que as traduções universais preferem deixar de lado diz respeito ao emprego obsceno que Clitemnestra faz de *histotríbes*, quando fala de Cassandra. O termo resulta da junção de *histos* (mastro) e *tribé* (ação de usar, consumir). Ora, é justamente o que teria sido, aos olhos da minha rainha assassina, a profetisa que acompanha seu marido: uma 'descasca-mastro', ou, como preferi trasladar, uma 'rala-mastro'. (Vieira *in* Ésquilo, 2007, p. 14)

Temos, em Trajano Vieira, um memorável formador na escola de tradução de tragédia ática no Brasil. Seu enfoque lexical e sua sensibilidade para a percepção das personagens são paradigmáticos. As notas de tradução revelam um tradutor sem preconceito, aberto a novas abordagens, o que se pode constatar no tratamento da questão filológica que discutimos na nota 345 sobre o uso de obscenidades nos textos dramáticos áticos. Para o caso de Cassandra, no *Agamêmnon* esquiliano, Trajano encontra uma excelente – e obscena – tradução para ἱστοτριβής (*histotríbes*), rala-mastro. Sua revelação desta estratégia tradutória vem, afortunadamente, quebrar paradigmas e auxiliar na compreensão mais aprofundada deste gênero dramático tão carregado de ideias preconcebidas.

O seu cuidado em torno do processo tradutório manifesta-se igualmente no volume intitulado *Três tragédias* (Sófocles; Ésquilo, 1997); Paula da Cunha Corrêa (1999, p. 172-179), para cujo artigo remetemos o leitor, aprecia a edição minuciosamente. Friso somente que se trata de uma obra que apresenta três tragédias antigas em quatro versões integrais e três excertos: a *Antígone* de Sófocles na transcrição[15] de Guilherme de Almeida com trechos da *Antígona* de Hölderlin vertidos por Haroldo de Campos. Completa o volume o *Prometeu Prisioneiro* de Ésquilo e o *Ájax* de Sófocles, ambos "transcriados" por Trajano Vieira e introduzidos por estudos literários. Um ensaio de Haroldo de Campos, "O Prometeu dos Barões", acompanhado da crítica de 1922 de João Ribeiro, fecha o ciclo de estudos no livro. Trata-se de um verdadeiro compêndio para os tradutores. Todavia, exceto os ensaios acoplados, Vieira não menciona as suas estratégias e os meios que utilizou para realizar as suas traduções; o privilégio, nesse caso, cabe aos comentários literários. "O Prometeu dos barões", comentando a metrificação da tradução de Dom Pedro II do drama esquiliano pelo barão de Paranapiacaba e a tradução do barão de Ramiz, além de um ato da tradução da *Antígona* de Hölderlin e uma tradução de Haroldo de Campos do Ato 1, cena 1 da mesma peça.

Em *Bacantes* (Eurípides, 2003), Trajano Vieira é igualmente reflexivo e até opimo ao que concerne à tradução. O livro reúne um ensaio literário do tradutor que se baseia nas fundamentações de Jacó Guinsburg sobre o discurso teatral e fornece alguns dados da vida de Sófocles. Sobre a tradução, reproduzo suas palavras:

> Jacqueline de Romilly menciona, como exemplo da influência de Pródico, as invenções vocabulares de Eurípides, particularmente pelo recurso de prefixação, responsável por 'uma nuance de sentido útil e fina, que os tradutores nem sempre saberiam conservar'. Ao tradutor, esse comentário vale como sinal de alerta e desafio. A atenção à originalidade verbal deve-se redobrar no caso de um escritor da magnitude de Eurípides. Cito alguns exemplos em que procurei manter, na medida do possível, certos efeitos do original nesse campo. No verso 554, destaca-se a 'tmese anastrófica', resultante do prefixo *aná* ('acima') posposto a *tinásson* ('agitando', 'sobre-agitando'), enunciado no verso anterior. *Aná*, que aparece "solto" no verso, é seguido por outra preposição, de sentido contrário, *katá* ('abaixo'), produzindo um belo movimento no período. [...] A discussão sobre o caráter convencional do signo linguístico, tema central do *Crátilo*, onde o personagem

que dá título ao diálogo platônico defende a tese segundo a qual 'quem conhece os nomes conhece também a coisa' (435a), ao contrário de Hermógenes, para quem o signo seria arbitrário, repercute em Eurípides. Nas *Troianas* (989-90), ele associa Afrodite à *aphrosyne* ('loucura'), passagem referida por Aristóteles como um *tópos* 'a partir do nome'. Mas a peça que mais utiliza esse recurso é *As Bacantes*, onde a ambiguidade não se restringe ao estilo, já que seu protagonista é justamente o deus que simboliza. Esse aspecto põe à luz os limites do projeto acadêmico de tradução de poesia, circunscrito à semântica. (Vieira *in* Eurípides, 2003, p. 22)

São bons comentários, que tocam em temas que apreciei nesse estudo, a ambiguidade, por exemplo. Apostam na materialidade sintática e lexical e no uso da prefixação. Entretanto, o tradutor parece continuar a pensar no texto euripidiano como "poesia dramática". Teatro não é poesia. Não posso deixar de reportar uma exortação de Susan Bassnett:

No que respeita aos estudos tradutológicos orientados para os modos literários, se é certo que a maior parte se centra nos problemas envolvidos na tradução de poesia lírica, também é verdade que os textos dramáticos têm sido muito esquecidos. Há muito poucos dados sobre os problemas específicos da tradução de textos dramáticos e os testemunhos dos tradutores que o fazem deixam muitas vezes pensar que a metodologia usada no processo de tradução é a mesma com que são abordados os textos narrativos.

E, todavia, mesmo uma reflexão superficial sobre o assunto é suficiente para mostrar que o texto dramático não pode ser traduzido como um texto narrativo. Para começar, a leitura de um texto dramático é diferente. Ele é lido como algo incompleto e não como uma entidade inteiramente acabada, pois é só no espetáculo teatral que todo o potencial do texto é actualizado. O que coloca ao tradutor um problema central: traduzir o texto como um texto puramente literário ou tentar traduzi-lo na sua função de mais um elemento de outro sistema mais complexo. (Bassnett, 2003, p. 189-190)

Ainda debatendo os prefácios (ou posfácios, como é o caso, agora) em traduções de Trajano Vieira, no *Filoctetes* (Sófocles, 2009) o procedimento continua: o tradutor esclarece o argumento da peça, contextualizando o leitor e situando-o no momento histórico em que o drama transcorre. Discorre brevemente sobre os elementos constitutivos da tragédia, justifica seu método de tradução e sugere uma bibliografia básica sobre o texto. Desta vez, a reflexão sobre os critérios de tradução é parcimoniosa, mas são abundantes as notas sobre métrica. Estas, aliás, se iniciam de modo um tanto quanto intimidador: "A estrutura métrica da tragédia grega é bastante complexa". Verdadeiramente, a métrica grega é complicada. Após todo o trecho explanatório, Vieira afirma:

> A apresentação acima do arcabouço métrico do *Filoctetes* está longe de ser exaustiva. Minha intenção ao demarcar as unidades rítmicas da peça é, em primeiro lugar, chamar a atenção do leitor menos familiarizado com o original grego para a enorme complexidade métrica do texto trágico e, em segundo, justificar os critérios adotados nesta tradução. Mesmo no caso do metro mais regular, o trímetro jâmbico, empregado na maioria dos diálogos, constata-se a variação rítmica, graças à possibilidade da alternância entre sílaba longa e breve no início de cada pé.
>
> Por esse motivo, empreguei o decassílabo na maior parte dos diálogos, com variação acentual, respeitando os parâmetros rítmicos possíveis para esse tipo de verso em português. Quanto às passagens com variação métrica no original, sobretudo as que se referem às intervenções do coro, adotei dois critérios, ora usando o verso livre, ora optando pelo verso polimétrico, privilegiando neste último caso a acentuação das sílabas pares. (Vieira *in* Sófocles, 2009, p. 181)

Ao abordar a métrica, Vieira é erudito e sofisticado, contudo, perguntamo-nos, exatamente, por que um leitor de traduções, um ator ou um diretor precisaria conhecer a complexidade métrica (que é construída por hipóteses) do texto grego? Só a métrica pode justificar uma tradução? Nitidamente, a visão do tradutor está mais voltada para a poesia do que para uma possível encenação. O texto teatral envolve muitos sistemas semióticos além da escansão dos versos. O volume que apresenta a tradução de *Medeia* (Eurípides, 2010) segue o mesmo esquema apresentado no *Filoctetes*. *Édipo em Colono* (Sófocles, 2005) não tem comentários de tradução nem métrica.

Passo aos tradutores mais novos. Flávio Ribeiro de Oliveira (Eurípides, 2006, p. 9-25), em sua tradução de *Medeia*, destaca a importância de ler as obras clássicas, trata a questão dos valores da Atenas clássica e oferece-nos um breve histórico da vida de Eurípides, suas peças e a ocasião de representação da peça em foco. Sobre sua tradução, Oliveira é pródigo, crítico e consciente do que escolheu, além de ponderar, de maneira abastosa, suas estratégias; vale a pena citar todo o trecho. Divido-o em partes, para um olhar mais apurado sobre o pensamento do tradutor. Primeiro uma crítica às traduções lineares, gramatizantes e conteudísticas e a declaração de que a materialização da tragédia é, já à época dos áticos, um construto a partir de um "universo remoto":

Traduções escolares de tragédia grega, que prometem 'o máximo de fidelidade ao original' e 'tentar reproduzir, no português, as estruturas do grego' provocam no leitor uma impressão falsa sobre a linguagem da tragédia. Tais traduções normalmente ficam presas a fórmulas das gramáticas escolares do grego – por exemplo, emprego do substantivo 'coisas' para traduzir o adjetivo neutro plural substantivado (*tà kalá*, 'coisas belas'; *tà alethé*, 'coisas verdadeiras' etc.); emprego de locuções verbais com o gerúndio "tendo" para traduzir o particípio aoristo (*eipón*, 'tendo dito'; *gelásas*, 'tendo rido' etc.). No grego tais tipos de construção apresentam grande variedade morfológica, o que não acontece com as traduções em português; o resultado é a repetição monótona de construções pobres. No plano lexical, as traduções escolares raramente vão além do arroz com feijão dos dicionários. Isso facilita a leitura, torna o texto mais familiar para o leitor moderno, mas deturpa o caráter poético da linguagem trágica, que constrói um universo remoto: a linguagem da tragédia era artificial (ou seja, era produzida com arte e artifício).

Concordo, em parte, com Flávio Ribeiro. Sair do lugar-comum, da norma rígida de traduzir pares perfeitos em clichês recorrentes e determinados sob o jugo da gramática e do dicionário é obrigatório não só para tragédias, mas para qualquer outro texto. Ribeiro acerta o alvo, mas quando, na sequência do diagnóstico, aponta para uma leitura ideológica da tragédia, sua ideologia não combina com nossa proposta. Ele diz:

> As personagens da tragédia, criadas por meio dessa linguagem artificial [construída a partir de um universo remoto], são figuras estilizadas, próximas dos deuses e distantes do cotidiano do homem comum.

Não me afino com essa postura, pelo menos não para Eurípides, e isso parece ser consenso – salvo prova em contrário – desde Werner Jaeger.[16] A afirmativa se torna mais incômoda, sobretudo, para uma peça tão "doméstica" quanto *Medeia*, que aborda "cozimentos" passados, venenos aplicados, banhos de crianças e rixas matrimoniais.

Oliveira, na sequência, apresenta com clareza sua opção tradutória, que assume o não naturalismo como um método, segundo ele, mais próximo do gênero antigo, que na sua avaliação é "distante do familiar"; concepção que vimos, nos capítulos anteriores, contrasta com aqueloutra que teve início na teoria aristotélica. Para ele, o texto trágico exige trabalho exaustivo de entendimento e, nesse sentido, não sendo para o leitor preguiçoso, pode ser associado ao "gênero expressionista".

Portanto, parti do ponto de vista de que seria completamente inadequada uma tradução naturalista, com linguagem espontânea, com vocabulário e dicção de prosa a criar verossimilhança psicológica: esse tipo de tradução falseia o espírito da tragédia, transforma o trágico em outra coisa, em algo familiar e mais palatável para o leitor preguiçoso. Vejo a tragédia grega como um gênero expressionista. Como numa tela de Otto Dix, numa peça de Wedekind ou num filme de Wiene, na tragédia grega a realidade aparece deformada. A linguagem artificial, o exagero, a hipérbole, o pessimismo sombrio provocam afastamento do espectador, causam-lhe estranheza, sideram-no. Nada mais estranho à natureza da tragédia do que aquelas traduções bem-comportadas, de tediosa dicção jornalística, familiar, que transformam as personagens em gente de carne e osso, em gente como a gente: não, os heróis trágicos são fantasmas de um mundo remoto. Suas ações e suas falas são estilizadas, ritualísticas – e não espontâneas.

Ao que parece, as personagens trágicas, para o helenista campinense, são máscaras e letras. Essa concepção lhe serve para criticar as traduções prosaicas, jornalísticas. Sua escolha, oposta à nossa, marca, sem dúvida, a tragédia como um gênero para poucos. Não vamos debater, mesmo que dele discordemos: no Brasil há lugar para todas as tendências. Voltemos ao prefácio:

> Procurei recriar, na tradução, esses aspectos da linguagem trágica: traduzi em linguagem solene, carregada de arcaísmos, com inversões que às vezes transgridem a ordem natural dos membros na frase portuguesa, mas também pontuada por neologismos, estrangeirismos, recursos ao jargão da medicina, do direito, do esporte, etc. – com a mesma liberdade que tinha o poeta trágico no uso da língua. O leitor notará alguma influência de Camões e de Odorico Mendes, mas também de poetas modernos.

Considero e destaco como louvável, seu zelo pelas passagens ambíguas.

> Toda tragédia grega tem, em maior ou menor grau, passagens ambíguas ou tortuosas, que apresentam dificuldades de compreensão e interpretação mesmo para os especialistas. Na tradução, não aplanei essas passagens: procurei conservar as dificuldades, ambiguidades e asperezas do original.

> É uma tradução poética, com metrificação variada (os decassílabos correspondem aos trímetros jâmbicos do grego; os octossílabos, aos anapestos; os cantos corais foram traduzidos em versos livres). Traduções em prosa de tragédia grega têm sua utilidade para o leitor interessado apenas no enredo, mas são incapazes de sugerir, ainda que remotamente, o universo trágico: sua finalidade é ilusória.

Elogio igualmente seu ato de fazer uma autocrítica.

Não é uma tradução dócil: dialoga com Eurípides. Conservando como referência fundamental o sentido dos versos da *Medeia* (eu diria que nesse aspecto a tradução é rigorosa e exata – para evitar o adjetivo 'fiel' – e não extravia o leitor), dediquei-me a improvisações musicais sobre eles, jogando com a sintaxe, com o léxico e com as possibilidades rítmicas do decassílabo e octossílabo em língua portuguesa. Num certo sentido, inspira-me o jazz: improvisei sobre as frases de Eurípides como um músico de jazz improvisa sobre a melodia. O resultado é uma poesia angulosa, e, talvez, difícil (não é destinada àquele tipo de leitor que o Morelli de Julio Cortázar definia como 'leitor-fêmea').

Nesta *Medeia* não há colunas dóricas, mármore alvo, postura clássica: nela, em ritmo sincopado e linguagem solene, a violência primeva do mito prevalece sobre a ordem, sobre a razão, sobre a simetria, sobre a clareza.

Como os tradutores anteriores, Flávio Ribeiro indica a edição escolhida para a tradução e agradece a seus incentivadores.

O estabelecimento de textos clássicos, como foi dito, varia conforme o editor moderno adotado. Em algumas passagens segui o texto grego da edição de Denys Page, em vez do texto da Kaktos (ver Apêndice, p. 171). Tais opções não implicam diferenças brutais de sentido, mas refletem opções filológicas conscientes do tradutor. Na tradução, os colchetes indicam trechos considerados espúrios por Page; o sinal + indica trechos corrompidos.

Nenhum agradecimento será suficiente para fazer justiça à coragem e a entusiasmo de Stylianos Tsirakis na divulgação da cultura grega e ao cuidado e rigor com que ele e Luis Alberto Machado Cabral leram esta *Medeia*: suas sugestões lúcidas e sensíveis contribuíram muito para melhorar o texto – e, se algumas soluções de tradução ainda são sofríveis, isso se deve apenas a minha teimosia. (Oliveira *in* Eurípides, 2006, p. 21-25)

Vemos em Flávio Ribeiro um autor-tradutor bem-disposto e cônscio de seu fazer tradutório. Como se pode ver, pesa em seu arrazoado a crítica à singeleza, à pobreza vocabular, aos clichês sintáticos que se repetem para uma exibição e comprovação de conhecimento de língua. A postura é de reserva, evitando cair no pecado das traduções de cunho escolar. Em contrapartida, no meu entender, ele mesmo resvala ao partir de uma concepção do gênero trágico fechada. Para ele, depreendemos, a tragédia é artificial, estilizada, abstrata, solene e arcaica, próxima do expressionismo alemão. Ribeiro apregoa serem as personagens trágicas "distantes do cotidiano do homem comum." A hipótese me parece ir a contrapelo dos comentadores antigos, a começar por Aristóteles. Oliveira opta ainda por rechaçar a "tradução naturalista, com linguagem espontânea, com vocabulário e dicção de prosa a criar verossimilhança psicológica". Segundo o tradutor, tal modo de ser para a tragédia é uma estratégia para captar o "leitor preguiçoso".

Vejo também esse comentário com ressalvas e temo a dificuldade de entendimento de um texto com este grau de requinte. Proferido no fluxo contínuo de uma encenação, poderia fracassar até em apresentações para plateias sofisticadas, já que o próprio Flávio Ribeiro reconhece: "Não é uma tradução dócil", é "poesia angulosa, e, talvez, difícil."[17] Todavia, é mérito do tradutor expor suas escolhas e não esconder sua ideologia.

Sem dúvida, qualquer tradução se pauta pela ideologia do tradutor e se dirige pela concepção do que fosse o texto-material a ser traduzido, na sua função, sua expectativa de recepção etc. O leitor, desse modo, pode optar pela leitura ou não da obra traduzida. Flávio Ribeiro de Oliveira é tradutor competente em suas escolhas, recupera construtos sofisticados na hipótese de que os gregos pensassem quase como os expressionistas alemães. Concordo que os personagens trágicos sejam "fantasmas de um mundo remoto", mas entendo que são fantasmas que nos habitam ainda hoje. Pontos interessantes e coincidentes com os demais tradutores são a ênfase na ambiguidade, nos recursos rítmicos, entre eles a métrica.

Não sendo neutra e havendo optado por uma direção diversa que se viu nas páginas anteriores, não tecerei maiores comentários. Entretanto, dou notícia também de mais uma tradução sua, *As Traquínias* (Sófocles, 2009), que se compõe de uma análise literária e uma apresentação do enredo da tragédia; de um estudo sobre os manuscritos do teatro de Sófocles; e de uma reiteração da sua proposta tradutória:

> O trabalho que aqui apresento consiste em uma tradução poética [...]. No Brasil, normalmente tradutores de textos do teatro grego elegem uma boa edição e fazem a tradução integralmente a partir dela, sem considerar as variantes e sem participar da discussão a respeito do estabelecimento do texto. Minha proposta foi, ao contrário, antes de empreender a tradução, estudar e analisar o texto das *Traquínias* desde o seu estabelecimento – ou seja, situando-me com relação à ampla discussão sobre a fixação do texto. O estabelecimento do texto vai definir sua leitura, no plano gramatical, e, muitas vezes, sua interpretação, no plano exegético

(pois a adoção de uma lição diferente pode implicar, na passagem em questão, mudanças de sentido não negligenciáveis. (Oliveira in Sófocles, 2009, p. 8-9)

Boa reflexão e estratégia sobre o estabelecimento do texto e a (re)definição de leitura desse mesmo texto, do que se pode angariar para o conjunto da obra. Esse mínimo desrespeito à filologia demonstra postura crítica e ousada, no meu modo de entender.

Por esse breve apanhado, constata-se que somos opulentos em matéria de tradução de tragédias. Nelas há um largo espectro de cores, ritmos e sabores. Sei que muitos tradutores sequer foram mencionados e aqui não me será possível honrá-los devidamente. Na variedade da amostragem, constituída aleatoriamente, uma coisa é certa: apenas Jaa Torrano mostrou-se preocupado com a função teatral e consultou a voz do palco em uma de suas traduções. No entanto, na prática, ele acaba por mostrar que entende a tragédia como um poema dramático e não como teatro pura e simplesmente. Mário da Gama Kury é o preferido dos profissionais da cena, como apontamos, mas nem assim a situação é ideal: o seu texto é sempre adaptado, esquartejado e mutilado pelos atores.

Resta constatar que há algum problema em nosso percurso de tradutores. Faço minha a expressão alheia:

> O texto poético permite ao tradutor uma gama ampla de apropriações do original, desde aquela que passa por cima desse aspecto, ignorando-o, simplesmente, até aquele tipo de tradução que pretende recriar em outra língua efeitos de som, ritmo, ordem das palavras comparáveis ao que há, ou melhor, julga-se haver no original.
>
> Explico o 'julga-se haver'. Por mais que seja verossímil que a configuração sonora e rítmica do texto tenha relevância, esteja inscrita na 'intenção da obra', esse aspecto do texto nos chega através de uma leitura do original, não se podendo pretender, pois, que essa leitura pessoal, por mais convincente que seja, apoiada nos melhores métodos da filologia, se apresente, em sua fidelidade ao poético, como a tradução que de fato reproduz mais fielmente o original: ela não reproduz o original, recria o que seu tradutor leu e interpretou no/do original.
>
> Há aqui o perigo de passar de Cila a Caribdis: quem recria os efeitos poéticos do original também não pode ter a pretensão de ter descoberto a chave única de interpretação desse texto e que sua leitura dos efeitos poéticos do original, pautada em critérios específicos, é a única possível. A tradução é, sempre, uma certa leitura do original, consubstanciada num texto novo em uma língua diversa, com todas as implicações dessa prática. (Vasconcellos, 2011, p. 74)

Dixit!

Termino aqui o exame de alguns prefácios de tradutores. A última citação, tomada de Vasconcellos, me parece bastante lúcida. Necessitei de longas citações para deixar-lhes uma visão mais neutra da situação. Espero que tenha conseguido e que me compreendam. Um esclarecimento ainda: a seção se criou porque defendo que é hora nos perguntarmos: "Espelho, espelho meu, existe alguém mais eficiente no trabalho do que eu?" Corremos o risco de deixarmo-nos possuir por fantasias. As palavras de José Alves Antunes Filho, em entrevista no "Programa Roda Viva", me servem de norte. Ele disse:

> As pessoas pensam que estão numas, estão noutras, as fantasias delas... Tem atores que falam assim: '– Ah, isso foi bom'. Foi o pior dia que ele fez, não é? A fantasia da pessoa, a fantasia acha. E nós, coitados, nos deleitamos, e quanto mais contorcionista for e quanto mais estiverem fechados em seus músculos, mais no dia seguinte vão dizer: 'Que vigor, que vigor!'[18]

Crítica de tradução não se faz com ataques, mas numa tomada de consciência em conjunto. É preciso um olhar terceiro sobre o resultado trabalho do tradutor; isso compete aos teóricos da tradução. Corremos risco, mas podemos, mostrando-nos, construir e sistematizar uma prática de refletir sobre o que somos, o que escolhemos e o que queremos traduzir – e se queremos algo para a formação de nosso povo e país – com os textos escolhidos, questão identitária. Um processo de catarse na produção teórico-tradutória que considero saudável.

Resumindo o que foi feito até agora neste longo capítulo: me propus a encarar a situação das traduções no Brasil e tentar perceber os novos ventos que a movem. Há conceitos muito estáveis, inclusive acerca do tom elevado ou vulgar da senhora dona Tragédia. Pretendi enfrentar tensões, expor-me aos ventos que Scodel previu e auferir deles movimentos de propulsão:

> *There is one basic tension in any encounter with Greek tragedy that we should not even want to escape. These plays come from an ancient culture that is in some ways very distant from our own. Yet we expect them to move us and even to help us better understand our lives. If we rush too quickly to find universal meanings, we will probably ignore or misread whatever is profoundly different. But if we read them entirely as documents from a foreign culture – a polytheistic, slaveholding, misogynistic culture – they will lose their power. Again, tragedy has attracted all kinds of interpretive approaches, and part of its enduring place in the canon of both education and the theater is surely the result of its adaptability. Any given way of reading or seeing is both liberating, because it releases us from the limits of previous*

methods, and confining, because it prevents us from seeing facets with which it is not compatible. So when we study Greek tragedies, we do best if we constantly shift perspectives, universalizing and historicizing. (Scodel, 2011, p. 1-2)[19]

Incontestável mesmo é que a tragédia é um furacão em ação, seja para arquivar conselhos práticos e teóricos, seja para testar os resultados colocando-os em cena. Para além do árduo processo de tradução que demanda inúmeros detalhes técnicos inerentes às línguas antigas (edições revisadas e comentadas, leituras teóricas etc.), para além da apreciação do texto que irrompe da paulatina oralização, da crítica e da experimentação, e que leva em conta, sobretudo se for um processo coletivo envolvendo vários profissionais, as dificuldades são tremendas: trabalho, empreendimento e estrepolias de todo tipo:

> *Of all competition types, save perhaps the later professional chorus, a drama performance has especially high front-end costs; and so must seek to guarantee its return on investment. This industrial staffing mechanism does not correspond to the spirit of open agonistic competition that is assumed and even proclaimed by the ideology of inscriptions. Even Aristotle uses 'to compete' of performers who are not actually competing but performing – on which see below – [...].* (Slater, 2007, p. 34)[20]

Ideias preconcebidas e arraigadas nos impedem de repensar a tragédia para os nossos dias e para o nosso lugar cultural. Como vimos nos capítulos anteriores, parte dos problemas – e não queremos com isso depreciar as grandes iluminações – tem origem na leitura abstrata e teórica de textos que foram feitos para se corporificar. Essa opinião converge com a de Ruth Scodel (2011, p. 1-2):

> *The continuing influence of Aristotle's Poetics is part of the problem. Aristotle was probably the greatest literary theorist in history, but even now many readers treat him not as an early theorist and interpreter of tragedy, and one with his own prejudices, but as an authority. The Poetics is often a filter through which we see tragedy – and, indeed, literature in general. This, too, is a problem. It is also peculiar, because most of us are not actually followers of Aristotle, and Aristotle's way of reading tragedy is profoundly Aristotelian. Aristotle has very little interest in some aspects of tragedy that were obviously important for ancient audiences and that could be important for us – spectacle, for example, and music. He cared more about plot than anything else, and in looking at the emotional side of tragedy, he was mostly concerned to defend it against Plato.* (Scodel, 2011, p. 7)[21]

Que se respeite a opinião de cada um. Como dissemos, há lugar para todos. Os problemas práticos, as rivalidades, os grupos marginalizados e os privilegiados, a improvisação essencial do meio artístico teatral, a previsão de custos quase nunca suficiente, tudo o que naturalmente ocorre no âmbito de festas públicas e, principalmente, nos bastidores dos espetáculos teatrais, está agora surgindo e sendo identificado de forma mais real, concreta e quase física na investigação atual e pode ser confirmado no ensaio de Slater (2007, p. 30, p. 32-33) que referi há pouco, intitulado "Desconstructing Festivals", por exemplo.

A proposta de integrar o teatro grego à vida brasileira, influência por certo da leitura sociopolítica dos textos; a tentativa de encená-lo em praças e parques, postura marcada pela admiração por William Bedell Stanford, Oliver Taplin, Jennifer Wise e muitos outros, pode ser um fiasco. A tradição de leitura brasileira ainda é muito pouco afeita a quebras de paradigmas. Há um quê de perfeccionismo ingênuo misturado com o purismo rançoso de uma metodologia organizada demais e de uma visão dos gregos antigos harmoniosíssima; por isso vamos tentar uma hipótese, uma a mais, nem certa nem errada, uma conjectura quiçá razoável.

A tragédia, reza a tradição, é um gênero sério, grave e pesado, advindo de um ritual sacrificial. Inseria-se nas festas de Dioniso juntamente com a comédia. Dentro, ainda, da tradição dos estudos da tragédia, é quase impossível falar de virtudes mal-educadas nesses textos, pois ela se estabeleceu como arte sofisticada, difícil e elegante, dolorosa e cheia de decoro (não se trucide em cena, exortava Horácio [1984, v. 179-185]).[22]

Essa concepção, advinda de um viés elitista de interpretação da poética aristotélica, construiu, como vimos, uma teoria acerca do trágico que prevê para os textos de Ésquilo, Sófocles e Eurípides um estilo sóbrio e elevado.[23] Mas da tríade intocável, Eurípides e Ésquilo, entre alguns dos estudiosos, escapam dessa ortodoxia; o primeiro, dizem, voltando-se para o homem comum: o segundo, bem dado ao grotesco, transpira violência, rudeza e crueldade.

Neste sentido, vou agora propor uma pequena tempestade nessa sobriedade teórica, empregando como fundamento um pressuposto de Paulo Henriques Britto. Com ele creio que estamos

> independentemente da posição que adotemos[,] mais conscientes da diferença entre o que devem ser as metas da atividade tradutória e o que na prática se pode exigir de uma tradução real. Hoje, por exemplo, afirmar que uma determinada tradução de um determinado texto é a única correta ou a única possível é uma demonstração de absoluta ingenuidade teórica. (Britto, 2001, p. 47)

Por este viés, se o nosso caminho é o de rebaixar o que é alto demais, o que é ideal, inatingível, espiritual, o que está para além da intenção cênica, o que é abstrato contra o concreto da corporificação do ator e contra todas as necessidades do teatro, então... quais as bases para escolhê-lo? Direi no próximo capítulo.

Notas

1. Na perspectiva teatral, sigo os caminhos que relatam Muniz e Romagnolli (2014) em "Teatro como acontecimento convival: uma entrevista com Jorge Dubatti". As entrevistadoras enfatizam a singularidade do teatro a partir de Dubatti, citando o professor, elas afirmam que o teatro é: "o resgate do convívio", ou seja, "a reunião sem intermediação tecnológica – o encontro de pessoa a pessoa em escala humana" (Dubatti, 2007, p. 20) em uma "encruzilhada espaço-temporal cotidiana" (Dubatti, 2007, p. 43); "é a produção e expectação de acontecimentos poiéticos corporais em convívio" (Dubatti, 2007, p. 36); cf., também, Reznik (2016, p. 163-172).

2. As observações que relato aqui adviram de projetos de pesquisa de longo prazo que inclui a participação de artistas e bolsistas de Iniciação Científica do CNPq e da Fapemig, nomeadamente: Anita Mosca, Clara Garavello, Cristiano Elias de Carvalho, Gabriel Demaria, Gina Medeiros Andrade, Josi Félix, Andreia Garavello, Lívia Ferreira, Tatiana Alvarenga Chanoca e Serena Rocha.

3. Nossa base sobre paratextos é Gerárd Genette, *Palimpsestos*, um pioneiro no assunto; no Brasil, minha referência é Marie-Hélène Catherine Torres, *Traduzir o Brasil Literário*. De Genette (2001, p. 8), uma definição: "*El paratexto, pues, se compone empíricamente de un conjunto heteróclito de prácticas y discursos de toda especie y de todas las épocas que agrupo bajo ese término en nombre de una comunidad de intereses o convergencia de efectos, lo que me parece más importante que su diversidad de aspecto*".

4. José Paulo Paes oferece uma experiência interessante ao avaliar o tradutor que opta por facilitar a leitura do texto que pretende traduzir diante de um possível distanciamento temporal do original. O procedimento, segundo Paes, acaba por derramar no texto verdadeiras "explicações" em lugar de traduzir. É o caso do *Tristram Shandy* de Laurence Sterne e do ferimento na virilha de tio Toby, personagem da história. Paes (1990, p. 97-98) comenta: o "ferimento na virilha do tio Toby vai-nos permitir tocar, de passagem, na questão dos acasos tradutórios. 'Virilha' é uma palavra de origem latina nucleada em *vir* (homem); em latim, *virilia, -ium* designava as partes sexuais do homem, mas, ao passar para o português, veio ela designar 'o ponto de junção da coxa com o ventre'. Nesta última acepção, traduz com precisão o *groin* usado no texto de Sterne, palavra inglesa cujo étimo é o islandês *grein*, 'ramo de árvore'; em inglês, segundo o Webster, serve ela para dar nome à 'depressão ou dobra em que o abdome se liga a ambos os quadris'. Ora, se se tiver em

conta que o ferimento na virilha, conquanto cicatrizado, acabou sendo a causa do malogro dos amores do tio Toby com a viúva Wadman, por ela recear houvesse o dito ferimento desvirilizado o seu pretendente, percebe-se de imediato que virilha, com as suas conotações genitais, atende muito melhor a tal circunstância contextual – ou é mais 'motivada', na terminologia hoje clássica de Saussure do que *groin*, com os seus antecedentes arbóreos."

5. Com frequência encontramos "saltos", apagamentos de versos nas traduções oferecidas no país. Paes (1990, p. 50), sobre o costume, afirma: "Cortar caminho, em tradução, significa quase sempre privar o leitor de alguns dos maiores encantos da travessia do texto. Isso acontece sobretudo quando, por não encontrar na língua equivalente adequado para alguma expressão figurada do texto-fonte, o tradutor se contenta em verter-lhe apenas o significado, sem fazer justiça ao torneio verbal. [...] Com isso, o modo por que se diz algo torna-se tão importante quanto aquilo que é dito."

6. "Tenho a impressão de que, por vício da tarefa ancestral de explicação dos textos, tendemos por vezes a traduzir escolhendo palavras e expressões que acabam criando como que uma versão simplificadora de tudo o que o original possa ter de difícil, enigmático, impreciso, vago. Nesse tipo de tradução, parece que a preocupação central é aparar qualquer aresta do texto, propondo ao leitor algo fluente e fácil, de compreensão mais imediata. Em princípio, nada tenho contra essa postura, que se poderia chamar 'didática', desde que esteja consciente de seus pressupostos e limites e desde que, em sua defesa, não se use como justificativa uma fidelidade ao sentido que, independentemente dos aspectos propriamente literários, não possui."; "Traduções supostamente fiéis ao sentido muitas vezes aparam tudo o que o original possa ter de especioso; o novo texto oferece uma interpretação esclarecedora, em vez de criar um equivalente tão impreciso, obscuro, difícil quanto o original." (Vasconcellos, 2011, p. 69 e p. 70); "Há estratégias em contrário, como as 'modernizações' do teatro clássico, mas dificilmente se poderia, a rigor, chamá-las de traduções; são antes adaptações ou 'imitações deslumbrantes', para citar a frase com que Paulo Rónai rotulou as recriações poéticas de Ezra Pound." (Paes, 1990, p. 98).

7. Em depoimento para o projeto "Ciência brasileira em entrevistas." Disponível em: <https://archive.org/details/JorgeFariaVaz1994>.

8. Entrevista de João Guimarães Rosa concedida a Walter Höllerer, Berlim, 1962. Disponível em: <https://www.youtube.com/watch?v=ndsNFE6SP68>. Trata-se de um trecho do documentário *Outro Sertão*, dirigido por Adriana Jacobsen e Soraia Vilela.

9. Mário da Gama Kury, para as últimas grandes montagens de fôlego de tragédias, foi o tradutor escolhido. Uma delas, *Hécuba*, com direção de Gabriel Villela e adaptação da tradução de Kury (1992), montagem de maio de 2012, foi espetáculo bastante elogiado, rico e colorido, com trilha sonora original de Ernani Maletta. *Hécuba* logrou o "Prêmio Shell" do mesmo ano. Antes, em 2001, foi a vez de *Medeia* e em 2005 de *Antígona*, ambas por Antunes Filho, que adaptou, outra vez, a tradução de Mário da Gama Kury.

10. "[...] traduções conscienciosas, fiéis, fiéis ao espírito dos textos não menos que à letra, e conjugadas tanto às necessidades como também ao patrimônio de nossa própria língua, cumprirão passos importantes, felizes, muito legitimamente autorizados. Traduzir fielmente, com gosto, isto é, com sinceridade inteligente, os trágicos, Píndaro, Homero, mesmo Teócrito, seria, creio eu, inovar no francês e inovar da maneira mais bem fundamentada, mais prudente e mais exemplar."

11. Realçamos que a nomenclatura adotada, "poesia dramática", no nosso ponto de vista, configura um desvio funcional do texto teatral que repercutirá na tradução, por certo.

12. Esta e algumas das indicações anteriores foram coletadas por Tatiana Chanoca em seu relatório de pesquisa IC.

13. Parece-me descompassado o elogio permanente a Walter Benjamin e o repúdio à tradução dita, por Berman, "platônica". Benjamin, com a concepção aberta de obra de arte, projeta uma obra invisível e universal escrita numa Língua Pura muito próxima do que Platão delineia com a teoria das Ideias. Em nota inicial à sua tradução da *Tarefa do tradutor*, Fernando Camacho afirma: "É em função deste conceito da 'Língua pura' que a comunicação é considerada por Benjamin como tensão, transporte ou perda da perfeição ideal, implicando com isso o prejuízo do *intentio* – que se pretende alcançar e que é por definição inalcançável ou pelo menos suscetível de ser pressentido apenas através do paradoxo. Neste sentido Benjamin poderia ser integrado na tradição platônica por dar primazia à esfera da Língua pura e das formas superiores (que podem ser equiparadas à categoria das ideias eternas, imutáveis e imateriais de Platão), considerando esta esfera como constituindo a verdadeira realidade linguística e estética, de que as línguas nacionais (e a comunicação feita através destas) são apenas formas inferiores ou então manifestações sem dúvida necessárias (porque é através delas que o *intentio* é pressentido por nós), mas defeituosas, e transitórias." (cf. Benjamin *in* Branco [org.], 2008, p. 43; cf. Campos, 1997, p. 162-171).

14. Disponível em: <http://www.lpm.com.br/site/default.asp?Template=../livros/layout_produto.asp&CategoriaID=619066&ID=717280>.

15. Transcrição, segundo Corrêa (1995, p. 173), é palavra da terminologia musical empregada pelo próprio Guilherme de Almeida para qualificar o seu trabalho, e "testemunha os cuidados do poeta com a melopeia dos versos gregos."

16. "Os sucessores de Ésquilo, Eurípides principalmente, foram mais além, a ponto de converterem a tragédia mítica numa representação da vida quotidiana."; "Foi o próprio poeta [Sófocles] que breve e certeiramente afirmou sobre eles [os personagens] não serem homens da realidade cotidiana, como os de Eurípides, mas sim figuras ideais." (Jaeger, 1979, p. 277, p. 298).

17. A expressão de Cortázar, mesmo posta na boca de uma personagem, soa-me carregada de misoginia e poderia ter sido evitada para definir um leitor superficial e facilmente contentável. Sobretudo se a aplicamos à leitura de um texto que aborda a viril Medeia a vingar-se do marido; entre machos e fêmeas, há diligentes e negligentes.

18. Antunes Filho, "Programa Roda Viva", 02/08/1999. Disponível em: <http://www.rodaviva.fapesp.br/materia/148/entrevistados/antunes_filho_1999.htm>.

19. "Há uma tensão básica em qualquer encontro com a tragédia grega a que não devemos sequer tentar escapar. Essas peças vêm de uma cultura antiga que, de certa forma, está muito distante da nossa própria. Todavia, esperamos que elas nos movam e até mesmo nos ajudem a entender melhor nossas vidas. Se nos apressarmos demais com o intuito de encontrar significados universais, vamos, provavelmente, ignorar ou interpretar mal o que é profundamente diferente. Mas se os lermos inteiramente como documentos de uma cultura estrangeira – politeísta, escravocrata e misógina – eles perderão seu poder. Reiteradamente, a tragédia atrai todos os tipos de abordagens interpretativas e parte de sua perenidade no cânone da educação e do teatro é certamente o resultado de sua adaptabilidade. Qualquer dado

modo de lê-la ou vê-la é tanto libertador, porque nos liberta dos limites de métodos prévios como limitados, visto nos impedir de enxergar as facetas com as quais ela não é compatível. Assim, quando estudamos as tragédias gregas, o melhor que podemos fazer é adequar, constantemente, as nossas perspectivas, ora universalizando, ora historicizando."

20. "De todos os tipos de competição, exceto, talvez, o coro tardio, já profissional, uma performance dramática tem – de cabo a rabo – custos especialmente altos; desse modo, ela deve procurar garantir um retorno sobre o investimento. Este laborioso mecanismo de equipe não corresponde ao espírito de competição agonística aberta que é assumida e até proclamada pela ideologia das inscrições. Até mesmo Aristóteles usa a expressão 'competir' para performances que não eram propriamente 'competições', mas apenas performances – como vimos anteriormente – [...]."

21. "A contínua influência da *Poética* de Aristóteles é parte do problema. Aristóteles foi, provavelmente, o maior teórico da literatura de toda a história, mas, até agora, muitos leitores tratam-no não como um teórico hermeneuta inaugural da tragédia e alguém com seus próprios preconceitos, mas como uma autoridade. A *Poética* é frequentemente o filtro através do qual olhamos a tragédia – e, de fato –, da literatura em geral. Isso, também, é um problema. É estranho também, porque a maioria de nós não é verdadeiramente seguidora de Aristóteles, além disso, o modo de Aristóteles ler a tragédia é profundamente aristotélico. Aristóteles tem muito pouco interesse em alguns aspectos da tragédia que, obviamente, eram importantes para o público antigo e que poderiam ser importantes para nós – o espetáculo, por exemplo, e a música. Ele se preocupava mais com o enredo do que com qualquer outra coisa, e ao olhar para o lado emocional da tragédia, estava preocupado principalmente em defendê-la contra Platão."

22. Cf. também Barbas (2006).

23. Sobre o tema remetemos o leitor a Barbosa (2011, p. 109-124).

CAPÍTULO 6
TEMPESTADE EM COPO D'ÁGUA

– Em cismar sozinho à noite pensei: que sururu! Mudar a teoria da tragédia?
– Qual quê, é só uma pequena tempestade armada no copo d'água de Aristóteles... – É mesmo... Vê bem, as tempestades são tão lindas...

Chuvas e trovoadas. Temperatura instável nas teorias e nos métodos. Aguardemos os relâmpagos, os "brilhos" vindos de Zeus.

Como se sabe, desde o início, estou pensando a tragédia, e com ela o teatro, como um meio de expressão – seja na condição de artista, seja na condição de espectador, seja na de tradutor – como uma forma de reflexão unificada de mente, corpo e intelecto (Scodel, 2011, p. 17). Sua finalidade é educar para a felicidade comum de qualquer humano, comum porque compartilhada, inserida na coletividade. Educar, ainda, para o imprevisível – isso, aliás, é praxe na prática teatral, e mostra-se dificultoso na prática filológica –, educar para o sucesso e para o enfrentamento do erro e, talvez, do fracasso, e nisso encontrar uma cura conjunta.

O que vem a ser uma tragédia depende muito do que pensa o pesquisador em seu lugar de origem e tempo de vida; aqui têm importância mor os estudos de Dubatti (2010, p. 1.857).[1]

Mas, por ora, para satisfazer os estudos filológicos, talvez a evidência documental seja mais eloquente para o convencimento desta ou daquela postura interpretativa. Enfrentar a complexidade dos documentos e provocar lindas tempestades, aliás, revigora as ideias. Demolir a noção de homogeneidade e regularidade pode gerar um caos produtivo e uma improvisação bem mais próxima da Grécia (antiga e contemporânea) e de nossos costumes hodiernos do que a idealização harmônica e estável de uma instituição democrática – muito particular e eficiente – haurida de uma tradição de estudo que pretendia uma organização inaudita e prodigiosa.

Passo a parafrasear Guimarães Rosa (grifo as modificações do texto dele); o mais importante e bonito do mundo é isto: que as coisas – tragédia entre elas – não estão sempre iguais, ainda não foram terminadas – mas que elas vão sempre mudando. Afinam ou desafinam. Verdade maior. É o que a vida me ensinou. Isso que me alegra, montão.[2] Voltar aos tempos antigos, impossível. Conjecturar, talvez.

> Com trovôo. Trovoadão nos Gerais, a ror, a rodo... Dali de lá, eu podia voltar, não podia? Ou será que não podia, não? Bambas asas, me não sei. Bambas asas... Sei ou o senhor sabe? Lei é asada é para as estrelas. Quem sabe, tudo o que já está escrito tem constante reforma – mas que a gente não sabe em que rumo está – em bem ou mal, todo-o-tempo reformando? (Rosa, 2009, vol. 2, p. 352)

Se não sabemos o 'exato' do passado, entremos nas borrascas da criação. Armarei a tal tempestade que venho anunciando no copo de Aristóteles, ou seja, focalizarei um dos pressupostos sobre a tragédia grega na teoria aristotélica numa volta ao texto grego e às discussões lexicais e semânticas.

A elaboração para essa proposição teórica me veio da pergunta espantosa de uma brilhante aluna desconhecida. Nuvens e trovoadas. No que ela falou, a tempestade se formou! O poder de Zeus se manifestou e choveu torrencialmente sobre Aristóteles – e sobre mim. Cinco minutos e o sol brilhou. Conto o processo de formação de nuvens, mostro a chuva. A seção tem a ver com a nossa concepção do que seja o trágico, e é importante para definirmos nossa postura tradutória, uma entre tantas outras possíveis.

A palavra usada na *Poética* para qualificar a ação representada na tragédia é σπουδαία (*spudaía*). Ela ocorre na famosa passagem, já citada, em que o filósofo conceitua a tragédia. Cito o trecho e apresento uma tradução. Deixo sem tradução e em negrito o termo que vou comentar:

> περὶ δὲ τραγῳδίας λέγωμεν ἀναλαβόντες αὐτῆς ἐκ τῶν εἰρημένων τὸν γινόμενον ὅρον τῆς οὐσίας. ἔστιν οὖν τραγῳδία μίμησις πράξεως **σπουδαίας** καὶ τελείας μέγεθος ἐχούσης, ἡδυσμένῳ λόγῳ χωρὶς ἑκάστῳ τῶν εἰδῶν ἐν τοῖς μορίοις, δρώντων καὶ οὐ δι' ἀπαγγελίας, δι' ἐλέου καὶ φόβου περαίνουσα τὴν τῶν τοιούτων παθημάτων κάθαρσιν. (Aristóteles, *Poética*, 2007, 1449b, 25)

E, sobre a tragédia, retomando o que dela foi dito, diremos os limites constituídos de sua índole. Então, a tragédia é a representação de uma ação σπουδαίας e completa, que, num discurso tocante, tem em cada parte separada grandeza de formas e de atos e que, não graças aos discursos, mas à compaixão e ao medo, faz experimentar a depuração destas tais paixões.

A tradução que apresento, como se pode notar, está mais comprometida com a função teatral. Pensei o trecho conjugando-o com a experiência da cena; por conseguinte, abri mão de heranças. Deste modo, optei por traduzir μίμησις por representação,[3] ἡδυσμένος por tocante,[4] termos mais frequentes na boca dos atores. Sabemos que a transmissão do texto da *Poética*, que é posterior ao auge do teatro ático,[5] é problemática.[6] Em razão disso, busquei mapear as palavras σπουδαῖος e σπουδή dentro das tragédias supérstites, contextos menos carregados de herança teórica. Minha intenção foi mostrar um recorte histórico no período e contexto das tragédias.

Ao recorte de ocorrências, associo traduções do termo para o português, para o francês, o espanhol e o inglês de modo a reunir os tradutores com essas duas palavras no contexto das tragédias. Num quadro de ocorrências observo a tradução que lhes foi dada. Antes verifico como elas são tratadas em um dicionário de sinônimos – analisarei o termo mais à frente a partir dos dicionários Liddell-Scott, Bailly e Chantraine –; aqui, em textos poéticos, utilizo apenas o *Traité Élémentaire des Synonymes Grecs* de Médéric Dufour. Ambas, σπουδαῖος e σπουδή, para Dufour, vinculam-se somente ao campo semântico específico de 'rápido'. Transcrevo, pois, o verbete de Dufour (1910, p. 152) e mostro as ocorrências.

CXXXVII. PROMPT.

698. – ταχύς: *rapide*, par suite *court, bref.* τάχος (plus usité que ταχύτης: *rapidité*. κατὰ τάχος: *rapidement*.).

REMARQUE. – distinguer ταχέως: *promptement*, τάχα: *bientôt*, d'où l'on passe, en attique, au sens de peut-être: εὐθέως: *tout aussitôt, tout de suite*.

699. – καρπάλιμος: *prompt*.

700. – ἐλαφρός: *léger*.

701. – ὀξύς: *vif.*

702. – σοβαρός: *impétueux* (à la la fois *rapide et fort*)

703. – σπουδαῖος: *empressé*. σπουδή: *empressement, hâte*.

Σπουδαῖος Texto grego/autor Sófocles	Traduções em língua portuguesa	Traduções em línguas estrangeiras
Fr., 941 (Radt) ἐν κείνῃ τὸ πᾶν σπουδαῖον, ἡσυχαῖον, ἐς βίαν ἄγον.⁷		José Maria Lucas de Dios En ella está todo lo que es **diligente**, apacible, conducente a la violencia.
		Hugh Lloyd-Jones In her is all **activity**, all tranquility, all that leads to violence.
Édipo em Colono, v. 577⁸ δώσων ἱκάνω τοὐμὸν ἄθλιον δέμας σοὶ δῶρον, οὐ σπουδαῖον εἰς ὄψιν· τὰ δὲ κέρδη παρ' αὐτοῦ κρείσσον' ἢ μορφὴ [καλή.	Maria do Céu Fialho Eu venho para te conceder o meu próprio corpo como uma dádiva. Não é **apreciável** à vista. Mas os proveitos que ele consigo traz são mais valiosos que a beleza da forma.	Paul Masqueray Je viens t'apporter mon malheureux corps: à le voir, il n'a **guère de valeur**, mais les avantages à en tirer sont plus grands que sa beauté.
		Assela Alamillo He venido para ofrecerte el don de mi infortunado cuerpo. No es **apreciado** para la vista, pero los beneficios que de el obtendrás son mejores que un bello aspecto.
Σπουδή Texto grego/autor Ésquilo		
Sete contra Tebas, v. 371 ὅ τοι κατόπτης, ὡς ἐμοὶ δοκεῖ, στρατοῦ πευθώ τιν' ἡμῖν, ὦ φίλαι, νέαν φέρει, **σπουδῇ** διώκων πομπίμους χνόας [ποδῶν.	JAA Torrano O espião, ao que me parece, ó [amigas, Traz-nos informações novas do [exército, movendo **depressa** eixos sequazes [dos pés.	Bernardo Perea Morales A mi parecer, el soldado que espía a la hueste enemiga nos trae, amigas mías, alguna nueva información, porque **apresura** con diligencia los cubos de los pies que aquí lo conducen.
Sete contra Tebas, v. 374 καὶ μὴν ἄναξ ὅδ' αὐτὸς Οἰδίπου τόκος εἰς ἀρτίκολλον ἀγγέλου λόγον [μαθεῖν· **σπουδὴ** δὲ καὶ τοῦδ' οὐκ ἀπαρτίζει [πόδα.	JAA Torrano Eis ainda o rei mesmo filho de [Édipo vem oportuno ouvir a voz do [mensageiro, também sua **pressa** não combina com [o pé.	Bernardo Perea Morales También viene aquí, coincidiendo [con ese, el Rey en persona, el hijo de Edipo [y también la **prisa** <no ajusta> su pie a la [dignidad que le corresponde.
Sete contra Tebas, v. 585 πατρίς τε γαῖα σῆς ὑπὸ **σπουδῆς** δορὶ ἀλοῦσα πῶς σοι ξύμμαχος γενήσεται;	JAA Torrano A terra pátria, por teu **zelo** [capturada à lança, como se tornará tua aliada?	Francisco de Samaranch Es la tierra de la patria, conquistada [por la lanza gracias a tus **esfuerzos**, la que tiene [que servir a tu causa?

Σπουδή Texto grego/autor Sófocles	Donaldo Schüler	Paul Mazon
	A pátria, a terra em que nasceste, [poderá apoiar tua causa, se a conquistaste [na **ponta** da lança?	Est-ce la terre de la patrie, grâce à [tes **soins** conquise par la lance, qui doit [servir ta cause?
Filoctetes, v. 637 ἴωμεν· ἥ τοι καίριο ς **σπουδὴ** πόνου λήξαντος ὕπνον κἀνάπαυλαν ἤγαγεν.	Fernando B. dos Santos Vamos! Que uma **pressa** oportuna, [depois que a fadiga serena, traz sono e [repouso.	Richard Claverhouse Jebb Let us go: good **speed** in good [season brings sleep and rest, when toil is o'er.
Filoctetes, v. 1223 οὐκ ἂν φράσειας ἥντιν᾽ αὖ [παλίντροπος κέλευθον ἕρπεις ὧδε σὺν **σπουδῇ** [ταχύς;	Fernando B. dos Santos Não podes explicar por que trajeto [contrário caminhas assim com **tamanha** [**rapidez**?	Richard Claverhouse Jebb Wilt thou not tell me on what [errand thou art returning in such **hot haste**?
Antígona, v. 223 ἄναξ, ἐρῶ μὲν οὐχ ὅπως **τάχους**[9] [ὕπο δύσπνους ἱκάνω κοῦφον ἐξάρας [πόδα.	M. H. da Rocha Pereira Meu senhor, não direi que foi por causa da **velocidade** que cheguei aqui sem fôlego, depois que pus em movimento meus pés ligeiros.	Richard Claverhouse Jebb My liege, I will not say that I come breathless from **speed**, or that I have plied a nimble foot; for often did my thoughts make me pause, and wheel round in my path, to return.
Ájax, v. 13 καί σ᾽ οὐδὲν εἴσω τῆσδε παπταίνειν [πύλης ἔτ᾽ ἔργον ἐστίν, ἐννέπειν δ᾽ ὅτου χάριν **σπουδὴν** ἔθου τήνδ᾽, ὡς παρ᾽ εἰδυίας [μάθῃς.	E. Dias Palmeira Não precisas de espreitar mais para dentro dessa porta, dize-me só porque te **afadigas** tanto, para que ouças informações de quem tas pode dar.	Assela Alamillo Y no te tomes ya ningún trabajo en escudriñar al otro lado de esta puerta, y si en decirme por que tienes ese **afán**, para que puedas aprenderlo de la que lo sabe.
Fr. 257 (Radt) Οὐ γὰρ ἔσθ᾽ ὅπως **σπουδῆς** δικαίας [μῶμος ἅπτεταί ποτε.		Hugh Lloyd-Jones Then let us go **quickly**! For blame [can never attach to hurry that is justified.
		José Maria Lucas de Dios Avancemos ahora **con presteza**, pues de ningún modo sobre la justa solicitud la censura pondrá su mano vez alguna.

Édipo rei, v. 778 ἠγόμην δ' ἀνὴρ ἀστῶν μέγιστος τῶν ἐκεῖ, πρίν μοι [τύχη τοιάδ' ἐπέστη, θαυμάσαι μὲν ἀξία, **σπουδῆς** γε μέντοι τῆς ἐμῆς οὐκ [ἀξία.¹⁰	Jaime Bruna Eu desfrutava na cidade o mais alto prestígio, até me acontecer um caso que, se era de me surpreender, não merecia toda a **atenção** que lhe dei.	Assela Alamillo Era considerado yo como el más importante de los ciudadanos de allí hasta que me sobrevino el siguiente suceso, digno de admirar, pero, sin embargo, no proporcionado al **ardor** que puse en ello.
Fr. 745 (Radt) **Σπουδὴ** γὰρ ἡ κατ'οἶκον [ἐγκεκρυμμενε πρὸς τῶν θυραίων οὐδαμῶς ἀκουσίμη.		José Maria Lucas de Dios Pues **diligencia** que en la casa se oculta, de ningún modo fuera de las puertas debe ser oída.
		Hugh Lloyd-Jones **Activity** that is well concealed at home should not by any means be heard of by outsiders.
Σπουδή Texto grego/autor Eurípides		
Alceste, v. 778 σὺ δ' ἄνδρ' ἑταῖρον δεσπότου [παρόνθ' ὁρῶν στυγνῷ προσώπῳ καὶ [συνωφρυωμένῳ δέχῃ, θυραίου πήματος **σπουδὴν** [ἔχων.	J. B. Mello Tu, porém, vendo neste recinto um sincero amigo de teu senhor, tu o recebes com fisionomia triste, e sobrancelhas carregadas, **preocupado** por algum motivo estranho.	T. W. C. Edwards But thou, though thou seest a man the companion of thy lord present, receivest him with a morose and clouded countenance, **fixing thy attention on**¹¹ an extrinsic calamity.
Alceste, v. 1014 σὺ δ' οὐκ ἔφραζες σῆς [προκείμενον νέκυν γυναικός, ἀλλά μ' ἐξένιζες ἐν [δόμοις, ὡς δὴ θυραίου πήματος **σπουδὴν** [ἔχων.	J. B. Mello No entanto, não me quiseste dizer claramente que o corpo exposto era o de tua esposa; e assim fui induzido a aceitar a hospitalidade em teu palácio, crente de que se tratava do trespasse de uma estrangeira.	Alberto Medina González Pero tú no me revelaste que estaba expuesto el cadáver de tu esposa, sino que me acogiste en tu casa, como si estuvieras **ocupado** en un dolor ajeno.
Andrômaca, v. 546 καὶ μὴν δέδορκα τόνδε Πηλέα [πέλας, **σπουδῇ** τιθέντα δεῦρο γηραιὸν [πόδα.	José Ribeiro Ferreira Eis, vejo Peleu que se aproxima, [guiando, para aqui, **com pressa** os velhos [passos.	David Kovacs But look, I see Peleus nearby, **hastening** his aged steps hither.
		Juan Antonio López Férez He visto aquí cerca a Peleo que acá dirige **de prisa** sus viejos pies.
Andrômaca, v. 880 καὶ μὴν ὅδ' ἀλλόχρως τις ἔκδημος [ξένος **σπουδῇ** πρὸς ἡμᾶς βημάτων [πορεύεται.	José Ribeiro Ferreira Eis que um estrangeiro de [peregrino aspecto caminha para nós a passos [largos.	Juan Antonio López Férez He aquí que un extranjero de aspecto extraño, que va de viaje, se encamina hacia nosotras con **gran interés** por la casa.

Andrômaca, v. 1050 ἥκω δ᾽ ἐκμαθεῖν **σπουδὴν** ἔχων εἰ ταῦτ᾽ ἀληθῆ· τῶν γὰρ ἐκδήμων [φίλων δεῖ τοὺς κατ᾽ οἶκον ὄντας ἐκπονεῖν [τύχας.	**José Ribeiro Ferreira** Venho à **pressa** saber se tal é verdade. É que na ausência dos familiares, é dever dos que estão em casa velar pelos seus interesses.	**Juan Antonio López Férez** Y yo llego **con prisa** para informarme de si eso es verdad, pues es preciso que los que están en casa se ocupen de la suerte de los seres queridos que están de viaje.
Bacantes, v. 212 ἐπεὶ σὺ φέγγος, Τειρεσία, τόδ᾽ οὐχ [ὁρᾷς, ἐγὼ προφήτης σοι λόγων [γενήσομαι. Πενθεὺς πρὸς οἴκους ὅδε διὰ [**σπουδῆς** περᾷ, Ἐχίονος παῖς, ᾧ κράτος δίδωμι γῆς.	**Maria Helena da Rocha Pereira** Já que não vês, ó Tirésias, a luz do dia, serei eu para ti o intérprete em palavras. Aí vem Penteu, que se dirige **à pressa** para o palácio, Penteu, filho de Équion, a quem fiz entrega do poder sobre esta terra.	**Jeanne Roux** Puisque tu ne vois pas, Tirésias, le jour que nous éclaire, à mon tour je vais te servir d'interprète. Voici que vient vers le palais **en toute hâte** Penthée, fils d' Échion, à qui j'ai remis la souveraineté sur ce pays.
Bacantes, v. 663 ἥκεις δὲ ποίαν προστιθεὶς **σπουδὴν** [λόγου;	**Maria Helena da Rocha Pereira** Que novas te trazem assim **pressuroso**?	**Jeanne Roux** Tu arrives? Portes-tu donc un si **pressant** message?
Cíclope, v. 84 χωρεῖτ᾽· ἀτὰρ δὴ τίνα, πάτερ, **σπουδὴν** [ἔχεις;	**Junito de Souza Brandão** Vamos! Mas, com que te **preocupas**, pai?	**Arthur S. Way** Look sharp there! Where's the **hurry**, father, now?
Electra, v. 1347 νὼ δ᾽ ἐπὶ πόντον Σικελὸν **σπουδῇ** σῴσοντε νεῶν πρῴρας ἐνάλους.	**Nilda Mascarenhas de Castro** Vamos **às pressas** ao mar da [Sicília para salvar os navios cujas proas singram [as ondas.	**Léon Parmentier e Henri Gregoire** Pour nous, nous allons en **grande hâte** sur la mer de Sicile où s'avancent les proues de nefs que nous devons sauver.
Fenícias, v. 849 εἶέν, πάρεσμεν· τί με καλεῖς **σπουδῇ**, [Κρέον;	**Donaldo Schüler** Que bom! Chegamos. Por que me chamaste **com tanta pressa**, Creonte?	**Arthur S. Way** Here am I. Why this **instant** summons, Creon?
Fenícias, v. 901 θέλεις ἀκοῦσαι δῆτα καὶ **σπουδὴν** [ἔχεις;	**Manuel dos Santos Alves** Queres realmente ouvir-me? [Estás **ansioso**?	**Arthur S. Way** Wouldst thou indeed hear? [Art thou set **thereon**?
Hécuba, v. 98 Ἑκάβη, **σπουδῇ** πρός σ᾽ ἐλιάσθην...	**Christian Werner** Hécuba, **com pressa** até ti [esquivei-me...	**Juan Antonio López Férez** Hécuba, me he apartado **de prisa**...
Hécuba, v. 130 **σπουδαὶ** δὲ λόγων κατατεινομένων ἦσαν ἴσαι πως, πρὶν ὁ ποικιλόφρων κόπις ἡδυλόγος δημοχαριστὴς Λαερτιάδης πείθει στρατιάν...	**Christian Werner** Os **zelos** dos discursos em disputa eram iguais até que o de variegado espírito, o altercador de doce discurso, ao povo agradável, o filho de Laertes persuadiu o exército a...	**Juan Antonio López Férez** El **celo** de los discursos contrapuestos era igual en cierto modo, hasta que el astuto, bribón, de palabra dulce, adulador del pueblo, el hijo de Laertes, persuade al ejército a...

Hécuba, v. 216 καὶ μὴν Ὀδυσσεὺς ἔρχεται **σπουδῇ** [ποδός, Ἑκάβη, νέον τι πρὸς σὲ σημανῶν [ἔπος.	**Christian Werner** E eis que vem Odisseu com a **pressa** do pé, Hécuba, para te anunciar alguma nova palavra.	**Juan Antonio López Férez** He aquí que llega Ulises a paso **ligero**, Hécuba, para indicarte alguna nueva noticia.
Hécuba, v. 673 οὐ καινὸν εἶπας, εἰδόσιν δ᾽ [ὠνείδισας. ἀτὰρ τί νεκρὸν τόνδε μοι [Πολυξένης ἥκεις κομίζουσ᾽, ἧς ἀπηγγέλθη [τάφος πάντων Ἀχαιῶν διὰ χερὸς [**σπουδὴν** ἔχειν;	**Christian Werner** Nada de novo me dizes, mas escarneces de quem sabe. Contudo, por que vens o cadáver aí de Polixena me trazendo, tendo sido anunciado que seu funeral receberia **atenção** da mão de todos os aqueus?	**Juan Antonio López Férez** No has dicho nada nuevo y has reprochado a quienes lo saben. Mas ¿por qué vienes trayéndome este cadáver de Políxena, cuyo sepulcro se anunció que era preparado **con celo** por las manos de todos los aqueos?
Helena, v. 602 λέγ᾽· ὡς φέρεις τι τῇδε τῇ **σπουδῇ** [νέον.	**José Ribeiro Ferreira** Fala. Deves trazer notícia grave para tanto **açodamento**?	**Luis Alberto de Cuenca y Prado** Habla, pues tu **apresuramiento** indica nuevas insólitas.
Helena, v. 1444 ἕλκουσι δ᾽ ἡμῖν πρὸς λέπας τὰς [συμφορὰς **σπουδῇ** σύναψαι· κἂν ἄκρᾳ θίγῃς [χερί, ἥξομεν ἵν᾽ ἐλθεῖν βουλόμεσθα τῆς [τύχης.	**José Ribeiro Ferreira** Até nós, que arrastamos pelas ladeiras as nossas desditas, vem e ajuda no **esforço**. Toca-nos com a ponta do dedo e conseguimos atingir a sorte que desejamos.	**Eládio Isla Bolaño** Ahora que arrastamos por una senda escarpada el peso de nuestras desgracias, acude **sin tardar** en nuestra ayuda. Aunque solo nos toques con la punta de un dedo, podremos alcanzar la felicidad que deseamos
Helena, v. 1604 **σπουδῆς** δ᾽ ὕπο ἔπιπτον, οἳ δ᾽ ὠρθοῦντο, τοὺς δὲ κειμένους νεκροὺς ἂν εἶδες.	**José Ribeiro Ferreira** Na **fúria** do combate, uns tombaram por terra e levantavam-se, veem-se outros que jazem mortos.	**Luis Alberto de Cuenca y Prado** En el **ardor** de la lucha caían unos, otros lograban mantenerse erguidos, otros yacían muertos en el suelo.
Héracles, v. 709 ἃ χρῆν σε μετρίως, κεἰ κρατεῖς, [**σπουδὴν** ἔχειν.	**Cristina Rodrigues Franciscato** Aqui deverias moderar o afã...	**Arthur S. Way** So strong and so **impatient** fits not thee.
Heráclidas, v. 118 καὶ μὴν ὅδ᾽ αὐτὸς ἔρχεται **σπουδὴν** [ἔχων Ἀκάμας τ᾽ ἀδελφός, τῶνδ᾽ ἐπήκοοι [λόγων.	**Cláudia Raquel Cravo da Silva** Olha! Ei-lo justamente que chega, **à pressa**, com o seu irmão Acamante. Vêm ouvir nossa discussão.	**Nicolleta Rosello** Ecco che arriva di persona, **in fretta**; con lui vi è suo fratello Acamante: porgeranno ascolto alle nostre parole.
Hipólito, v. 903 κραυγῆς ἀκούσας σῆς ἀφικόμην, [πάτερ, **σπουδῇ**· τὸ μέντοι πρᾶγμ᾽ ὅτῳ στένεις ἔπι οὐκ οἶδα, βουλοίμην δ᾽ ἂν ἐκ [σέθεν κλύειν.	**Frederico Lourenço** Vim logo **a correr**, pai, assim que ouvi teu alarido. Não sei é o problema acerca do qual te lamentas e gostaria de o ouvir de ti.	**Alberto Medina Gonzalez** Al oír tus gritos he venido, padre, con **premura**, pero no sé por qué causa sollozas y me gustaría oírlo de tus labios.

Hipólito, v. 1152 καὶ μὴν ὀπαδὸν Ἱππολύτου τόν δ' [εἰσορῶ **σπουδῇ** σκυθρωπὸν πρὸς δόμους [ὁρμώμενον.	Frederico Lourenço Mas vejo um criado de Hipólito que se **apressa** para o palácio com uma expressão angustiada.	Alberto Medina Gonzalez Veo a un compañero de Hipólito que, con la mirada sombría, se precipita **veloz** en palacio.
Ifigênia em Táuride, v. 1434 νῦν δὲ τὴν προκειμένην **σπουδὴν** ἔχοντες οὐ μενοῦμεν [ἥσυχοι.	Nuno Simões Rodrigues Agora, face à **urgência** que se impõe, não ficarei quieto.	Robert Potter But now in this present **urgency**, I will not remain still.
Íon, v. 1061 εἰ δ' ἀτελὴς θάνατος **σπουδαί** τε [δεσποίνας...	Manuel de Oliveira Pulquério e Maria Manuela de S. Álvares Mas se a minha Senhora não levar **a bom termo** os seus planos de morte...	Robert Potter But if death and the **eager** attempts of my mistress go unfulfilled...
Medeia, v. 557 οὐχ, ᾗ σὺ κνίζῃ, σὸν μὲν ἐχθαίρων [λέχος καινῆς δὲ νύμφης ἱμέρῳ [πεπληγμένος οὐδ' εἰς ἅμιλλαν πολύτεκνον [**σπουδὴν** ἔχων·	Jaa Torrano Não como te afliges, por odiar teu leito, aturdido pelo desejo de nova noiva nem por **anseio** de multiplicar a prole...	Alberto Medina Gonzalez No he aceptado la boda por los motivos que te atormentan ni por odio a tu lecho, herido por el deseo de un nuevo matrimonio, ni **por ánimo** de entablar competición en la procreación de hijos.
Orestes, v. 1056 οὐδ' εἶφ' ὑπὲρ σοῦ, μὴ θανεῖν [**σπουδὴν** ἔχων, Μενέλαος ὁ κακός, ὁ προδότης [τοῦ μοῦ πατρός;	Augusta Fernanda de Oliveira e Silva E o pérfido Menelau, o traidor de meu pai, não se deu ao **trabalho** de falar em tua defesa, para que não morresses?	M. L. West But did Menelaus not speak for you with **concern** to save your life, the scoundrel, the betrayer of my father?
Orestes, v. 1572 μοχλοῖς δ' ἄραρε κλῆθρα, σῆς [βοηδρόμου **σπουδῆς** ἅ σ' εἴρξει, μὴ δόμων [ἔσω περᾶν.	Augusta Fernanda de Oliveira e Silva As portas estão seguras com trancas, e elas vedarão a tua **presteza** auxiliadora, para que não penetres no palácio.	M. L. West The hasps are made fast with bolts, and will check you in your **urgent** rescuing and stop you entering the house.
Reso, v. 85 καὶ μὴν ὅδ' Αἰνέας καὶ μάλα **σπουδῇ** [ποδὸς στείχει, νέον τι πρᾶγμ' ἔχων φίλοις [φράσαι.	JAA Torrano Eis que Eneias está vindo **depressa**, [com um fato novo a dizer aos seus.	Giuseppe Zanetto Ecco Enea! Sta arrivando **di corsa**: avrà certo qualche novità da dire.

Suplicantes, v. 1199 ἔστιν τρίπους σοι χαλκόπους ἔσω [δόμων, ὅν Ἰλίου ποτ' ἐξαναστήσας βάθρα **σπουδὴν** ἐπ' ἄλλην Ἡρακλῆς [ὁρμώμενος στῆσαί σ' ἐφεῖτο Πυθικὴν πρὸς [ἐσχάραν.	JAA Torrano Dentro de casa tens o tripé de [bronze, Que Héracles pilhou da sede [de Ílion E ao partir para outra presteza, [deu-te A incumbência de apor à lareira [pítia.	E. P. Coleridge You have within your halls a tripod with brazen feet, which Heracles once, after he had overthrown the foundations of Ilium and **was starting on** another enterprise, enjoined you to set up at the Pythian shrine.
		Carlos García Gual Tienes dentro del palacio un trípode de patas de bronce, que Heracles te encomendó para que lo pusieras junto al altar de Delfos, cuando **emprendió** un nuevo trabajo, después de destruir los cimientos de Ilión.

Observando o quadro, confirma-se o uso dos termos em observação no campo semântico delimitado por Dufour, com modalizações em "diligente, pressuroso, valioso, esforçado ou zeloso". Apesar dessas variações, há que se ponderar que elas não excluem a agilidade nas suas abrangências de sentido.

Sairemos dos textos trágicos e vamos recorrer aos sentidos arrolados nos dicionários. Da palavra σπουδαία o dicionário etimológico de Beekes faz um derivado de σπεύδω (*speúdo*).

> σπεύδω [v.] 'to hurry, hasten, strive, exert oneself, trans. 'to drive, quicken, ply, aspire after'. <- IE *speud- 'press, drive, hurry' ->. [...] COMP. Also with prefix, e.g. ἐπι-, κατα-, συ-. Further in κενό-σπουδ-ος; 'seriously prosecuting frivolities', also -έω, -ία [a (Hell.). κατάσπευ-σις; (τὸ κατα-σπεύδω) [f.] 'hurry' (Thd.; σπεῦσις; gloss.), σπευσ- -τός; (Phryn.), -τικός; (ἐπι-) 'hurried' (Arist., Eust.). DER. σπουδ-ή [f.] 'haste, zeal, labor, seriousness, good will' (11.), hence -αῖους; 'zealous, striving, serious, good' [...] ETYM. The only certain cognate is Lith. spausti < *spau?d-ti 'to press, squeeze', also 'to push, drive on', intr. 'to hurry' (see LIV² s.v. *speud-). A trace of the meaning 'push' has also been suggested for σπούδαξ = ἀλετρίβανος; 'pestle of a mortar'. The word σπουδή has a formal cognate in Lith. spauda [f.] 'pressure, literature'. There is also, with zero grade and a long vowel as a result of Winter's Law, spuda [f.] 'throng, urgency, pressure' and spudëti 'to be oppressed, thrust down, pain oneself, meddle'. Perhaps Alb. punë 'work, business' is also related, if from *spud-na. (Beekes, 2010, p. 1.381)[12]

Chantraine insere-a do mesmo modo no verbete σπεύδω e afirma:

Nom verbal de type archaïque à vocalisme o: σπουδή 'hâte, effort, zèle' *(Hom., ion.--att., etc.)*, en att. le mot prend des développements remarquables 'estime', et surtout 'sérieux' opposé à παιδιά *(cf. Solmsen, Rh. Mus. 107, 1964, 208), 'application', etc.;* adv. σπουδῇ 'en hâte', aussi 'avec effort, avec soin', etc. *(Hom., etc.),* avec ἀσπουδί 'sans effort, sans lutter' *(Hom., etc).* (Chantraine, 1977, vol. 4, p. 1.037)[13]

O filólogo francês acrescenta ainda que, como primeiro termo de compostos e em σπουδάρχης, a palavra garante para o novo termo o significado de "*ambitieux*" e que, usualmente, σπουδαῖος é "*qui s'applique, sérieux, de bonne qualité*" ("aplicado, sério, de boa qualidade") para pessoas e coisas.

Por questão de concisão, reproduzo o verbete do Liddell-Scott intermediário.

σπουδάζω, *f. ἄσομαι; aor.1 ἐσπούδασα; pf. ἐσπούδακα; - Pass., aor.1 ἐσπουδάσθην;* pf. ἐσπούδασμαι;
I. Intr. to make haste. 1. of things, to be busy, eager, zealous, earnest to do a thing, c. *inf.*, Soph., *etc.; also,* σπ. περί τινος or τι *[...]* 2. *of persons,* σπ. πρός τινα *to be busy with him,* Plat.; σπ. περί τινα *to be anxious for his success, canvass for him [...]* 3. *absol.* to be serious or earnest, Ar., *etc.;*
II. Trans., 1. *c. acc. rei,* to do anything hastily *or* earnestly, Eur., Plat., *etc.: – Pass.* to be zealously pursued, Eur., *etc.: – esp. in pf. part.,* serious, Plat., *etc.* 2. *Pass., also, of persons,* to be treated with respect, to be courted, Arist., *etc.* (Liddell-Scott, 1889, p. 741)[14]

σπουδαῖος, α, ον (σπουδή) *of persons,* earnest, serious, Xen.; active, zealous, Plut. 2. good, excellent, Hdt., Plat.; *[...]* 3. *of men of* character and importance, *Id.* 4. *in moral sense,* good, *opp.* Τὸ πονηρός, *Id.* II. *of things,* worth one's serious attention, serious, weighty, Theogn., Hdt., Att. 2. good *of its kind,* excellent, Hdt., *etc.* III. *Adv.* σπουδαίως, seriously, earnestly, well, Xen., *etc.: – Comp.,* -ότερον, *Id.; Sup.* ότατα, most carefully, in the best way, [...].[15]

Note-se, mais uma vez, a variação entre os significados de *apressado, ligeiro, diligente zeloso, com seriedade, bom, grave.* André Wartelle, no *Lexique de la Poétique d'Aristote,* antes de arrolar todas as ocorrências do termo na *Poética,* designa para σπουδαῖος "ansioso, ativo, honesto, sério, altivo":

σπουδαῖος, α, ον, *empressé, actif, honnête, sérieux, élevé:* βλέποντα εἰ σπουδαῖον ἢ φαῦλον 61 a, 6; διόπερ ὅστις περὶ τραγῳδίας οἶδε σπουδαίας καὶ φαύλης, οἶδε καὶ περὶ ἐπῶν 1449b, 17; ἔστιν οὖν τραγῳδία μίμησις πράξεως σπουδαίας καὶ τελείας μέγεθος ἐχούσης 1449b, 24; ὥσπερ δὲ καὶ τὰ σπουδαῖα μάλιστα ποιητὴς Ὅμηρος ἦν...

οὕτως καὶ τὸ τῆς κωμῳδίας σχῆμα πρῶτος ὑπέδειξεν 1448b, 34; ἡ μὲν οὖν ἐποποιία τῇ τραγῳδίᾳ μέχρι μὲν τοῦ μετὰ μέτρου λόγῳ μίμησις εἶναι σπουδαίων ἠκολούθησεν 49 b, 10; ἐπεὶ δὲ μιμοῦνται οἱ μιμούμενοι πράττοντας, ἀνάγκη δὲ τούτους ἢ σπουδαί- ους ἢ φαύλους εἶναι 1448a, 2; λέγειν, τὸν δὲ οἷα ἂν γένοιτο. διὸ καὶ καὶ σπουδαιότερον ποίησις ἱστορίας ἐστίν 1451b, 6. (Wartelle, 1985, p. 144)

Por esse apanhado, constatamos que, dos dicionários consultados, todos estabeleceram o primeiro sentido do vocábulo em observação no campo semântico da ligeireza bem cuidada, da diligência. O que nos causa espanto é que as traduções da famosa passagem da *Poética* de Aristóteles que define a tragédia desprezam a hipótese de entender σπουδαῖος com o primeiro significado arrolado pelos dicionários e optam, em sua maioria, pelo sentido moral do termo.

Os dados coletados do contexto trágico mostram que não se pode negar que há, de fato, uma tendência, no ático, para pensar o termo como "apressado" com uma modalização, isto é, "apressado, mas com seriedade", "empenhado". A hipótese de lê-lo "apressado, mas com seriedade", isto é, de lê-lo como "diligente", é, no meu entender, bastante razoável, sobretudo se temos em mente a tragédia por oposição à epopeia. O drama é sem dúvida uma composição mais ligeira, que dura não mais que duas horas (seis horas, se estiver sendo produzida uma trilogia).

As passagens de ocorrência do termo na *Poética* citadas por Wartelle, na tradução que propõe Ana Maria Valente (*in* Aristóteles, 2007), dão para σπουδαῖος os seguintes significados:

1. examinando se é *bom* (*spudaîon*) ou mau (*phaúlon*) Poética, 1461a, 6;
2. por isso, quem distingue uma *boa* (*spudaías*) de uma má (*phaúles*) tragédia sabe também fazê-lo nas epopeias 1449b, 17;
3. a tragédia é a imitação de uma acção *elevada* (*spudaías*) e completa, dotada de extensão 1449b, 24;
4. Homero, ao mesmo tempo que era o maior autor de obras *elevadas* (*tà spudaîa*)... foi também o primeiro a conceber a estrutura da comédia 1448b, 34;
5. a epopeia segue de perto a tragédia por ser também imitação, com palavras e ajuda de metro, de caracteres *virtuosos* (*spudaíon*) 1449b, 10;
6. uma vez que quem imita representa os homens em acção, é forçoso que estes sejam *bons* (*spudaíous*) ou maus (*phaúlos*) 1448a, 2;
7. [...] [relatar] o que poderia acontecer. Portanto a poesia é mais filosófica e tem caráter mais *elevado* (*spudaióteron*) do que a história 1451b, 6.

Para que se entenda melhor aonde quero chegar, vou contrapor traduções e mostrar que a tradução e o estabelecimento dos alicerces do que poderia ser a tragédia grega podem variar. Será um estudo pontual e comparativo de dois tradutores: Ana Maria Valente e Eudoro de Sousa. Resumindo em quadro comparativo, eis as opções de Valente e Sousa:

ARISTÓTELES	ANA MARIA VALENTE	EUDORO DE SOUSA
σπουδαῖον ἢ φαῦλον	bom ou mau	elevação ou baixeza
σπουδαίας καὶ φαύλης	boa e má	qualidade e defeito
Σπουδαίας	elevada	caráter elevado
τὰ σπουδαῖα	obras elevadas	gênero sério
Σπουδαίων	caracteres virtuosos	homens superiores
σπουδαίους ἢ φαύλους	bons ou maus	indivíduos de elevada ou baixa índole
σπουδαιότερον	caráter mais elevado	mais sério

Assim, por exemplo, onde Valente usa "bom ou mau", Sousa usa "elevação ou baixeza"; onde uma usa "boa" e "má" o outro emprega "qualidade" e "defeito"; se há uma "acção elevada" na tradutora, no tradutor a acção será "de caráter elevado"; as "obras elevadas" serão "género sério"; os "caracteres virtuosos" se tornarão "homens superiores"; os "bons ou maus", "indivíduos elevada ou baixa índole", e, finalmente, onde se lê "caráter mais elevado" em Valente, em Sousa ler-se-á "mais sério". Todas as traduções objetivam o campo semântico moral, não o formal como era de se esperar no contexto que aborda a "forma"; a "extensão" e as "partes" de um gênero, um objeto de estudo. Há variações também na tradução de Gazoni (2006, p. 51) e deixo para o leitor comprovar a citação de sua tradução em nota.[16]

Não me cabe aqui inquirir sobre os critérios de escolha dos tradutores; todavia não se pode negar que eles se basearam no sentido moral secundário do vocábulo e que foram fortemente marcados por pressupostos teóricos e ideológicos que hipotetizam, tal como reza a tradição, uma tragédia elegante, séria e elitizante na qual não cabe sequer pensar na possibilidade do obsceno, baixo, macabro, risível e profano (uma das prováveis razões de se expurgar trechos como o de Ésquilo já comentado).

Entretanto, o campo semântico de σπουδαῖος não é pequeno. Liddell-Scott, agora o avançado, indica estas possibilidades de forma sucinta:

in haste, quick; *but in ordinary use denoting* energy or earnestness *of persons*, earnest, serious, active, zealous, *in canvassing;* good, excellent *in their several kinds; opp.* φαῦλος; *in moral sense,* good; *generally of all virtuous objects or qualities; of things,* worth serious attention, weighty; good *of its kind,* excellent, the most *elaborate,* costliest; adv. with haste *or* zeal, seriously, earnestly, well; *comp.* most carefully, in the best way.[17]

No *Dictionnaire Grec-Français,* A. Bailly (1952), da mesma forma, associa σπουδαία com σπουδή (*spudé*) e nos conduz até o termo *speúdo,* isto é, "*presser, hâter*" ("acelerar, ganhar velocidade"). Resumidamente, os significados arrolados são, de maneira geral, *hâte, empressement; hâte de la marche; avec précipitation, vite, promptement, prestement.* Para ações, Bailly fornece os seguintes significados: *effort pénible et contraint, effort volontaire, zèle, ardeur;* para pessoas, *digne d'estime;* para seres animados *empressé, diligent; agile, rapide; zélé; ardent à briguer une charge; sérieux, grave; bon, vertueux;* para coisas, *qui a de la valeur, précieux.*

Ora, de acordo com as direções dos dicionários, certamente todos percebem que, para o trecho em foco, na definição de tragédia, insisto, objeto de apreciação e estudo, além das opções dos tradutores mencionados, são igualmente pertinentes para o termo σπουδαῖος as ideias de rapidez, diligência, vigor, atividade, ambição, realce, exagero e peso, que nos permitem ler o que seja a tragédia, fugindo da tradição e rompendo com ideologias muito fechadas, de diferentes modos:

1. examinando se [o que se fez] é *forte ou fraco*: 1461 a, 6;
2. por isso, quem distingue uma tragédia *vigorosa de uma frouxa* sabe também fazê-lo nas epopeias: 1449b, 17;
3. a tragédia é a imitação de uma acção *pesada* (*vigorosa?, exagerada?, impensada?*) e completa, dotada de extensão: 1449 b, 24;
4. Homero, ao mesmo tempo que era o maior autor de *exageros*, foi também o primeiro a conceber a estrutura da comédia: 1448 b, 34;
5. a epopeia segue de perto a tragédia por ser também imitação, com palavras e ajuda de metro, de caracteres *opressores (fortes?, pesados?, diligentes?, pressurosos?*): 1449 b, 10;
6. uma vez que quem imita representa os homens em acção, é forçoso que estes sejam *densos (complexos?, esmagadores?, vigorosos?) ou leves:* 1448 a, 2;
7. [...] [relatar] o que poderia acontecer. Portanto a poesia é mais filosófica e tem um caráter mais *exagerado (impactante?, imediato?)* do que a história: 1451 b, 6.

VARIAÇÕES	ARISTÓTELES	A. M. VALENTE	E. DE SOUSA
forte, pesado, ágil, vigoroso, exaltado, arrebatado	σπουδαῖον	bom	elevação
vigorosa...	σπουδαίας	boa	qualidade
pesada, exagerada, grave/ repentina, impensada	σπουδαίας	elevada	caráter elevado
exageros	τὰ σπουδαῖα	obras elevadas	gênero sério
pesados, rápidos, empenhados, opressores, densos...	σπουδαίων	caracteres virtuosos	homens superiores
tenso, opressor, empenhado	σπουδαίους	bons	indivíduos de elevada índole
mais exagerado	σπουδαιότερον	caráter mais elevado	mais sério

Dentre os tradutores estrangeiros, Roselyne Dupont-Roc e Jean Lallot (*in* Aristóteles, 1980, p. 53) têm a seguinte proposta: "*La tragédie est la représentation d'une action noble...*". "*L'objet représenté reçoit la qualification de* noble (spoudaias), *ce qui oppose la tragédie à la comédie* (...)".[18] Todavia me pergunto, mais uma vez, se o adjetivo não poderia estar se referindo à tragédia em oposição à épica, já que no contexto Aristóteles também faz menção à composição em hexâmetros... A respeito da qualidade dos caracteres, as palavras são χρηστόν (*útil, valioso, bom*) e φαῦλον (*fraco, inferior, vil, frouxo*...). Os tradutores franceses não me convencem.

Tarán remete o leitor para os comentários de Gutas, no mesmo volume, "*[t]his passage has been preserved in Syriac translation by Severus bar Shakko (d. 1241) in his work* The Book of Dialogues. *For the significance and import of this quotation cf. Gutas' account in Chapter Two, and Chapter three (f)*." E Gutas (*in* Aristóteles, 2012, p. 247, p. 340) afirma o que copio: "*[t]he Arabic consistently translates* σπουδαῖος (...) [*also in 48b17, 34, and 51b6*] *in the sense of 'zealous, aspiring' and* σπουδαῖοι *when understood as a group of people* (...) (*in 48a2, 27, 49b10), 'men of excellence'*";[19] mas homens "zelosos" e "de excelência" não são necessariamente "nobres". Lucas é bastante prudente, pois prefere dizer: "*[t]hat tragedy is a* μίμησις *has been stated in Ch. I, that it imitates* πράττοντες *in Ch. 2, and the main point of that chapter is that they are* σπουδαῖοι. *No one English word for* σπουδαῖος *fits both men and action (51b 6 n.)*."[20]

Uma vez que já nos estendemos bastante, não vou desenvolver mais o tema. Com esse brevíssimo apanhado só desejei mostrar que até mesmo a determinação do gênero é uma questão de tradução. Estamos condicionados pelas ideologias e teorias. A tempestadezinha que proponho é: e se lêssemos a passagem observada assim?

E, sobre a tragédia, retomando o que dela foi dito, diremos os limites constituídos de sua índole. Então, a tragédia é a representação de uma ação *tenaz* e íntegra, que, num discurso tocante, tem em cada parte separada grandeza de formas e de atos e que, não graças aos discursos, mas à compaixão e ao medo, faz experimentar a depuração destas tais paixões.

Nessa tradução, a tragédia teria força de interjeição, de ênfase, de ponto de exclamação. A palavra escolhida para o "termo" objetivado foi "tenaz". Usei-a, mas é possível negociar, afinal, pela metodologia que proponho, a mudança existe e visa a contemplar aspectos obnubilados. Hesitei entre "tenaz", "veemente" e "enfática", entre "íntegra" e "completa". Guardei a ambiguidade na opção tomada. Mas... e se escolhêssemos traduzir σπουδαῖος por "rápida", "concisa", "lábil" – pensando no comentário de uma aluna notável, e entendendo que a rapidez adviria de entender muitas coisas de uma só vez, privilegiando a ambiguidade,[21] numa espécie de conflação dos múltiplos sistemas – essa não seria também uma tradução razoável? Seja!

E, sobre a tragédia, retomando o que dela foi dito, diremos os limites constituídos de sua índole. Então, a tragédia é a representação de uma ação *precípite* e *resolvida*, que, num discurso tocante, tem em cada parte separada grandeza de formas e de atos e que, não graças aos discursos, mas à compaixão e ao medo, faz experimentar a depuração destas tais paixões.

Poderia ser... Afinal, por oposição à epopeia, a tragédia é veloz, tudo acontece no tempo da encenação, quando somos bombardeados por sistemas comunicativos múltiplos e não no tempo da leitura interrompida de um leitor estoico. Não vou tomar posição: tudo depende da situação, em termos de Dubatti, do acontecimento convival. Só quero deixar marcado o quanto é valioso voltarmo-nos para o texto, ele mesmo, e vê-lo em suas múltiplas camadas; quão útil seria pensar – e encenar – a tragédia ática olhando de um outro ponto: o lugar de enunciação, o dos atores e pesquisadores tupiniquins-catrumanos em convívio. Colocada em cena, a tragédia é a representação de uma ação explosiva, fulminante, precipitada e inesperada (no campo semântico da rapidez); exagerada, extravagante, bizarra e carregada de todas as anormalidades (no campo semântico do exagero) que levam a uma atmosfera de instabilidade, de claustrofobia e de perplexidade.

Por fim, na perspectiva cênica, entendo que todos os elementos listados são muito condizentes com o que se pode extrair dos (e se percebe nos) textos trágicos da Grécia antiga. Todos os elementos listados envolvem os critérios de equilíbrio tão estimados entre os gregos, o evento de um ponto de desordem que se desenvolve em linha harmônica. A conduta de um relativo rompimento nos levaria a ver o drama ateniense sob novos ângulos e tomadas, focos interessantes para os quais aponto e com os quais espero provocar outros pesquisadores. Por ora, não obstante, eles não são nossa meta; não passarei daqui. "Enfim, cada um o que quer aprova, o senhor sabe: pão ou pães, é questão de opiniães... O sertão está em toda a parte" (Rosa, 2009, vol. 2, p. 7).

Notas

1. "*En suma, para la Filosofía del Teatro la concepción del acontecimiento exige repensar el teatro desde sus prácticas, procesos y saberes específicos, habilitando una razón pragmática que pueda dar cuenta de la problematicidad de lo que sucede en el acontecimiento y pueda a su vez rectificar doxa o ciencia desligadas de la observación de las prácticas. La Filosofía del Teatro se interesa, además de las prácticas mismas, por el pensamiento que se genera en torno del acontecimiento, y habilita así el rescate de los metatextos de los artistas, los técnicos y los espectadores como documentos esenciales para su estudio.*" E, ainda, Dubatti em entrevista a Mariana Muniz e Luciana Romagnolli (2014, p. 260-261): "Estamos em uma etapa de abertura epistemológica para uma consideração do teatro a partir de um outro lugar. Gosto muito do pensamento cartografado. Não se trata de impor um novo paradigma universal, como a semiótica pretendeu ser. O que se trata é de, problematizando as questões, estudar os contextos locais. Eu estudo Buenos Aires e a partir daqui produzo um pensamento teórico. Me parece que o mesmo têm de fazer Brasil, Uruguai, Córdoba. E isso está acontecendo. É uma ideia de uma cartografia radicante. No Rio se estuda uma coisa, em Buenos Aires outra, em Córdoba outra, em estreita relação com o teatro que vemos. Senão, gera-se essa coisa espantosa é termos de falar sobre o que está se passando na Alemanha, quando não é o teatro que vemos. Isso nos obriga a não termos objeto de estudo, a repetir a bibliografa e a desconhecer nosso próprio objeto de estudo. Uma cartografia radicante diria: tenho que pensar o teatro a partir do que eu sei. Tive uma entrevista com um grande pesquisador francês que levei à Universidade de Buenos Aires, e ele disse aos alunos: "Porque vocês viram Planchont...". Não. Ninguém viu. Ele me olhou: "não conhecem Planchont?" Chegou um momento em que me disse que não poderia prosseguir. Eu lhe disse para falar de teatro, não das obras que ele viu, porque eles falariam das obras que eles viram. Uma cartografia radicante implica conhecer a

própria territorialidade e estabelecer diálogos de conexão com França, Alemanha, com todo lado, mas a partir do que se conhece, dos acontecimentos. Não tenho porque estar falando de Bob Wilson; vou falar do que vejo esta noite e, daí, vou produzir pensamento e me conectar com toda a bibliografa mundial. Essa é uma mudança muito importante porque começamos a reconhecer que temos que falar do que se passa e não do que deveria estar passando. Falei disso com o Lehmann em Porto Alegre, num encontro sobre Bertolt Brecht, conversamos nos almoços, caminhando pela rua. Disse-lhe: 'o conceito que você trabalha de pós-dramaticidade não me serve para pensar o teatro de Buenos Aires, o teatro que eu vejo não é o que você diz'. E ele me respondeu uma coisa muito sensata: 'Eu nunca falei do teatro de vocês, estou falando do que eu vejo lá'. Isso me parece muito importante, devemos começar a falar de coisas concretas e, claro, depois ouvir atentamente ao Lehmann para ver se o que ele diz tem a ver com o que vivemos. Nos congressos, muitas vezes, sinto que estamos vendo uma coisa e falamos de outra. Acabamos de ver uma obra de teatro em que há personagem, história, dramaticidade e, depois, analisamos esse espetáculo falando de pós-dramaticidade e morte do personagem. Não tem nada a ver com o que vemos. A América Latina tem uma missão agora: começar a falar do que se passa nos teatros locais. Tenho que falar de Buenos Aires. E você tem que falar do teatro do seu lugar. E, claro, conhecer toda a bibliografa mundial."

2. Paráfrase de um trecho de Guimarães Rosa (2009, vol. 2, p. 17).

3. Utilizo, na tradução, o léxico de Fernanda Montenegro, disponível em <https://www.youtube.com/watch?v=FqK-wgvjS9c>. "Eu acho sempre que o teatro – o espaço – um teatro é sempre um umbigo da cidade. Sem dúvida nenhuma, o teatro Municipal do Rio de Janeiro é o local mais importante da cidade do Rio de Janeiro como eu acho que é em São Paulo. E eu acho que isto está tão impregnado na gente, embora a gente às vezes, por ser um país tão grande, a gente esquece, mas cada estado do Brasil tem um teatro maravilhoso. Assim, Amazonas, Belém vai vindo, sabe, Maranhão, Fortaleza vai descendo... depois você entra pelo país e você vai em Ouro Preto... tem um teatro, cê vai em Sabará tem um teatro maravilhoso, você vai em Pelotas tem um teatro de 1837, o teatro de Pelotas. Sempre tem um teatro, sempre tem um teatro. Isso quer dizer que, quando uma cidade não tem um teatro ela não é cidade. Ela pode ter igreja, pode ter hospital, ela pode ter escola... mas o que dá, assim, o que configura uma cidade é o seu teatro. E isso o Brasil tem, e às vezes a gente não presta atenção nisso. Mas Fernando e eu – e muitos outros de nós – a gente corre esse país sem parar e sempre tem espaço para se *representar*. E nunca, outro detalhe, quase nunca, quase nunca é um espaço de hoje ou de ontem. É um espaço de cem anos atrás, é um espaço de cento e cinquenta anos atrás. João Pessoa, por exemplo, tem um teatro maravilhoso que é o Santa Rosa, um teatro todo de madeira, parece um teatro inglês, que foi construído há mais de... sei lá, cento e vinte anos... por um mascate! Tem uma acústica perfeita, tem seiscentos lugares se não me engano, quinhentos ou seiscentos lugares. Cê imagina João Pessoa há cento e vinte anos atrás ou cem anos atrás, aquela cidade tem um teatro pra quinhentas, seiscentas pessoas. Então não é verdade que a gente, a gente não goste de teatro, que o público brasileiro não gosta de teatro. É que, às vezes, a crise econômica, a... enfim, esse descompasso entre o que se tem e o que se pode, isso bate. Do ponto de vista de herança artística, isso aí é uma conversa infindável. [...] O Brasil é um país de atores. Nós temos essa herança no sangue..." O grifo é meu.

4. Nathalia Timberg, descrevendo a estreia de *Senhora dos Afogados* de Nelson Rodrigues, que resultou na divisão do público com aplausos excitados e vaias rancorosas, afirma: "É, a plateia, realmente, você sentia que de uma forma ou de outra ela foi mexida, ela foi *tocada*. Nós estamos no palco pra isso, não é? É pra ter este contato com o público, pra transmitir

alguma coisa pra ele. [...] Quando eu senti que eu posso atuar de alguma forma sobre a sensibilidade dos que me cercam, eu acho que essa é a minha prioridade." Outra vez, o grifo é meu. Disponível em: <https://www.youtube.com/watch?v=jtd6SXDH1jM>.

5. A data provável do nascimento de Aristóteles é, segundo Eudoro de Sousa (*in* Aristóteles, 1992, p. 17), o ano de 384 a.C.

6. Tarán (*in* Aristóteles, 2012, p. 5, 21) oferece informações relevantes para entendermos a problemática.

7. O trecho fala de Afrodite. Sobre a passagem, Eur. *Hipólito*, v 444, Jebb, Headlam e Pearson (1917, vol. 3, p. 107), comentam: "σπουδαῖον, *active, zealous, is contrasted with* ἡσυχαῖον, *which in its turn is opposed to* ἐς βίαν ἄγον.

8. Primeiro encontro de Édipo com Teseu.

9. Assim comenta Jebb (*in* Sophocles, 1888, p. 52): "Τάχους ὕπο *is the reading of the MSS. Aristotle quotes this verse as an example of a* προοίμιον *used by the speaker to avert a danger from himself, and gives it thus:* ἄναξ, ἐρῶ μὲν οὐχ ὅπως σπουδῆς ὕπο (Rhet. 3. 14 § 10). *Hence some edd. adopt* σπουδῆς, *as coming from a source older than our MSS. But, since* τάχους *is free from objection, such a change is unwarrantable. Aristotle's quotations seem to have been usually made from memory, and his memory was not infallible.*"

10. Édipo narra o banquete em que foi agredido com palavras, isto é, foi nomeado como πλαστός, "esculpido", "fundido, talhado" pelo pai. Jaime Bruna traduz como "postiço". Sobre o trecho onde ocorre σπουδῆς, eis o comentário de Blaydes: "σπουδῆς – 'Yet not deser*ving of the importance I attached to it.' The particles* μέντοι *and* γε μέντοι *are occasionally used in place of* δὲ, *after* μέν." (*in* Sophocles, 1859, p. 110)

11. T. W. C. Edwards (1824, p. 60), em comentário ao verso de ocorrência do termo σπουδή, enfatiza no contexto uma mistura de seriedade e de ansiedade. Há, de fato, certa 'pressa' e 'impaciência' por parte do servo de Admeto que recebe o deus Héracles embriagado. Copio o comentário: "θυραίου πήματος σπουδὴν ἔχων *having anxiety or concern of mind about a misfortune wherewith thou hast nothing to do: a disaster with which thou hast not any business: an unlucky event foreign to thee.*" Para o mesmo trecho L. P. E. Parker (2007, p. 206) expõe apenas: "θυραίου ... ἔχων 'having concern for an alien grief'." C. S. E. Luschnig e H. M. Roisman (2003, p. 140) ponderam somente: "πῆμα: t*rouble.* σπουδή: + objective genitive, ea*gerness, concern for.*

12. σπεύδω [v.] 'apressar, acelerar, empenhar-se, esforçar-se, trans. "incitar, agilizar, perseguir, correr atrás". <- IE**speud-* "pressionar, incitar, precipitar" ->.' [...] COMP. Também com prefixo, por exemplo, ἐπι-, κατα-, συ-. Ainda em κενό-σπουδ-ος; "praticando frivolidades seriamente", também -έω, -ία [a (Hell.). κατάσπευ-σις; (το κατα-σπεύδω) [f.] "correria" (Tucídides; σπεῦσις; gloss.), σπευσ-τός; (Frínico), -τικός; (ἐπι-) "apressado" (Arist., Eust.). DER. σπουδ-ή [f.] "pressa, zelo, labor, seriedade, boa vontade" (11.), δαί-αἵους; "zeloso, esforçado, sério, bom." ETIM. O único cognato certo é lituano, *spausti*< **spau?d-ti* "prensar, espremer", também "empurrar, conduzir", intr. "apressar" (ver LIV2s.v. **speud-*). Há, também, uma marca do significado "empurrar" sugerida para σπούδαξ = ἀλετρίβανος; "pilão de almofariz". A palavra σπουδή tem um cognato formal em Lituano. *spauda*[f.] "pressão, literatura". Há ainda, com grau zero e vogal longa como resultado da Lei de Winter, *spuda*[f.] "encher, premência, pressionar" e *spudëti* "estar reprimido, rebaixado, meter abaixo, intrometer-se". Provavelmente, do Alb. Punë "trabalho, negócio" está também relacionado, se vier de* *spud-na*.

13. Deverbal arcaico com vocalismo o: σπουδή 'pressa, esforço, zelo' [Hom., jôn.-at., etc.], em ático a palavra toma uma ampliação digna de nota 'estima', e, sobretudo, 'seriedade' por oposição a παιδιά (cf. Solmsen, *Rh. Mus.* 107, 1964, 208), 'aplicação', etc.; adv. σπουδῇ 'com pressa', também 'com esforço, com zelo', etc. (Hom., etc.), com ἀσπουδί 'sem esforço, sem combate' [Hom., etc].

14. σπουδάζω, f. ἄσομαι; aor.1 ἐσπούδασα; pf. ἐσπούδακα; – Pass., aor.1 ἐσπουδάσθην; pf. ἐσπούδασμαι; I. Intr. Ter pressa. 1. Para coisas, estar ocupado, ansioso, zeloso, ansioso por fazer algo, com inf., Sófocles., etc.; também, σπ. περί τινος ou τι [...] 2. Para pessoas, σπ. πρός τινα estar ocupado com alguém, Plat.; σπ. περί τινα estar ansioso pelo sucesso de alguém, pedir votos para alguém [...] 3. absol. ser sério ou ansioso, Ar., etc.; II. Trans., 1. c. *ac. rei*, fazer qualquer coisa apressada ou diligentemente, Eur., Plat., etc.: – Pass. ser perseguido persistentemente, Eur., etc.: – esp. no particípio perf., sério, Plat., etc. 2. Pass., também, para pessoas, ser tratado com respeito, ser cortejado, Arist., etc.

15. σπουδαῖος, α, ον (σπουδή) para pessoas *zeloso, sério*, Xen.; *ativo, zeloso*, Plut. 2. *bom excelente* Herodt., Plat.; [...] 3. para homens de *caráter* e *importância*, Id. 4. no sentido moral, *bom*, em oposição a πονηρός, Id. II. para, *digno de cuidadosa atenção, sério, de peso*, Teogn., Herodt., at. 2. *bom* para seu tipo, *excelente, Herodot., etc.*). III. Adv. σπουδαίως, *seriamente, diligentemente, bem.* Xen., etc.: – comp., -ότερον; superl. -ότατα *muitíssimo cuidadosamente, da melhor forma.*

16. "A tragédia é a mímese de uma ação *em que a virtude está implicada*, ação que é completa, de certa extensão, em linguagem ornamentada, com cada uma das espécies de ornamento diversamente distribuída entre as partes, mímese realizada por personagens em cena, e não por meio de uma narração, e que, por meio da piedade e do temor, realiza a catarse de tais emoções."

17. σπουδαῖος, α, ον [σπουδή] *com pressa, rápido*; mas no uso corrente denotando *energia* ou *impaciência* para pessoas, *ansioso, sério, ativo, zeloso, expedito; bom, excelente* em seus vários tipos; op. Φαῦλος; no sentido moral, *bom*; geralmente acerca de todos os objetos ou qualidades honrosas; para coisas, *digno de cuidadosa atenção, de peso; bom* para seu tipo, *excelente, o mais elaborado, o mais caro*; Adv. *com pressa* ou *zelo, seriamente, sinceramente, bem*; Comp. *mais cuidadosamente, da melhor maneira possível.*

18. "A tragédia é a representação de uma ação nobre."; "O objeto representado recebe a qualificação de *nobre* [*spoudaias*], é o que opõe a tragédia à comédia [...]".

19. "... essa passagem foi preservada em siríaco pela tradução de Severus bar Shakko (d. 1241) na obra *O livro dos diálogos*. Sobre o significado e o sentido dessa citação, cf. as considerações de Guta nos capítulos dois e três (f)." E Gutas afirma o que copio: "o idioma árabe, regularmente, traduz σπουδαῖος [...] (também em 48b17, 34, e 51b6) com o sentido de 'zeloso, empenhado' e σπουδαῖοι, quando pressupõe um grupo de pessoas [...] (em 48a2, 27, 49b10), por 'homens de excelência'."

20. Que tragédia é μίμησις foi declarado no capítulo 1. Que ela imita πράττοντες (agentes), no Capítulo 2, e o ponto principal desse capítulo é que eles são σπουδαῖοι. Nenhuma palavra em inglês, para σπουδαῖος, é adequada tanto para homens como para uma ação.

21. Também Demétrio (2011, p. 135) pensa na ambiguidade como concisão: "§138 Muitas vezes, também, para ter graça, exprimem-se duas coisas em uma só; por exemplo, quando se disse a respeito de uma Amazona que dormia: *o arco era deixado esticado e a aljava*

cheia, o escudo sobre a cabeça; mas os cintos não se desataram. Nessa frase, está referido o costume de usar cinto, além do fato de que ela não o desatou; em uma só expressão, as duas coisas. E há certa elegância nesse tipo de concisão."

PIRACEMA
SOU CARDUME: SOU GREGO, SOU TUPI, SOU GUARANI, SOU CATRUMANO, MANO!

— A tempestada anunciada, ó, foi chuva de verão!
— Sim... Uma tempestade não faz verão... Foi borrasca dentro d'um copo d' água.
— Que fazer? Fechar a conversa com um suspiro dobrado...
— Nada! De chapéu desabado, ó, 'bora começar a encenar: avantes passos!
É tempo de piracema!

Eu sou trezentos, sou trezentos-e-cinquenta,
As sensações renascem de si mesmas sem repouso,
Ôh espelhos, ôh! Pirineus! ôh caiçaras!
Si um deus morrer, irei no Piauí buscar outro!

Abraço no meu leito as melhores palavras,
E os suspiros que dou são violinos alheios;
Eu piso a terra como quem descobre a furto
Nas esquinas, nos táxis, nas camarinhas seus próprios beijos!

Eu sou trezentos, sou trezentos-e-cinquenta,
Mas um dia afinal eu toparei comigo...
Tenhamos paciência, andorinhas curtas,
Só o esquecimento é que condensa,
E então minha alma servirá de abrigo.

(Mário de Andrade in *Remate de Males*)

Fiz, quiçá, tempestade em copo d'água. Há muitas formas de trabalhar e a vida de um pesquisador não é pouco trabalhosa. Tentei reunir algumas de minhas inquietações e propor alternativas a partir das três áreas de pesquisa com as quais me envolvi, os estudos clássicos (origens), o teatro (acontecimento convival) e a tradução (um pacto de amizade) sob a regência dos pensamentos dos maestros Mário de Andrade e Villa-Lobos, mas, principalmente, pela afinidade mineiro-literária, com o escritor João Guimarães Rosa.

Como funcionária pública, fi-lo pensando no, por e para o Brasil. Vinha de dúvidas atrozes e me perguntava o que, culturalmente, é bom para o país, qual o meu papel de educadora ao investir tempo de pesquisa no estudo da tragédia antiga. Qual a sua função e por que almejar sua encenação; o que a tragédia tem que pode ser inserido na educação do brasileiro.

Vi respostas na maneira literária de ser de Guimarães Rosa, no seu mundo misturado – narrado por escrito, mas realizado plenamente se enunciado e ouvido em sua forma oral – do grande sertão[1]. Entendi que essa forma (escrever o oral) é fundamental para traduzir a literatura dramática com mais naturalidade e exequibilidade 'atoral' e funcionalidade cênica.

Tentei mostrar a urgência das tragédias e postulei para elas traduções carregadas de brasilidade, da sabedoria peculiar, a mesma que preconizou Guimarães Rosa, aquela que envolve pensamento, corpo e sentimento. Entendo-a como sabedoria que nasce do coração, "brasilidade", sentir-pensar vinculado à cartografia da tradução do texto escolhido – entendendo que nosso lugar de ação é "um cordisburgo qualquer", é "bem Minas, Brasil de dentro, no rochedo do osso, na aguinha de coco!"[2]

Este trabalho que aqui se fez alicerçou-se nas leituras da obra do escritor cordisburguense. Em carta de 21 de agosto de 1967, Curt Meyer-Clason pergunta ao mineiro se era correto afirmar que em Rosa vem primeiro o ser humano e depois a linguagem... Suas palavras: "Para Rosa, a linguagem não é um substituto do homem, mas o meio de torná-lo visível, pensável, perceptível e palpável. Poderíamos dizer: em Rosa, o homem e a linguagem são um." A outras provocações, o cordisburguense responde, em 27 de agosto de 1967, com a frase: "Mas sempre a serviço do homem e de Deus, do homem de Deus, da Transcendência. Exatamente como o amigo entendeu, sentiu e compreendeu." (Meyer-Clason; Rosa, 2003, p. 412). Por meu lado, entendi, senti e compreendi, depois de tudo, que tradução é um pacto de amizade com o passado para fazer transcender o texto, a cultura e o homem que os fez.

Busquei o homem brasileiro nas tragédias áticas. Continuo a ver essas obras da Grécia antiga como um repositório de muita riqueza para acessar nossas paixões, os movimentos de alma que podem levar ao desequilíbrio e à desmedida. Sem dúvida, esse repertório é patrimônio da cultura ocidental a que todo indivíduo tem direito. Moeda de troca comum entre as culturas ocidentais e brasileira.

As formas de abordar a tragédia, no meu entendimento, foram envelhecendo. Se a arte contemporânea ficou excessivamente cerebral e se afastou do lúdico, do sensorial, talvez fosse interessante movimentá-la um pouco mais e resgatar uma força primitiva já quase esquecida. Pela análise de alguns prefácios, vimos a premência de que os tradutores se coloquem em diálogo com sua tarefa e com um público leitor ou espectador porque

> uma obra de arte não pode bastar-se a si mesma. Uma vez concluída sua obra, o criador sente necessidade de partilhar sua alegria. Ele procura naturalmente estabelecer contato com seu semelhante, que, neste caso, passa a ser o ouvinte. O ouvinte responde e torna-se parceiro no jogo iniciado pelo seu criador.
>
> O destino de uma obra, naturalmente, depende em última análise do gosto do público, de suas variações de humor e hábito; em suma, de suas preferências. Mas o destino de uma obra não depende do julgamento do público como se fosse uma sentença sem apelação. (Stravinsky, 1996, p. 119)

Sem enveredar pela estética da recepção, nessa etapa de redação e reflexão concluo que a mudança de perspectiva na tradução dos textos teatrais antigos pode ser um caminho interessante para a educação de um povo, algo como um "canto orfeônico com gregos e autóctones brasileiros, os tupiniquins-catrumanos". Percebo que para trazer a tragédia para nossa cultura popular é necessário mergulhá-la num universo mais físico, mais carnal ou quem sabe, mais carnavalesco, pois, "se perdemos a alegria, nosso trabalho se torna grave e formal. Se abandonamos o sagrado, nosso trabalho perde o contato com a terra que vivemos" (Nachmanovitch, 1993, p. 23) e "exibir os mortos é o que fazem os inimigos" (Sontag, 2003, p. 56). A letra teatral não é morta, exibe-se viva e em movimento. Penso como o brincante Antônio Nóbrega:

> Eu acho que o teatro tende, se não tomar cuidado, a ficar desprazeroso. Eu acho que a arte, sobretudo, tem que divertir. Agora, quer dizer, a gente não pode identificar divertir com banalizar ou vulgarizar. O teatro de Molière e o teatro de Sófocles divertem. Molière diverte, sobretudo. Agora, ali está o grande teatro. Lorca, um

> dos mais representativos poetas espanhóis, assassinado durante a guerra civil espanhola, aos 38 anos, educava divertindo; para usar uma frase do próprio Lorca e eu procuro também me pautar por esses princípios, ou seja, divertir sem vulgarizar. Eu acho que o teatro sofre um pouco isso e aí talvez haja uma crítica velada, eu não sei se o excesso da presença do diretor no universo do teatro em detrimento do autor, em detrimento do próprio ator...[3]

E concordo com Paulo Autran, que, à resposta de Nobrega, agrega o seguinte comentário:

> Mas não é só isso, não. É porque o jovem ator, ele fica deslumbrado por todas as teorias cerebrais, intelectuais a respeito da arte de interpretar e escolhe, em geral, autores que só têm alguma coisa para dizer para um limitadíssimo número de pessoas que se interessa especificamente por aqueles problemas. Então, às vezes, são montadas peças que não têm a menor repercussão na plateia e isso realmente afasta o público. Mas eu estou de acordo é com Brecht, a função primordial do teatro é divertir, o que não significa só dar risada. Você emocionando a pessoa, mesmo falando ao seu intelecto com determinado tipo de inteligência, você diverte a plateia, você interessa a plateia. Divertir no sentido de interessar a plateia. Então, quer dizer, o ator tem sorte quando ele escolhe justamente um tipo de espetáculo, um tipo de diretor que tem essa compreensão, que quer fazer um espetáculo que atinja a plateia, que interesse a plateia. Eu acho que essa é não só a função primordial do teatro, como é também o *insight* que o ator, que o empresário tem que ter na escolha de elenco, de texto e de diretor.[4]

Campos (1997, p. 186, p. 170) sustenta que "a língua não é jamais apenas comunicação do comunicável [*Mitteilung des Mitteilbaren*], mas também símbolo do não-comunicável". Comunicar o trauma incomunicável, curar-se pela arte, catarse. "Assim, a re-tradução ou tradução restauradora – uma 'tradução pensante' (*denkende Übersetzung*) – visa a 'liberar' (*liefern*) o "sentido verdadeiro original", obscurecido pela 'tradição' (*Überlieferung*) falsificadora."

Não chego a tanto: não vou tentar acessar o "sentido verdadeiro original", afinal, o que é a verdade que emana o verdadeiro? Sei somente que, se fidelidade existe, assumo com ela o compromisso de oferecer para meu país – em tradução – tudo aquilo que vi e aprendi com o mundo antigo de Ésquilo, Sófocles e Eurípides em uma proposta diferente para vivenciar o antigo no hoje e em terras brasílicas. Recordem:

τὸ παρὸν γὰρ ἔχει τέρψιν ἀφ' αὐτοῦ δαιτὸς πλήρωμα βροτοῖσιν.[5]

Traduzi e teorizei à mineira, pois vi no escritor da cidade do coração uma vereda para materialização do sentir-pensar, da brasilidade mesma de ser e "alegro-me imensamente com isso". Persigo o que andou dizendo o Rosa, penso e sinto que "escrever é um processo químico; o escritor [com ele o tradutor] deve ser um alquimista e pactário amigo. A alquimia do escrever precisa ser de sangue do coração." (Rosa; Lorenz, 2009, vol. 1, p. 53). E sei, plenamente, que das tragédias áticas se pode afirmar o que Bizzarri (1980, p. 85) pontuou para *Corpo de baile*:

> Há uma velha lenda romana, a respeito do sepulcro do herói virgiliano Palante. Penso que V. a conheça; mas, em todo caso, aqui vai, depressa e desenfeitada. Passam os séculos, e do sepulcro se perde toda notícia. Roma torna-se capital do Império, Roma cessa de ser capital do Império, decai, o Palatino volta a ser lugar de pastores. E um dia, dois pastores, removendo uma laje, descobrem uma gruta: na gruta arde uma tocha iluminando o corpo intato de um guerreiro coberto de armas obsoletas. Tudo aí fala de antiguidade remota. O que mais intriga os pastores é a tocha ardendo. Então, um dos pastores pega a tocha e procura apagá-la. A sacode no vento. Nada. A esfrega no chão. Nada. A mergulha na água de um riachinho. Nada. A tocha continua ardendo. Então, volta a colocá-la na cabeceira do herói. E novamente fecha a gruta com a laje. Na gruta, que até hoje não foi localizada, a tocha ainda arde.[6]

Parafraseio o tradutor italiano ainda neste arremate tomando-o para falar de tragédias ao leitor amigo. Nada nos perturbe, a despeito de qualquer coisa que nós, tradutores, possamos fazer com os dramas áticos, a tocha dessa poesia--teatro continuará intata, e a obra acabará por se assentar, resilientemente, na ordem interior de sua verdade poética. Eis a minha proposta de uma tragédia feita no Brasil mediante a tradução da sabedoria vulgar da Ática para o povo tupiniquim-catrumano.

Notas

1. Refiro-me aqui ao ensaio de Arrigucci (1994), "O mundo misturado. Romance e experiência em Guimarães Rosa".
2. Palavras de Guimarães Rosa (*in* Lima, 2000, p. 41), segundo Ascendino Leite, em *Ascendino Leite entrevista Guimarães Rosa*.
3. Nóbrega, Antônio, 30/12/1996, "Programa Roda Viva". Disponível em: <http://www.rodaviva.fapesp.br/materia/3/entrevistados/antonio_nobrega_1996.htm>.
4. Autran responde a Nóbrega. 30/12/1996, "Programa Roda Viva". Disponível em: <http://www.rodaviva.fapesp.br/materia/3/entrevistados/antonio_nobrega_1996.htm>.
5. "O presente tem sua própria alegria, é mesa cheia pros viventes!" Eurípides em tradução da Trupersa.
6. Da carta de Edoardo Bizzarri a João Guimarães Rosa (São Paulo, 15 de janeiro de 1964).

AUTORES PRIORITÁRIOS PARA NOSSA CONSTRUÇÃO TEÓRICA

Andrea Peghinelli p. 69
Anne Ubersfeld p. 68
Antoine Berman p. 66, 96, 99, 194-196, 201, 202, 209-2011, 218, 219, 226, 227, 231, 248
Antônio Nóbrega p. 162, 167, 206, 208-210, 279, 280, 282
Ariane Mnouchkine p. 46, 59
Aristóteles p. 15, 26-28, 33, 34, 37, 41, 48, 49, 52, 53, 55, 58, 59, 65, 66, 89, 92, 110, 120, 121, 124, 126, 134, 140, 150, 151, 159, 160, 165, 167, 170, 172, 174, 177, 190, 191, 193, 194, 204, 205, 207, 208, 220, 236, 241, 249, 253, 254, 264, 265, 267, 271

Benjamin Griffin p. 305
Bertolt Brecht p. 28, 37, 270, 280

Christopher Collard p. 98, 99, 151
Constantin Stanislávski p. 29

Demétrio p. 50, 90, 124, 125, 147, 164, 172, 204, 208, 213, 272
Dias Gomes p. 49
Donald Lateiner p. 69, 102

Edith Hall p. 55, 68, 86, 87
Edoardo Bizzarri p. 111, 281, 282

Ekaterini Nikolarea p. 310
Ésquilo, Aeschylus, Eschyle p. 26, 50, 51, 57, 73, 75, 78, 79, 91, 96, 103, 110, 121, 122, 148, 157, 158, 163, 164, 196, 207, 210, 221-226, 230-235, 245, 248, 256, 265, 280
Eugenio Barba p. 44, 193
Eurípides, Euripidis, Euripide p. 55, 58, 65, 81-84, 88, 91, 94, 98, 102, 123, 128, 130, 131, 138, 139, 142, 153, 157, 158, 160, 164, 188, 196, 197, 221, 223-225, 227-229, 232, 233, 235-238, 240, 245, 248, 258, 259, 280, 282

Gayatri Chakravorty Spivak p. 47, 140
George Steiner p. 66, 67, 79, 85, 99, 102, 149, 157, 158, 163, 218, 220, 231
George W. M. Harrison p. 68
Graham Ley p. 82, 96, 102, 103
Günter Lorenz p. 39, 59, 64, 71, 183, 184, 281

Hans Curt Meyer-Clason p. 42, 43, 69, 278
Hans Ulrich Gumbrecht p. 92, 164
Haroldo de Campos p. 106, 107, 163, 219, 220, 233, 235, 280

Heitor Villa-Lobos p. 11, 13, 16, 47, 48, 64, 116, 131-134, 136, 137, 141, 161, 162, 166-169, 278
Hélène Perdicoyianni-Paléologue p. 69
Henri Meschonnic p. 97, 99, 107, 200, 202, 212, 217, 220
Homero p. 19, 64, 67, 109, 120, 127, 153, 169, 193, 203, 208, 227, 247, 264, 266
Jacyntho Lins Brandão p. 15, 50, 57, 138
Jennifer Wise p. 68, 245
João Guimarães Rosa p. 11, 13, 22, 26, 30, 31, 39, 46, 51, 53, 55, 59, 64, 69, 71, 93, 98, 111, 116, 124, 127, 135, 141-143, 150, 160, 161, 168, 174, 182-185, 204, 205, 219, 220, 233, 247, 254, 269, 270, 278, 281, 282
Johan August Strindberg p. 31, 54, 64, 72, 73, 85, 94, 85
John Langshaw Austin p. 25, 65, 68, 146, 164, 171, 172
Jorge Dubatti p. 221, 246, 253, 268, 269
Jorge Luis Borges p. 67, 131, 177, 178
José Antônio Alves Torrano (Jaa Torrano) p. 228-232, 242, 256, 261, 262
José Paulo Paes p. 37, 92, 93, 96, 138, 164, 203, 204, 213, 220, 246, 245
Juan Miguel Labiano Ilundain p. 69, 70, 123, 128, 152, 153, 172
Juan Caramuel Lobkowitz p. 86, 87, 108, 109

Machado de Assis p. 13, 64
Manfred Kraus p. 51, 110, 211
Manuel Bandeira p. 116, 131, 132, 134, 135, 137, 159-162, 166, 167
Maria Helena da Rocha Pereira p. 34, 35, 257, 259

Leonidas George Koniaris p. 307
Mário de Andrade p. 13, 16, 64, 137, 141, 162, 167, 181, 233, 277, 278
Michel Maffesoli p. 53, 54
Michel Serres p. 25, 36, 37, 44, 51-53, 55, 94, 128, 129, 139, 200
Nelson Rodrigues p. 43-45, 55, 137, 270
Nicola Savarese p. 44
Oliver Taplin p. 40, 49, 245
Patrice Pavis p. 68
Paulo Rónai p. 12, 30, 31, 247
Paulo Sérgio de Vasconcellos p. 199, 201, 205, 242, 243, 247
Platão p. 13, 14, 16, 34, 88, 103, 110, 139, 207, 248, 249
René Girard p. 25, 26, 32-37, 44, 52-54, 127, 140, 171, 183
Richard Hamilton p. 79, 82, 104
Sófocles, Sophocles, Sophocle, Sophoclis p. 23, 38, 51, 57, 70, 91, 96, 122, 130, 151, 152, 172, 196, 210, 221-226, 232, 235-237, 241, 242, 245, 248, 256, 257, 271, 272, 279, 280
Stephen Nachmanovitch p. 38, 48, 49, 57, 279
Susan Bassnett p. 68, 90, 236
Susan Sontag p. 19-21, 27, 133, 279
Susana Kampff Lages p. 12, 93

Tadeusz Kowzan p. 69, 86, 88, 92
Trajano Vieira 233-237

Vayos Liapis p. 68
Wassily Kandinsky p. 27-31, 36, 48, 53, 54, 103, 209

PALAVRAS-CHAVE

Ação física p. 29, 35, 158, 188, 196
Acontecimento p. 21, 55, 79, 138, 140, 220, 246, 268, 270, 278
Afeto, emoção/emoções, paixão/paixões p. 12, 14, 20-23, 30, 32, 33, 35, 37, 39-41, 48-51, 53, 66, 69, 85, 86, 89, 91, 92, 96, 99, 108, 110, 117, 118, 120, 121, 124, 127-129, 133-136, 138, 150, 151, 164, 166, 170-172, 179, 180, 188, 190, 196, 201, 206, 220, 224, 255, 268, 272, 279
Agamêmnon p. 50, 56, 73-77, 96, 103, 110, 121, 139, 143, 146-148, 164, 195, 221, 222, 230, 231, 233, 234
anánke p. 32
Apolo p. 19, 34, 143, 187
Aporia p. 38, 39, 125
Aristotélico/a p. 21, 24, 25, 27, 32, 35, 45, 127, 140, 167, 170,174, 192, 205, 238, 245, 549, 254
Ator-filólogo p. 186, 188, 192, 206

Bode expiatório, vítima, violência p. 21, 25, 26, 31-33, 35, 40, 43-45, 52, 53, 56, 88, 139, 143, 147, 153, 155, 158, 183, 206, 231, 240, 245

Brasilidade, brasileiro/a, tupiniquim, catrumano, índio p. 7, 8, 13-15, 41-43, 45, 46, 52, 55, 58, 64-66, 88, 93-95, 97, 131-137, 141-143, 151, 159, 161, 162, 167, 168, 171, 173, 174, 181, 194, 196, 200, 201, 221, 222, 227, 233, 245, 247, 268, 270, 278, 279, 281
Brechtiano p. 37

Carnal 108, 195, 196, 202, 279
Cassandra p. 39, 234
Catarse, catártico/a p. 15, 21, 24-30, 32-35, 37, 38, 41, 42, 44, 48, 53, 58, 159, 169, 183, 198, 243, 272, 280
Catástrofe, fracasso p. 22-24, 40, 41, 43-45, 48, 152, 180, 200, 221, 253
Clarificação p. 196, 210, 227, 229
Coletivo/a p. 14, 21, 24, 25, 32, 39, 46-48, 57, 58, 85, 89, 130, 134, 138, 142, 183, 193, 196, 212, 244, 253
Coloquialismo, oral/oralidade p. 11, 49, 57, 65, 69, 70, 84, 89, 93, 98, 99, 102, 110, 135, 143, 152, 161, 174, 244, 278
Comédia p. 90, 100, 193, 208, 245, 264, 266, 272

Conflito, combate, disputa p. 22, 29, 40, 50, 52, 56, 73, 82, 94, 124, 139, 143, 164, 178, 197, 210, 260, 272

Convívio/convival/convivialidade p. 217, 219, 220, 246, 268

Corpo, corporalidade, fisicalidade p. 9, 14, 15, 23-25, 27-29, 31-41, 46-52, 56, 57, 65, 67-71, 76, 77, 79, 85, 86, 88-92, 95, 97, 101, 107, 108, 110, 122, 123, 128, 132, 133, 139, 144, 146-148, 151, 155, 158, 161, 162, 164, 167, 171, 178-183, 186, 187, 189, 190, 192, 194-198, 202, 205, 206, 209, 210, 212, 218-220, 244, 246, 253, 256, 258, 278, 281

Deformação, deformações p. 194, 209, 227

Desejo mimético p. 26, 53, 127

Dioniso p. 19, 39, 71, 99-101, 163, 164, 169, 187, 188, 206, 228, 229, 245

Direção de tradução (categoria criada por Barbosa): p. 128, 294, 295, 302, 303

Dramaturgia/ dramatúrgico/a p. 12, 22, 42, 43, 45, 49, 50, 58, 74, 78, 81, 93, 94, 106, 128, 143, 150, 152, 161, 196, 199, 205, 206, 221, 224, 228

Édipo p. 23, 24, 32, 38, 39, 42, 91, 123, 151, 195, 210, 225, 226, 237, 256, 258, 271

Efêmero/a, fugacidade p. 15, 20, 21, 68, 111, 178, 193

Electra p. 42, 84, 94, 128, 137, 139, 142, 143, 144, 147, 148, 150, 153, 155-158, 172, 222, 224, 225, 227, 233, 259

Escola de tradução p. 15, 200, 219, 234

Festival, festa, banquete, jubilatório/a p. 12, 13, 16, 32, 33, 45, 51, 55, 95, 96, 100-103, 109, 134, 167, 245, 271

Ficção, ficcional, ficcionalizado, fingimento, aparência, ilusão p. 26-28, 42, 43, 45, 50, 53, 55, 58, 70, 110, 140, 165, 170, 182, 212

Filoctetes p. 24, 39, 122, 130, 148, 151, 152, 236, 237, 257

Filologia, filológico p. 12, 15, 22, 41, 46, 49, 71, 72, 74, 79, 80, 92, 186-189, 192-194, 196-199, 205, 206, 212, 221, 234, 240, 242, 253, 263

Função, funcionalidade p. 15, 21, 26, 27, 33, 34, 41, 42, 46, 48, 52, 55, 56, 58, 66, 68, 72, 77, 79, 89, 93, 94, 109, 110, 118, 123, 125, 126, 128, 132, 139, 159, 161, 166, 169, 171, 189, 191, 192, 195, 200, 205, 219, 225, 229, 231, 234, 236, 241, 242, 248, 255, 278, 280

Gênero (literário e dramático) p. 15, 26, 51, 79, 89, 92, 117, 140, 193-195, 213, 228, 235, 238, 239, 240, 245, 265, 267, 268

Gesto interjectivo

Grande Sertão: veredas/ *Grande Sertão* p. 70, 193, 141, 142, 174, 183

Héracles p. 39, 42, 233, 260, 262, 271

Hermenêutica p. 35, 281, 231, 232

Hic et nunc p. 26, 180, 183, 186, 187

Hýbris, desmedida, crime, transgressão, *hybris* p. 19, 34, 43, 55, 71, 75, 88, 89, 92, 94, 139, 141, 143, 144, 147, 151, 156-158, 279

Identidade, "conhece-te" p. 16, 47, 57, 129, 136
Identificação, distanciamento p. 21, 28, 37, 42, 43, 45, 58, 66, 135, 212, 246
Improvisação p. 15, 122, 178-182, 187-192, 194, 200, 205, 209, 218, 245, 253
In media res p. 19
Individual p. 25, 32, 39
Interjeição p. 14, 15, 49, 70, 92, 93, 118, 124, 128-132, 134, 136-139, 142, 149, 171, 174, 187, 268

Jocasta p. 70

Kátharma, katharma p. 25, 32, 52

Língua de pau p. 212
Linha p. 14, 15, 27-29, 31, 32, 37, 42, 48, 54, 64, 65, 75, 102-104, 106, 123, 146, 188, 198, 199, 204, 218, 225, 232, 269
Lógos, logos p. 23, 30, 66, 99

Mestre, maestro p. 16, 47, 52, 85, 106, 137, 159, 161, 167-169, 189, 190, 204, 278
Medeia, p. 13, 42, 55, 58, 65, 81, 83, 102, 130, 137, 138, 148, 188, 197, 221, 228, 229, 233, 237, 238, 240, 247, 248, 261
Medo, terror, temor, comiseração, horror, rejeição, distanciamento p. 20, 21, 28, 34, 35, 37, 39, 41-43, 45, 50, 56, 58, 90, 130, 131, 140, 153, 156, 157, 170, 186, 198, 207, 208, 212, 246, 255, 268, 272
Mímesis p. 34, 188
Movimento, processo, *perpetuum mobile* 14, 20, 23, 26-29, 31, 32, 37-39, 54, 56, 57, 70, 85-87, 92, 97, 103, 110, 122, 123, 134, 137, 143, 146, 149, 162, 163, 166, 167, 171, 179-181, 186, 188, 189, 219, 220, 222, 230, 231, 235, 243, 257, 279

Nação p. 64, 65, 183, 202
Nacional, nacionalidade, nacionalista p. 7, 8, 11, 13, 45, 47, 64, 132-134, 137, 162, 167, 169, 181, 183, 197

Palavra ação, palavra encarnada, *lógos somatikós* p. 30
Paradoxo p. 39, 47, 63, 92, 133, 137, 138, 150, 169, 187, 193, 194, 202, 248
Paratexto p. 15, 217, 218, 221, 223, 246
Partitura p. 73, 85, 86, 102, 161, 187, 197
Páthei máthos p. 50
Personagem/personagens p. 21, 22, 24, 26, 32, 42, 64, 66, 70, 73, 78, 79, 84, 86, 88, 93, 95, 102-104, 109, 120-122, 128, 130, 135, 139, 142, 143, 149-151, 153, 160, 163, 164, 188, 189, 194, 196, 207-209, 212, 223-224, 231, 234, 235, 238, 239, 241, 246, 248, 270, 272
Pharmakós, pharmakon, pharmakón, phármakon p. 52
Phýsis, physis p. 52, 139
Piedade, compaixão, atração, identificação p. 20, 21, 27, 28, 34, 35, 37, 39, 40, 42, 56, 66, 130, 134, 135, 156, 170, 173, 198, 255, 268, 272
Piracema p. 65, 97, 161, 183, 277
Platônico/a p. 99, 226, 236, 248
Poética/ Poetica/ Poetics/ Poétique p. 11, 13, 15, 22, 25, 26, 34-36, 45, 51-53, 55, 58, 92, 93, 98, 99, 110, 131-133, 159-161, 165, 174, 177, 185, 190-196, 198, 199, 201, 202, 207, 218, 220, 225,

287

226, 229-232, 234, 238, 239, 241, 242, 244, 245, 247, 249, 254, 255, 263, 264, 281
Purificação, evacuação p. 25-27, 29, 32, 34

Quiasma p. 38, 75, 77, 103, 124, 193

Racionalização p. 21, 194, 195, 209, 227

Real, autêntico p. 19, 23, 27, 28, 42, 43, 46, 53, 58, 91, 96, 107, 136, 140, 142, 158, 184, 245
Rede p. 153, 218
Retórica/ Rethorica/ Réthorique p. 22, 41, 45, 55, 58, 65, 66, 87, 89, 91, 92, 124, 138, 140, 148, 152, 159, 160, 165, 167, 170, 234
Ritmo p. 21, 22, 55, 58, 69, 107, 128, 134, 167, 168, 185, 189, 190, 207, 219, 220, 229, 240, 242

Silêncio, lacuna p. 9, 12, 22, 29-31, 69, 71-73, 79, 86, 89, 95, 96, 107, 138, 139, 143, 157, 159, 179, 180, 186, 189, 198, 221, 223
Sofrimento p. 20, 44, 50, 129, 169, 186, 199
Som p. 26, 47, 57, 86, 90, 93, 108, 132, 133, 135, 151, 169, 182, 186, 212, 219, 242
Sparagmós, esparagmática p. 37
Subalterno p. 140, 141

Tradução, ação tradutória, estratégia tradutória, tradutor p. 11-16, 19, 21, 25, 26, 28,-30, 33, 34, 36-38, 41, 42, 44-48, 50-52, 54, 55, 57-59, 63, 65-69, 73, 75, 77, 79, 81, 84, 88, 89, 91-97, 99, 102, 103, 106, 107, 11, 117, 118, 120, 123,

125, 127, 128-131, 136, 137, 142-144, 150, 151, 159, 160, 162-164, 167, 170, 180, 181, 183, 185-213, 217-248, 253-256, 264-268, 270-272, 278-282
Transgressão p. 94, 141, 151
Tragédia, trágico/a p. 11, 12, 14, 15, 19-29, 32-38, 40-57, 63, 67, 69, 70, 78-81, 86-97, 104, 105, 107-111
Traslação/ transladação p. 66

Voz p. 38, 49, 56, 63, 65, 66, 70, 71, 85-87, 89-93, 106-110, 128-130, 132-134, 136, 139, 140, 149, 151, 163, 166, 168, 171, 179, 189, 196, 197, 218, 220, 230, 231, 242, 256

PALAVRAS GREGAS

ἀγών, ἀγῶνες p. 43, 45
ἀνάγκη p. 32, 44, 45, 196, 200, 264
ἄτη p. 43-45, 196, 197

αὐτοσχεδία, αὐτοσχεδιαστικῆς
αὐτοσχεδιασμάτων p. 190-192, 207

γνῶθι σεαυτόν p. 14, 94, 140

δόξα p. 26, 27

ἔλεος p. 21, 35, 37, 38, 119, 167, 173

κάθαρσις p. 24, 25, 86, 94, 138, 140, 167
καιρός p. 85, 148, 178, 187, 200
καταστροφή p. 43

λόγος / λόγοι p. 23, 30, 49, 51, 57, 65, 74-76, 89, 103, 110, 116, 118, 123, 128, 139, 150, 152, 160, 164, 165, 186, 196, 256, 259,
λόγος σωματικός p. 30

μίγνυμι p. 13, 16, 210

μίμησις p. 53, 189, 191, 196, 207, 254, 255, 263, 264, 267, 272
μοῖρα p. 196

πάθει μάθος p. 26, 44, 50, 51
πάθος/ πάθη p. 15, 23, 26, 28, 29, 41, 44, 46, 49-51, 86, 127, 133, 138, 151, 160, 166, 167, 170, 173, 188, 220,
παράδοξον p. 45

σπαραγμός
σπεύδω p. 262, 271
σπουδαῖος/ σπουδαία p. 191, 207, 254-256, 259, 261-268, 271-272
σπουδή p. 15, 255-263, 266, 271, 272
σῶμα p. 154

ὕβρις, ὕβρεις p. 43, 94, 151

φαντασία p. 26
φαντάσματα p. 26
φόβος p. 21, 35, 37, 38

REFERÊNCIAS

AGAMBEN, Giorgio. *O que é contemporâneo? e outros ensaios*. Tradução: Vinícius Nicastro Honesko. Chapecó, SC: Argos, 2009, p. 57-73.

AGUIAR, Márcia Valéria Martinez de. *Traduzir é muito perigoso*: as duas versões francesas de Grande Sertão: veredas – historicidade e ritmo. Tese (Mestrado em Letras) – Faculdade de Filosofia Letras e Ciências Humanas da Universidade de São Paulo. Orientador: Mário Laranjeira. São Paulo, Universidade de São Paulo, 2010.

ALLEN, James T. & ITALIE, Gabriel. *A concordance to Euripides*. Groningen: Bouma's Boekhuis N. V., 1970.

ANDERSON JR., R. Dean. *Glossary of Greek Rhetorical Terms connected to methods of argumentation, figures and tropes from Anaximenes to Quintilian*. Leuven: Uitgeverij Peeters, 2000.

ANDRADE, Mário de. *Macunaíma, o herói sem nenhum caráter*. Belo Horizonte/Rio de Janeiro: Livraria Garnier, 2000.

_____. *O banquete*. Belo Horizonte: Editora Itatiaia, 2004.

_____. *O banquete*. São Paulo: Duas Cidades, 1977.

_____. *De Paulicéia Desvairada a Café (Poesias Completas)*. São Paulo: Círculo do Livro, s/d.

_____. *Poesias completas*. Edição crítica de Diléa Zanotto Manfio. Belo Horizonte: Villa Rica, 1993.

ANDRADE, Carlos Drummond de. *Carlos e Mário: Correspondência completa entre Carlos Drummnond de Andrade – inédita – e Mário de Andrade: 1924-1945/ Carlos Drummond de Andrade, Mário de Andrade*; organização: Lélia Coelho Frota; apresentação e notas às cartas de Mário de Andrade: Carlos Drummond de Andrade; prefácio e notas às cartas de Carlos Drummond de Andrade: Silviano Santiago. – Rio de Janeiro: Bem-Te-Vi Produções Literárias, 2002.

ANONIMO. *Il sublime*. A cura di Giulio Guidorizzi. Milano: Oscar Modadori, 1991.

ANÔNIMO. *Natural History*: a popular introduction to the study of quadrupeds or the class mammalia. London: Chiswick Press/C. College House, 1833.

ARCANJO JR., Loque. *O ritmo da mistura e o compasso da história*: o modernismo musical nas *Bachianas Brasileiras* de Heitor Villa-Lobos. Orientador: Adriana Romeiro. Dissertação (mestrado em História) – Faculdade de Filosofia e Ciências Humanas. Belo Horizonte: Universidade Federal de Minas Gerais, 2007.

_____. *Os sons da nação imaginada*: as identidades musicais de Heitor Villa-Lobos. Orientador: Adriana Romeiro. Dissertação (doutorado em História) – Faculdade de Filosofia e Ciências Humanas. Belo Horizonte: Universidade Federal de Minas Gerais, 2013.

ARISTOFANE. Rane. *Le Commedie*. A cura de Benedetto Marzullo. Roma: Grandi Tascabili Economici Newton, 2003.

ARISTOFANES y MENANDRO. *Comedias Completas*. Traducción del griego, preámbulos y notas por Eladio Isla Bolaño *et alii*. Madrid: Aguillar Ediciones, 1979.

ARISTÓTELES. *Poética*. Tradução de Ana Maria Valente. Lisboa: Fundação Calouste Gulbenkian, 2007.

_____. *Poética*. Tradução e comentários de Eudoro de Sousa. Lisboa: Imprensa / Nacional Casa da Moeda, 1992.

_____. *A poética de Aristóteles*: tradução e comentários de Fernando Maciel Gazoni; Marco Antônio de Ávila Zingano (orientador). Dissertação de Mestrado. São Paulo: Faculdade de Filosofia, Letras e Ciências Humanas/ Universidade de São Paulo, 2006.

_____. *The Poetics of Aristotle*. Tradução e comentários de Stephen Halliwell. Chapel Hill: The University of North Carolina Press, 1987.

_____. *La Poétique*. Tradução e notas de Roselyne Dupont-Roc et Jean Lallot. Paris: Éditions du Seuil, 1980.

_____. *Poetics*. Introdução, comentários e apêndices de D. W. Lucas. Oxford: Clarendon Press, 1968.

_____. *Poetics*. Introdução de Gilbert Murray. Tradução de Ingram Bywater. In: <http://www.gutenberg.org/dirs/etext04/poeti10.txt>.

_____. *Aristotle's Ars Poetica*. Ed. R. Kassel, Oxford, Clarendon Press. 1966.

_____. *Poetics*. Leonardo Tarán; Dimitri Gutas (ed.). *Mnemosyne Supplements Monographs on Greek and Latin Language and Literature*, vol. 338, 2012.

_____. *Ética a Nicómaco*. Edición bilingüe y traducción de María Araujo y Julián Marías. Madrid: Centro de Estudios Constitucionales, 1989.

_____. *Ética a Nicômacos*. Trad. Introd. e notas de Mário da Gama Kury. Brasília: UnB, 1992.

_____. *Retórica*. Introdução, tradução e notas de Ísis Borges B. da Fonseca. São Paulo: Martins Fontes, 2000.

_____. *Retórica*. Tradução e notas de Manuel Alexandre Júnior; Paulo Farmhouse Alberto; Abel do Nascimento Pena. Lisboa: Imprensa Nacional/Casa da Moeda, 2005.

_____. *Ars Rhetorica*. W. D. Ross (ed.) Oxford: Clarendon Press, 1959.

_____. *Categories and De interpretatione*. Translated with notes by J.L. Ackrill L. Oxford: Clarendon Press, 2002.

_____. *Categoriae et Liber De Interpretatione*. L. Minio-Paluello (ed.). Oxford: Oxford University Press, 1974.

_____. "Sobre La Interpretación". In: *Tratados de Lógica (Órganon II)*: Analíticos Primeros. Analíticos Segundos. Introducciones, traducciones y notas por Miguel Candel Sanmartín. Madrid: Editorial Gredos, 1995. p. 25-81.

_____. *A poética de Aristóteles*: tradução e comentários. GAZONI, Fernando Maciel. Orientador: Marco Antônio de Ávila Zingano. Dissertação (mestrado em Filosofia) – Faculdade de Filosofia, Letras e Ciências Humanas. São Paulo: Faculdade de Filosofia Letras e Ciências Humanas da Universidade de São Paulo, 2006.

ARRIGUCCI JR., Davi. *Humildade, Paixão e Morte*: a poesia de Manuel Bandeira. São Paulo: Companhia das Letras, 1990.

_____. "O mundo misturado. Romance e experiência em Guimarães Rosa". *Novos Estudos Cebrap*, n. 40, p. 7-29, 1994.

ASSIS. Joaquim Maria Machado de. "Notícia da atual Literatura Brasileira. Instinto de Nacionalidade". In: *Obra completa*. v. 3. Rio de Janeiro: Aguilar, 1986. p. 801-809.

AUSTIN, John Langshaw. *Quando dizer é fazer*: Palavras e Ação. Tradução de Danilo Marcondes de Souza Filho. Porto Alegre: Artes Médicas, 1990.

AZEVEDO, Francisco Ferreira dos Santos. *Dicionário analógico da língua portuguesa*: ideias afins/thesaurus. Rio de Janeiro: Lexikon, 2010.

BAILLY, Anatole. *Dictionnaire Grec-Français*. Paris: Librairie Hachette, 1952.

_____. *Abrégé du dictionnaire Grec-Français*. Paris: Librairie Hachette, 1901.

BAIN, David. *Actor & Audience: a study of asides and related conventions in Greek drama*. Oxford: Oxford University Press, 1977.

BALDICK, Chris. *The Concise Oxford Dictionary of Literary Terms*. Oxford: Oxford University Press, 2001.

BANDEIRA, Manuel. "Prefácio". In: ANDRADE, Mário. *Cartas a Manuel Bandeira*. Rio de Janeiro: Ediouro, s/d., p. 13-15.

_____. 'Tragédia Brasileira'; 'Nova Poética', *Antologia Poética*. Rio de Janeiro: José Olympio, 1980, p. 98-99 e 140-141.

BARBA, Eugenio & SAVARESE, Nicola. *A arte secreta do ator*. Campinas: Hucitec/Unicamp, 1995.

BARBAS, Helena. *O sublime e o belo – de Longino a Edmund Burke*. Disponível em: <http://www.helenabarbas.net/papers/2002_Sublime_H_Barbas.pdf>.

BARBOSA, Tereza Virgínia Ribeiro. "Dramaturgia e construção de memória: enfrentando traumas". In: SILVA, M. F. S.; OLIVEIRA, F. de; BARBOSA, T. V. R. *Violência e transgressão: uma trajetória da humanidade*. Coimbra: Imprensa da Universidade de Coimbra, 2014. p. 101-124.

_____. Tempo e espaço no teatro antigo: a efemeridade e a *kátharsis*. *Phoînix*, ano 13, p. 334-349, 2007.

_____. Tradução e ideologia: tradição e ruptura na tragédia *Electra*, de Eurípides. *Uniletras*, Ponta Grossa, v. 33, n. 1, p. 127-140, jan./jun. 2011.

_____. As rinhas de galo como exercício para a postura da *persona* trágica. *Biblos*, n.s. VII, p. 245-261, 2009.

_____. Canibalismos e infanticídios em cena: sob o olhar infame dos *spoudaîon*. *Aletria*, vol. 20, n. 3, p. 21-34, 2010.

_____. Os bordados de Filomela ou a voz da lançadeira, τῆς κερκίδος φωνή. *Letras Clássicas*, n. 12, p. 51-81, 2008.

_____. Tradução de teatro grego: Édipo rei de Sófocles. *Cadernos de tradução*, vol. 2, n. 22, p. 89-106, 2008.

_____. Os monstros da criação. In: STEINBERG, Maria Eugenia; CAVALLERO, Pablo (org.) *Philologiae Flores. Homenaje a Amalia Nocito*. Buenos Aires: Facultad de Filosofía y Letras, UBA, 2010. p. 87-97.

_____. Prefácio. In: EURÍPIDES. *Medeia de Eurípides*. Tradução Truπersa. Direção de tradução: Tereza Virgínia Ribeiro Barbosa. São Paulo: Editorial Ateliê, 2013, p. 13-39.

_____. Como ler a teoria da tragédia de Aristóteles: a polêmica redentora de Jones. *Calíope*, UFRJ, p. 109-124, 2011.

_____. Notas para encenação de *Alceste, Ifigênia em Áulis* e *Prometeu*. In: ROJO, Sara; NASCIMENTO, Lyslei; HILDEBRANDO, Antônio (orgs.). *O corpo em Performance*. Belo Horizonte: Fale/UFMG, 2003, p. 145-170.

_____. A tragédia grega no Brasil. *Phôinix*. Rio de Janeiro, vol. 20, n. 2, p. 75-90. 2014.

_____. Cru ou cozido, o banquete está servido. In: RAVETTI, Graciela; MONTE ALTO, Romulo (org.) *Literaturas modernas e contemporâneas*. Rio de Janeiro: Jaguatirica, 2016, p. 233-264.

_____. Prefácio. In: EURÍPIDES. *Electra de Eurípides*. Tradução Truπersa. Direção de tradução: Tereza Virgínia Ribeiro Barbosa. São Paulo: Editorial Ateliê, 2015, p. 17-46.

_____. Prefácio – 2º sinal. In: EURÍPIDES. *Orestes de Eurípides*. Tradução Truπersa. Direção de tradução: Tereza Virgínia Ribeiro Barbosa. São Paulo: Editorial Ateliê, 2017, p. 11-40.

BARBOSA, Tereza Virgínia Ribeiro; LAGE, Celina. O riso obsceno no êxodo do Agamêmnon de Ésquilo. *Scripta Classica online. Literatura, Filosofia e História na Antigüidade*. n. 2, p. 58-75, 2006. Disponível em: <https://www.academia.edu/649585/Scripta_classica_hist%C3%B3ria_literatura_e_filosofia_na_Antig%C3%BCidade_cl%C3%A1ssica>.

BARBOSA, Tereza Virgínia Ribeiro; BARBOSA, Manuela Ribeiro. "O mundo antigo na cadência de Bandeira: um ritmo dissoluto." In: FERNANDEZ, Claudia; MAQUIEIRA, Helena (org.). *Tradición y traducción clásicas en America Latina*. La Plata: Universidad Nacional de La Plata, 2012, p. 205-223.

BARBOSA, Tereza Virgínia Ribeiro *et alii* (Trupe de tradução Trupersa). Tradução inclusiva e performativa: dossiê de um processo tradutório. *Nuntius Antiquus*, vol. IV, p. 119-13, 72009. Disponível em: <http://www.letras.ufmg.br/nuntius/data1/arquivos/004.10-Trupepersa119-137.pdf>.

BARROS, Manoel de. *Poesia Completa*. São Paulo: Leya, 2010.

BASSNETT, Susan. *Estudos de Tradução*: fundamentos de uma disciplina. Tradução de Vivina de Campos Figueiredo. Lisboa: Fundação Calouste Gulbenkian, 2003.

BEEKES, Robert Stephen Paul. *Etymological dictionary of Greek*. Leiden/Boston: Brill, 2010.

BENJAMIN, Walter. *A tarefa do tradutor de Walter Benjamin*: quatro traduções para o português. BRANCO, Lúcia Castello (org.). Belo Horizonte: Fale-UFMG, 2008.

_____. Quinquilharias. In: *Rua de mão única. Obras Escolhidas*. Vol. 2. Tradução de Rubens Rodrigues Torres Filho e José Carlos Martins Barbosa. São Paulo: Brasiliense, 1987.

BERMAN, Antoine. *La traduction et la lettre ou l'auberge du lointain*. Paris: Éditions du Seuil, 1999.

_____. *A tradução e a letra ou o albergue do longínquo*. Tradução de Marie-Hélène C. Torres, Mauri Furlan, Andreia Guerini. Tubarão: Copiart; Florianópolis: PGET/UFSC, 2013.

_____. *Pour une critique des traductions*: John Donne. Paris: Gallimard, 1995.

BEUVE, Sainte *apud* KELLY, José Eduardo do Prado. Excerto de Portraits contemporaines. In: EURÍPIDES. *Helena*. Versão poética por José Eduardo do Prado Kelly. Rio de Janeiro: Agir, 1985, p. 7-8.

BIZZARRI, Edoardo; ROSA, João Guimarães. *J. Guimarães Rosa*: correspondência com seu tradutor italiano, Edoardo Bizzarri. São Paulo: T. A. Queiroz; Instituto Cultural Ítalo Brasileiro, 1980.

BOLLE, Willi. *grandesertão.br*. São Paulo: Duas Cidades; Ed. 34, 2004.

BORGES, Jorge Luis. "Pierre Menard, autor do Quixote". In: *Ficções*. Tradução Davi Arrigucci Jr. São Paulo: Companhia das Letras, 2007, p. 34-45.

_____. *Esse ofício do Verso*. Tradução de José Marcos Macedo. São Paulo: Companhia das Letras, 2000.

BRANDÃO, Jacyntho Lins. *A poética do hipocentauro*: literatura, sociedade e discurso ficcional em Luciano de Samósata. Belo Horizonte: UFMG, 2001.

_____. Mito, pathos e ecfrase em Luciano (De Domo 22). Comunicação apresentada no *II Colóquio Internacional do GIPSA: "Imagem e discurso na Antigüidade Clássica"*, Belo Horizonte, out. 2000. Disponível em: <http://www.letras.ufmg.br/jlinsbrandao/>.

_____. *Antiga Musa*: arqueologia da ficção. Belo Horizonte: Faculdade de Letras da UFMG, 2005.

_____. *Antiga musa*: arqueologia da ficção. Belo Horizonte: Relicário, 2015.

BRÁS, Rui Manuel da Costa Carvalho. *Agón, pathos, katharsis*. A memória das origens nos filmes de exílio de Andrei Tarkovski. Orientadora: Isabel Capeloa Gil. Tese (doutorado em Estudos Fílmicos). Lisboa: Universidade Católica Portuguesa, 2013.

BRITTO, Paulo Henriques. Desconstruir para quê? *Cadernos de Tradução*. v. 2, n. 8, p. 41-50, 2001.

BUSSOLOTTI, Maria Aparecida F. M. *Correspondência com seu tradutor alemão Curt Meyer-Clason (1958-1967)*. Tradução de José Paschoal. Belo Horizonte: Editora UFMG; Rio de Janeiro: Editora Nova Fronteira/Academia Brasileira de Letras.

BURKETT, John Walt. *Aristotle, Rhetoric III*: a commentary. Los Angeles: University of Southern California, 2011.

BURKERT, Walter. *Homo Necans*: anthropology of ancient Greek sacrificial ritual and myth. Translated by Peter Bing. Bekerley/Los Angeles/London: University of California Press, 1983.

CALDERÓN DE LA BARCA, Pedro. *La vida es un sueño*. Santa Fé/Argentina: El Cid Editor, 2003.

CAMÕES, Luís Vaz de. *Os Lusíadas*. Introdução, fixação do texto, notas e glossário por Vítor Ramos. São Paulo: Cultrix, 1991.

CAMPOS, Haroldo. *Transcriação*. Marcelo Tápia, Thelma Médici Nóbrega (org.) São Paulo: Perspectiva, 2013.

CAMPOS, Haroldo de. Da tradução como criação e como crítica. In: _____. (org.). *Metalinguagem & outras metas. Ensaios de teoria e crítica literária*. São Paulo: Perspectiva, 1996, p. 31-48.

CAMPOS, Haroldo de. A língua pura na teoria da tradução de Walter Benjamin. *Revista USP*. São Paulo, vol. 33, p. 162-171, mar./mai. 1997.

CAPONE, Gone. *L'Arte scenica degli attori tragici greci*. Padova: Casa Editrice Dott, 1935.

CASCUDO, Luís da Câmara. *Locuções tradicionais no Brasil; As coisas que o povo diz*. Belo Horizonte: Itatiaia; São Paulo: Editora da Universidade de São Paulo, 1986.

CEZAR, Adelaide Caramuru; Santos, Volnei Edson. O insólito provocado pelo encontro dos jagunços com os catrumanos em *Grande Sertão: veredas*, de João Guimarães Rosa. *Anais do XI Congresso Luso Afro Brasileiro de Ciências Sociais*: Diversidades e (Des)igualdades. v. 1. Salvador: Universidade Federal da Bahia, 2011, p. 1-12.

CHANTRAINE, Pierre. *Dictionnaire étymologique de la langue grecque*: histoire des mots. vols. I, II, III, IV. Paris: Les Éditions Klincksieck, 1968, 1970, 1974, 1977.

CHEVITARESE, André L. Fronteiras internas atenienses no período clássico. (Re) definindo conceitos e propondo instrumentais teóricos de análise. *Phoînix*, ano X, p. 63-76, 2004.

CHILDS, Peter; FOWLER, Roger. *The Routledge Dictionary of Literary Terms*. London, New York: Routledge, 2006.

COLLARD, Christopher. Colloquial language in tragedy: a supplement to the work of P. T. Stevens. *The Classical Quarterly*, 55, p. 350-386, 2005.

COPELAND, Rita. *Rhetoric, Hermeneutics, and Translation in the Middle Ages*. Cambridge University Press 1991.

CORNFORD, Francis Macdonald. *Principium sapientiae*: as origens do pensamento filosófico grego. Trad. Maria Manuela Rocheta dos Santos. Lisboa: Calouste Gulbenkian, 1989.

CORRÊA. Paula. Em busca da tradição perdida. *Revista USP*, São Paulo, n. 42, p. 172-179, jun./ago. 1999.

COSTA, Ana Luiza Martins. Rosa ledor de Homero, *Revista USP*, vol. 36, p. 46-73, 1997-1998.

_____. "Veredas de Viator". In: PINTO, Manuel da Costa (org.). *Cadernos de Literatura Brasileira, João Guimarães Rosa*. São Paulo: Instituto Moreira Salles, 2006, p. 10-58.

COUTINHO, Eduardo de Faria. "Guimarães Rosa: um alquimista da palavra". In: _____. *João Guimarães Rosa Ficcção completa em dois volumes*. Rio de Janeiro: Editora Nova Aguilar, 2009, p. XIII-XXVI.

_____. (org.). *João Guimarães Rosa Ficcção completa em dois volumes*. Rio de Janeiro: Editora Nova Aguilar, 2009.

CSAPO, Eric. The Men Who Built the Theatres: *Theatropolai, Theatronai* and *Arkhitektones*. In: WILSON, Peter (org.). *The Greek Theatre and Festivals Documentary Studies*. Oxford: Oxford University Press, 2007, p. 87-115.

CUDDON J. A.; PRESTON, C. E. *The Penguin Dictionary of Literary Terms and Literary Theory*. London: Penguin Books, 1998.

CURRÁS-MÓSTOLES, Rosa; CANDEL-MORA, Miguel Ángel. La traducción de la especificidad del texto teatral: la simbología em *A man for all seasons*. *Entreculturas*, n. 3, p. 37-58, 2011.

CYRINO, Monica Silveira. When Grief Is Gain: The Psychodynamics of Abandonment and Filicide in Euripides' "Medea". *Pacific Coast Philology*, vol. 31, n. 1, p. 1-13, 1996.

DAMEN, Mark. Actor and character in Greek Tragedy. *Theatre Journal*, Baltimore, v. 41, n. 3, p. 316-340, 1989.

DANIEL, Mary L. *Guimarães Rosa*: a linguistic study. Wisconsin: University of Wisconsin, 1965.

DAVIDSON, Thos. The grammar of Dyonisios Thrax. *The Journal of Speculative Philosophy*, vol. 8, n. 4, p. 326-339, 1874.

DARAKI, Maria. "Aspects du sacrifice dionysiaque" In: *Revue de l'histoire des religions*, tome 197 n. 2, p. 131-157, 1980.

DEMÉTRIO. *Sobre o Estilo*, de Demétrio. Um olhar crítico sobre a Literatura Grega. Tradução e estudo introdutório do tratado de Gustavo Araújo Freitas; Jacyntho

Lins Brandão (orientador). Dissertação de Mestrado. Faculdade de Letras. Belo Horizonte: Universidade Federal de Minas Gerais, 2011.

DESCOLA, Philippe. Claude Lévi-Strauss, uma apresentação. *Estudos Avançados*, 23 (67), p. 149-160, 2009.

DEZOTTI, Maria Celeste Consolin; MALHADAS, Daisi; NEVES, Maria Helena de Moura (coord.). *Dicionário Grego-Português*. 5 vols. Cotia/SP: Editorial Ateliê, 2006-2010.

DIAS, Gonçalves. *Poemas*. Seleção, introd. e notas de Péricles Eugênio da Silva Ramos. Rio de Janeiro: Ediouro; São Paulo: Publifolha, 1997.

DICIONÁRIO HOUAISS DA LÍNGUA PORTUGUESA. Rio de Janeiro: Instituto Antônio Houaiss de Lexicografia/ Objetiva, 2009.

DINDORFIUS, Guilelmus. *Lexicon Sophocleum*. Lipsiae: Teubneri, 1870.

DOUGLAS, Ann. *Terrible Honesty*: Mongrel Manhattan in the 1920s. New York: Farrar, Straus and Giroux, 1995.

DUBATTI, Jorge. *Filosofía del Teatro I*: convivio, experiencia, subjetividad. Buenos Aires: Atuel, 2007.

_____. Herramientas de Poética Teatral: concepciones de teatro y bases epistemológicas. *Texturas*. Vol. 9, p. 341-352, 2010.

_____. Filosofía del Teatro y Teoría del Teatro. *Anais del IV Congreso Internacional de Letras*. Facultad de Filosofía y Letras, Universidad de Buenos Aires, p. 1857-1862, 2010.

DUDEQUE, Norton. Revisitando a "Ária Cantilena" da Bachianas Brasileiras nº 5 (1938) de Villa-Lobos. In: *Música em Perspectiva*, vol. 1, n. 2, 2008, p. 131-157. <http://ojs.c3sl.ufpr.br/ojs/index.php/musica/article/view/19506/12746>.

DUFOUR, Médéric. *Traité Élémentaire des Synonymes Grecs*. Paris: Librairie Armand Colin, 1910.

DUNCAN, Anne. *Performance and Identity in the Classical World*. Cambridge: Cambridge University Press, 2006.

EASTERLING, P. The actor as icon. In: EASTERLING, P.; HALL, E. (ed.). *Greek and Roman actors*: aspects of an ancient profession. Cambridge: Cambridge University Press, 2002, p. 327-341.

EATON, Kate. You always forget something: Can practice make theory?, in *New Voices in Translation Studies*, nº 4, p. 53-61, 2008.

ESOPO. *Esopo – fábulas completas*. Tradução de Maria Celeste C. Dezotti. São Paulo: Cosac Naify, 2014.

ÉSQUILO. *Tragedias*. Introdução de Manuel Fernández-Galiano e tradução de Bernardo Perea Morales. Madrid: Editorial Gredos, 1993.

_____. *Tragédias*: Persas, Sete contra Tebas, Suplicantes, Prometeu candeeiro. Estudos e traduções de Jaa Torrano. São Paulo: Iluminuras, 2009.

_____. *Agamêmnon*. Tradução, introdução e notas de Trajano Vieira. São Paulo: Perspectiva, 2007.

_____. *Agamemnon, Les Choephores, Les Eumenides*. Tome II. Paris: Les Belles Lettres, 1925.

_____. *Agamemnon, Les Choéphores, Les Euménides*. Paul Mazon (ed. e trad.). Paris: Les Belles Lettres, 1955.

_____. *Agamennone, Coefore, Eumenidi*. Dario Del Corno (ed.), Raffaele Cantarella (trad.). Milão: Oscar Mondadori, 1981.

_____. *The Agamemnon*. Notes and a metrical table by C. C. Felton. Boston/Cambridge: James Munroe and Company, 1850.

_____. *Agamemnon*. Vol. 2. With an English translation by Herbert Weir Smyth. Cambridge/Mass.: Harvard University Press, 1926.

_____. *Agamêmnon*. Tradução, introdução e notas de Mário da Gama Kury. Rio de Janeiro: Civilização Brasileira, 1964.

_____. *Os sete contra Tebas*. Tradução do grego e prefácio de Donaldo Schüler. Porto Alegre: L&PM, 2007.

_____. *Oréstia. Agamêmnon, Coéforas, Eumênides*. Tradução, introdução e notas de Mário da Gama Kury. Rio de Janeiro: Zahar, 2010.

_____. *Oresteia I*: Agamêmnon. Estudo e tradução de Jaa Torrano. São Paulo: Iluminuras, 2004.

_____. *Oresteia II*: Coéforas. Estudo de tradução de Jaa Torrano. São Paulo: Iluminuras, 2004.

_____. *Oresteia III*: Eumênides. Estudo de tradução de Jaa Torrano. São Paulo: Iluminuras, 2004.

_____. *Oréstia*. Trad. de M. O. Pulquério. Lisboa: Edições 70, 1992.

_____. *Prometeu Prisioneiro*; SÓFOCLES. Ájax. Tradução de Trajano Vieira. In: *Três tragédias gregas*. São Paulo: Perspectiva, 1997.

_____. *Prometeu acorrentado*. Tradução de Alberto Guzik. São Paulo: Abril Cultural, 1980.

_____. *Les sept contre Thèbes*. Paris: Les Belles Lettres, 2002.

ÉSQUILO, SÓFOCLES, EURÍPIDES. *Prometeu Acorrentado, Ájax, Alceste*. Tradução do grego, introdução e notas de Mário da Gama Kury. Rio de Janeiro: Jorge Zahar, 1993.

ÉSQUILO, SÓFOCLES, EURÍPIDES. *Os persas, Electra, Hécuba*. Tradução, introdução e notas de Mário da Gama Kury. Rio de Janeiro Zahar, 1992.

ÉSQUILO, SÓFOCLES, EURÍPIDES. *Teatro Griego: tragedias completas.* Traducción de Enriqueta de Andres Castellanos, Ignacio Errandonea, Eladio Bolaño, Francisco Rodrigues Adrados e Francisco Samaranch. Madrid: Aguilar, 1978.

ÉSQUILO, SÓFOCLES, EURÍPIDES, ARISTÓFANES. *Prometeu acorrentado, Rei Édipo, Hipólito, Nuvens.* Seleção, introdução, notas e tradução direta do grego por Jaime Bruna, 1968.

ESTAIRE, Luis Robledo. El cuerpo como discurso: retórica, predicación y comunicación no verbal en Caramuel. *Criticón,* n. 84-85, p. 145-164, 2002.

EURIPIDES. *Fabulae.* J. Diggle, G. Murray (ed.). Tomus I, II, III. Oxford: Oxford University Press, 1984, 1992, 1913.

_____. *Alceste.* Tradução e notas de J. B. Mello e Souza. Rio de Janeiro, W. M. Jackson, s.d. (Clássicos Jackson XXII).

_____. *Alceste.* Tradução de Junito de Souza Brandão. Rio de Janeiro: Bruno Buccini Ed., 1968.

_____. *Alcestis of Euripides.* Literally Translated into English Prose from the Text of Monk with the Original Greek, the Metres, the Order, and English Accentuation by T. W. C. Edwards. Cambridge: Cambridge University Press, 1824.

_____. *Andrômaca.* Introdução, tradução e notas de José Ribeiro Ferreira. Coimbra: Centro de Estudos Clássicos e Humanísticos, 1971.

_____. *Euripides' Alcestis.* With notes and commentary by C. S. E. Luschnig and H. M. Roisman. Norman: University of Oklahoma Press, 2003.

_____. *Alceste; Andrómaca; Íon; As Bacantes.* Vol. I. Traduções de Maria Helena da Rocha Pereira; Manuel de Oliveira Pulquério; José Ribeiro Ferreira; Maria Alice Nogueira Malça; Maria Manuela da Silva Álvares; Maria de Fátima Morais Machado. Lisboa/São Paulo: Editorial Verbo, 1973.

_____. *Alceste, Eraclidi.* Traduzione di Nicoletta Russello. Introduzione di. Giuseppe Zanetto. Milano: Oscar Mondadori, 2004.

_____. *Andrômaca.* Introdução, tradução e notas de José Ribeiro Ferreira. Coimbra: Centro de Estudos Clássicos e Humanísticos, 1971.

_____. *As Bacantes.* Trad. M. H. da Rocha Pereira. Lisboa: Edições 70, 1992.

_____. *Bacchae.* Introd. e comm. E. R. Dodds. Oxford: Clarendon Press, 1960.

_____. *Les Bacchantes.* Comm. Jeanne Rooux. Vol. I e II. Paris: Les Belles Lettres, 1970, 1972.

_____. *Bacantes.* Introdução, comentários, notas e tradução de Trajano Vieira. São Paulo: Perspectiva, 2003.

_____. *Ciclope, Reso*. Traduzione di Giuseppe Zanetto. Milano: Oscar Mondadori, 1998.

_____. *Duas tragédias gregas*: Hécuba e Troianas. Tradução de Christian Werner. São Paulo: Martins Fontes, 2004.

_____. *Elettra*. Introduzione e comento di Danilo Baccini, Napoli: Luigi Loffredo Editore, 1959.

_____. *Electra de Eurípides*. Tradução Trupersa. Direção de tradução: Tereza Virgínia Ribeiro Barbosa. São Paulo: Ateliê, 2015.

_____. *Electra, Alceste, Hipólito*. Prefácio, tradução e notas de J. B. Mello e Souza. Rio de Janeiro: Edições de Ouro, [198-].

_____. *As Fenícias*. Tradução de Donaldo Schüller. Porto Alegre: L&PM Pocket, 2005.

_____. *As Fenícias*. Introdução, tradução e notas de Manuel dos Santos Alves. Coimbra Instituto de Alta Cultura, 1975.

_____. *Hécuba*. Tradução de Mário da Gama Kury. Rio de Janeiro: Jorge Zahar, 1992, p. 151-217.

_____. *Helena*. Versão poética de José Eduardo do Prado Kelly. Rio de Janeiro: Agir, 1986.

_____. *Helena*. Versão, introdução e notas de José Ribeiro Ferreira. Coimbra: Movimento; Instituto de Estudos Clássicos da Faculdade de Letras da Universidade de Coimbra, 2009.

_____. *Héracles*. Introdução, tradução e notas de Cristina Rodrigues Franciscato. São Paulo: Palas Atena, 2003.

_____. *Os Heraclidas*. Introdução e versão de Cláudia Raquel Cravo da Silva. Madrid: Liga dos Amigos de Conímbriga, 2001.

_____. *Hipólito*. Tradução, introdução e notas de Frederico Lourenço. Lisboa: Edições Colibri, 1983.

_____. *Ifigénia entre os Tauros*. Introdução, tradução e comentário de Nuno Simões Rodrigues. Coimbra: Imprensa da Universidade de Coimbra/Anna Blume, 2014.

_____. *Ifigénia em Áulide*. Introdução e tradução de Carlos Alberto Pais de Almeida. Coimbra: Instituto de Alta Cultura, 1974.

_____. *Medea*. Comentários e edição de Denys Page. Oxford: Clarendon Press, 1962.

_____. *Medea*. Vol. 1. With an English commentary by F. A. Paley. Cambridge: Cambridge University Press, 1857.

_____. *Medea*. Introd. com. Appendice critica de G. B. Camozzi. Milano: Società Edit. Dante Alighieri, 1927.

_____. *Médée*. Introd. e notas de Henri Weil e Georges Dalmeida. Paris: Librairie Hachette, 1896.
_____. *Medéia*. Tradução de Miroel Silveira e Junia Silveira Gonçalves. São Paulo: Abril Cultural, 1980.
_____. *Medeia de Eurípides*. Tradução Trupersa. Direção de tradução Tereza Virgínia Ribeiro Barbosa. São Paulo: Ateliê, 2013.
_____. *Medéia*. Tradução do grego e notas de Jaa Torrano. São Paulo: Hucitec, 1991.
_____. *Medeia*. Tradução, posfácio e notas de Trajano Vieira. Comentário de Otto Maria Carpeaux. São Paulo: 34, 2010.
_____. *Medeia*. Tradução e organização de Flávio Ribeiro de Oliveira. São Paulo: Odysseus, 2006.
_____. *Medéia, Hipólito, As troianas*. Tradução do grego e apresentação de Mário da Gama Kury. Rio de Janeiro: Jorge Zahar, 1991.
_____. *Les Troyennes, Iphigénie en Tauride, Électre*. Texte Établi et Traduit par Léon Parmentier et Henri Gregoire. Paris: Les Belles Lettres, 1964.
_____. *Orestes*. Introdução, tradução e notas de Augusta Fernanda de Oliveira e Silva. Brasília: Universidade de Brasília (UnB), 1999.
_____. *Orestes*. M. L. West. Translation and commentary. Warminster: Aris & Phillips, 1990.
_____. *Orestes de Eurípides*. Tradução Trupersa. Direção de tradução Tereza Virgínia Ribeiro Barbosa. São Paulo: Ateliê, 2017.
_____. *A Tragédia Reso*. Apresentação e tradução de Jaa Torrano. *Fragmentum* (online), v. 1, p. 98-131, 2014. Disponível em: <https://periodicos.ufsm.br/fragmentum/article/viewFile/13770/8640>
_____. *Reso*. Tradução de Jaa Torrano. *Fragmentum*, Laboratório Corpus, UFSM, n. 38, vol. 1, p. 98-131, jul./set. 2013.
_____. *Tragedias. Alcestis, Medea, Los Heraclidas, Hipólito, Andrômaca, Hécuba*. Tomo I. Introducción general de Carlos García Gual. Introducciones, traducción y notas de Alberto Medina González y Juan Antonio López Férez. Madrid: Gredos, 2000.
_____. *Tragedias*: Helena, Fenícias, Orestes, Ifigenia em Áulide, Bacantes, Reso. Tomo III. Traducción de Carlos García Gual y Luis Alberto de Cuenca y Prado. Madrid: Gredos, 1998.
_____. *Tragedias*: Suplicantes; Heracles; Ion; Las troyanas; Electra; Ifigenia entre los tauros. Tomo II. Traducción de Carlos García Gual Madrid: Gredos, 1995.

_____. *Euripides: Electra, Orestes, Iphigeneia in Taurica, Andromache, Cyclops.* Loeb. Vol. II. With an English translation by Arthur S. Way. London: William Heinemann New York: The Macmillan Co., 1912.

_____. *Euripides: Bacchanals, Madness of Hercules, Children of Hercules, Phoenician Maidens, Suppliants.* Loeb. Vol. III. With na English translation by Arthur S. Way. London: William Heinemann New York: The Macmillan Co., 1912.

_____. *The Complete Greek Drama.* edited by Whitney J. Oates and Eugene O'Neill, Jr. in two volumes. 1. *Ion*, translated by Robert Potter. 2. *The Suppliants*, translated by E. P. Coleridge. New York: Random House, 1938.

_____. *The plays of Euripides.* Vol. II. Edward P. Coleridge (ed.). London: G. Bell and Sons LTD, 1913.

EURÍPIDES, SÊNECA, RACINE. *Hipólito, Hipólito, Fedra.* Ensaio crítico e versão dos textos por José Eduardo do Prado Kelly. Rio de Janeiro: Agir, 1985.

EURÍPIDES, ARISTÓFANES. *O Ciclope, As Rãs, As Vespas.* Tradução do grego por Junito de Souza Brandão. Rio de Janeiro: Espaço e Tempo, s/d.

EVANS, Nancy. *Civic Rites*: democracy and religion in Ancient Athens. London / Berkeley / Los Angeles: University of California Press, 2010.

EVEN-ZOHAR, Itamar. Polysystem Theory. *Poetics Today*, vol. 1, n. 1/2, Special Issue: Literature, Interpretation, Communication, p. 287-310, 1979.

EVERETT, Yayoi Uno. Signification of Parody and the Grotesque in György Ligeti's Le Grand Macabre. *Music Theory Spectrum*, vol. 31, n. 1, p. 26-56, spring 2009.

FARREL, Joseph. Classical Genre in Theory and Practice. *New Literary History*, n. 34, p. 383-408, 2003.

FO, Dario. *Manual mínimo do ator.* Franca Rame (org.). Tradução Lucas Baldovino e Carlos David Szlak. São Paulo: Senac São Paulo, 2011.

FONSECA, Antonio López. La traducción dramática: textos para ver, oír... sentir. *Estudios de Traducción*, vol. 3, p. 269-281, 2013.

FORST, Willi (Wilhelm Anton Frohs) *A Sinfonia Inacabada* (filme). Nome original: *Leise flehen meine Lieder.* Mártha Eggerth, Luise Ullrich, Hans Jaray, Hans Moser, Otto Treßler, Hans Olden, Raoul Aslan, Wiener Sängerknaben, Ernst Arndt, Lisl Reisch, Karl Forest, Blanka Glossy, Anna Kallina, Paul Wagner, Gucki Wippel. Emmerich Pressburger (produtor); Willi Forst (roteiro e direção); Viena, 1934.

FRUNGILLO, Mário D. *Dicionário de percussão.* São Paulo: Unesp/ Imprensa Oficial do Estado, 2003.

GALARD, Jean. *A beleza do gesto*. Tradução de Mary Amazonas Leite de Barros. São Paulo: Universidade de São Paulo, 2008.

GALVÃO, Walnice Nogueira. *As formas do falso*. São Paulo: Perspectiva, 1972.

GALVÃO, Duarte. *Chronica de El-Rei D. Affonso Henriques*. Bibliotheca de Clássicos Portuguezes, vol. LI. Lisboa: Escriptorio, 1906.

GENETTE, Gerárd. *Palimpsestos*: la literatura en segundo grado. Tradução de Celia Fernández Prieto. Madrid: Taurus, 1989.

_____. *Figures*. Paris: Éditions du Seuil, 1966.

_____. *Umbrales*. Tradução Susana Lage. México: Siglo Veintiuno Editores, s.a., 2001.

GIRARD, René. *La Violence et le Sacré*. Paris: Grasset, 1972.

_____. *A violência e o sagrado*. São Paulo: Paz e Terra/ Unesp, 1990.

_____. *O bode expiatório*. Tradução de Ivo Storniolo. São Paulo: Paulus, 2004.

_____. *Coisas Ocultas desde a Fundação do mundo*. Tradução de Martha Gambini. São Paulo, Paz e Terra, 2009.

_____. Entrevista a René Girard. *Comunicação & Cultura*, n. 11, p. 159-173, 2011.

_____. *A rota antiga dos homens perversos*. Tradução de Tiago José Risi Leme. São Paulo: Paulus, 2009.

_____. *Shakespeare*: teatro da inveja. Tradução de Pedro Sette-Câmara. São Paulo: É Realizações, 2010.

_____. Entrevista a Peter Robinson no *Programa Insights*. Disponível em: <http://www.youtube.com/watch?v=tBDibQoTdo4 2012>.

GIRARD, René; SERRES, Michel. *O trágico e a piedade*. Discurso de posse de René Girard na Academia Francesa e discurso de recepção de Michel Serres. Tradução de Margarida Maria Garcia Lamelo. São Paulo: É Realizações, 2011.

G. ITALIE (Publisher). *Index Aeschyleus*. Leiden: E. J. Brill, 1964.

GRIFFIN, Benjamin. The Birth of the History Play: Saint, Sacrifice, and Reformation. *Studies in English Literature, 1500-1900*, vol. 39, p. 217 -237, 1999.

GRIFFITH, R. Drew. Corporality in the Ancient Greek Theatre. *Phoenix*, vol. 52, n. 3-4, p. 230-256, 1998.

GROSS, Nicolas. *Amatory Persuasion in Antiquity*. London/Toronto: Newark, University of Delaware Press, 1985.

GUÉPIN, Jean Pierre. *The tragic paradox*: myth and ritual in Greek Tragedy. Amsterdam: Adolf M. Hakkert Publisher, 1968.

GUMBRECHT, Hans Ulrich. *Produção de Presença*: o que o sentido não consegue transmitir. Tradução de Ana Isabel Soares. Rio de Janeiro: Contraponto/ PUC-Rio, 2010.

HALL, Edith. *The theatrical cast of Athens*. Interactions between Ancient Greek, drama and society. Oxford: Oxford University Press, 2006.

HAMILTON, Richard Objective Evidence for Actors' Interpolations in Greek Tragedy. *Greek-Roman Byzantine Studies*, vol. 15, n. 4, p. 387-402, 1974.

HARRISON, George W. M.; Liapis Vayos. *Performance in Greek and Roman Theatre*. Mnemosyne Supplements, Leiden/Boston: Brill, vol 353, 2013.

HAZIN, Elizabeth. De Aquiles a Riobaldo: ação lendária no espaço mágico. *Revista da Anpoll*, n. 24, vol. 1, p. 291-303, 2001. Disponível em: <http://www.anpoll.org.br/revista/index.php/revista/article/viewFile/29/16>.

HEUBECK, Alfred; HAINSWORTH, J. B; WEST, Stephanie. *A Commentary on Homer's Odyssey*. vol I. Oxford: Clarendon Press, 1990.

HEUBECK, Alfred; HOEKSTRA, Arie. *A Commentary on Homer's Odyssey*. vol II. Oxford: Clarendon Press, 1990.

HEUBECK, Alfred; RUSSO, Joseph; FERNANDEZ-GALIANO, Manuel. *A Commentary on Homer's Odyssey*. vol III. Oxford: Clarendon Press, 1992.

HOMERO. *Odisseia*. Trad. de Frederico Lourenço. Lisboa: Cotovia, 2003.

_____. *Odisseia*. Trad. de Carlos Alberto Nunes. Rio de Janeiro: Ediouro, 2000.

_____. *Odisseia*. Trad. de Christian Werner. São Paulo: Cosac Naify, 2014.

_____. *Odyssey of Homer*. Introd. e comm. W. B. Stanford. Vol. I. London: St Martin Press, 1987.

_____. *Iliadis*. Tomo I e II. Oxford: Oxford University Press, 1989.

_____. *Ilíada*. Trad. de Frederico Lourenço. Lisboa: Cotovia, 2005.

_____. *Ilíada*. Trad. de Carlos Alberto Nunes. São Paulo: Edições de ouro, s/d.

HORÁCIO. *Arte poética*. Introd. trad. e com. de R. M. Rosado Fernandez, Lisboa: Inquérito, 1984.

HUYS, Marc. *The tale of the hero who was exposed at birth in Euripidean tragedy*: a study of motifs. Symbolae Facultatis Litterarum Lovaniensis, Series A 20. Leuven: University Press Leuven, 1995.

ILUNDAIN, Juan Miguel Labiano. Interjecciones y Lengua Conversacional em las Comedias de Aristófanes. In: EIRE, Antonio López (org.). *Sociedad, política y literatura: comedia griega antigua*. Salamanca: Logo/Asociación Española de Estudios sobre Lengua, pensamiento y cultura clásica, 1997, p. 31-44.

INFANTES, Víctor. *Las danzas de la muerte. Génesis y desarrollo de un género medieval* (Siglos XIII-XVII). Salamanca: Universidade de Salamanca, 1997.

JAEGER, Werner. *Paideia*. Tradução de Artur M. Parreira. São Paulo: Martins Fontes, 1979.
JAKOBSON, Roman. *Linguística e comunicação*. Tradução de Izidoro Blikstein e José Paulo Paes. São Paulo: Cultrix, 2001.
JONES, John. *On Aristotle and Greek Tragedy*. London: Chatto & Windus, 1967.
De JONG, Irene J. F. *Narrative in Drama*: the art of the euripidean messenger-speech. Leiden: E. J. Brill, 1991.
JÚNIOR, Pedro Ipiranga. Modo de escrita da história na Antiguidade, a perspectiva luciânica. *Aletria*, n. 3, v. 19, p. 103-113, 2009.
KAHN, François. Reflexões sobre a prática da memória no ofício do ator de teatro. Tradução de Luíza Jatobá. *Sala Preta*, vol. 9, 2009. Disponível em: <http://www.revistas.usp.br/salapreta/article/view/57398>.
KANDINSKY, Wassily. *Ponto e linha sobre plano*. Tradução de Eduardo Brandão. São Paulo: Martins Fontes, 2005.
KELLY, José Eduardo do Prado. Ensaio crítico: Fedra e Hipólito. In: EURÍPIDES, SÊNECA, RACINE. *Fedra e Hipólito*. Ensaio crítico e versão dos textos por José Eduardo do Prado Kelly. Rio de Janeiro: Agir, 1985, p. 11-29.
KING, Robert L. Voice and the inevitability of ethos. In: SUTHERLAND, Christine Mason, SUTCLIFFE, Rebecca (ed.). *The changing tradition*: women in the history of rhetoric. Calgary: University of Calgary Press, 1997, p. 225-236.
KLOSI, Iris; SUBASHI, Esmeralda. Theatrical translation probles from Spanish into Albanian and viceversa. In: RE, Matteo. *Actas - I º Congreso Internacional Hispano-Albanés: ámbito filológico internacional, historia y cultura española contemporánea*. Tirana: Universidad de Tirana, 2014, p. 262-274.
KONIARIS, George Leonidas. An obscene word in Aeschylus: (On ἱστοτριβής, *Ag*. 1443). *American Journal of Philology*, vol. 101, p. 42-44, 1980.
KOVACS, David. Text and Transmission. In: GREGORY, Justina (ed.). *A Companion to Greek Tragedy*. Malden: Blackwell Publishing, 2005, p. 379-393.
KOWZAN, Tadeusz. "El signo en el teatro. Introducción a la semiología del arte del espectáculo". In: Adorno, Theodor W.; GouThier, Henri Gaston; Barthes, Roland *et alii*. *El teatro y su crisis actual*. Documentos. Tradução de Maria Raquel Bengolea. Caracas: Monte Avila Editores, 1992. p. 25-51.
KRAUS, Manfred. Aristotle on the arts of spoken word: correlations between his *Rhetoric* and *Poetics*. In: PEREIRA, Belmiro Fernandes e VÁRZEAS, Marta

(org.). *Retórica e teatro: palavra em acção*. Porto: Universidade do Porto, 2010, p. 95-108.

KURTZ, Paul Leonard. *The Dance of Death and the Macabre Spirit in European Literature*. New York/ Genebra: Slatkine Reprints: 1934/1975.

KURY, Mário da Gama. Introdução. In: ÉSQUILO. *Agamêmnon*. Rio de Janeiro: Civilização Brasileira, 1964, p. 7-15.

_____. "Apresentação". In: ÉSQUILO, SÓFOCLES, EURÍPIDES. *Os persas, Electra, Hécuba*. Tradução, introdução e notas de Mario da Gama Kury. Rio de Janeiro: Zahar Ed., 1992, p. 9-16.

LAGES, Susana Kampff. *João Guimarães Rosa e a Saudade*. São Paulo: Ateliê, 2002.

LAMBERT, José. *Literatura & tradução*: textos selecionados de José Lambert. Andreia Guerini, Marie-Helene Catherine Torres e Walter Costa (orgs.). Rio de Janeiro: 7Letras, 2011.

LAPEYROUSE, Philippe Picot. *Figures de la flore des Pyrénées*. Paris: Imprimerie Du Pont, 1795, tab. 43.

LARANJEIRA, Dilce. *Ave, sertão: aves em* Grande Sertão: veredas. Belo Horizonte: Edição de autor, 2015.

LATEINER, Donald. Homeric prayer. *Arethusa*, n. 30, p. 241–272, 1997.

_____. *Sardonic Smile*: Nonverbal Behavior in Homeric Epic. Ann Arbor: University of Michigan Press, 1998.

LATORRE, Vanice Ribeiro Dias; BARBOSA, Maria Aparecida (orientador). *Uma abordagem etnoterminológica de* Grande Sertão: veredas. Dissertação de mestrado. São Paulo: Faculdade de Filosofa, Letras e Ciências Humanas/ Universidade de São Paulo, 2011.

LAUSBERG, Heinrich. *Elementos de retórica literária*. Tradução de R. M. Rosado Fernandes. Lisboa: Fundação Calouste Gulbenkian, 2004.

LEFEVERE, André. *Traducción reescritura y la manipulación del canon literario*. Tradução de Maria Carmen África e Román Alvarez. Salamanca: Colegio de España, 1997, p. 59-78.

_____. "Refraction: some observations on the occasion of Wole Soyinka's *Opera Wonyosi*". In: Zuber-Skerritt, O. *Page to stage*: Theatre as translation. Amsterdam: Rodopi, 1984, p. 191-198.

LESSING, Gotthold Ephraim. *Laocoonte ou sobre as fronteiras da pintura e da poesia*. Tradução de Márcio Seligmann-Silva. São Paulo: Iluminuras, 1998.

LEY, Graham. *The theatricality of Greek Tragedy playing space and chorus*. Chicago/ London: The University of Chicago Press, 2007.

LIANERI, Alexandra; ZAJKO, Vanda (org.). *Translation and the Classic Identity as Change in the History of Culture*. Oxford: Oxford University Press, 2008.

LIDDELL, Henry Georg; SCOTT, Robert. *A Greek-English Lexicon*. Oxford: Clarendon Press, 2003.

LIMA, José Lezama. *A expressão americana*. Trad., introd. e notas de Irlemar Chiampi. São Paulo: Brasiliense, 1988.

LIMA, Sônia Maria van Dijck. *Ascendino Leite entrevista Guimarães Rosa*. João Pessoa: Universidade Federal da Paraíba, 2000.

LOBKOWITZ, Juan Caramuel. *Quirología*: Sobre el modo de hablar de las manos. Introducción, edición y notas de Julián Velarde Lombraña. Madrid: Biblioteca Nueva, S. L., 2008.

LONGINO. *Do sublime*. Trad. introd. notas de J. Pigeaud/Filomena Hirata. São Paulo: Martins Fontes, 1996.

LORENZ, Günter. "Diálogos com Guimarães Rosa". In: COUTINHO, Eduardo F. (org.). *João Guimarães Rosa – Ficção completa em dois volumes*. Rio de Janeiro: Editora Nova Aguilar, 2009, p. XXXI-LXV.

LUCIANO. *Uma história verídica*. Pref., trad. e notas de Custódio Magueijo. Lisboa: Inquérito, s/d.

LURAGHI, Silvia. *On the Meaning of Prepositions and Cases*: The expression of semantic roles in Ancient Greek. Amsterdam/Philadelphia: John Benjamins Publishing Company, 2003.

MACIEL, Maria Esther. "Música ao acaso". In: _____. *A Vida ao redor* (crônicas). Belo Horizonte: Scriptum, 2014, p. 29-30.

MAFFESOLI, Michel. *O instante eterno*: o retorno do trágico nas sociedades pós-modernas. Tradução de Rogério de Almeida e Alexandre Dias. São Paulo: Zouk, 2003.

MANFRINATO, Ana Carolina; DUDEQUE, Norton (orientador); QUARANTA, Daniel (co-orientador). *Bachianas brasileiras n° 4, de Heitor Villa-Lobos: um estudo de intertextualidade*. Dissertação de mestrado. Curitiba: Departamento de Artes/ Universidade Federal do Paraná, 2013.

CASTRO, Nilda Mascarenhas de. *A Electra de Eurípides. Estudo analítico com tradução*. Salvador: Imprensa Oficial da Bahia, 1962.

MEIER, Christian. *De la tragédie grecque comme art politique*. Paris: Les Belles Lettres, 1991.

MENDES, Murilo. *Poemas e Bumba-meu-Poeta*. Org., introd., variantes e bibliografia por Luciana Stegagno Picchio. Rio de Janeiro: Nova Fronteira, 1988.

MESCHONNIC, Henri. *Poética do traduzir*. Tradução de Jerusa Pires Ferreira e Suely Fenerich. São Paulo: Perspectiva, 2010.

MEYER-CLASON, Hans Curt. *João Guimarães Rosa*: Correspondência com seu tradutor alemão. Edição, organização e notas de Maria Aparecida Faria Marcondes Bussolotti; tradução de Erlon José Paschoal. Rio de Janeiro: Editora Nova Fronteira/ Academia Brasileira de Letras; Belo Horizonte: Editora UFMG, 2003.

_____. MEYER-CLASON, Curt "João Guimarães Rosa e a Língua Alemã" *Sripta*, v. 2, n. 3, p. 59-70, 1998.

MICHELINI, Anne Norris. *Euripides and the Tragic Tradition*. Wisconsin: University of Wisconsin Press, 1987.

MINÉ, Elza. Ángel Crespo, tradutor de Guimarães Rosa. *Scripta*, v. 2, n. 3, p. 89-99, 1998.

MONTEIRO, Ricardo Nogueira de Castro; Luiz Augusto de Moraes Tatit (orientador). *O sentido da música*: semiotização de estruturas paradigmáticas e sintagmáticas na geração de sentido musical. Tese de doutorado. São Paulo: Faculdade de Filosofia, Letras e Ciências Humanas/ Universidade de São Paulo, 2002.

MORAES, Vinicius de. *Poesia Completa e Prosa*. Rio de Janeiro: Nova Aguilar, 1974, p. 267-268.

MUNIZ, Mariana; ROMAGNOLI, Luciana. Teatro como acontecimento convival: uma entrevista com Jorge Dubatti. *Urdimento: Revista de Estudos em Artes Cênicas*, vol. 2, n. 23, p. 251-261, 2014.

NACHMANOVITCH, Stephen. *Ser criativo*: o poder da improvisação na vida e na arte. Tradução de Eliana Rocha. São Paulo: Summus Editorial, 1993.

NANCY, Jean-Luc. *Corpus*. Translated by Richard A. Rand. New York: Fordham University Press, 2008.

NASCIMENTO, Edna Maria Fernandes dos Santos. Gênese de uma obra e esboço de uma poética: a correspondência de João Guimarães Rosa. *Letras de Hoje*, Porto Alegre, v. 49, n. 2, p. 163-171, 2014.

_____. A Correspondência Inédita de Guimarães Rosa e a Desconstrução de Formas Estereotipadas. *Travessia*, v. 7, n. 15, p. 164-169, 1987. Disponível em: <https://periodicos.ufsc.br/index.php/travessia/article/viewFile/17403/15979>.

NIKOLAREA, Ekaterini. Performability versus Readability: A Historical Overview ofa Theoretical Polarization in Theater Translation. *Translation Journal and the Authors*, 2002. Disponível em: <http://www.bokorlang.com/journal/22theater.htm>.

NORONHA, José Renato Mangaio. Ó vinde, Bacas! A expressão cênica e a escolha da tradução. *Fragmentum*, n. 38, vol. 1, p. 34-45, jul./set. 2013.

OLIVEIRA, Flávio Ribeiro de. Introdução. In: EURÍPIDES. *Medeia*. Tradução e organização de Flávio Ribeiro de Oliveira. São Paulo: Odysseus, 2006, p. 9-25.

_____. Apresentação. In: SÓFOCLES. *As traquínias*. Apresentação, tradução e comentário filológico de Flávio Ribeiro de Oliveira. Campinas: Unicamp, 2009, p. 7-10.

OTTONI, Paulo. John Langshaw Austin e a visão performativa da linguagem. *D.E.L.T.A.*, 18, 1, p. 117-143, 2002.

PAES, José Paulo. *Tradução*: a ponte necessária. São Paulo: Ática, 1990.

PAEPCKE, Fritz; FORGET, Philippe. *Textverstehen und Übersetzen/Ouvertures sur la traduction*. Heidelberg: Julius Groos, 1981.

PAGE, Denys Lionel. *Actors' Interpolations in Greek Tragedy*. Oxford: Oxford University Press, 1934.

PAULA, Júlio Cesar Machado de; FANTINI, Marli (orientador). *O que ajunta espalha*: tempo e paradoxo em *Grande sertão: veredas*, de Guimarães Rosa, e *Nós, os do Makulusu*, de Luandino Vieira. Tese de Doutorado. Belo Horizonte: Faculdade de Letras/ Universidade Federal de Minas Gerais, 2010.

PAVIS, Patrice. *O teatro cruzamento de culturas*. Tradução de Nanci Fernandes. São Paulo: Perspectiva, 2008.

_____. Aux frontières de la mise en scène. *Littérature, Théâtre: le retour du texte?*, n. 138, p. 73-80, 2005.

PAZ, Ermelinda A. *Villa-Lobos e a música popular brasileira*: uma visão sem preconceito. Rio de Janeiro: Museu Villa-Lobos, 2004.

_____. *Heitor Villa-Lobos, o educador*. Brasília: Instituto Nacional de Estudos e Pesquisas Educacionais (Prêmio Grandes Educadores Brasileiros), 1989.

PAZ, Octavio. *Tradução*: literatura e literalidade. Tradução de Doralice Alves de Queiroz. Belo Horizonte: FALE/UFMG, 2009. (Cadernos Viva Voz). Disponível em: <http://www.letras.ufmg.br/vivavoz/data1/arquivos/traducao2ed-site.pdf>.

PEGHINELLI, Andrea. Theatre translation as collaboration: a case in point in British Contemporary Drama. *Journal for Communication and Culture* 2, n. 1, p. 20-30, spring 2012.

PERDICOYIANNI-PALÉOLOGUE, Hélène. The interjections in Greek Tragedy. *Quaderni Urbinati di Cultura Classica*, vol. 99, p. 49-88, 2002.

PHOUTRIDES, Aristides Evangelus. The Chorus of Euripides. *Harvard Studies in Classical Philology*, vol. 27, p. 77-170, 1916.

PICKARD-CAMBRIDGE, Arthur. *The dramatic festivals of Athens*. Oxford: Clarendon Press, 1968.

PIGLIA, Ricardo. Memoria y Tradición. *Congresso ABRALIC 2*, Belo Horizonte, UFMG, 1991, p. 60-66.

PINTO, Manuel da Costa. "Guimarães Rosa por ele mesmo: o escritor no meio do redemunho". In: _____ (org.). *Cadernos de Literatura Brasileira, João Guimarães Rosa*. São Paulo: Instituto Moreira Salles, 2006, p. 77-93. Disponível em: <https://www.institutoclaro.org.br/blog/instituto-moreira-salles-disponibiliza-online-colecao-cadernos-de-literatura-brasileira/>.

_____. Via e viagens: a elaboração de *Corpo de Baile* e *Grande sertão*: veredas. In: _____ (org.). *Cadernos de Literatura Brasileira, João Guimarães Rosa*. São Paulo: InstitutoMoreira Salles, 2006, p. 187-220. Disponível em: <https://www.institutoclaro.org.br/blog/instituto-moreira-salles-disponibiliza-online-colecao-cadernos-de-literatura-brasileira/>.

PLATÃO. *Tutte le opere*. Roma: Grandi Tascabilli Economici Newton, 1997.

_____. *Banquete*. Introd. Trad. e notas de Maria Tereza Schiappa de Azevedo. Lisboa: Edições 70, 1991.

_____. *Fédon*. Trad. introd. e notas de Maria Tereza Schiappa de Azevedo. Coimbra: Livraria Minerva, 1988.

_____. *Górgias*. Introd. Trad. e notas de Manuel de Oliveira Pulquério. Lisboa: Edições 70, 1992.

_____. *República*. Introdução, tradução e notas de Maria Helena da Rocha Pereira. Lisboa: Fundação Calouste Gulbenkian, 2010.

_____. *Diálogos*; vol. XII-XIII: Leis e Epínomis. Tradução de Carlos Alberto Nunes. Apresentação de Hildiberto Bitar. Belém: Universidade Federal do Pará, 1980.

PLETT, Heinrich F. *Literary Rhetoric*: Concepts, Structures, Analyses. Tradução de Myra Scholz (Part I) e Klaus Klein (Parts II & III). Leiden/Boston: Brill, 2010.

PLUTARQUE. Περὶ τοῦ μὴ χρᾶν ἔμμετρα νῦν τὴν Πυθίαν; (Pourquoi la Pythie ne rend plus ses oracles en vers?). In: _____. *De Pythiae Oraculis*. Texte établi et traduit par Robert Flacelière. Paris: Société d'édition Les Belles Lettres, 1974.

QUIGNARD. Pascal. *Ódio à música*. Tradução de Ana Maria Scherer. Rio de Janeiro: Rocco, 1999.

RABINOWITZ, Nancy Sorkin. *Greek tragedy*. Oxford: Blackwell Publishing, 2008.

REBOLLO, Regina Andrés. O legado hipocrático e sua fortuna no período greco-romano: de Cós a Galeno. *Scientiæ Studia*, São Paulo, v. 4, n. 1, p. 45-82, 2006.

RESENDE, Flávia Almeida V.; ROJO, Sara (orientadora). *Antígonas*: apropriações políticas do imaginário mítico. Tese de doutorado. Belo Horizonte: Faculdade de Letras/ Universidade Federal de Minas Gerais, 2017.

REYNOLDS, Leighton D.; WILSON Nigel G. *Copistas y filólogos, las vías de transmisión de las literaturas griega y latina*. Tradução Manuel Sánchez Mariana. Madrid: Gredos, 1986.

REZNIK, Carolina. Reflexiones sobre la representación teatral griega a partir de La Poética de Aristóteles. *telondefondo. Revista de Teoría y Crítica Teatral*, ano XII, n. 24, p. 163-172, 2016.

RICOEUR, Paul. *Sobre tradução*. Prefácio e tradução de Patrícia Lavalle. Belo Horizonte: UFMG, 2012.

ROBERTSON, Noel. Orphic mysteries and dionysiac ritual. In: Cosmopoulos, Michael B. *Greek Mysteries*: The archaeology and ritual of Ancient Greek Secret Cults. London: Routledge, 2003, p. 218-240.

ROCHA PEREIRA, Maria Helena da. Prefácio. In: ARISTÓTELES. *Poética*. Trad. de Ana Maria Valente. Lisboa: Fundação Calouste Gulbenkian, 2007, p. 5-31.

RODRIGUES, Nelson. À *sombra das chuteiras imortais*: crônicas de futebol. Seleção e notas de Ruy Castro. São Paulo: Companhia das Letras, 1993.

_____. *A vida como ela é*: o homem fiel e outros contos. Seleção Ruy Castro. São Paulo: Companhia das Letras, 1992.

RÓNAI, Paulo. Os vastos espaços, prefácio. In: ROSA, João Guimarães. *Primeiras estórias*. Rio de Janeiro: Nova Fronteira, 2001. LeLivros.site. (livro sem paginação). Disponível em: <http://lelivros.bid/book/baixar-livro-primeiras-estorias-joao-guimaraes-rosa-em-pdf-epub-e-mobi-ou-ler-online/>

ROSA, João Guimarães. *Ficção Completa*. Vol. 1 e 2. Rio de Janeiro: Nova Aguilar, 2009.

_____. *Magma*. Rio de Janeiro: Nova Fronteira, 1997.

ROSENFIELD, Kathrin; PEREIRA, Lawrence Flores. A tragédia grega e o teatro contemporâneo? Lendo e traduzindo Antígona para o palco contemporâneo com o auxílio de Hölderlin. *Fragmentum*, n. 38, vol. 1, p. 54-63, jul./set. 2013.

RUNDIN, John. Pozo Moro, child sacrifice, and the Greek legendary tradition. *Journal of Biblical Literature*, v. 123, n. 3, p. 431-447, 2004.

SACRAMENTO, Sandra Maria P.; CARDOSO, Shirley Pereira. Do periódico ao literário: da efemeridade à permanência em *A vida como ela é... Letras de Hoje*, Porto Alegre, v. 46, n. 4, p. 103-112, 2011.

SANCHEZ, Máximo. Brioso. El vocativo y la interjección ὦ. *Habis 2*, Sevilla, p. 35-48, 1971.

SANTOS, Marco Antonio Carvalho. *Heitor Villa-Lobos*. Recife: Fundação Joaquim Nabuco, Massangana, 2010.

SCHEIN, Seth L. Translating Aeschylean Choral Lyric: Agamemnon 367–474. In: LIANERI, Alexandra; ZAJKO, Vanda (org.). *Translation and the Classic Identity as Change in the History of Culture*. Oxford: Oxford University Press, 2008, p. 387-406.

SCODEL, Ruth. *An Introduction to Greek Tragedy*. Cambridge: University Press, 2011.

SCOTT, William C. Lines for Clytemnestra (*Agamemnon* 489-502). *Transactions of the American Philological Association*, n. 108, p. 259-269, 1978.

SEIDENSTICKER, Bernd. Euripides, Medea 1056-80, an Interpolation? In: GRIFFITH, Mark; MASTRONARDE, Donald J. (ed.). *Cabinet of the Muses*: essays on classical and comparative literature in honor of Thomas G. Rosenmeyer. Atlanta: Scholars Press, 1990, p. 89-102. Disponível em: <http://escholarship.org/uc/item/6m16g774>.

SENNETT, Richard. *Carne e pedra*: o corpo e a cidade na civilização ocidental. Tradução de Marcos Aarão Reis. Rio de Janeiro/ São Paulo: Record, 2003.

SERS, Philippe. Prefácio. In: KANDINSKY, Wassily. *Ponto e linha sobre plano*. Tradução de Eduardo Brandão. São Paulo: Martins Fontes, 2005, p. XIII-XXXVI.

SERRES, Michel. *O Contrato Natural*. Tradução de Serafin Ferreira. Lisboa: Instituto Piaget, 1998.

_____. *Os cinco sentidos – Filosofia dos corpos misturados 1*. Trad. Eloá Jacobina. Rio de Janeiro: Bertrand Brasil, 2001.

SEYMOUR, Thomas D. *Introduction to the Language and Verse of Homer*. Boston: Ginn & Company, 1886.

SLATER, William. "Deconstructing Festivals". In: _____. *The Greek Theatre and Festivals Documentary Studies*. Oxford: Oxford University Press, 2007, p. 21-47.

SOARES, Luís Eustáquio. A fundação barroca de um devir em: *A expressão americana* de José Lezama Lima. *Em Tese*, vol.1, p. 33-41, 1997. Disponível em: <http://www.letras.ufmg.br/poslit/08_publicacoes_pgs/Em%20Tese%2001/Luiz%20Eust%C3%A1quio%20Soares.pdf>.

SOPHOCLIS. *Fabulae*. H. Lloyd-Jones, N. G. Wilson (ed.) Oxford: Oxford University Press, 1990.

_____. *Tragedias*. Introdução de José Lasso de la Veja. Traducción y notas de Assela Alamillo. Madrid: Gredos, 1981.

_____. *Tragédias do ciclo troiano. Ájax, Electra, Filoctetes seguidas de Os rastejadores*. Prefácio, tradução e notas pelo Pe. E. Dias Palmeira. Lisboa: Livraria Sá da Costa, 1973.

_____. *Antígona*. Tradução de Donaldo Schüler. Porto Alegre: L&PM Pocket, 1999.

_____. *Antígona*. Introdução, tradução e notas de Maria Helena da Rocha Pereira. Lisboa: Fundação Calouste Gulbenkian, 2007.

_____. *Les Trachiniennes, Philoctete, Oedipe a Colone, Les Limiers*. Texte établi et traduit par Paul Masqueray. Paris: Les Belles Lettes, 1924.

_____. *Oedipus Rex*. R. D. Dawe (ed.) Revised Edition. Cambridge: Cambridge University Press, 2006.

_____. *The plays and fragments. The Antigone*. Part III. With Critical notes, commentary and translation in English Prose. Edited by Richard Claverhouse Jebb. Cambridge: Cambridge University Press, 1888.

_____. *Édipo rei*. Tradução de Geir Campos. São Paulo: Abril Cultural, 1980.

_____. *Filoctetes*. Tradução, posfácio de notas de Trajano Vieira. São Paulo: 34, 2009.

_____. *Filoctetes*. Introdução, tradução e notas de Fernando Brandão dos Santos. São Paulo: Odysseus, 2008.

_____. *The Plays and Fragments. The Philoctetes*. Part IV. With Critical Notes, Commentary and Translation in English Prose. Edited by Richard Claverhouse Jebb. Cambridge: Cambridge University Press, 1890.

_____. *As traquínias*. Apresentação, tradução e comentário filológico de Flávio Ribeiro de Oliveira. Campinas: Unicamp, 2009.

_____. *Édipo em Colono*. Introdução, tradução e notas de Maria do Céu Fialho. Coimbra: Minerva, 1996.

_____. *Sophocles*. F. H. M Blaydes (ed.). London: Whittaker and Co. Ave Maria Lane, 1859.

SÓFOCLES; ÉSQUILO. *Tragédias gregas*: Rei Édipo; Antígone; Prometeu acorrentado. Prefácio, tradução e notas de J. B. Mello e Souza. Rio de Janeiro: Ediouro, s.d.

SÓFOCLES, ÉSQUILO. *Três Tragédias Gregas*: Antígone, Prometeu Prisioneiro, Ájax. Traduções de Guilherme de Almeida e Trajano Vieira (com a participação especial de Haroldo de Campos). São Paulo: Perspectiva, 1997.

SOMMERSTEIN, Alan H. *Greek Drama and Dramatists*. London: Francis & Taylor/ Routledge, 2003.

SONTAG, Susan. *Diante da dor dos outros*. Tradução de Rubens Figueiredo. São Paulo: Companhia da Letras, 2003.

SOUZA, Eneida Maria de. Entre arte e ciência, a invenção. *Revista Escritos* VI, Rio de Janeiro, Fundação Casa de Rui Barbosa, ano 6, n. 6, 2012.

SOUZA, Enivalda Nunes Freitas. "Bugio moqueado", de Monteiro Lobato: o gosto do Brasil. *Revista Alpha*, n. 6, p. 181-187, 2005.

SPIVAK, Gayatri Chakravorty. *Pode o subalterno falar?* Tradução de Sandra Regina Goulart Almeida, Marcos Pereira Feitosa, André Pereira Feitosa. Belo Horizonte: UFMG, 2010.

_____. *Muerte de una disciplina*. Tradução de Pablo Abufom Silva. Santiago do Chile: Palinodia, 2009.

STANFORD, William Bedell. *Greek tragedy and the emotions*. London: Routledge & Kegan Paul, 1983.

_____. *Aeschylus in his style a study in language and personality*. Dublin: University Press, 1942.

STANISLAVSKI, Constantin. *Manual do ator*. Tradução (da tradução norte-americana) de Jefferson Luiz Camargo. São Paulo: Martins Fontes, 1989.

STEINER, George. *Depois de Babel, questões de linguagem e tradução*. Tradução de Carlos Alberto Faraco. Curitiba: UFPR, 2005.

STIEBER, Mary C. *Euripides and the Language of Craft*. Leiden/Boston: Brill, 2011.

STRAVINSKY, Igor. *Poética musical em 6 lições*. Tradução de Luiz Paulo Horta. Rio de Janeiro: Jorge Zahar Editor, 1996.

STRINDBERG, August. *Théâtre cruel et théâtre mystique*. Prefácio e apresentações de Maurice Gravier. Paris: Gallimard, 1964.

_____. *Strindberg on drama and theatre*: 1907-1912. Selected, translated, and edited by Egil Törnqvist and Birgitta Steene. Amsterdam: Amsterdam University Press, 2007.

TABAKOWSKA, E.; SCHULTZE, B. Interjections as a translation problem. In: KITTEL, H.; HOUSE, J.; SCHULTZE, B. (org.). *Traduction*: encyclopédie internationale de la recherche sur la traduction. Berlin: Walter Gruyter, 2004. v. 1, p. 555-561.

TAPLIN, Oliver. Emotion and meaning in Greek Tragedy. In: *Greek Tragedy*. E. Segal (ed.). Oxford: Oxford University Press, 1991, p. 1-12.

_____. Fifth-century Tragedy and Comedy. In: SEGAL, Eric (ed.). *Oxfords Readings in Aristhophanes*. Oxford/New York: Oxford University Press. 2002, p. 9-28.

_____. *Greek Tragedy in action*. London: Routledge, 2003.

TAVARES, Enéias Farias. Texto trágico, imagem cênica, música ditirâmbica: uma proposta para a leitura da tragédia ateniense. *Fragmentum*, n. 38, vol. 1, p. 16-32, jul./set. 2013.

TELES, Gilberto Mendonça. *Vanguarda europeia e modernismo brasileiro*. Petrópolis: Vozes, 1977.

TOLEDO, Maria Cristina Motta de. *A Terra*: um planeta heterogêneo e dinâmico. Disponível em: <http://www.igc.usp.br/index.php?id=165>.

TORRANO, Jaa. "Nota do tradutor". In: EURÍPIDES. *Medéia*. Tradução do grego e notas de Jaa Torrano. São Paulo: Hucitec, 1991.

TORRES, Marie-Hélène Catherine. *Traduzir o Brasil Literário. Paratextos e discurso de acompanhamento*. Volume 1. Tradução do francês de Marlova Aseff e Eleonora Castelli. Copiart: Tubarão, 2011.

TYRRELL, William Blake. An obscene word in Aeschylus. *American Journal of Philology*, vol. 101, p. 44-46, 1980.

UBERSFELD, A. *Para ler o teatro*. Tradução de José Simões. São Paulo: Perspectiva, 2005.

VENUTI, Lawrence. *Escândalos da Tradução*. Tradução de Laureano Pelegrin; Lucinéia M. Villela; Marileide D. Esquerda e Valéria Biondo. Bauru: EDUSC, 2002.

VERLANGIERI, Iná Valéria Rodrigues; COVIZZI, Lenira Marques (orientadora). *J. Guimarães Rosa: correspondência inédita com a tradutora norte-americana Harriet de Onís*. Dissertação de mestrado. Araraquara: Faculdade de Ciências e Letras/ Universidade Estadual Paulista, 1993.

VIEIRA. Trajano. Introdução. In: ÉSQUILO. *Agamêmnon*. Tradução, introdução e notas de Trajano Vieira. São Paulo: Perspectiva, 2007, p. 7-15.

_____. Introdução. In: EURÍPIDES. *Bacantes*. Introdução, comentários, notas e tradução de Trajano Vieira. São Paulo: Perspectiva, 2003, p. 17-44.

_____. Posfácio. In: SÓFOCLES. *Filoctetes*. Tradução, posfácio de notas de Trajano Vieira. São Paulo: 34, p. 175-183.

VILLA-LOBOS, Heitor. *Bachianas Brasileiras nº 5*: para canto e orquestra de violoncellos. Poesia de Ruth Valladares Corrêa ("Cantilena") e Manuel Bandeira ("Martelo"). São Paulo: Irmãos Vitale, c1978. [Partitura]

_____. "Educação Musical". In: *Presença de Villa-Lobos*. Rio de Janeiro: Museu Villa-Lobos, 1991, apud SANTOS, Marco Antonio Carvalho. *Heitor Villa-Lobos*. Recife: Fundação Joaquim Nabuco, Massangana, 2010.

WARTELLE, André. *Lexique de la Poétique d'Aristote*. Paris: Éditions Les Belles Lettres, 1985.

WISE, Jennifer. Tragedy as 'An Augury of a Happy Life'. *Arethusa*, n. 41, p. 381-410, 2008.

_____. *Dionysus writes*: the invention of theatre in ancient Greece. Ithaca/London: Cornell University Press, 1998.

WEST, Martin L. *Textual Criticism and Editorial Technique applicable to Greek and Latin texts*. Stuttgart: B. G. Teubner, 1973.

WILSON, Peter. *The Greek Theatre and Festivals Documentary Studies*. Oxford: Oxford University Press, 2007.

WINISK, José Miguel. O recado do morro [João Guimarães Rosa]. *Grandes cursos de Cultura na TV*. Disponível em: <https://www.youtube.com/watch?v=BE64BrBt52E>.

ZEITLIN, Froma. The Artful Eye: Vision, Ecphrasis and Spectacle in Euripidean Theatre. In: GOLDHILL, Simon e OSBORNE, Robin. *Art and Text in Ancient Greek Culture*. Cambridge: University Press, 1994.

Fragmentos

JEBB, Richard Claverhouse; HEADLAM, Walter George; PEARSON, Alfred Chilton. *The Fragments of Sophocles*. Volume 3. Cambridge: University Press, 1917.

LLOYD-JONES, Hugh. *Sophocles Fragments*. Cambridge, London: Harvard University Press, 2003.

NAUCK, August. *Tragicorum Graecorum Fragmenta*. Supplementum adjecit Bruno Snell. Berlin: Georg Olms Hisdesheim, 1964.

RADT, Stefan. *Tragicorum Graecorum Fragmenta*. v. 3, Göttingen: Vandenhoeck & Ruprecht, 1985.

RADT, Stefan. *Tragicorum Graecorum Fragmenta*. v. 4, Göttingen: Vandenhoeck & Ruprecht, 1977.

SNELL, Bruno & KANNICHT, Richard. *Tragicorum Graecorum Fragmenta*. v. 2, Göttingen: Vandenhoeck & Ruprecht, 1981.

SNELL, Bruno. *Tragicorum Graecorum Fragmenta*. v. 1, Göttingen: Vandenhoeck & Ruprecht, 1971.

SÓFOCLES. *Fragmentos*. Introducciones, traducciones y notas de José Maria Lucas de Dios. Madrid: Gredos, 1983.

Vídeos, áudios, entrevistas e entrevistados

Álvaro Luiz Ribeiro da Silva Carlini, 1990. Disponível em: <https://www.youtube.com/watch?v=65BT4HQrWQY>.

Antônio Nóbrega interpreta "Melodia Sentimental", Bachianas Brasileiras nº 5, música de Heitor Villa-Lobos e letra de Dora Guimarães. Disponível em: <https://www.youtube.com/watch?v=KoSpFzyzJao>.

Antônio Nóbrega no "Programa Roda Viva", 30/12/1996. Disponível em: <http://www.rodaviva.fapesp.br/materia/3/entrevistados/antonio_nobrega_1996.htm>.

Antônio Nóbrega no "Programa Roda Viva", 24/11/2014. Disponível em: <https://vivabem.uol.com.br/videos/index.htm?id=roda-viva-com-antonio-nobrega-bloco-1-04024C183270E0915326>.

Ariane Mnouchkine. "Sabatina Folha SESC". SESC Belenzinho, 21/10/2011. Disponível em: <https://www.youtube.com/watch?v=7geJ5BqFgqQ>.

Alfredo de Freitas Dias Gomes no "Programa Roda Viva", 12/06/1995. Disponível em: <http://www.rodaviva.fapesp.br/materia/405/entrevistados/dias_gomes_1995.htm>.

Bibi Ferreira interpreta o "Monólogo das Mãos", de Giuseppe Ghiaroni, 07/12/2006. O texto integra a peça *O Vendedor de Ilusões*, da autoria de Oduvaldo Vianna. Disponível em: <https://www.youtube.com/watch?v=3BhsnXDn-jk>.

Bibi Ferreira no "Starte: grandes atrizes". Disponível em: <https://www.youtube.com/watch?v=Qz_tcCTVMAw>.

Bidu Sayão interpreta "Ária" ("Cantilena"), música de Heitor Villa-Lobos. Disponível em: <https://www.youtube.com/watch?v=bLZDoXplYrI>.

Charles Chaplin, "The great dictator", 1940. Disponível em: <https://www.youtube.com/watch?v=9oSN1CnXAAA>.

Donaldo Schüler, entrevista. Disponível em: <http://www.lpm.com.br/site/default.asp?Template=../livros/layout_produto.asp&CategoriaID=619066&ID=717280>.

Jorge Dubatti, conferencia "El teatro y la ética de convivência." Disponível em: <https://www.youtube.com/watch?v=UQfwvdLvZlQ>.

Jorge Dubatti (Apuntes 11) "El teatro como acontecimento." Disponível em: <https://www.youtube.com/watch?v=5DaY_NTwDxE>.

Jorge Dubatti, Anais do IV Congreso Internacional de Letras (2010): "Filosofía del Teatro y Teoría del Teatro." Disponível em: <http://2010.cil.filo.uba.ar/sites/2010.cil.filo.uba.ar/files/273.Dubatti.pdf>.

Elizeth Cardozo interpreta "Refém da Solidão", de Baden Powell e Paulo César Pinheiro. Disponível em: <https://www.youtube.com/watch?v=se2vS2Dg9Is>.

Elizeth Cardozo interpreta "Ária" (Cantilena), música de Heitor Villa-Lobos e letra de David Nasser. Disponível em: <https://www.youtube.com/watch?v=7zDbvkr-D_4>.

Evolução da bateria "Maracatu Estrela Brilhante do Recife". Disponível em: <https://www.youtube.com/watch?v=GmuOoaeuubs>.

Fala hipocorística, exemplificação do uso da palavra "mãe". Disponível em: <https://www.youtube.com/watch?v=cMF1Nco5Glo>.

Fernanda Montenegro, entrevista. Disponível em: <https://www.youtube.com/watch?v=FqK-wgvjS9c>.

François Kahn, entrevista. 11/2009. Disponível em: <http://www.uff.br/gambiarra/dossie/0002_2009/MZaltron/>.

Gianfrancesco Guarnieri no "Programa Roda Viva", 05/08/1991. Disponível em: <http://www.rodaviva.fapesp.br/materia/149/entrevistados/gianfrancesco_guarnieri_1991.htm>.

Guillaume de Machaut, "Julgamento do Rei de Navarra", Ensemble Gilles Binchois. Disponível em: < https://www.youtube.com/watch?v=7n-9AD3kCa4>.

Guillaume de Machaut, "Complainte: Tels rit au main qui au soir pleure (Le Remède de Fortune)", Ensemble Project Ars Nova. Disponível em: < https://www.youtube.com/watch?v=Rc14fCoVdoI>

Heitor Villa-Lobos: "Índio de Casaca". TV Manchete. Fotografia, Roberto Naar; produção executiva, Aloysio Salles; roteiro, Álvaro Ramos; apresentação, Paulo José; direção, Roberto Feith. Disponível em: <https://www.youtube.com/watch?v=3WNDfo3560c>.

Heitor Villa-Lobos: Documentário *Manchete*. Disponível em: <https://www.youtube.com/watch?v=Ghs1re18cHw>.

Instituto Estadual de Florestas. Piracema. Disponível em: <http://www.ief.mg.gov.br/pesca/piracema>.

João Guimarães Rosa entrevista concedida a Walter Höllerer, Berlim, 1962. Disponível em: <https://www.youtube.com/watch?v=ndsNFE6SP68>.Trecho do documentário "Outro Sertão" dirigido por Adriana Jacobsen e Soraia Vilela.

Jorge Faria Vaz: "Ciência brasileira em entrevistas". Disponível em: <https://archive.org/details/JorgeFariaVaz1994>.

José Alves Antunes Filho no "Programa Roda Viva", 02/08/1999. Disponível em: <http://www.rodaviva.fapesp.br/materia/148/entrevistados/antunes_filho_1999.htm>.

José Miguel Wisnik em O recado do morro [João Guimarães Rosa]. *Grandes cursos de Cultura na TV*. Disponível em: <https://www.youtube.com/watch?v=_W4mAPHbQZE >.

José Miguel Wisnik em Famigerado [João Guimarães Rosa]. *Grandes cursos de Cultura na TV*. Disponível em: < https://www.youtube.com/watch?v=IMfMF9zcAIg>.

José Miguel Wisnik em O recado do morro [João Guimarães Rosa]. *Grandes cursos de Cultura na TV*. Disponível em: < https://www.youtube.com/watch?v=ePXz1rhGWCM >.

Juca de Oliveira (José de Oliveira Santos) no "Programa Roda Viva", 04/08/2014. Disponível em: <http://tvcultura.com.br/videos/50515_juca-de-oliveira-25-08-15.html>.

Leila Guimarães interpreta "Dança" (Martelo), Bachianas N°5, música de Heitor Villa-Lobos e letra de Manuel Bandeira. Disponível em: <https://www.youtube.com/watch?v=PPh15_1zkHc>.

Lúcio Mauro interpreta o "Monólogo das Mãos" de Giuseppe Ghiaroni, 20/09/2009. O texto integra a peça *O Vendedor de Ilusões*, da autoria de Oduvaldo Vianna. Disponível em: <https://www.youtube.com/watch?v=bGd-EPmQ2iM>.

Maria Bethânia interpreta "Melodia Sentimental", Bachianas Brasileiras n° 5, música de Heitor Villa-Lobos, letra de Dora Guimarães com trecho inicial do poema "Minha Pátria" de Vinícius de Moraes. Disponível em: <https://www.youtube.com/watch?v=cW1rB7qW5Sk>.

Maria Lúcia Godoy interpreta "Dança" (Martelo), Bachianas Brasileiras n° 5, música de Heitor Villa-Lobos e letra de Manuel Bandeira. Disponível em: <https://www.youtube.com/watch?v=OGO-FiDHt6Q&feature=youtube_gdata_player>.

Marieta Severo no "Starte: grandes atrizes". Disponível em: <https://www.youtube.com/watch?v=dFAAIfoziTw>.

Medeia em ritmos brasileiros:

<http://www.tralala.gr/theatro-protinoume-midia-se-vrazilianikous-rithmous/>.

<http://www.culturenow.gr/22173/arxaio-swma-se-politistikh-metafrash-oikopolitistiko-aithrio-mhdeia-me-vrazilianikoys-rythmoys>.

<http://www.inews.gr/126/archaio-soma-se-politistiki-metafrasi--oikopolitistiko-aithrio--mideia-me-vrazilianikous-rythmous.htm>.

<http://www.palo.gr/cluster/articles/cinema/568/?clid=8317780>.

Medeia de Eurípides. Performance de texto traduzido pela Trupersa. Disponível em: <http://www.letras.ufmg.br/padrao_cms/?web=icones&lang=1&page=907&menu=1163&tipo=1>.

Michel Serres no "Programa Roda Viva", 08/11/1999. Disponível em: <http://www.rodaviva.fapesp.br/materia/386/entre>.

Nathalia Timberg "Starte: grandes atrizes". Disponível em: <https://www.youtube.com/watch?v=jtd6SXDH1jM>.

René Girard no "Programa Insights", 14/07/2012. Disponível em: <http://www.youtube.com/watch?v=tBDibQoTdo4>.

Rodolpho Mayer interpreta, de Pedro Bloch, *As Mãos de Eurídice*. Disponível em: <http://www.outorga.com.br/musicas/As_m%C3%A3os_de_Eur%C3%ADdice.mp3>.

Zizi Possi interpreta "Melodia Sentimental", Bachianas Brasileiras nº 5, música de Heitor Villa-Lobos e letra de Dora Guimarães. Disponível em: <https://www.youtube.com/watch?v=XFM6vw-LBJI>.

Imagens

1. Príamo morto por Neoptólemo, filho de Aquiles. Detalhe de uma ânfora ática; 520-510 a.C. (Louvre). Fotógrafo: Jastrow (2006) Disponível em: https://commons.wikimedia.org/wiki/Category:Neoptolemus_in_ancient_Greek_pottery#/media/File:Amphora_death_Priam_Louvre_F222.jpg

2. Resgate de Criseida. Krater da Apúlia, 360-350 a.C. (Louvre). Disponível em: <https://commons.wikimedia.org/wiki/File:Chryses_Agamemnon_Louvre_K1.jpg>.

1ª EDIÇÃO [2018]

Esta obra foi composta em Minion Pro e Din sobre papel
Pólen Soft 80g/m2 para a Relicário Edições.